LE PROBLÈME RELIGIEUX

AU XIXᴱ SIÈCLE

PAR

J.-E. ALAUX,

Professeur de Faculté,

Professeur de philosophie à l'École des Lettres d'Alger

Précédé d'une Préface par JEAN PAUL CLARENS

Fides quærens intellectum.
SAINT ANSELME

PARIS
ANCIENNE LIBRAIRIE GERMER BAILLIÈRE ET Cⁱᵉ
FÉLIX ALCAN, ÉDITEUR
108, BOULEVARD SAINT-GERMAIN, 108

1890
(TOUS DROITS RÉSERVÉS)

LE PROBLÈME RELIGIEUX

AU XIX° SIÈCLE

ALGER — FÉLIX CASABIANCA, IMPRIMEUR

LE PROBLÈME RELIGIEUX

AU XIXᴱ SIÈCLE

PAR

J.-E. ALAUX,

Professeur de Faculté,

Professeur de philosophie à l'École des Lettres d'Alger

Précédé d'une Préface par JEAN PAUL CLARENS

Fides quœrens intellectum.
SAINT ANSELME

PARIS
ANCIENNE LIBRAIRIE GERMER BAILLIÈRE ET Cⁱᵉ
FÉLIX ALCAN, ÉDITEUR
108, BOULEVARD SAINT-GERMAIN, 108
1890
(TOUS DROITS RÉSERVÉS)

PRÉFACE

Un des penseurs les plus éminents du siècle, Gratry, a dit, en songeant au progrès des générations futures, cette parole dont on ne saurait trop méditer la profondeur : « *On fera l'expérience de Dieu* ». C'est-à-dire l'Humanité va passer de la période de *Révélation* à l'état supérieur de *Dévélation*.

Le règne de l'esprit s'annonce par des symptômes non équivoques d'émancipation intellectuelle et d'évolution féconde. Si, jusqu'à nous, le Symbolisme tangible, les Arcanes mystérieux des sanctuaires, le Formalisme extérieur des rites et des liturgies, ont suffi pour les besoins religieux de la grande masse humaine, aujourd'hui les vieux moules se disjoignent, ils craquent de toutes parts pour donner passage aux formes religieuses de l'avenir ; telle la chrysalide s'ouvre sous l'effort de l'insecte ailé qu'elle contient, et dont le vol resplendissant va se perdre dans la lumière.

Notre époque, lassée de fictions de toutes sortes, dégoûtée des affirmations sans preuves, et sceptique en raison, réclame à tout prix la sanction de l'Expérience, cette pierre de touche de l'esprit moderne. C'est donc désormais à la Science qu'incombe la tâche de faire la preuve de la Foi.

Si la Religion est éternelle dans son essence, elle est transitoire sous les aspects divers de ses manifestations. C'est pourquoi, tout comme l'esprit humain a eu ses phases d'apparition, de croissance et de développement, le germe divin de direction morale qu'il renferme ne se révèle que successivement et proportionnellement aux lois d'éclosion de ce même esprit.

En un mot, si, dès l'origine, les vérités nécessaires ont dû n'apparaître que voilées sous les formes de la parabole et du mythe, l'heure est arrivée où elles vont briller d'un éclat inconnu pour diriger la marche de l'Humanité vers son principe qui est aussi sa fin dernière, nous voulons dire vers l'Infini.

D'instinctive, de passive, d'irraisonnée, la Foi va se transformer de plus en plus en une certitude réfléchie, déductive et scientifique ; de sentiment elle va devenir connaissance, et cela sans rien perdre de son principe essentiel, qui a sa base dans la Conscience et la Raison humaines.

De telle sorte que si le mot de Saint-Anselme « *Fides quærens intellectum* » était, à l'époque où il fut prononcé, comme la synthèse d'une espérance réalisable, cette espérance nous apparaît aujourd'hui comme une sublime réalité dans l'union de ces deux tendances de l'esprit humain qu'on appelle la Religion et la Philosophie.

« *On fera l'expérience de Dieu* », nous a dit un des plus glorieux précurseurs de l'évolution nouvelle : *cette expérience commence*, nous affirme un des penseurs les plus profonds de notre temps. Gratry et Alaux se rencontrent pour crier au monde cette vérité fondamentale et pour hâter le progrès humain vers le but de son perfectionnement.

Si l'œuvre de réconciliation de l'esprit philosophique et de l'esprit religieux, si cette alliance prétendue chimérique de la Raison et de la Foi a été poursuivie par Gratry avec toute la puissance de son zèle d'apôtre, toutes les séductions de son âme poétique et tendre, toutes les audaces de son génie précurseur, tous les entraînements de son argumentation de voyant, cette œuvre capitale se renouvelle aujourd'hui sous nos yeux, par les efforts d'une phalange d'hommes d'action et de pensée, au premier rang desquels il faut placer l'auteur de cet ouvrage.

Grâce aux qualités rares de son esprit et de sa méthode lumineuse, M. Alaux a l'incontestable mérite de représenter le problème, pour ainsi dire, sous un autre jour, et de le traiter avec toutes les ressources d'une dialectique imposante, d'une immense érudition, et d'une forme mathématique irrésistible, tant le faisceau des preuves rationnelles a de cohésion, tant la synthèse découle logiquement des éléments de l'analyse.

Maintenant demandons-nous, pour l'intelligence complète de l'ouvrage qu'on va lire, ce que c'est que la Religion et ce que c'est que la Philosophie.

La Religion, c'est la tradition toujours vivante, c'est l'affirmation de réalités au-dessus et au-delà de l'expérience sensible, c'est l'ensemble des croyances de l'Humanité, dont tout homme porte en soi le germe essentiel; c'est, en un mot, Dieu directement perçu par la conscience et senti par le cœur.

La Philosophie est l'étude du problème de l'univers, et, selon la définition remarquable d'un éminent esprit (1), « c'est la part de la raison dans la recherche de Dieu » : c'est l'âme s'élevant à la conception de la cause première par le degré des intermédiaires ; en un mot, c'est l'esprit atteignant l'Immobile par le mobile, l'Eternel par le passager, l'Infini par le fini.

Aussi dans ce sens est-il permis de dire que la Religion *donne* ce que la Philosophie *nomme*.

Mais, si les moyens diffèrent, le but est identique : l'induction et la déduction sont les deux mouvements inséparables de toute activité humaine ; les opposer l'un à l'autre comme irréductibles, c'est donc mutiler l'esprit et présenter sciemment l'homme incomplet.

(1) Ernest Naville.

Les instincts religieux, c'est-à-dire l'élan des âmes vers leur Cause éternelle, ont donc toujours précédé la connaissance réfléchie de cette même Cause.

Ainsi la sensation de la lumière précède la connaissance des lois de l'optique en vertu desquelles ce que nous appelons *lumière* produit une action sur l'organe sensible à son influence.

En effet, l'œil du simple est aussi bien impressionné par les rayons du soleil que celui du savant dont l'observation raisonnée a sondé la nature de l'astre lumineux et pénétré les merveilles de son organisation; mais de toute nécessité la lumière est antérieure à la constatation des lois physiques qui la manifestent.

Ainsi de la Religion et de la Philosophie, ainsi de la Foi et de la Science.

Nous sommes directement éclairés, c'est l'instinct religieux; nous voulons décomposer cette lumière pour en connaître la cause originelle, c'est la Science expérimentale.

Mais cette Science n'est pas plus opposée à la Foi, cette Philosophie à la Religion, que la connaissance des lois de l'optique ne peut être opposée à la lumière elle-même. Car la Foi, comme le dit admirablement St-Paul, est la substance de tout ce que nous espérons et la certitude de ce que nous ne voyons pas (1).

C'est pourquoi toute séparation radicale, tout parallélisme hostile, ne sont plus soutenables en matière de Science et de Foi. La Religion et la Philosophie sont seulement deux aspects d'un même être, deux faces d'une même aspiration, la recherche de Dieu.

Aussi, comme le démontre excellemment dans ce

---

(1) Hébr., II, 1.

livre le philosophe Alaux : *la Religion doit devenir philosophique et la Philosophie doit devenir religieuse.*

Malebranche d'ailleurs, cet admirable génie, en qui s'alliaient si merveilleusement les audaces d'une Raison philosophique et les soumissions de la Foi, ne dit-il pas lui-même dans un de ses célèbres Entretiens : « Le meilleur usage que nous puissions faire de notre esprit est de tâcher d'acquérir *l'intelligence des vérités que nous croyons par la Foi*, et de tout ce qui va à les confirmer. Nous les croyons, ces grandes vérités, il est vrai ; mais la Foi ne dispense pas ceux qui le peuvent de s'en remplir l'esprit et de s'en convaincre de toutes les manières possibles ; car, au contraire, la Foi nous est donnée pour régler sur elle toutes les démarches de notre esprit aussi bien que tous les mouvements de notre cœur. *Elle nous est donnée pour nous conduire à l'intelligence des vérités qu'elle nous enseigne.* Je ne croirai donc jamais que la vraie Philosophie soit opposée à la Foi, et que les bons philosophes puissent avoir des sentiments différents des vrais chrétiens.... Je suis persuadé, au contraire, qu'il faut être bon philosophe pour entrer dans l'intelligence des vérités de la Foi, et que, plus on est fort dans les principes de la métaphysique, plus on est ferme dans les vérités de la Religion.... ».

Ces profondes paroles sont la meilleure réponse à opposer au système imaginé par l'erreur, système qui consiste de nos jours à ne pas attaquer directement la Foi, mais à la considérer comme une valeur négligeable, et à prétendre qu'elle n'a rien à voir avec la Raison pas plus que la Religion n'a de rapport avec la Philosophie. On voudrait nous faire croire que ce sont deux puissances absolument distinctes et indépendantes l'une de l'autre, de telle sorte que l'on puisse rejeter comme philosophe ce que l'on devrait admettre comme chrétien.

C'est cette funeste et déplorable manière d'envisager la Religion et la Philosophie que combat, dans cet ouvrage, avec un merveilleux talent de dialecticien, le penseur qui a conquis par d'importants travaux, et depuis déjà de longues années, une place enviable dans le monde philosophique.

L'auteur de la *Religion progressive*, de la *Philosophie de M. Cousin*, de l'*Analyse métaphysique*, de la *Philosophie de l'Etre*, etc., jette les plus vives lumières sur cette question de nos jours si palpitante et qu'il appelle le *Problème religieux au XIX° Siècle*.

La conclusion de cette magistrale étude prouve deux choses, d'abord la nécessité et la possibilité de la Philosophie, puis l'existence de la Religion, mais d'une Religion universelle qui donne à la Philosophie l'élément indispensable de sa vie, c'est-à-dire l'objectif de ses tendances essentielles.

M. Alaux démontre d'une manière rigoureuse, avec une précision et un enchaînement algébriques, que « l'union de la raison et de la foi n'est un but à poursuivre que si l'une et l'autre sont également légitimes : or, si la foi est légitime, la raison seule en peut reconnaître la légitimité, tandis que la légitimité de la raison est incontestable par elle-même. Si donc, le problème était chimérique, s'il fallait le supprimer par le sacrifice de l'un de ces deux termes, ce ne saurait être par le sacrifice de la raison ; que si, au contraire, ces deux termes ne s'opposent qu'à la surface, s'ils sont également légitimes, s'ils doivent s'unir dans un terme supérieur, ils ne le peuvent que dans la vérité d'abord connue par la foi et comprise ensuite par la raison. »

Quand on a lu ces pages si fortes et si substantielles où le penseur développe sa thèse avec une irrésistible autorité, on demeure convaincu que la croyance et la science, que la religion et la philosophie, que le Christianisme enfin est le principe vivant de la conduite de tout homme dans son existence terrestre, et la raison directrice de son éternelle destinée. On sent que la religion est présente dans la philosophie et la philosophie dans la religion, qu'elles se pénètrent réciproquement sans s'absorber l'une par l'autre : « accord parfait de deux sons qui n'en forment plus qu'un, mais où les deux se distinguent, fondus, non identifiés, dans une parfaite harmonie. »

En effet, en face de la Philosophie nécessaire et possible, on trouve la Religion, qu'il faut considérer comme *véritable dans sa doctrine* ainsi que dans son objet.

L'auteur du *Problème religieux au XIXᵉ Siècle* nous montre avec une indiscutable évidence que la religion chrétienne se retrouve dans toutes les grandes religions du passé, et que par conséquent ce dogme, irréductible dans son essence, ne peut pas être contredit par la philosophie, car la philosophie qui le contredirait contredirait l'humanité même et serait fausse.

C'est pourquoi il faut bien reconnaître avec Saint-Augustin que la Philosophie et la Religion sont une même chose.

L'ouvrage que nous avons l'honneur de résumer dans cette courte introduction aura, selon nous, le durable mérite d'établir d'une façon expérimentale et scientifique, que la Religion et la Philosophie sont destinées à s'accorder pour le bonheur de l'Humanité : la religion, en offrant à la philosophie les germes de la sagesse et de la science ; la philosophie, en lui en restituant les fruits comme la conséquence remonte à son principe : les deux enfin en élevant à l'unisson toutes les facultés de l'homme vers Dieu.

Nous sommes à une époque critique où s'opère la fusion de l'ordre religieux dans l'ordre philosophique. Quel sera le caractère de cette transformation ? Il consistera, selon nous, dans une interprétation rationnelle du symbolisme des dogmes, dans le passage de l'*Exotérisme* de la lettre qui tue à l'*Esotérisme* de l'esprit qui vivifie. C'est ce qui fait dire à M. Alaux que, pour être la religion de l'avenir comme il a été celle du passé, il suffit que le christianisme soit vrai dans son esprit, ne le fût-il pas dans sa lettre.

« C'est assez pour la religion, s'écrie l'auteur en terminant : que ce soit assez pour l'Eglise ! Qu'elle laisse libre l'adhésion à la lettre, elle aura les philosophes comme elle a les croyants, et l'incrédulité n'aura plus où se prendre. Le problème religieux sera résolu. »

Telle est la conclusion d'une des œuvres philosophiques les plus importantes du siècle, œuvre qui marquera sans nul doute une époque particulièrement féconde de l'esprit humain.

Notre sympathie pour la personnalité si intéressante de M. Alaux nous impose à son égard une réserve facile à comprendre. Qu'il nous suffise donc de dire au seuil de cet ouvrage que le *Problème religieux au XIX° Siècle* est un livre qui vient à son heure, un livre attendu, un livre salutaire, un livre qui condense et formule merveilleusement toutes les aspirations vagues d'un état d'esprit général, une de ces œuvres enfin qui éclairent, de loin en loin, comme un phare étincelant, la voie souvent si ténébreuse où s'avance la pensée humaine.

La Roque, novembre 1889.

JEAN PAUL CLARENS.

LE PROBLÈME RELIGIEUX

AU XIXᵉ SIÈCLE

Fides quærens intellectum.
Saint-Anselme.

Le problème religieux, au XIXᵉ siècle, ne comporte que l'une ou l'autre des quatre solutions suivantes :

Disparition de la foi devant la science ;
Apparition d'une foi nouvelle ;
Conservation de la foi ancienne et traditionnelle : chez nous, dans l'Europe occidentale, en France, de la foi catholique ;
Évolution de la foi catholique transformée.

C'est-à-dire, la première solution et la seconde, l'une toute négative, l'autre chimérique, écartées, ou la conservation, ou une transformation de l'ancienne foi.

La seconde solution, apparition d'une foi nouvelle, et la dernière, évolution de la foi catholique transformée, ont peu de partisans : on est généralement, en *matière religieuse, ou conservateur absolu ou négateur absolu. Cependant c'est la dernière qui nous paraît être la véritable : non la négation, mais l'interprétation de l'ancienne foi ; non le remplacement, mais la transformation de la foi traditionnelle, de la foi catholique, par la philosophie.*

Tel est le résultat de l'étude qui fait l'objet de ce livre.

CHAPITRE PREMIER

POSITION DU PROBLÈME. LA FOI

I

Il semble peut-être téméraire qu'on ose reprendre, après tant d'autres, une question qu'une foule de travaux considérables n'ont pas suffi à résoudre, et qui demeure pour ainsi dire intacte sous l'entassement des volumes qu'elle a enfantés. A qui me reprocherait ma témérité, je n'aurais rien à répondre, sinon que sur le problème religieux au XIXᵉ siècle les écrits abondent, que j'en ai lu beaucoup, que j'en ai relu plusieurs, et que je persiste dans mon dessein.

On a bien compris quelle est dans tous les temps, mais surtout dans le nôtre, l'importance du problème religieux : le nombre des livres qui l'agitent chaque jour, joint à l'intérêt qu'ils rencontrent et aux passions de toute nature qu'ils soulèvent, le prouve assez ; je crois qu'on en a mal compris la difficulté particulière : je crois, dis-je, qu'on l'a mal posé, et par suite mal résolu.

On méconnaît ou la raison ou la foi ; on reconnaît la raison et la foi, mais en subordonnant l'une à l'autre, comme si elles étaient de même ordre ; on repousse la foi, ou, au contraire, on lui soumet la raison, comme si la raison pouvait n'être pas reine sur son territoire ; on les accueille l'une et l'autre, mais ou l'une ou l'autre ou les deux à moitié, et l'on est ou catholique sans être rationaliste, ou rationaliste sans être catholique, ou raisonnant et croyant sans être ni rationaliste ni catholique.

La foi est autre chose qu'une connaissance ; mais elle enveloppe une connaissance : et par conséquent au sujet de la foi se pose une question de vérité. C'est sur le terrain où se pose une telle question que la raison a sa place, je veux dire son trône : il n'y a plus aujourd'hui d'autre place pour la raison ; et c'est justice : il ne saurait y en avoir d'autre. Sur la raison se fonde la philosophie : toute philosophie, quel qu'en soit le système, est essentiellement, par méthode, un rationalisme. Sur la foi se fonde la religion : toute religion, quel qu'en soit l'enseignement, est essentiellement, par méthode, un catholicisme. La question religieuse est donc celle du rapport et de l'accord, non point, comme on le dit, de la raison avec la foi : ce n'est pas assez dire : mais du rationalisme avec le catholicisme.

Il ne s'agit pas ici de telle église catholique, ni de telle école rationaliste : il s'agit du rationalisme en soi, du catholicisme en soi. Il n'entre nullement dans ma pensée d'engager avec personne au monde une polémique sur les religions. On ne trouvera dans ce livre ni une apologie ni une attaque de la religion dite catholique, ou d'aucune autre. Le nom du catholicisme n'y sera que le nom de la religion même, universelle, absolue : c'est le sens du mot. La religion qui s'est dite catholique est-elle cette religion absolue, essence une et immuable des formes diverses et changeantes de la religion ? ou n'est-elle aussi qu'une de ces formes, et ne porte-t-elle qu'un nom usurpé ? Je n'en dirai rien. Ce n'est pas là le problème que je me suis proposé de résoudre. Un livre a son objet propre, et n'a qu'un seul objet, qu'il faut savoir embrasser sans le dépasser. L'objet de celui-ci ne va qu'à déterminer les principes de l'accord futur de la religion prise en soi avec la philosophie prise en soi ; il ne se propose point d'accomplir cet accord, ni même d'exposer ou de démontrer une formule quelconque, positive et reconnue vraie exclusivement à toute autre, soit de la religion, soit de la philosophie.

Ecrit dans un esprit philosophique et religieux tout ensemble, il s'adresse et aux hommes religieux, qui, s'ils n'y rencontrent pas une démonstration directe de leur croyance, ne sauraient y voir non plus rien de contraire ou d'hostile, rien qu'ils ne puissent accepter sans abandonner leurs doctrines ; et aux philosophes qui, quelles que puissent être les doctrines propres de l'auteur, ne sauraient y voir à leur tour aucun point systématiquement traité dans un intérêt d'église, d'école ou de parti. Tandis que rationalistes et catholiques se divisent, on peut lui faire un double procès de tendance, en sens opposés : les catholiques peuvent le rejeter comme rationaliste, et les rationalistes comme catholique. Le vrai est que la solution qu'il donne au problème religieux de ce temps n'entraîne immédiatement ni qu'on adhère ni qu'on cesse d'adhérer à la doctrine catholique ou à toute autre : il élève le débat au point de vue le plus abstrait et le plus général, et plus haut que les questions vivantes, pour le mettre au-dessus des passions. Mais plus haut que la vie, il y a la source de la vie : la solution d'une question abstraite prépare pour l'avenir celle des problèmes qui s'agitent dans le monde vivant.

Que les passionnés, qui ne supportent pas la discussion désintéressée, qui ne comprennent pas qu'on ne fasse point fléchir la vérité sous les nécessités du parti-pris, sous les convenances de l'amour ou de la haine, se retirent d'une étude qui n'est pas faite pour eux. Je ne prétends faire ici qu'une étude sur les principes premiers et abstraits auxquels se rattachent les problèmes fondamentaux qui passionnent le monde : ce sera le tort de mon entreprise aux yeux de ceux qui ne jugent que d'après leurs sympathies ou leurs antipathies ; peut-être en sera-ce le mérite aux yeux de ceux qui cherchent le vrai et qui en acceptent d'avance toutes les conséquences, fermement, courageusement, sans souci de ce qu'elles peuvent être, pourvu qu'elles soient conséquences légitimes de principes vrais. Dans tous les cas, bienvenue auprès des uns, malvenue auprès des autres, je ne la crois pas inutile.

II

Il s'agit ici du problème religieux, lui seul, et en soi.

Il ne s'agit point du rapport de l'Eglise et de l'Etat : quelque parti qu'on adopte à cet égard, il n'importe à la vérité ou à la fausseté du dogme. C'est une question, si l'Eglise et l'Etat, si la société religieuse et la société civile, doivent former une même société, ou deux sociétés liées, ou deux sociétés séparées ; c'en est une autre, dans la distinction comme dans la confusion de ces deux sociétés, dans la séparation comme dans l'union de l'Etat et de l'Eglise, si l'enseignement de l'Eglise, et de telle Eglise ou de telle autre, est vrai.

Et il ne s'agit point du conflit ou du prétendu conflit entre la religion et la science : il n'existe entre ces deux puissances ni conflit ni accord. Elles n'opèrent pas sur le même terrain : où se rencontreraient-elles pour se combattre ou pour s'entendre ? La science est la connaissance expérimentale du monde visible : elle n'a rien à dire sur le monde invisible, qu'elle ignore ; sur les origines et les fins, qui se dérobent à ses instruments ; sur la vie éternelle, qui échappe à ses prises. Sur ces grands objets, elle est muette : ils ne sont pas pour elle, elle n'est pas pour eux. La religion n'a pas plus à tenir compte des affirmations ou des négations de la science, que les habitants d'une planète n'auraient à tenir compte des affirmations ou des négations des habitants d'une autre planète, qui ne les verraient ni ne les pourraient voir, qui, d'affirmer ou de nier à leur sujet, ne seraient que des impertinents.

La science n'est pas la raison. La religion rencontre la raison, qui est partout, à qui rien ne saurait être étranger ; et c'est pourquoi elle doit compter avec elle, mais non avec la science, qu'elle ne rencontre pas. Si la science et la religion se rencontrent en quelque point, c'est que l'une ou l'autre est sortie de chez elle. L'homme est-il distinct de son corps visible, et fait pour une éternelle vie ? La science n'en sait rien. Est-il sur terre, en sa forme présente, depuis six mille ans, ou depuis soixante mille ? Qu'importe à la religion ? Ce n'est plus une question religieuse, mais scientifique. Qu'il ait son origine première en Dieu, question religieuse ; qu'il ait son origine immédiate dans l'animal, ou plutôt que son corps, qui est un corps animal, résulte d'une série de transformations d'espèces hiérarchisées, question de science. L'hostilité de la science et de la religion, quand elle se produit, est contre une religion qui usurpe, ou d'une science qui usurpe.

Science et religion ne peuvent donc, si elles demeurent chacune en sa sphère propre, ni s'accorder ni se combattre : elles ne se rencontrent pas. Mais philosophie et religion, raison et foi, se rencontrent : là, aujourd'hui comme en d'autres temps, comme toujours, là est le problème.

III

A chaque jour suffit sa peine, et à chaque âge son travail. Le travail de notre âge est grand, il est immense. Ce que les siècles écoulés lui ont laissé à faire comme une rude tâche à remplir dans l'angoisse et dans le labeur douloureux, n'est rien de moins qu'un renouvellement universel des choses. Or le renouvellement des choses doit-il être la destruction du passé? Rien ne doit-il rester debout de ce qui fut? Un édifice inconnu et de toutes pièces nouveau doit-il s'élever sur les décombres d'un édifice mal solide, ou d'une maison qui nous vient de nos pères, il est vrai, mais trop vieille et d'un goût trop patriarcal pour le goût raffiné, pour l'orgueil civilisé des enfants? Rien de ce qui a été n'était-il bon? Ou faut-il que l'humanité, dans sa marche à travers les âges, abandonne un bien pour un autre, un plus grand bien peut-être pour un moindre, appelant progrès ce qui ne serait qu'une compensation, sinon une décadence? Mais n'y a-t-il pas plutôt des choses qui dureront tant que l'homme durera, parce qu'elles sont le fondement et le principe même de la vie de l'homme? des choses impérissables, parce qu'elles appartiennent à l'ordre éternel? L'humanité n'a-t-elle habité qu'un toit provisoire, une maison mal assise sur un fondement ruineux, que le temps seul abat et qui déjà tombe de vieillesse; ou n'y a-t-il pas plutôt, dans les palais qu'elle habite tour à tour, une colonne qui demeure ferme au milieu des écroulements successifs du reste de l'édifice, et sur laquelle passent les tempêtes, qui ne sauraient l'ébranler sans faire osciller le monde ?

Cette colonne ferme, cette chose impérissable parce qu'elle appartient à l'ordre éternel, ce fondement et ce principe de la vie de l'homme, c'est la religion. Comme la religion préside à la naissance, elle préside aussi aux accroissements, aux développements, aux renouvellements de l'humanité. C'est pourquoi, si un siècle de renouvellement a besoin de résoudre tous les problèmes ensemble, le problème capital dans un tel siècle, celui dont la solution emporte la solution de tous les autres, c'est le problème religieux.

La religion est le lien de l'homme avec Dieu, et, par suite, le lien des hommes en Dieu. Elle unit les hommes entre eux, en les unissant à Dieu ; elle constitue l'humanité, en lui marquant sa place dans l'ordre de l'univers. Si cela est, quel problème plus capital dans tous les temps, dans le nôtre surtout, que le problème religieux ! Et si cela n'est pas, quoi de plus capital encore que de traiter le problème de la religion, pour faire voir aux plus aveugles qu'il est une chimère, et pour délivrer enfin l'homme nouveau du spectre qui obsède sans cesse le sommeil ou le délire du vieil homme sous le nom de Dieu ? Il faut enfin ou chasser à jamais du cerveau des hommes le fantôme malfaisant, j'entends l'erreur de la religion, ou y rétablir à jamais la vérité de la religion, mais sur de nouvelles bases, pour satisfaire aux exigences nouvelles d'esprits devenus plus difficiles à mesure qu'ils sont devenus plus forts.

Car, qu'on ne s'y trompe pas, c'est le développement de la raison dans l'humanité qui fait la difficulté particulière du problème religieux, à notre époque. La raison en est arrivée à ce point, que ce n'est plus elle qui est en cause ; et non seulement la raison n'est pas en cause, mais elle est juge dans toutes les causes, elle prononce en tout débat, avec une autorité souveraine et absolue.

Le monde moderne est rationaliste : c'est un fait dont on ne saurait plus douter, et qu'il faut accepter ou subir. Les croyants s'élèvent contre ce fait ; ils voudraient le supprimer, ils ne le peuvent : le rationalisme triomphe. C'est pourquoi ils le redoutent comme le plus terrible de leurs ennemis : à ce point que les uns, dans leur impuissance de marquer à la raison ses vraies limites, s'efforcent de la nier tout entière, de la frapper à la base, de l'abattre d'un seul coup ; et que d'autres, désespérant de l'abattre, désespèrent de l'avenir religieux du monde européen, et rêvent pour l'Eglise de nouvelles destinées chez des peuples plus jeunes. Mais avant de s'arrêter à ce parti du désespoir, ne convient-il pas de voir si par hasard il n'en reste pas un autre à prendre ? Faut-il absolument nier la raison au nom de la foi, ou la foi au nom de la raison, comme font les exclusifs ; ou du moins, comme font les modérés, borner la foi au nom de la raison, la raison au nom de la foi ? Est-ce accorder la raison et la foi, que limiter l'une au profit de l'autre ? Et ne s'accorderont-elles pas plutôt si, loin de se séparer, elles s'unissent au contraire et s'identifient dans un terme supérieur ?

Car la foi, à la considérer en elle-même, n'est pas incompatible avec le rationalisme. Que Dieu enseigne une doctrine aux hommes, est-ce à dire que la raison des hommes ne doive pas juger si cette doctrine est véritablement de Dieu, soit par des caractères extrinsèques qui montrent plutôt qu'ils ne prouvent la main de Dieu, soit par les caractères intrinsèques du vrai, qui ne sauraient combattre ses propres principes, et dont il se peut qu'elle se fasse un jour par elle-même la démonstration directe ? Et n'est-elle pas souveraine quand elle juge ? Que le croyant dise : « Je tiens la parole de Dieu ! » ne donne-t-il pas la main au rationaliste qui dirait : « J'en reconnais, j'en retrouve même dans la raison, et j'en comprends la vérité ? »

Le rationalisme non plus, en lui-même, n'est pas incompatible avec la foi. S'ensuit-il en effet, de ce que la raison suffirait à la connaissance de la vérité dont l'homme a besoin, que la parole de Dieu n'ait pas été dès l'origine la lumière qui éclaire la raison ? Si la raison suffit à la connaissance du vrai dont ne saurait se passer notre vie morale, s'ensuit-il qu'elle puisse l'atteindre du premier coup, et ne laisse pas intacte la nécessité de la foi pour que l'homme ne demeure pas au dépourvu dans l'attente périlleuse et longue de ce vrai nécessaire ?

Le principe du rationaliste ne s'oppose donc pas au principe du croyant, mais l'application que font de leur principe les rationalistes qui nient la foi à celle que font du leur les croyants qui nient ou limitent arbitrairement la raison.

Ces deux principes n'étant pas contraires l'un à l'autre et n'étant pas non plus liés l'un à l'autre, il faut les examiner à part, pour en vérifier les titres : car il se peut que l'un des deux n'ait pas de titres légitimes, et il faudrait le nier alors, mais alors seulement. S'ils ont l'un et l'autre également des titres légitimes, ils rentrent dans un principe supérieur, ils s'accordent et ils s'unissent dans la vérité commune.

Cela posé, remarquons bien où en est le problème : des deux principes en lutte, si l'un est faux, ce ne saurait être la raison, et il ne reste plus qu'à être rationaliste ; s'ils sont légitimes tous les deux, il faut les accorder, c'est-à-dire accorder la religion avec la philosophie : ou, la religion étant essentiellement catholique, on le verra, et la philosophie essentiellement rationaliste, le catholicisme avec le rationalisme.

Voilà, je crois, ce qui n'a pas encore été tenté, et voilà ce qui est aujourd'hui la difficulté particulière du problème religieux.

IV

On oppose la foi et la raison. On oppose la foi et la science.

Quelle est la nature propre de la raison ? Est-elle impersonnelle ou personnelle, ou l'un et l'autre, suivant le point de vue d'où on la considère ? Est-elle une faculté de l'intelligence ayant sa sphère propre, ou l'intelli- n'est-elle qu'une seule faculté composée d'éléments distincts mais inséparables, et la raison est-elle un de ces éléments, peut-être l'élément fondamental de l'intelligence humaine ? Peu importe ici. L'homme a le pouvoir d'apercevoir certaines vérités ; cela nous suffit : ce pouvoir est la raison.

Des vérités qu'il peut apercevoir, il aperçoit les unes directement, j'entends qu'il ne les aperçoit pas en d'autres vérités, mais en elles-mêmes : ce sont les faits qu'il observe, et ces rapports généraux nécessaires qu'on appelle axiomes ; et il aperçoit les autres en d'autres vérités, d'où il les tire par analyse ou d'où il les infère par induction.

Il en est qu'il n'aperçoit que lorsqu'on les lui montre, et qu'il retrouve, pour ainsi parler, guidé par autrui ;

ceci est encore la raison : c'est faire acte de raison que suivre une démonstration, et la comprendre.

Il en est enfin qu'il n'aperçoit pas de lui-même, et qu'on ne peut d'ailleurs lui montrer, qu'il connaît néanmoins, non pour les avoir vues, mais pour les avoir apprises ; il se *fie* alors à l'autorité de la parole qui les lui enseigne : il a *foi*.

Les enfants, les paysans, les gens peu instruits savent beaucoup de choses, possèdent beaucoup de vérités, et beaucoup sans doute pour les avoir vues, mais plus encore pour les avoir apprises : ils savent par la raison, et ils savent par la foi. A mesure qu'on est plus instruit, on sait par la raison un plus grand nombre de choses que l'on n'avait sues d'abord que par la foi.

Cela étant, un acte de foi doit être un acte de raison : c'est-à-dire que, pour ajouter foi à la parole d'un autre homme, il faut savoir par la raison que cet autre homme est digne de foi, s'il n'affirme que des choses croyables, ce dont la raison est seule juge ; la vérité à laquelle on adhère par cet acte de foi est d'ailleurs conforme à la raison, d'où elle tire son origine : car croire autrui n'est, au fond, que se confier en la raison d'autrui.

Entendue de la sorte, la foi ne va pas sans la raison ; et la raison va sans la foi : si bien qu'elle la précède. La foi même de l'enfant à la parole qui l'enseigne se fonde sur un acte de raison instinctif, sur une connaissance spontanée de la supériorité de ses parents ou de ses maîtres.

Voici une autre acception du mot *foi* : cet acte de raison instinctif, cette connaissance spontanée, ou de sentiment, dont je parle. On oppose alors la connaisance spontanée à la connaissance réfléchie, la foi à la science.

On oppose la foi à la science d'une autre manière,

lorsqu'on veut signifier par la science la connaissance qui résulte du raisonnement, ou de la méthode, et par la foi la connaissance qui précède et qui soutient tout raisonnement, toute méthode : la vérité des premiers principes et des axiomes n'est point une vérité démontrée, mais primitive ; elle n'est point de science, mais de foi. La foi ainsi entendue n'est pas opposée à la raison, elle est le fond de la raison même. Ce n'est donc pas d'elle qu'il s'agit par opposition à la raison, mais de la foi proprement dite, savoir, l'acte par lequel on s'en rapporte à autrui, la croyance au témoignage, ou à l'autorité.

Réduite à ces termes généraux, la question de la raison et de la foi n'en est plus une. Connaître par la foi et connaître par la raison sont deux manières de connaître, également légitimes, à des titres déterminés : par la raison, quand il y a évidence, ou quand il y a expérience directe ; par la foi, quand il y a raison de se fier à l'enseignement ou à la parole. Je n'ignore point la Chine, bien que je ne l'aie pas vue ; mais d'autres l'ont vue, dont la parole mérite foi. La foi est subordonnée à la raison ; elle est une adhésion à la raison de l'homme. Par la raison, on connaît comme individu ; par la foi, comme membre du genre humain.

Ce n'est donc point la raison et la foi qu'il convient d'opposer ainsi l'une à l'autre, mais l'intelligence et la foi : l'intelligence, par laquelle l'individu participe lui-même à la raison de l'homme ; la foi, par laquelle il adhère à la raison, faute d'y pouvoir participer lui-même : la raison, loin d'être l'un des deux termes du rapport de l'intelligence à la foi, est ce rapport même, puisqu'elle en est le fond commun. L'intelligence précède la foi, et y conduit en la justifiant ; mais elle ne s'arrête pas à la foi, elle pénètre dans les vérités qu'elle en reçoit, les explique, les fait siennes, et l'on arrive à connaître comme individu ce que l'on a connu comme membre du genre humain.

En un mot, connaître par la foi et connaître par la raison, c'est participer à la raison, directement ou indirectement : on connaît par la raison, quand on voit soi-même une vérité ; par la foi, quand on ne la voit pas soi-même, mais au travers de la parole d'autrui.

V

Voyons si ces conclusions générales s'appliquent au cas particulier où la foi serait la croyance, non plus à la parole de l'homme, mais à la parole de Dieu ; cas particulier d'une importance telle, qu'il constitue lui seul cette foi religieuse dont il s'agit toujours lorsqu'on traite de la foi. Car la foi religieuse embrasse tout un ordre de vérités à part, et les plus essentielles de toutes, celles qui gouvernent le monde.

Dieu parle, Dieu est infaillible, Dieu ne peut ni se tromper ni tromper ; il y a donc toute raison de se fier à la parole de Dieu. C'est le motif de la foi, tel que l'Eglise le pose et le formule : la foi motivée, c'est la foi fondée en raison. La raison reconnaît l'autorité de Dieu, et s'incline ; mais, en s'inclinant, elle se rend hommage non moins qu'à Dieu : c'est elle qui s'incline, et la foi est un acte de raison.

Il faut, de plus, que la raison se retrouve dans la parole de Dieu : faute de quoi, elle ne pourrait la reconnaître ; comme c'est elle qui se livre, c'est elle aussi qui se refuserait, en son propre nom. Comme elle porte en elle-même la règle de la vérité, elle ne peut voir la vérité dans ce qui ne lui est pas conforme à elle-même.

Donc la raison et la foi ne s'opposent point, puisque la foi, au contraire, n'est légitime qu'autant qu'elle est un acte de raison. Elle n'est rien hors de là. Ceux qui veulent mettre la foi à la place de la raison, sous prétexte que la raison est faillible, et que la faire le seul juge de la vérité c'est hasarder la vérité dans la faillibilité de chacun, oublient qu'il faut toujours en revenir à la raison pour décider de la foi : car, au même titre que la raison prononce qu'il y a lieu de croire, elle pourrait prononcer qu'il n'y a pas lieu de croire. Mais la raison n'est pas purement personnelle, comme ils l'imaginent : les individus y participent ou s'y conforment à divers degrés, voilà ce qui est personnel, et voilà ce qui est faillible ; la raison est infaillible en soi, par cela qu'elle est précisément le sens du vrai.

La foi religieuse est donc véritablement un cas de la foi telle que nous l'avons considérée d'abord : ou elle n'est rien, ou elle relève du contrôle de la raison.

La parole de Dieu est digne de foi... — Sans doute, et elle l'est absolument, selon la raison. Mais qu'est-ce que la parole de Dieu ? Où et comment se fait-elle entendre ? Est-elle intérieure, et se fait-elle entendre au-dedans de nous ? Elle est alors, soit un sentiment, soit la raison même. Est-elle un sentiment ? Dieu parle-t-il à notre cœur ? S'il y a dans notre cœur un sentiment, comme une parole qui se déclare divine et qui témoigne de l'invisible, que vaut ce témoignage ? et qui en jugera, si ce n'est la raison ?

La seule parole de Dieu dont il n'y ait pas lieu d'établir l'authenticité, c'est la raison. Oui, les principes constitutifs de la raison, règle du vrai, du beau, du juste, règle du bien sous ces trois aspects de l'idéal que saisit l'homme, sont véritablement la parole de Dieu ; ils ne sont pas démontrés pour nous, ils sont crus : certitude de foi, non de raison, pourra-t-on dire : je le veux ; ils sont crus sur la foi à l'autorité de Dieu qui nous les révèle, et qui en fait l'essence même ou le fond de notre raison. Si telle est la parole de Dieu, la foi ne s'oppose pas à la raison ; elle ne s'en distingue même pas, elle en est l'essence : l'accord de la raison et de la foi est une identité.

La parole de Dieu est-elle extérieure aussi ? Se fait-elle entendre dans l'humanité comme elle se fait entendre en chacun de nous ? Aussitôt, entre Dieu et moi, voilà des hommes. Voilà ma foi à la parole de Dieu subordonnée à ma foi à la parole de certains hommes ; et me voilà obligé de déterminer dès l'abord jusqu'à quel point ces hommes sont dignes de foi. Or, comment le déterminer, si ce n'est par la raison ? Et la raison ne peut les reconnaître dignes de foi qu'autant qu'elle avoue elle-même ce qu'ils disent.

Dieu a-t-il parlé, en effet ? Parle-t-il ? Ils le disent. Mais ceux qui le disent méritent-ils créance ? A quel titre ? Et à quel signe, dans ce qu'ils me rapportent, reconnaîtrai-je Dieu ? Pour que je le reconnaisse, d'abord et avant tout faut-il que je le connaisse : c'est-à-dire que je le trouve en moi, dans ma raison. Voilà donc ma raison capable de conclure sur l'existence et sur les propres caractères de Dieu ; car, si elle ne conclut là-dessus avec certitude, je manquerai de signe pour reconnaître au-dehors la parole de Dieu. Les vérités qui me sont enseignées par la parole de Dieu ont pour objet Dieu lui-même dans ses rapports avec le monde et avec l'homme. Si donc ma raison suffit à conclure sur Dieu, j'ai en moi de quoi contrôler sa parole extérieure, et de quoi la reconnaître où je la trouve conforme avec sa parole intérieure, qui n'est autre, d'abord, que ma raison.

Cette conformité de sa parole avec ma raison sera complète, si sa parole ne dépasse point ma raison actuelle ; si elle la dépasse, du moins ne doit-elle point lui être opposée : mais je dois avoir, au contraire, dans ma raison comme l'intuition ou comme le pressentiment, en attendant l'évidence, de ces vérités qui me dépassent aujourd'hui.

Comment puis-je savoir que des mystères, c'est-à-dire des propositions où ma raison actuelle ne saurait atteindre, sont des vérités, si ce n'est que c'est la parole de Dieu qui me les enseigne ? Et comment puis-je savoir que la parole qui me les enseigne est en effet la parole de Dieu, si je n'ai déjà reconnu la parole de Dieu à sa conformité avec ma raison ? Donc les plus inaccessibles vérités sont liées à d'autres vérités que je trouve dans ma raison : donc il se peut que j'arrive un jour, à l'aide de celles-ci, jusqu'à celles que je n'atteins pas encore : et, dès qu'elles sont vérités, si elles surpassent ma raison actuelle, ma raison virtuelle les contient.

Cette espèce d'intuition ou de pressentiment rationnel des mystères qu'enseigne la parole de Dieu est nommée aussi : elle est nommée *la foi*, dans l'Eglise, qui la regarde alors comme une grâce que Dieu nous fait d'apercevoir en quelque sorte ou plutôt de sentir audedans de nous les hautes vérités dont sa parole nous instruit.

Mais, à nous en tenir au sens bien défini du mot *foi*, il en est de la foi dans l'ordre religieux comme il en est de toute foi : c'est une croyance qui, pour être légitime, doit être, comme toute croyance, fondée en raison, et conforme à la raison ; l'accord de la foi et de la raison n'est autre chose, si la doctrine religieuse est vraie, que l'identité d'une même raison, ou qui se nomme plus particulièrement la raison, ou qui se nomme la foi, selon qu'elle est intérieure ou extérieure, individuelle ou universelle, propre à chacun ou commune à tous ; d'une même parole de Dieu parlant dans l'humanité ou dans l'individu : pour l'individu qui l'entend dans l'humanité, foi ; pour l'individu qui l'entend dans sa propre intelligence, raison.

S'il en est ainsi, de même que la parole en général, qui enseigne et à laquelle on a foi, est nécessaire à l'éducation de la raison, mais suppose la raison qu'elle développe et dont elle sollicite l'intelligence, pareillement la parole extérieure de Dieu, qui enseigne le genre humain et à laquelle on a foi, est nécessaire à l'éducation de la raison de l'homme, mais suppose la raison de l'homme qu'elle développe et dont elle sollicite l'intelligence. La raison de l'homme, supposée par la parole extérieure de Dieu qui s'adresse à elle, n'est à son tour que la parole intérieure de Dieu, plus ou moins entendue en chacun de nous.

Avant de passer outre, il faut vérifier cette hypothèse d'une révélation de Dieu. La cause de la raison est toute gagnée d'avance ; c'est la cause de la foi qu'il s'agit de gagner.

VI

Que sert de nous le dissimuler, en effet ? Ce siècle est incrédule. Presque tous ceux qui reconnaissent la raison sont rationalistes : et presque tous les rationalistes nient la foi. Parmi ceux qui croient, bien peu sont rationalistes, si même il en est un seul : car la thèse que je soutiens, qui consiste à voir l'accord de la foi et de la raison dans l'accord du catholicisme et du rationalisme, semble étrange. La plupart s'imaginent reconnaître la raison, en la limitant arbitrairement : inconséquents qui ne voient pas que, si elle vaut, elle vaut partout où elle prononce ; et ils ont contre eux l'effort du siècle : c'est pourquoi quelques-uns vont jusqu'à la nier : mais ceux-ci ont contre eux, de leur propre volonté, la raison. Veux-je dire qu'ils sont fous ? On dirait de plusieurs qu'ils cherchent à l'être, s'il n'y parviennent pas.

Ce que voyant, le siècle, pressé par la nécessité de rejeter ou d'accepter en entier la raison, se persuade qu'il est impossible de croire sans se mettre en guerre avec la raison ; il se figure la foi déraisonnable, et, comme il ne peut se résoudre à être déraisonnable, la nie. Ainsi la religion meurt dans le cœur des hommes ; ainsi l'on cherche le bonheur et la justice, et l'on est athée.

Ah ! Je le sais : on célèbre, on exalte, on chante le progrès. Mais combien les choses changent d'aspect suivant le point de vue d'où on les considère ! Où les uns voient le progrès, les autres voient la décadence. Et l'on peut se disputer longtemps là-dessus : car les uns et les autres, s'ils ont tort, ce n'est point dans ce qu'ils affirment, c'est dans ce qu'ils nient. Ceux qui affirment le progrès, affirment un progrès très réel et très véritable ; ceux qui affirment la décadence, n'affirment aussi qu'une décadence trop véritable et trop réelle. N'avons-nous pas, en notre âge de réhabilitation de la chair, oublié l'esprit ? Cet esprit, cet être supérieur, qui n'est point l'homme, mais qui est la fin de l'homme et que chaque homme doit s'efforcer de développer en lui-même, n'est-ce pas là néanmoins ce que notre siècle néglige le plus ? Notre siècle, qui a d'autres vertus, et que travaillent d'autrès besoins, passe dans une indifférence coupable et funeste des choses d'en haut. L'homme autrefois se souciait peu de l'homme ; il s'isolait de ses semblables ; il ne s'inquiétait point de leur sort, pourvu qu'il fût sauvé lui-même, et que, tranquille dans son égoïsme d'outre-tombe, rien ne vînt le détourner de ne songer qu'à Dieu, l'auteur du salut. C'est le contraire aujourd'hui : tandis que, par une heureuse réaction, l'homme commence enfin à s'occuper de l'homme, et que les lois de la justice et de la charité, qui inquiétaient peu nos ancêtres, nous inquiètent enfin, il semble que, par une triste compensation, par une autre réaction, mais celle-ci malheureuse, on n'entre plus en souci de Dieu. Misère des choses d'ici-bas ! On oubliait l'humanité pour ne songer qu'à Dieu : on oublie Dieu pour ne songer qu'à l'humanité. Depuis que l'*humanité* s'est levée dans nos âmes comme une vertu nouvelle, l'homme, en devenant meilleur pour la terre, s'est plus attaché à la terre. On a tourné une page de l'Evangile et l'on ne s'est plus souvenu de l'autre page.

Si l'on regarde les motifs d'incrédulité des plus raisonnables, ou des meilleurs raisonneurs, on se convaincra combien ils connaissent peu la religion qu'ils combattent. Ils ne la connaissent point dans son fond ; dans sa forme, — telle, il faut bien le dire, que trop de croyants la leur présentent, — ils l'estiment contraire à la raison et à la liberté, et ils l'attaquent au nom de la raison et de la liberté, au nom du droit : ils attaquent en effet quelque chose de mauvais et de faux, qu'ils prennent pour la religion, et qui n'est qu'une théocratie.

Donnons-nous, pour être bons juges, le spectacle de cet état de l'âme où l'on renonce à une religion qu'on regrette, et dont on se détache néanmoins, parce qu'on l'a mal connue : si bien que l'on se détache d'une erreur qu'on lui avait faussement attribuée, et qu'au nom d'un esprit de liberté, qu'elle ne repousse pas, on combat en elle un esprit de servitude, qui n'est pas le sien. Je me figure donc un rationaliste incrédule, demeuré religieux dans son cœur, comme il s'en trouve, et ils ne sont pas rares : voici à peu près, si je ne me trompe, le discours que tiendra un infidèle au catholicisme, fidèle d'ailleurs au spiritualisme de la raison.

VII

« Vous me parlez d'autorité. Qu'est-ce que l'autorité? Sur quoi repose-t-elle ? Sur la révélation. Et la révélation ? Sur le besoin de croire qui tourmente l'homme, parce qu'il ne peut faire un pas sans croire à quelque chose, et que, s'il ne croyait à rien, il ne pourrait vivre.

» Jeté ici-bas avec un corps et avec une âme, avec une raison capable de l'infini, qu'enchaîne la matière dans ses étroites limites, l'homme promène autour de lui un regard d'admiration et d'épouvante ; il tombe à genoux, faible et petit, devant ce monde tout-puissant et sans bornes, peuplé de merveilles et de terreurs, qui le charme et qui l'étonne. Les idées éternelles qui sont le fond de sa raison se traduisent en pressentiments confus, vague instinct du vrai, et il croit, parce qu'il ne peut pas ne pas croire. Mais sa croyance n'est pas encore le fruit de la raison toute pure, dégagée des liens sensibles ; elle ne lui vient pas encore de Dieu clair et manifeste dans nos âmes ; elle n'est qu'un reflet lointain, une imparfaite image de l'immuable vérité. Aussi le trait distinctif de ces primitives croyances, de toute foi religieuse, est-il visiblement l'imagination et la poésie, le mystère et l'enthousiasme.

» En principe, la révélation est vraie : toute vérité est une révélation de Dieu à l'homme ; mais révélation intime, dont tout homme a sa part plus ou moins large, et qui se fait par la raison : la raison, ce sens de l'absolu, de l'universel, de l'infini, ce flambeau céleste qui éclaire tout homme venant en ce monde, le Λόγος du platonicien, le Verbe du chrétien, Dieu même, Dieu en nous. Or, dans l'enfance des peuples comme dans celle des hommes, et dans l'enfance de l'humanité comme dans celle des peuples, cette raison est encore trop attachée à la matière, la chair et l'esprit sont trop mêlés encore, pour qu'il soit possible d'atteindre le vrai sans mélange. Il se rencontre des intelligences plus riches que les autres, plus pleines de Dieu, si je puis le dire, qui, portées sur les ailes de l'enthousiasme, saisissent au vol, dans ces premières ténèbres, quelques éclairs de vérité. Ces vérités, ceux qui, ne les ayant pas cherchées, les ont découvertes, sans méthode, et comme par un sublime instinct qui les leur a fait connaître d'en haut, en prennent la connaissance involontaire, irréfléchie, impersonnelle, pour une révélation ; ils parlent en inspirés de Dieu, en révélateurs : et ils ne se trompent pas. Le peuple le sent bien. Et le peuple les croit, parce qu'il a besoin de croire : parce que d'abord, il lui faut une croyance ; puis, parce qu'il est enfant, incapable de comprendre l'intervention divine sans prodiges en chacun de nous, ami des miracles, dominé par l'imagination ; surtout (car le faux même n'entre dans l'esprit de l'homme qu'à l'aide du vrai qu'il contient et qu'il enveloppe, qu'il accompagne comme l'ombre la lumière), surtout donc parce qu'il retrouve, dans ces formes symboliques qu'il prend à la lettre, ses notions confuses du vrai revêtues de lueurs étincelantes.

» Telle est la commune origine de toutes les religions, celles-ci plus ou moins belles et vraies selon les lieux et les temps, selon l'âge même qu'avait l'humanité à l'époque où elles ont paru. Qui dit religion, dit révélation, dit autorité, — mais une autorité infaillible, sans appel comme sans contrôle : car qui osera douter quand c'est Dieu qui parle ? Foi donc, et foi aveugle! Foi au mystère, si étrange, si contradictoire qu'il puisse être : Dieu a parlé, il a dit, et les plus étonnantes sentences tombent du sanctuaire, consacrées par la bouche qui les prononce, sur une foule respectueuse d'adorateurs à genoux. Si la raison les condamne, c'est que la raison est folie.

» La raison, grand Dieu ! Mais que nous restera-t-il, et que sommes-nous sans elle ? Et qu'on ne vienne pas me dire que la raison a son domaine propre, que la foi a le sien ; que les choses de la foi peuvent être contradictoires aux yeux de la raison, sans que la raison soit faillible dans sa sphère. Cela n'est point. La raison a des principes qui la constituent, qui la font elle-même, et dont elle ne peut se départir en une seule vérité particulière qu'elle ne se donne en même temps le coup de la mort. Quoi donc ! Elle se trompera ici, ne se trompera-t-elle pas ailleurs ? Et alors qu'est-ce que notre vie, si nous ne sommes pas assurés des vérités les plus simples, et de ces certitudes sans lesquelles il est impossible d'être ?

» Voyons toutefois, et jugeons. Je ne veux pas résoudre de si graves problèmes par un éclat de colère.

» On invoque l'autorité. Qu'est-elle ?

» Ou elle est tout extérieure, et n'impose qu'une croyance extérieure comme elle, un simulacre de foi pour jouer un rôle parmi les hommes : ce n'est croire à rien que croire de la sorte.

» Ou elle est sincère, et veut imposer une véritable croyance : il faut donc en examiner les titres.

» Oui, il faut les examiner. Je sais bien que je rencontre ici une première difficulté, et que cette autorité, qui prétend mettre ma croyance à la merci de son caprice, commence tout d'abord par m'interdire cet examen. Procédé commode, en vérité, et qui déjà donne quelque peu à penser qu'elle n'est pas fort sûre de soi ! Elle interdit l'examen : je le veux ; encore faut-il l'examiner elle-même. Que, cette autorité une fois reconnue infaillible, on n'examine plus ce qu'elle proclame, on la croie sur sa parole, c'est conséquence. Elle est infaillible : ce point accordé, accordons tout le reste. Elle est infaillible: donc elle ne peut ni errer ni mentir. Et ne pas croire les dogmes qu'elle enseigne sous prétexte qu'on ne les comprend pas, examiner même quand elle prononce avec le droit qu'on lui a concédé de prononcer sans appel, il y a là, j'en conviens, plus que de l'inconséquence, il y a orgueil, il y a la superbe d'un esprit qui ne veut pas se reconnaître des limites. Oui ; mais cette autorité elle-même, qui me la prouve ?

« L'Évangile. La parole de Jésus-Christ... — A merveille. Mais, d'abord, qui me prouvera l'autorité de l'Évangile? Vous reposez votre autorité sur une autre; si vous ne me démontrez pas la vôtre, démontrez la première. Nous remonterons toujours quelque part où une démonstration sera indispensable ; et au nom de quoi, s'il vous plaît, la ferez-vous, sinon au nom de la raison, que vous dites faillible ? Et si la raison ne trompe pas quand elle parle sur ce point, comment se fait-il qu'elle trompe quand elle parle sur un autre ?

» Mais n'importe, allons toujours ; démontrez-moi cette autorité de l'Évangile : faites-moi voir qu'il est d'une authenticité qui défie la plus subtile critique, et qu'il nous transmet, sans altération aucune, des paroles dignes de faire foi. Puisqu'il faut que ma raison s'enchaîne elle-même, elle résistera longtemps, elle sera difficile, elle sera exigeante, elle devra l'être ; elle ne se rendra que pieds et poings liés, et quand elle n'aura plus une ombre d'objection à faire. Démontrez-moi donc, je le répète, que tout ce qui est écrit dans l'Évangile est absolument vrai, et encore qu'il y a, dans cet étalage de miracles, une preuve péremptoire que le Christ est Dieu. Oui, Dieu ; Dieu, lui-même. C'est ce que vous enseignez, et il ne faut rien de moins : il est le seul à qui je puisse abandonner la raison que j'ai reçue de lui.

» Et, lorsque enfin vous m'aurez convaincu, toujours du droit de cette raison que vous voulez détruire, que le Christ est Dieu, que les moindres mots tombés de la bouche du Christ sont d'infaillibles oracles, reste à me faire voir que les paroles sur lesquelles vous reposez votre infaillibilité la fondent en effet. Vous les interprétez à votre fantaisie : qui me dit à moi que vous les interprétez bien ? Vous les interprétez d'une certaine façon qui vous proclame infaillibles : quoi ! les trois-quarts de l'Europe les interprètent autrement, et récusent votre infaillibilité ; qui a raison ?

» Moi, dites-vous, car je suis infaillible. — Le beau raisonnement ! Vous voilà réduits à défendre votre infaillibilité par elle-même, et non plus par une autre. — Non, dit l'Eglise, je la fonde toujours sur celle de Jésus-Christ. Ses propres paroles me l'affirment ; et je les interprète bien, puisque j'ai le pouvoir, qu'il me donne lui-même, d'interpréter infailliblement l'Ecriture. — Je vous entends, et voici ce que vous dites : Je suis infaillible ; Jésus-Christ, qui est Dieu, l'affirme. Donc j'interprète bien les paroles par lesquelles il affirme que je suis infaillible. Donc je suis infaillible. Devant une démonstration aussi transcendante, je m'incline, que faire de plus? Et je me dis, à terre prosterné dans une humilité profonde : O Sainte, Sainte, trois fois Sainte Eglise, contre laquelle les portes de l'enfer ne prévaudront jamais ! Je te salue et je t'adore, autorité divine, surperbement bâtie sur un roc inébranlable, sur un paralogisme !

» Ainsi donc vous ne me démontrez pas que vous soyez infaillible. Il me sera beaucoup plus facile de vous démontrer que vous ne l'êtes point.

» Vous ne voulez pas qu'on vous examine : là est votre faiblesse. Vous ne voulez pas que je doute du principe même de la foi qui nourrit mon enfance : mettre en question le fondement de cette foi est une chose qui vous étonne. Tant pis pour vous. Un disciple de Mahomet, à ce compte, doit vivre et mourir musulman, et l'adorateur de Jupiter fut grandement coupable quand il s'avisa de discuter le principe de la croyance où il avait été nourri, pour se faire chrétien. Le dévot bouddhiste trouve, comme nous, dans sa religion une autorité qui lui impose sa foi : faudra-t-il qu'il en doute? — Oui, dites-vous ; il est dans l'erreur, il doit en sortir s'il veut être sauvé. — Mais le sait-il ? Lui est-il possible de le savoir? Et sa raison, d'après vous-même, n'est-elle point trop faible pour cela? — N'importe, qu'il cherche : la poursuite de la vérité doit être sa première et, au besoin, sa seule étude. — Pour moi aussi, répondrai-je. — Vous la possédez, vous ; vous n'avez que faire de la chercher.— Ses prêtres lui disent qu'il la possède, tout comme vous me le dites : ne doit-il pas les croire ? Ils lui parlent tout comme vous me parlez, au nom d'une autorité infaillible : comment voulez-vous qu'il n'y croie pas ? Et, s'il faut avant tout qu'il examine cette autorité de ses prêtres, ne faut-il pas de même que j'examine la vôtre ? Or, que vous me damniez là où l'examen est de trop, soit ; et, à qui vous accuserait, vous répondriez : ce n'est pas l'erreur, c'est l'examen que je damne. Mais là où j'ai fait voir que l'examen est nécessaire ? Vous ne pouvez plus alors condamner l'examen, qui est légitime ; vous ne pouvez pas non plus condamner l'erreur. Car je veux que vous ayez raison : si la plus sincère des recherches m'amène à conclure que vous avez tort, je suis un fou peut-être : suis-je coupable ? Taxez ma raison de folie, à votre aise ; mais ne me damnez pas pour ma folie, qui n'est pas une faute. Quoi ! Je ne suis pas coupable, et je serai damné ? Je serai damné, et je ne mérite pas de l'être ? Non. Et cependant vous dites : Hors de l'Eglise, point de salut ! Donc l'infaillibilité qui a dit cela ment ou se trompe. Donc elle n'est pas infaillible.

» Hors de l'Église, point de salut ! C'est un des torts qui ont perdu l'Eglise chrétienne, d'avoir mis dans la balance, pour donner plus de poids aux dogmes qu'elle enseigne, la menace de l'enfer. Cette menace a servi à la maintenir, tant qu'elle s'est adressée à des peuples énervés et lâches, ou à des peuples enfants. Mais elle montre là sa faiblesse. Car, si elle possédait la vraie vérité, aurait-elle besoin d'avoir l'enfer à son service ? Et qu'est-ce qu'une vérité qui pèse de tout le poids de la peur ?

» Le juge suprême de l'autorité, l'arbitre de la croyance, c'est la raison ; la raison seule prononce en dernier ressort s'il faut croire ou ne pas croire : l'autorité est une chimère.

» Libre là-dessus, j'aborde franchement la question formidable, la divinité du Christ. Jésus-Christ est Dieu, dit-on ; il est homme aussi. Où en sommes-nous ? Dieu et homme ? Un cercle carré ? Quoi ! il est Dieu, l'Être parfait, éternel, immuable ? Il est homme, un être imparfait, éphémère, changeant ? L'être infini, et un être fini ? Ou il est fini, et alors il n'est pas infini, et alors il n'est pas Dieu ; ou il est infini, et alors il n'est pas fini, et alors il n'est pas homme. Quoi de plus simple, quoi de plus naïf, de plus niais à dire ? Mais non, on veut qu'il soit fini, et qu'il soit infini, et le même : deux choses qui s'excluent sans réserve, et dont l'absurdité n'a d'égale que l'orgueilleuse et idolâtrique prétention !

» Je sais qu'on me répondra, pour justifier l'inintelligible, par la toute-puissance de Dieu. Ah ! sans doute ce n'est pas moi qui nierai la toute-puissance du Dieu parfait : mais on oublie que toutes ses perfections, abstraites et distinguées les unes des autres par la faiblesse de notre entendement, ne sont en Dieu qu'un seul et même parfait ; on oublie qu'il ne peut pas, avec sa toute-puissance, faire ce qu'il ne peut pas vouloir, c'est-à-dire, agir contradictoirement à son propre être.

» Vaincu sur ce terrain, on se réfugie dans un dernier retranchement. On invoque le mystère. Il est de soi, dit-on, incompréhensible : c'est sa nature d'offusquer notre esprit. — Incompréhensible ? comment l'entendez-vous ? Que nous sommes incapables d'en concevoir la moindre idée ? Qu'est-il donc, si ce n'est un son pour notre oreille, et rien que notre âme puisse affirmer ou nier ? Que si nous en avons une idée, cette idée est quelque chose pour notre esprit : elle peut lui être supérieure, elle ne peut pas être contradictoire. J'admets une vérité qui soit au-dessus de notre raison, non pas qui lui soit contraire ; qui lui échappe, non qui l'anéantisse.

» Et ne me dites point qu'il faut que je m'humilie, que j'écrase en moi l'orgueil de ma raison. Ne le sais-je pas, que la raison de l'homme n'est plus droite, qu'elle est dépravée, tortueuse? Que le premier homme pécha, et que l'humanité tout entière fut maudite en lui? Qu'elle fut corrompue dans sa source? Là est l'explication de tous ces mystères qui m'étonnent, et que j'ai repoussés ; voilà pourquoi des choses que je juge contradictoires sont vraies : c'est que la raison humaine ne voit pas ce qui est ; la raison, dévoyée et tordue, pour ainsi dire, par la faute d'Adam, prend le vrai pour le faux ; elle appelle contradiction et mensonge ou erreur ce qui est identité et vérité. Ne me dites point cela : j'ai lu Pascal, je le sais. Je le sais, et je comprends pourquoi il ne peut y avoir de salut que par la grâce, pourquoi la grâce ne se donne qu'à qui Dieu veut bien la donner ; pourquoi l'homme est un être malade, prédestiné à la damnation. Cet enfant qui vient de naître et qui meurt sans le baptême n'est pas coupable : mais l'humanité est solidaire, et il fut coupable en Adam. Qu'a fait ce malheureux pour pécher malgré tous ses efforts et sa lutte contre lui-même, pour se creuser de ses propres mains l'enfer qui le dévorera? Qu'a-t-il fait pour être damné, ce pauvre sauvage qui n'a jamais connu votre Dieu? Tous ont péché en Adam, tous méritent l'enfer. Ne nous plaignons pas du petit nombre des élus : n'y en eût-il qu'un seul, félicitons-le de l'être, félicitons-nous pour lui : c'est bonté pure de Dieu. — O triste humanité ! qui aura d'assez inconsolables gémissements pour plaindre ton malheur, que tu ignores, ou que tu oublies? O hommes, dont le seul crime fut de naître, et que Dieu même, descendu sur la terre et crucifié pour vous, est impuissant à sauver !

» Voilà où me veut conduire cette raison telle que vous me la faites, fausse, dévoyée, imbécile pour le vrai, incapable de rien comprendre. Que dis-je ? heureuse si sa condition n'était que de ne rien comprendre ! Mais incapable de voir dans le vrai autre chose que du faux. — Mais quoi ! Qui m'assure dès lors que ma croyance n'est pas un tissu d'erreurs ? Qui m'assure que la terre et le ciel existent, que je suis moi-même ? Qui m'assure que je n'ai point raisonné faux, lorsque j'ai conclu des miracles du Christ sa divinité, de sa divinité la mission infaillible de l'Eglise et le devoir de la croire sur parole ? Lorsqu'enfin j'ai tiré de l'Eglise, où m'a conduit la raison, le dogme qui frappe au cœur la raison même, ce dogme de la chute et de la grâce, qui jette sur les choses du monde un jour si ténébreux ?

» De deux choses l'une. Ou la raison ne se trompe pas, et alors ce qui est contradictoire n'est point. Ou elle se trompe, elle n'est pas compétente, elle voit de travers : alors c'est qu'elle fut maudite de la grande malédiction que Dieu lança sur l'humanité, humanité tout entière criminelle par cela seul qu'elle est, digne tout entière des plus affreux supplices, et dévouée à ces supplices ; elle fut maudite, et il n'y a pas une seule chose qui demeure certaine : et la conséquence d'une pareille foi, qui est la vôtre, c'est un scepticisme sans fond, où tombe, avec cet effroyable renversement de toute certitude, jusqu'à la foi même qui a tout renversé, souveraine superbe qui ne règne plus que sur des ruines, et sur sa propre ruine !

» J'aime mieux croire à la raison, qu'à une foi qui se nie elle-même en voulant nier la raison. Je ne veux pas, au nom de la foi comme au nom de la raison, que la raison soit mise à néant. Je veux que ce qui est contradictoire soit faux. C'est pourquoi la divinité du Christ, dans le sens absolu qu'on lui donne, est à mes yeux, quoi que je fasse, une erreur manifeste. Où donc est la vérité ? Et que dire en face des miracles que dix-huit siècles ont pris pour authentiques, et qui ont entraîné la foi de l'Europe ? Rien, si ce n'est qu'ils ne sont pas authentiques, ou qu'ils n'ont pas la valeur probante qu'on leur prête, ou qu'on en donne une explication que je crois fausse, et qu'il est plus facile, après tout, de démontrer la fausseté d'une chose que d'en mettre une autre à la place. Pour moi, ma conscience réclame d'une voix impérieuse : je ne saurais me mentir à moi-même, et il faut bien que je m'avoue en tremblant que les efforts d'une intelligence toute sympathique à la religion n'ont pu me conserver la foi au Dieu Christ. »

VIII

Cette critique de la religion, du christianisme, du catholicisme, je l'ai entendu faire ; et plusieurs de ceux qui me lisent s'imaginent, non moins que mon incrédule, que c'est le catholicisme qui est attaqué là. Ils se trompent. C'est peut-être le catholicisme tel que trop souvent le présente une exposition maladroite ; mais ils se trompent. Rien de tout cela n'est vrai. Tous ces raisonnements peuvent être bons, ils peuvent être irréfutables, mais ils portent à faux, et ils combattent des ombres.

Ce que l'Eglise rejette sous le nom de libre examen, ce n'est point l'examen du fondement même de la foi, c'est l'arbitraire, le caprice, la fantaisie du sens individuel. Elle accorde qu'on examine la base de la foi, savoir son autorité, et d'abord la révélation qui la fonde. C'est par le raisonnement qu'elle prétend prouver la divinité du Christ, et encore, sur les paroles du Christ, établir son autorité spirituelle. Elle suit donc, au fond, la voie démonstrative. Elle ne nie pas la raison : elle s'appuie sur elle, pour s'élever au-dessus d'elle. Sa foi n'est point la foi du charbonnier, mais bien l'*obsequium rationabile* de St-Paul, répété par tous nos grands docteurs. Elle ne rejette le libre examen que comme le bon plaisir de la raison, ou de ce que chacun appelle sa raison ; elle l'admet comme la responsabilité de la raison : car il y a un devoir de la raison, qui est de chercher la vérité, et de la reconnaître. Si quelques malhabiles théoriciens de l'Eglise catholique se sont égarés hors de cette voie, c'est erreur de leur part, dangereuse, mais humaine, et dont ils répondent seuls.

Quant à ce fameux dogme qui joue, dans l'attaque, le rôle d'un terrible chef d'accusation, *Hors de l'Eglise, point de salut,* les théologiens distinguent entre le corps et l'âme de l'Eglise. Quelques-uns peuvent se dire ou se croire catholiques, et ne l'être pas en réalité ; d'autres, sous un autre nom, être vraiment catholiques. Hors de l'Eglise, point de salut : mais quiconque est de l'esprit de l'Eglise, est de l'Eglise, et dans les conditions du salut. On peut admettre alors, on le doit même, si l'on sait comprendre, que quiconque cherche sincèrement la droite voie est de l'esprit de l'Eglise, beaucoup plus que ceux qui la suivent les yeux fermés, indifférents au vrai, croyant comme elle parce qu'ils sont persuadés, sans savoir pourquoi, qu'il faut croire comme elle, et qui ne sont que du corps de l'Eglise.

L'Eglise, entendons-le bien, se considère comme la permanence du christianisme dans le monde, et elle considère le christianisme comme l'éternelle vérité apportée de Dieu aux hommes. Illusion ou non, telle est sa foi, tel est son enseignement. Quand donc elle dit : Hors de l'Eglise point de salut, elle dit : On ne se sauve que dans la vérité, dans la vérité spirituelle, dans l'amour et la recherche du vrai Dieu. Elle ne ferme le ciel qu'à l'esprit de mensonge : non pas à l'erreur, mais à l'erreur coupable, fruit de la négligence ou de l'orgueil. Croyez, et faites de bonnes œuvres. S'il vous vient des doutes sérieux, des objections qui vous semblent fortes, examinez, car vous ne croirez point sans cela : vous fermerez les yeux par un parti-pris de vous aveugler vous-même, c'est-à-dire de vous mentir à vous-même, et le fond de votre foi sera le doute, l'incrédulité peut-être, toujours le mensonge ; examinez donc, mais d'un cœur simple et avec l'esprit de Dieu, qui est un esprit de vérité. Alors vous croirez à l'Eglise, mais d'une foi solide ; ou vous n'y croirez pas : mais quel que soit le résultat de votre examen, quelle que soit peut-être votre erreur, du moins ne serez-vous point menteur ni impie ; vous ne serez point, moralement, hors de la vérité, vous ne serez pas hors de l'Eglise.

Si l'on passe enfin au fondement, à ce dogme de la divinité du Christ, où plusieurs voient une contradiction, il est vrai que le contradictoire ne saurait être, qu'il suffit qu'une chose soit contradictoire pour qu'on la doive nier, et que la foi, toute supérieure à la raison qu'on la veuille faire, ne la peut détruire ; et il est vrai que la divinité de Jésus-Christ est contradictoire dans le sens où on l'attaque. Mais est-ce bien le sens de l'Eglise ? L'Eglise dit-elle que Jésus-Christ soit Dieu et homme, infini et fini, et le même, elle qui distingue en lui deux volontés, deux natures, en une personne ? Un homme composé d'un corps et d'une âme représente aussi deux natures en une personne : il en résulte une nature nouvelle, celle de l'homme, unie, en la personne de Jésus-Christ, avec celle de Dieu. Or l'unité de personne, liant sans les confondre, comme en un mystérieux hymen, ces deux natures diverses, mais non incompatibles, n'est pas plus inexplicable, après tout, que le rapport de l'infini au fini dans la création, dans l'action perpétuelle de Dieu sur le monde, dans la question de l'ordre des choses lié avec la liberté des êtres, dans tous les problèmes de la métaphysique. Car ces deux natures, pour être différentes, contraires même en un sens, ne sont pas absolument contraires ; le fini n'est pas l'absolue négation de l'infini, ni l'infini du fini : il n'y a là de négation absolue que pour l'infirmité de notre langage. L'infini enveloppe le fini, lequel n'est qu'autant qu'il participe de l'autre, comme toute chose existante, sans être l'être même, n'est que par sa participation à l'être. Il suffit donc que ces deux natures s'unissent en Jésus-Christ sans s'y confondre, sans y être la même, comme on le veut très gratuitement, pour le plaisir de voir une contradiction dans le dogme chrétien.

Faisons ici une remarque dont il y aura lieu de se souvenir. C'est que l'Eglise établit le dogme négativement, plutôt que positivement : j'entends qu'elle formule ses vérités, non en elles-mêmes, puisqu'elle n'en donne pas l'intelligence, mais par opposition aux erreurs voisines. La vérité au sujet de la liberté morale, pour prendre un exemple, c'est l'affirmation contraire à la double erreur de ceux qui nient la grâce et de ceux qui nient le libre-arbitre, ou, ce qui revient au même, la double négation de la grâce exclusive et du libre-arbitre exclusif. Ainsi pour tous les dogmes. Qu'est-ce que le Christ ? Dire qu'il est plusieurs personnes, erreur : Jésus-Christ est quelqu'un, et il est un dans la conscience de la divinité qu'il porte en lui. Dire qu'il n'est qu'un homme, erreur : il est le Fils de l'homme, l'homme type et l'homme idéal, le Verbe de Dieu incarné : il est donc aussi Dieu. Dire qu'il n'est que Dieu, erreur : il est le Verbe de Dieu incarné dans l'homme, il est un homme. Dire qu'il est homme et Dieu confondus dans une seule nature, erreur : la nature de l'imparfait et la nature du parfait, du progressif et de l'immuable, ne se pouvant confondre, ne se confondent pas en lui. Qu'est-il enfin ? L'Eglise ne le dit pas ; mais elle dit, elle dénonce et condamne avec force les erreurs qui avoisinent une vérité mystérieuse, dont elle nous laisse deviner ou entrevoir le sens profond.

IX

Si la doctrine de l'Eglise n'est pas contradictoire, s'ensuit-il qu'elle soit vraie ? et si tel ou tel de ses adversaires se trompe, qu'elle ne se trompe point ? Nullement. Mais qu'est-ce que l'on combat en elle, ou dans toute autre Eglise ? qu'est-ce que l'on combat dans la religion ? Un esprit d'aveuglement et de servitude dont on l'accuse de tous côtés. De tous côtés on a tort. Cet esprit n'est pas le sien. Rien de plus coupable que l'intolérance dite *politique* ou *civile* : elle n'est pas le fait de la religion, mais trop souvent de ses ministres ; elle appartient à l'histoire de l'Eglise, non à l'Eglise elle-même.

L'intolérance *dogmatique* de la foi religieuse est celle de toute vérité. Toute vérité est exclusive de l'erreur. Que dis-je ? Toute doctrine, vraie ou fausse, est exclusive de ce qui la nie. La géométrie aussi ne se déclare-t-elle pas, dans son ordre, intolérante, exclusive, absolue ? Attente-elle au libre-examen en se déclarant infaillible, et s'imposant à la raison ? Non : pour s'imposer à la raison, elle s'adresse à la raison, et à la raison libre. Mais qui dit libre dit responsable, qui dit responsable dit obligé à quelque chose qui est le devoir de l'être libre : et la raison, parce qu'elle est libre, ou mieux, l'être raisonnable, parce qu'il est libre, doit s'attacher à la vérité : la chercher, et, quand il croit l'avoir trouvée, en prendre possession comme de son bien.

La cause première de l'incrédulité du siècle, c'est la séparation de la raison et de la foi. Mais cette séparation est-elle légitime ? Non : elle est la faute, elle est la grande erreur de ce temps.

La raison est la faculté de l'infini, et comme le sens de Dieu. Elle est Dieu en nous, d'autant plus clair et manifeste que notre activité, que notre volonté pensante, sait mieux l'y reconnaître. Elle est, comme la foi, universelle, nécessaire, absolue ; à l'une et à l'autre appartient la vérité : au premier abord, considérées en elles-mêmes, elles s'identifient, bien loin de se détruire, et l'on a peine à voir ce qui les distingue. Elles diffèrent néanmoins, et voici la différence : c'est que la raison, « lumière qui éclaire tout homme venant en ce monde, » qui ne fait pas la vérité, qui la montre, luit en chacun de nous ; au lieu que la lumière de la foi, qui aussi ne fait pas la vérité, mais la montre, brille hors de nous, au-dessus de nous, et pour tous ensemble. L'une est notre lampe particulière mise en nous pour nous faire voir la vérité commune ; l'autre est une lampe semblable mise plus haut pour la faire voir en même temps à tous les hommes. Parlons sans figure. La raison est la manifestation particulière en chacun de nous de la vérité universelle ; la foi est la manifestation universelle de cette même vérité, non à l'individu, mais au genre humain.

Aussi la foi s'appuie-t-elle sur la raison. C'est par nos raisons diverses qu'elle pénètre diversement nos âmes. Elles sont l'une et l'autre faites pour la vérité : l'une la trouve, l'autre la reçoit. La philosophie est la vérité découverte, la religion est la vérité révélée. Le triomphe de la philosophie et de la raison est donc le triomphe de l'individu ; et quand l'individu l'emporte en toutes choses, il l'emporte encore en cela. La perfection est dans l'harmonie.

Mais, puisque la raison trouve et que la foi reçoit la vérité, reste à savoir si la raison peut, au-delà d'une certaine sphère, trouver des vérités indispensables pourtant, et dont l'ignorance pour l'homme serait la mort ; et, le pût-elle, si elle le peut immédiatement, dès qu'elles sont indispensables, c'est-à-dire dès que l'homme existe ; le pût-elle enfin, par cela seul qu'elle nous est propre, qu'elle luit en chacun de nous, et non hors de nous pour nous éclairer tous ensemble, il faut la foi : non pas une révélation particulière en chacun de nous, qui ne serait autre que la raison même, dont elle est le seul fondement, mais une révélation extérieure, publique, historique, traditionnelle, sociale, faite par le langage, par la parole humaine du Verbe de Dieu.

Cela résulte du besoin qu'a l'homme d'être enseigné. Nous n'avons pas à établir ici la nécessité de la parole comme excitation ou comme éducation de la raison ; la nécessité, dis-je, de la parole de l'homme pour chaque individu vivant en ce monde, et de la parole de Dieu pour l'homme : mais la même conséquence demeure, si nous nous en tenons à cette observation de fait, que l'homme, selon une expression célèbre, est un « être enseigné (Lacordaire). » L'enfant a besoin d'être enseigné pour devenir un homme ; et qui l'enseignera, si ce n'est l'homme ? Mais qui enseignera l'homme, si ce n'est Dieu ? Dieu donc réside en l'humanité. L'individu écoute la parole de l'humanité, et l'humanité la parole de Dieu ; le Verbe de Dieu habite en quelque sorte le langage de l'homme. Il ne crée point, en lui parlant, la raison de l'homme : mais il l'élève à la conscience de soi, il la développe, il éveille en elle un écho qui lui réponde ; il lui communique la vérité, et la sollicite à faire effort pour s'approprier cette vérité dont il lui fait part.

CHAPITRE II

LA RELIGION

I

Un tel raisonnement ne nous conduit encore qu'à rapporter au Verbe de Dieu toutes les vérités possédées par l'homme, de quelque ordre qu'elles puissent être ; mais non pas à compter au nombre de ces vérités celles qui constituent l'essence même de la religion. Les dogmes de la religion sont-ils des vérités ? S'ils sont des vérités, sont-ils abordables à la raison, ou suffit-il qu'ils ne lui soient pas contraires ? Ce qui nous ramène aux deux premières questions : la raison peut-elle, au-delà d'une certaine sphère, trouver des vérités indispensables à l'homme ? et, si elle peut les trouver, le peut-elle dès qu'elles sont indispensables, c'est-à-dire dès que l'homme existe ?

Les vérités dont se composent les doctrines qui règnent dans le monde peuvent bien avoir leur source première en Dieu, venir de Dieu au genre humain et du genre humain aux hommes, ne pénétrer en un mot jusqu'à l'esprit des hommes qu'au travers du langage qu'habite le Verbe de Dieu : elles forment ainsi le sens commun, non la religion. La religion embrasse tout un ordre de vérités à part, d'où résultent tout un ordre de sentiments et tout un ordre d'actes à part : vérités religieuses, sentiments religieux, actes religieux, tout un homme intérieur autre que l'homme visible, et qu'il faut comprendre si l'on veut comprendre ce qu'est la foi.

L'école dite des *traditionnalistes* a cru faire un coup de maître en faveur du dogme chrétien, quand elle a prétendu rendre compte de toute la science humaine par une tradition de quelques idées primordiales qui passeraient des pères aux enfants : elle remonte des enfants aux pères, et, plus haut que le premier père, comme on ne saurait admettre une succession de causes secondes à l'infini, elle trouve Dieu. Loin donc que la raison serve d'appui à la foi, c'est la foi qui sert d'appui à la raison. La transmission héréditaire des idées les produit dans les esprits en les leur communiquant, et forme la raison qui, selon cette école, n'existerait pas sans cela. Admirable privilège qu'ils accordent à la parole, de produire par sa seule force des idées chez des êtres incapables de les avoir eux-mêmes ! Un seul point m'étonne en ceci : c'est qu'elle ne soit pas encore arrivée à les produire chez les animaux. Ils ne voient pas, ces aveugles théoriciens de la foi, que la foi suppose une raison qui entende au moins la parole révélatrice et la reconnaisse pour en accepter le témoignage. Mais soit : ne marchandons pas avec leur étrange système ; prenons-le comme ils le donnent, et prêtons-nous à le tenir pour valable : ils n'ont pas fini. Il leur reste encore quelque chose à faire. Peu de chose, un rien : encore un faible effort, et la religion sera prouvée. Il ne leur reste en effet qu'à prouver la religion.

Ils prouvent bien que toutes les vérités viennent de Dieu ; mais ils ne prouvent point que la religion soit elle-même une de ces vérités qui viennent de Dieu. Ils disent bien que tout est religion ; ils oublient de dire si la religion l'est. Ils mettent si bien la religion partout, qu'elle n'est plus nulle part.

Certes, pour qui n'admet pas Dieu, il n'y a pas de religion ; et pour qui admet Dieu, Dieu est au fond de tout, Dieu se retrouve partout, dans les choses que nous appelons humaines non moins que dans les choses que nous appelons proprement divines : mais les choses humaines sont comme suspendues aux choses divines, et il y a une relation particulière de l'homme à Dieu, d'où dépend toute la vie de l'homme : car l'homme qui vit en Dieu est le seul qui vive sa véritable vie : une vie éternelle, parce qu'elle est divine.

Tel est, en effet, l'objet propre de la religion : la vie supérieure de l'homme, vie divine, qui est sa vie véritable ; disons d'un seul mot, le surnaturel.

C'est ici que se récrie tout mon siècle. Au nom de la science, qui explique assez de miracles, gardez-vous d'en douter, pour se croire en droit de nier ceux qu'elle n'explique pas; au nom de la raison moderne, qui pénètre assez d'obscurités pour se croire en droit de nier celles qu'elle ne pénètre pas encore ; au nom d'un progrès dont il est assez orgueilleux pour se croire en droit de nier ce qui est au-dessus, sinon ce qui est au-delà, et, parvenu sur la cime des choses, de crier superbement à quiconque a des ailes : Coupe ces ailes qui te perdraient dans les nuages ; là tu arrêteras ton vol, et tu n'iras pas plus haut, — au nom de ce qui fait sa faiblesse comme sa force, il s'élève une seule voix contre la chimère de quelque chose d'extérieur ou de supérieur à la nature. Dieu même, disent-ils, n'est pas extérieur ni supérieur à la nature: il est dans la nature, étant le principe de toute existence ; il est contenu dans tout, comme il contient tout ; il est la vie, le mouvement, l'être de tout ce qui est ; hors de ce qui est, où il n'y a plus d'être, Dieu ne peut pas être, Dieu n'est pas.

N'examinons pas jusqu'à quel point cette métaphysique est bonne. Nous pourrions l'accorder, et dire que, le surnaturel étant le divin, si Dieu est dans la nature, il y a dans la nature même un surnaturel. Et assurément il y en a un, si la nature est créée, et si elle ne subsiste, comme elle n'existe, que par l'acte constant d'une création continue. Qu'un jour, un seul instant, Dieu se replie en quelque sorte et se retire en soi, que sera-ce de cet univers plein de son être, de ces mondes où il verse avec une magnificence généreuse des fleuves intarissables d'une vie qui, loin de se perdre jamais, se transforme sans cesse, poussée vers lui par un développement sans fin et comme par une attraction éternelle dont il est le centre ? Que sera-ce de nous, s'il nous fait défaut un seul instant, et moins qu'un instant ?

Dieu donc, ne fût-il pas extérieur à la nature, lui est supérieur ; et l'*immanence*, comme parlent les métaphysiciens, n'empêche pas la *transcendance*. Laissons donc cette métaphysique, et appelons *surnaturel* ce qui est supérieur à la nature telle qu'elle nous est donnée, telle qu'elle existe pour l'expérience de l'homme. La théologie, il est vrai, admet un surnaturel absolu. Mais l'hypothèse d'un surnaturel absolu soulève des questions que nous n'avons pas besoin de résoudre ici. Le surnaturel relatif, qu'on pourrait définir l'ordre de la vie future, échappe aux difficultés de l'autre, et, comme il suffit à la religion en soi, il suffit à notre étude. Un simple coup d'œil jeté sur la nature humaine va nous convaincre qu'il y a un surnaturel qui nous touche de très près, et qui fait l'objet propre de la religion.

II

L'homme est un être libre. Qui dit libre, dit raisonnable. Comme il est libre, il peut agir au gré de son caprice ; comme il est raisonnable, il doit agir conformément à la raison. Libre, il peut choisir; et, raisonnable, il le doit. La liberté implique la responsabilité, et la responsabilité le devoir. L'homme est un être moral.

Quel est le devoir confié à sa liberté ? C'est d'atteindre sa fin, ou, pour parler d'avance le langage religieux, de *faire son salut*.

L'homme a une fin. Tout être a sa fin. Mais que faut-il entendre par la fin d'un être ? On me dit que la fin ou la destinée d'un être n'est autre chose que l'ensemble des opérations ou des fonctions nécessaires qui résultent de sa nature. Voilà où arrive la plus exacte analyse qui ne sort pas, qui ne veut pas sortir du fait visible. La fin de l'animal, d'après cela, c'est la nourriture, le mouvement, le sentiment, l'intelligence, la volonté peut-être, en un mot, la vie, et la communication de la vie. Je demande quelle est la fin de la vie. La vie elle-même est un fait, lequel, comme tous les faits, a sa cause ou son principe d'être, et sa raison d'être ou sa fin. Et je ne fais point d'abstraction, je ne parle point de la vie en soi, séparée des diverses vies : toute vie réelle, toute espèce d'êtres vivants, tout être vivant dans chaque espèce, comme il a son principe d'être, a sa raison d'être, et, comme il a sa cause, sa fin.

L'homme, n'ayant pas en soi le principe de son être, n'a pas en soi la raison de son être. Comme il n'est pas la cause de son propre être, il n'en est pas la fin ; et il ne peut atteindre cette fin qu'en sortant incessamment de son être pour entrer incessamment dans un être supérieur. Plus il développera sa vie, plus il réalisera la fin de sa vie : si l'on objecte que la mort arrête ce développement et l'empêche d'accomplir sa fin ainsi comprise, je répondrai qu'il est possible de concevoir la mort, non comme une destruction, mais comme une transformation de la vie, comme un accroissement de la personne, comme un développement nouveau de l'être.

Cette manière de concevoir la mort est possible ; j'ajoute qu'elle est générale ; j'ajoute qu'elle est vraie. En voici la preuve.

C'est un axiome de la raison, qu'une cause ne peut produire un effet qu'en rapport avec elle-même, et pour une fin également en rapport avec elle-même. La cause, l'effet, la fin, sont dans une proportion réciproque rigoureuse et nécessaire. Or, il n'est pas besoin d'une réflexion bien profonde pour reconnaître que les causes apparentes et visibles ne sont que des moyens entre les mains d'une cause plus haute, seule cause de tout ce qui est. A ne considérer que l'homme, la cause de la vie d'un homme est-elle l'acte générateur de ses parents ? Qui l'osera dire ? Qui ne voit que ses parents lui ont transmis la vie, plutôt qu'ils ne la lui ont donnée ? Qui ne voit que ce qu'ils ont fait n'était que la condition et non la cause de sa vie, et qu'ils n'ont été que les instruments aveugles d'une cause intelligente, dont ils ne connaissaient d'ailleurs ni les moyens ni le but ? La nature a tout fait ; et, quand je dis la nature, je n'entends pas non plus la nature aveugle, système fatal de forces et de lois qui gouvernent tout sans conscience de leur œuvre, j'entends l'intelligente nature, j'entends l'auteur de la nature, j'entends Celui qui est la cause de ce système de forces et de lois, lequel n'est lui-même qu'un effet. La grande cause de tout ce qui est, cause unique et souveraine, puisque tout se rattache à elle, cause infinie, puisqu'elle est capable de tout ce qui peut être, et qu'elle n'est donc bornée dans sa puissance causatrice que par ce qui ne peut pas être, c'est-à-dire par le néant, par le rien absolu, je la nomme Dieu. Tous les êtres qui en sont les effets sont nécessairement proportionnés et en eux-mêmes et dans leur fin à une pareille cause : si donc ils ne sont pas infinis absolument, parce que deux infinis absolus ne peuvent être, si, dis-je, leur être actuel n'est pas infini, leur être virtuel est infini, et leur fin infinie. Si l'effet d'une cause infinie ne peut pas être absolument infini, du moins il y a quelque chose d'infini en lui : c'est son idéal, qui est un infini relatif ; c'est sa tendance, qui le pousse vers Dieu ; c'est sa fin, qui n'est autre que Dieu lui-même ; c'est la loi qui lui est imposée d'un progrès dont le dernier terme ne saurait être qu'en Dieu seul.

Distinguons le type d'un être et son idéal. Le type est l'ensemble des caractères constitutifs dégagé des caractères accessoires : le type d'une espèce est l'ensemble des caractères communs à tous les individus de l'espèce, abstrait des caractères propres à chacun d'eux ; le type d'un individu est l'ensemble de ses caractères invariables, abstrait de ses caractères variables et journaliers. L'idéal d'un être est le but de son aspiration, la fin qu'il désire et à laquelle il tend. Chaque espèce, chaque race, chaque individu a son type ; chacun a aussi son idéal : le type est dans la réalité, l'idéal dans la virtualité de l'être ; l'un est la perfection de l'être présent, l'autre la perfection de l'être futur.

Il suit de là que le type d'un être est fini, et son idéal, absolument parlant, infini. Dans un sens relatif, un être a pour idéal son type futur, lequel est fini ; et, d'autre part, si l'on prend pour type d'un être son essence pure, abstraite, non-seulement des accidents passagers de l'une de ses phases, mais encore de ses phases, passagères elles-mêmes dans la perpétuité de son être, son type se confond avec son idéal. Ainsi la perfection d'un être, considéré dans sa phase présente, est son type relatif ; et la perfection de ce même être, considéré dans sa phase future, son idéal relatif. Si on le considère en soi, dans la série des phases de son être éternel, dans sa suprême perfection, son type absolu est un même infini avec son idéal absolu.

Tout être porte en soi un idéal, qu'il atteindra, et qu'il dépassera pour atteindre plus tard un idéal supérieur, qu'il dépassera encore pour atteindre encore plus tard un autre idéal supérieur, sans jamais se reposer, jusqu'à ce qu'il se repose en Dieu. Tout être est, en soi, c'est-à-dire dans son type absolu, une manifestation de Dieu : mais qu'est-ce qu'une manifestation de l'infini qui ne participerait pas, autant que cela est possible dans la mesure d'un être fini, de l'infini ? Le fini possède l'infini, non dans l'instant, mais dans le temps ; non dans sa réalité, qui disparaît aussitôt qu'elle a paru, mais dans son impérissable virtualité. Il s'accroît dans son être, en demeurant fondamentalement ce qu'il est ; il ne perd jamais, il gagne toujours. Le temps lui est donné, le temps illimité, pour qu'il réalise peu à peu, sans jamais l'accomplir, l'infini qu'il porte en soi.

L'idéal de l'être inférieur, c'est l'être organisé : il y arrivera. L'idéal de l'être organisé, c'est l'être sensible : il y arrivera. L'idéal de l'être sensible, c'est l'être libre : il y arrivera. L'idéal de l'être libre, c'est l'être impeccable : il y arrivera. L'idéal de l'être impeccable, quel est-il ? Là s'arrête l'horizon aux yeux de l'homme ; le reste de la série lui échappe. Mais cet idéal, quel qu'il soit, existe, et l'être impeccable y arrivera, quand le jour en sera venu : alors même il ne sera point parvenu à l'extrémité de son éternel progrès, dont le dernier terme est en Dieu, en Dieu seul.

Si nous arrêtons la série à l'être impeccable, l'homme en occupe l'avant-dernier terme, l'être libre, l'être moral. Il porte en soi un idéal, qui est son être futur : l'être impeccable, ou le saint.

Dans la vie d'un être, il y a donc deux choses à considérer : sa vie, et la fin de sa vie. Un être qui n'est pas encore libre n'a point de devoirs à remplir : il n'a qu'à se soucier de vivre, bien sûr qu'il atteindra la fin de sa vie fatalement, sans qu'il y songe, sans qu'il s'inquiète de l'atteindre. Un être libre ne doit s'inquiéter de sa propre vie, au contraire, qu'en vue de ce qui en est la fin : s'il ne s'inquiète que de vivre, sans donner d'autre fin à la vie que la vie elle-même, il est un animal, il n'est pas un homme. Celui-là seul est un homme, qui ne vit que pour atteindre sa fin, et pour aider ses semblables à atteindre la leur ; qui ne vit, dis-je, que pour se dilater dans l'être, pour préparer en soi l'être futur ; et, comme l'être futur est précisément l'être supérieur à l'homme, l'être dont la vie ne se manifeste pas dans cette nature visible, mais dans une autre nature, invisible et plus haute, vivre dans la pensée de l'être futur, c'est vivre dans la pensée du surnaturel. Comme il peut atteindre sa fin, libre qu'il est, il peut aussi la manquer ; il peut se sauver ou se perdre : tout un ordre de vérités, de sentiments et d'actes qui ont trait au salut, constitue la religion. L'homme digne de son nom, être moral, et qui accomplit son devoir, c'est l'homme religieux.

III

Ce qui devrait être la première inquiétude, l'unique

souci de l'homme, est ce que l'homme a toujours négligé le plus : étrange dédain, égarement incompréhensible ! Car les avertissements ne nous font pas défaut ; il y a quelque chose en nous qui, alors même que nous nous refusons à comprendre la loi de notre être, nous la rappelle assez haut, et d'une assez pénétrante voix : si nous n'entendons pas la raison, entendons au moins la douleur.

On rit des preuves de sentiment. Je conviens qu'un sentiment n'est pas une preuve : mais il peut être plus qu'une preuve, un témoignage ; plus qu'un témoignage, une présence de ce qu'on cherche à prouver, et que la sensibilité fait comme toucher du doigt. Dans tous les cas, il éveille la raison, et la sollicite à juger ; de ce que pourrait voir la froide raison sans que l'âme s'en inquiétât, il jette dans l'âme l'inquiétude et le souci.

Ce n'est pas un sentiment seulement, c'est le sentiment tout entier qui nous atteste et qui nous crie que nous n'avons point notre fin ici-bas, et que nous ne mourons pas à la mort. Il n'y a pas un de nos sentiments qui ne soit pour nous une source de douleur : la douleur prouve l'éternité.

Lorsqu'on se prend à considérer cette agitation perpétuelle où se consume la vie des hommes, cette inquiétude des esprits et ce tumulte des choses, ce débordement de mille désirs qui se perdent en mille voies contraires, ce spectacle en un mot de confusion et de trouble qui compose le train du monde, et qu'on se demande quel en est le sens, ce que tout cela veut dire, on reste d'abord sans réponse. Il semble que notre vie soit une énigme faite pour étonner la raison, un labyrinthe où manque le fil conducteur, un chaos où bien habile qui pourrait se reconnaître. Les uns cherchent la richesse, d'autres les honneurs, un plus petit nombre la vérité ou la vertu : pourquoi suivent-ils tous des routes si différentes ? Où vont-ils ?

Ils vont quelque part sans doute ; et si, au lieu de s'en tenir au premier coup d'œil, on les observe d'un regard plus attentif, on trouvera que par des routes opposées les unes aux autres ils marchent tous pour le même but. Qu'on les presse un peu là-dessus, qu'on leur arrache le secret, peut-être ignoré d'eux-mêmes, de leur désir le plus intime et de leur infatigable voyage, ils n'auront qu'une réponse : ambitieux, avares, libertins, philosophes, poètes, scélérats et honnêtes gens, hommes et peuples, tous vont, ou prétendent aller, au bonheur.

Le bonheur ! Tel est le vœu de tout ce qui pense, de tout ce qui sent, de tout ce qui vit sur la terre ; tel est le cri de la nature humaine ; tel est aussi le fond invariable de ses plaintes toujours les mêmes, quoique toujours changeantes, quand le nuage doré se dissipe à mesure qu'elle avance et n'est déjà plus qu'un brouillard, quand le fantôme qui se joue à l'horizon lointain et leurre ses yeux fascinés disparaît aux approches du réel. Tous cherchent le bonheur : et quel est celui qui le trouve ? Quel est celui qui a jamais su dire de lui-même : Je suis heureux ? Pourtant, ou les instincts que Dieu a mis en nous se trompent et nous mentent, ou cette poursuite du bonheur est légitime ; et, si elle l'est, d'où vient qu'elle n'atteint jamais le terme de ses efforts ?

Est-ce que l'homme s'agite en vain, tandis qu'il ferait mieux de croiser paisiblement ses bras sur sa poitrine, immobile dans l'attente résignée d'un sort qui le maîtrisera toujours ? Est-ce que l'instinct profond, irrésistible, qui le pousse, qui le fait agir, qui le contraint en quelque sorte et le jette comme de vive force dans la poursuite du bonheur, lui ment ? Qu'est-ce que le bonheur ?

Chacun se fait un bonheur à sa guise ; chacun se forge dans l'esprit une image plus ou moins fantastique de cet être insaisissable, la revêt d'une forme, l'habille, pour ainsi parler, de son propre caprice, et dit : Voilà le bonheur ! C'est la tranquillité du corps ; non, c'est celle de l'âme ; c'est le repos, c'est le mouvement : comme ces couleurs capricieuses qui changent à chaque reflet de lumière, et dont il est impossible de rien savoir, sinon que cette étoffe était rouge, et que la voici bleue : est-elle bleue ou rouge ? Attendez, elle sera verte. Ainsi du bonheur : il change à chaque reflet d'âme, d'homme à homme, et, chez le même homme, d'année en année, de jour en jour. Si bien qu'un sage est venu le mettre tout entier dans l'imagination de celui qui le rêve ; et peut-être ne s'est-il pas trompé : mais encore le sage s'est-il joué de la question, et n'a-t-il point dit ce qu'est le bonheur.

Nous sentons ce qu'il est, ou plutôt ce qu'il doit être ; nous ne le savons pas. Nous le voyons comme de loin, du fond de notre souffrance, et dans notre désir.

Quel problème toutefois que celui de notre béatitude !

Et à combien d'autres problèmes ce problème est lié ! Le bonheur ne doit-il pas être la juste récompense de la vertu, fruit savoureux de l'arbre du bien ? Tout être n'est-il pas fait pour le bien, vertu et bonheur à la fois ? Qu'est-ce que la vertu ? Qu'est-ce que le bien ? Et comment n'en est-il pas ainsi ?

Ah ! que de nos jours plus que jamais la grande, la redoutable question du bien et du mal nous inquiète, que l'humanité s'agite, qu'elle se tourmente dans la recherche laborieuse d'un si effrayant mystère, elle a raison. Elle sait, par un instinct qui ne la trompe pas, que le bonheur pour elle, c'est la mort ou la vie ; qu'elle vivra d'autant plus qu'elle aura plus de bonheur, et que, si elle doit mourir, le jour où tout bonheur lui manquera sera celui de sa mort. Parce que le bonheur entre pour quelque chose dans le bien d'un être, et que le bien d'un être est la vie de cet être : rapport mystérieux qu'elle ne s'explique pas sans doute, mais dont un infaillible instinct lui donne le sentiment confus.

Ne l'avons-nous pas compris, cet avertissement secret de la Providence ? N'est-ce pas elle qui donne à nos poëtes tant de tristesses et de larmes, à nos voyants tant d'aspirations vers un autre monde, à nos penseurs tant de rêveries qui n'ont d'objet que le bien-être ? C'est que le monde sent le mal qui le tue, alors même qu'il le nie ou l'ignore. Il a des besoins qui ne sont pas satisfaits, ou qui ne le sont pas dans leur mesure ; ses facultés ne sont pas en équilibre ; son état politique et social, qu'il fait, défait, refait sans cesse, n'est pas un tout ayant ordre et ayant vie ; il est divisé en soi, bien loin d'être un ; l'unité est pour lui une chimère qu'il ne connaît plus, un vain mot qui n'est plus, ou qui n'est pas encore, pour son âge : de tout cela il souffre, et il passe cachant sa souffrance. Il se cache dans son orgueil ; il se vante d'être grand, d'être heureux, quelquefois d'être malade. Il se complaît à soi-même, tandis que la mort le presse ; et, le pied dans la tombe, il relève fièrement la tête. Il triomphe sous le bras de Dieu qui le frappe. Il se proclame à la face des siècles le siècle des lumières, et il ignore ce qu'il lui faut savoir : oui, savoir pour ne pas mourir !

L'arbre de la science du bien et du mal porte peut-être des fruits amers, mais c'est le destin de l'homme d'y toucher. Peut-être y a-t-il trouvé la mort : mais ils sont devenus le pain de sa misérable existence, et il faut qu'il s'en nourrisse.

Hélas ! dans cette nourriture qui lui a donné la mort, puisera-t-il désormais la vie ? La science du bien et du mal lui enseignera-t-elle la route qui mène au bien ? Si cela est, chose pire ! L'abîme du mal se creuse plus profond. Car voici l'humanité savante ; elle marche vers le bien, elle le sait. Que fait-elle ? Et que sait-elle ?

L'humanité marche vers le bien, qu'elle ne possède donc pas, puisqu'elle le cherche. Et, comme elle marche vers le bien, jamais elle ne s'arrêtera : qu'elle quitte ce monde pour un autre, qu'elle monte sans cesse, qu'elle s'avance de plus en plus haute, de plus en plus heureuse et parfaite, il faut toujours qu'elle marche, et toujours dans le mal. Le bien est l'horizon qui fuit devant elle ; il est le terme de sa course. C'est la destinée, c'est aussi la misère, de tout ce qui est, et qui n'est pas Dieu : un progrès, c'est-à-dire une marche vers le bien par une route pleine de mal, et un progrès qui ne peut finir, car il ne finit qu'en Dieu. Donc tout ce qui n'est pas Dieu marche forcément vers lui, dans un invincible désespoir d'arriver jusqu'à lui. Et l'humanité, comme tout ce qui est créé de Dieu, marche dans cette route sans terme : elle va toute souffrante avec le cri éternel d'une espérance éternellement déçue.

C'est le cri de l'humanité.

Elle va, et salue de loin les splendeurs de ce bien qu'elle cherche, lumière qui brille à l'horizon, qu'elle se flatte de bientôt atteindre ; elle va, et l'horizon marche devant elle, l'horizon marche comme elle, de la la même lenteur ou de la même vitesse qu'elle : éternelle ironie ! Et ce qu'elle avait pris pour le bien n'en était qu'une trompeuse image : le bien est toujours à l'horizon. Elle se console pourtant ; elle reconnaît son erreur dans le passé, mais l'avenir ne la trompera plus sans doute. Ce que j'avais pris pour le bien ne l'était pas, dit-elle : le voici devant moi. Elle va, et cet objet nouveau est déjà derrière elle, et le bien devant elle, encore et toujours devant elle, toujours à l'horizon, à cet horizon qu'elle devrait au moins fatiguer de sa poursuite : mais il est infatigable, et il recule.

Et l'humanité jette un cri, que j'ai entendu. Et chaque siècle, à son tour, jette son cri dans cette clameur qui a commencé avec le commencement des siècles. Et le cri de chaque siècle est double, car il renferme tout ensemble espoir et déception : l'espoir change de face à mesure que les jours s'avancent, la déception ne change pas. Elle est la même, elle est sans fin, et elle fait, au-dessus des cris de chaque siècle, le cri de l'humanité. Et, comme chaque siècle jette son cri dans cette grande clameur que l'humanité pousse, l'humanité jette le sien dans la clameur immense et éternelle des choses.

Oh ! qui consolera ce gémissement de tout ce qui est, et qui n'est pas Dieu ?

Dieu seul est heureux, seul bien : il est le bien suprême, la plénitude absolue de l'être, et il repose en soi. Rien donc de ce qui est n'est heureux ni ne le sera.... Et ainsi nous souffririons, Seigneur, jusque dans votre ciel ?

Pourquoi nous avoir fait naître, et quel est le mystère de votre création, ô Dieu ! quelle est cette inexplicable énigme, que, sans besoin pour vous, qui n'avez aucun besoin, nous soyons, tous tant que nous sommes, et nous, et le monde, et tout ce qui est, tout ce qui fut, tout ce qui sera dans la suite des siècles, dévoués tous ensemble à une éternelle misère ? Faites, faites que, tandis que je me roule dans le désespoir de cette pensée, je ne vous maudisse pas, Seigneur !

Eh ! n'est-ce pas l'enfer, que cette marche éternelle vers un bien inaccessible ? C'est l'enfer de la théologie catholique, privation de la divine béatitude à laquelle nous sommes appelés : le damné est précisément cet être imparfait qui, dans les joies même de son progrès, souffre, parce qu'il voit le bien fuir éternellement devant son progrès stérile, et qu'il ne saurait atteindre l'inaccessible repos de Dieu. L'enfer est moins un malheur éternel, qu'un éternel désir, éternellement vain, du bonheur. Condition misérable, la plus misérable même qui se puisse concevoir, que cette perfectibilité indéfinie de l'homme terrestre que le dernier siècle rêva, que notre siècle rêve encore, ne se doutant point qu'il rêve, comme idéal suprême, l'enfer chrétien !

Il est vrai que cet enfer est la destinée naturelle de toute créature pensante, à moins que vous ne vous donniez vous-même, ô Dieu ! et que vous ne vous donniez tout entier, à votre créature !

Car, si vous êtes, Seigneur, il faut que le mal soit réparé, comme il faut qu'il soit justifié. Il faut que le mal soit détruit ! Comment, vous étant, le mal peut-il être ? Le mal est-il concevable avec la bonté, la sagesse, la perfection de votre être ? Qu'est-ce donc, ô Dieu ! qu'est-ce que le mal ?

Des mille problèmes que la philosophie, cette grande agitatrice de toutes choses, agite chaque jour, mais avec inquiétude, avec angoisse et avec trouble, le problème du mal est peut-être le plus terrible et le plus profond, celui qui la tourmente le plus, et qui la charme aussi le plus par l'enchantement du péril : il attire comme l'abîme. Qu'est-ce que le mal ? Pourquoi est-il ? D'où vient-il ? Dieu n'en répond-il pas, soit qu'il l'ait voulu, soit qu'il ne l'ait que permis ? Ce Dieu qui l'a voulu n'est-il pas Satan, un mauvais génie, créateur du monde, non par bonté, mais par méchanceté plutôt ? Ce Dieu qui l'a permis n'est-il pas ou mauvais encore, ou faible ? Impuissant s'il n'a pu l'empêcher, aveugle s'il l'a ignoré, ou s'il n'a pas su le prévoir ? L'existence du mal n'est-elle pas un blasphème ? Le moindre cri qui s'échappe de mon sein n'est-il pas une négation vivante de Dieu ?

Non, il faut que le mal soit justifié, et qu'il soit réparé : il faut, justifié, que, dans son principe, réparé, que, dans sa fin, le mal ne soit pas le mal !

Si la souffrance, par cela seul qu'elle est un mal, si le mal semble inconciliable avec la perfection de Dieu, que dire de sa justice, devant ces injustices qui révoltent, devant ces iniquités qui confondent la pensée et qui froissent le cœur ? Pourquoi la courtisane habite-t-elle des palais, pendant qu'une de ses compagnes d'enfance, honnête fille qui consume ses jours au travail, vit dans un taudis, si c'est vivre que mettre plusieurs années à mourir de faim ? Pourquoi un homme d'intelligence et de science, après de longues études, de longs travaux, de longues veilles, d'ardentes et fécondes insomnies, se débat-il au fond des ténèbres contre la misère qui le tue, — ce n'est pas assez, qui le déshonore ! — pendant qu'un de ses amis de collège, dont il faisait les devoirs, jette à pleines mains dans le jeu, dans l'orgie, dans l'ignominie de je ne sais quels plaisirs, l'or dont il regorge, fruit du brigandage de ses pères ? car il n'a même pas eu besoin, ce riche, pour acquérir tant d'or, du travail de voler : il lui a suffi de naître ! Pourquoi le juste est-il en prison ou en exil, pendant qu'un misérable, de ceux dont il sauva la vie, marche tête haute, la croix d'honneur étalée avec audace sur son impudente poitrine, salué, considéré, estimé, peut-être un des grands de l'Etat?

Que dire de la perfection, mais que dire de la justice de Dieu, si la vie se termine à la mort? S'il est chimérique d'attendre, dans une vie exempte de mal, dans une vie divine, puisque le mal ne finit qu'en Dieu, un rétablissement nécessaire de l'ordre violé?

Tout cela est du lieu commun, car c'est le sentiment universel qui parle de la sorte. D'où vient donc, en présence d'une telle unanimité, que nos modernes savants, nos libres-penseurs, se lèvent et nient?

La raison prouve qu'il n'y a point d'âme distincte du corps, disent les uns ; l'âme n'est qu'un être métaphysique, une abstraction réalisée qu'il faut ramener par l'analyse aux faits qu'elle exprime : il n'y a rien qu'une propriété de penser, d'imaginer, de sentir, inhérente à une certaine espèce d'êtres qui ont d'autres propriétés, comme celle de manger ou de se mouvoir. Le jour où cet être cesse de se mouvoir, il cesse en même temps de manger et de penser : corps ni âme, il n'est plus rien. — Pour moi, à l'heure même où je serais convaincu de cela, j'irais, sans plus tarder, me faire sauter la cervelle, n'ayant pas de plus grande hâte que de dissoudre mon être et ses propriétés dans un cri de rage et de douleur, qui du moins serait mon dernier cri !

D'autres, moins affirmatifs, se contentent de dire que Dieu et la providence de Dieu, que l'âme et l'immortalité de l'âme sont de pures hypothèses, dont la preuve est impossible, et dont il ne faut point prendre souci. Ils ne les nient pas, ils ne les affirment pas : la raison, disent-ils, ne saurait y rien déterminer : ils déclarent donc qu'il ne faut point s'occuper de ces choses. Et ils sont rationalistes, et ils bornent la raison jusqu'à lui refuser la compétence dans les matières qui nous intéressent le plus ! Et ils repoussent la foi, non-seulement sans rien mettre à la place, mais ils déclarent en outre qu'il est inutile de chercher à la remplacer, parce qu'il est impossible de la remplacer ?

Que ne l'acceptez-vous donc, puisque vous ne pouvez la remplacer ? Etes-vous si heureux, que vous ne sentiez pas le mal ? Ah ! vous avez le cœur léger ! Pouvez-vous être heureux, fussiez-vous comblés de tous les biens de la terre, ce n'est pas assez, mais fussiez-vous encore indifférents à tous les biens supérieurs ; comblés et rassasiés des seuls biens auxquels vous soyez sensibles, pouvez-vous être heureux de votre bonheur dans le malheur universel qui vous environne ? Dans un monde où tout souffre autour de vous, où les hommes se font la guerre, où les animaux se dévorent, où un sort féroce présente à tout ce qui est vivant toutes les images et toutes les réalités de la douleur, où tous les êtres se nourrissent des larmes d'autrui quand ce n'est point de leurs propres larmes.... Vous riez ? Mais voyez, l'on pleure autour de vous ! Partout sur la terre, partout dans l'univers peut-être, on agonise et l'on pleure ! Toute créature gémit. Non, je ne comprends pas la joie, ailleurs que chez l'enfant qui ne sait pas, ou le frivole qui oublie, ou l'égoïste qui ne vit que pour lui-même ! L'homme de génie est mélancolique, disait Aristote ; disons plutôt que l'homme de cœur est triste, d'une tristesse qui serait le désespoir et qui le précipiterait dans le suicide, s'il ne trouvait un refuge dans la pensée que la figure de ce monde passe, qu'un monde où l'on souffre en proportion de ce qu'on vaut n'est point le monde sorti juste et bon des mains de Dieu, que ce n'est là qu'une apparence d'un jour, dont la raison nous sera donnée quand la clarté aura succédé pour nous aux ténèbres, que ce n'est là qu'une vie fausse, fille du péché, une vie mensongère, qui dérobe à nos yeux coupables le spectacle de la vraie vie !

Ah ! vous ne sentez pas le mal, heureux hommes ! Vous vous mentez à vous-mêmes. Vous avez beau vous boucher les oreilles et vous fermer les yeux, le mal crie, le mal vous écarte les paupières de vive force, le mal vous heurte de toutes parts, le mal vous oppresse de toutes parts . qu'en faites-vous ?

— Nous travaillons, disent-ils, à le diminuer sur la terre. — Fort bien. Vous le détruirez même, je n'en doute pas. Vous ferez tant, que les enfants de nos enfants nageront dans les délices, qu'ils seront tous riches, bien nourris, bien vêtus ; qu'ils n'auront ni froid ni chaud ; qu'il n'y aura plus, sur la terre qu'ils habiteront, ni pluie, ni orage, ni soleil ; ils ne seront plus malades ; ils ne connaîtront plus l'angoisse de l'impuissance dans la vaine poursuite des problèmes, ni dans l'effort stérile pour rendre un idéal rêvé, où la vérité ni la beauté ne les intéressera plus ; ils n'aimeront plus, ou ils n'aimeront pas sans être payés de retour ; ils ne perdront plus leurs parents ni leurs amis, ou ils auront une assez haute philosophie, un cœur assez parfait, pour ne pas souffrir de leur mort non plus qu'ils n'auront joui de leur vie, et pour se suffire dans leur égoïsme divin. Je vous accorde tout cela. Mais ceux qui ont souffert, qu'en faites-vous ? Et que faites-vous de nous qui souffrons ?

— Ils ont souffert par leur faute ; ils se sont laissé dépouiller de leurs biens, à genoux, par des perfides qui les leurraient de l'espérance du ciel. — Quand cela serait, ils n'en ont pas moins souffert ; qu'en faites-vous ? Et qui ne préfère mille fois souffrir, injustement dépouillé de ses biens, mais avec l'espérance du ciel, à souffrir au milieu des arides biens de la terre, avec la perspective d'une mort qui ne serait plus que la mort ?

Qu'il se fait mieux entendre, et qu'il persuade mieux les âmes séduites, celui qui parle du bonheur en chrétien ! Il aime les hommes : il désire pour eux ce qu'il désire pour lui, et il redoute pour eux ce qu'il redoute pour lui. Il jouit de leurs joies, et il souffre de leurs douleurs ; mais il est frappé de ce que le vice renferme ou prépare de douleurs sous le masque de ses fausses joies, et de ce qu'on trouve de joies véritables dans les souffrances mêmes de la vertu. Il peint les vertus, et on les aime ; il peint les vices, et on les déteste. Il peint les justes : on les estime heureux, même dans leurs épreuves, où ils rencontrent tant de contentements secrets qu'ils n'y cherchaient pas, et dans la mort se cache pour eux une couronne ; il peint les méchants : on les estime malheureux, même dans leurs plaisirs, qu'on envie et qui sont pénibles, et la mort les conduit à un inconnu terrible. Le règne de Dieu est un règne de justice.

— Les animaux souffrent.... — Et qui vous assure que leur souffrance ne sera pas réparée ? D'ailleurs, il ne s'agit pas des animaux, il s'agit de l'homme, qui a de plus qu'eux le sentiment profond de l'injustice dans la souffrance. Il lui faut une réparation, sa raison la veut. Tous les êtres ont droit à la justice, qu'ils le sachent ou qu'ils l'ignorent ; mais l'homme, par la raison qui l'élève au-dessus des animaux, connaît son droit à la justice. Dieu le lui a reconnu à lui-même, en lui donnant la raison.

Au nom de la douleur, l'homme ne mourra pas. Et, l'aspiration vers l'infini l'inquiétant dans toutes ses joies jusqu'à ce qu'il ait atteint l'inaccessible infini, au nom de ce désir que peut seule satisfaire l'éternité dans le sein de Dieu, au nom de la douleur, l'homme est éternel, et il possédera Dieu.

On me nie que la distinction de l'âme et du corps soit légitime. On se trompe. Mais qu'importe? Il y a un être humain, lequel est un individu : l'individu est impérissable. Il se transforme, il ne meurt pas. Ni l'être ne mourra, ni la personne, parce qu'il est une personne, et qu'il ne saurait perdre son être acquis : sans jamais perdre, il gagne toujours.

Ainsi le sentiment aide la raison ; et si la raison convainc les philosophes, le sentiment inspire à l'homme la foi. Le rapport de l'effet et de la fin avec la cause prouve aux philosophes que tous les êtres gravitent vers Dieu, se transformant sans perdre ce qui les constitue en leur propre essence, gagnant à chaque transformation un caractère nouveau qui ne disparaîtra plus, passant d'un type à un autre, d'un idéal à un idéal supérieur, par une loi de progrès éternel : le sentiment toujours présent du mal crie à l'homme qu'il ne périra pas, et qu'il arrivera jusqu'à s'engloutir, sans y disparaître, dans le sein de Dieu, parce que la réparation du mal ne saurait être que l'œuvre de l'éternité dans le sein de Dieu.

Car notre éternel progrès a un dernier terme : il s'arrête à l'éternel, à l'infini, à Dieu. Qu'est-ce qu'un progrès, sinon une marche vers le bien ? Une marche vers un but inaccessible, vers un but qui, à mesure qu'elle avancerait, reculerait, et se perdrait dans l'infini au lieu de s'y trouver, en quoi différerait-elle d'un mouvement sur place, d'un vain piétinement ? Et si le principe de causalité veut une première cause, le principe de finalité ne veut-il pas, pour la même raison, une dernière fin ? Cette fin dernière existe, et elle n'est autre que la cause première, Dieu. Nous venons de Dieu, et nous allons à Dieu. Tout être est une participation de l'être divin : notre dernière fin est la conscience de cette participation, la vision en Dieu, avec la coopération à l'œuvre de Dieu. Telle sera la perfection de notre être : une possession de Dieu, un partage de l'infini, mais sous la forme du fini, dans le déploiement et le mouvement continu d'une activité personnelle.

IV

L'homme, être libre, est un être moral. Un devoir est confié à sa liberté, et c'est d'aller à Dieu, ou, comme s'exprime la langue sacrée, de faire son salut. L'homme doit vivre en vue du salut. Vivre en vue du salut, c'est vivre religieusement. En d'autres termes, la connaissance des vérités, la culture des sentiments et la pratique des actes qui concernent le salut, constituent la religion.

Dégager en nous l'esprit, l'être futur que contient notre être présent, voilà notre devoir. Que faut-il pour cela ? « Connaître Dieu, l'aimer et le servir. » dit le catéchisme. Dieu, c'est notre fin, la fin dernière de toutes choses ; c'est d'abord l'idéal qui sera un jour notre être même : traduisez donc : connaître cet idéal supérieur, notre être futur, l'aimer, et le préparer par une conduite qui déjà, dès cette vie, le fasse éclore en nous.

Avant tout, il faut le connaître. Et il faut le connaître autrement que par la raison. Car cette connaissance est nécessaire à tous les hommes, à l'ignorant comme au savant, à l'enfant comme au vieillard, au sauvage comme au civilisé, au premier homme comme à l'homme des siècles mûrs : or, quand la raison serait capable d'arriver par elle-même à cette connaissance, l'est-elle chez l'ignorant, chez l'enfant, chez le sauvage ? Le fut-elle chez l'homme des temps primitifs ? De nos jours encore, sur toutes ces questions qui ont trait à la fin de l'homme, à l'être futur, à Dieu, qui touchent l'ordre surnaturel, en un mot, la raison humaine balbutie, hésite, se trouble ; et combien de rationalistes même lui enjoignent de se taire, comme on défend à un aveugle de parler des couleurs !

Comment l'homme connaîtra-t-il ce qu'il ne peut connaître d'abord par la raison ? Il le connaîtra par la foi. L'individu sera enseigné par l'humanité, l'humanité le sera par Dieu. L'idéal paraîtra parmi les hommes, l'être futur déjà visible sur la terre, l'Esprit éternel manifesté dans l'abjection humaine, le Verbe incarné. Car c'est là ce qu'il faut que l'homme connaisse : il faut que le Verbe de Dieu se fasse homme, pour que l'homme voie en lui la fin de son être ; il faut que la Parole qui contient tout idéal parle, exprime, révèle l'idéal infini sous la forme de l'idéal humain, homme et Dieu, et que le Verbe s'incarne pour se révéler.

Mais que nous servirait de le connaître, si nous ne l'aimions pas ? Si, tandis que notre raison saurait qu'il est de notre devoir de vivre en vue du salut, nous ne trouvions dans notre cœur que des attaches à la terre ? La religion doit donc agir sur le cœur, non moins que sur l'esprit. Car nos sentiments naturels ne sortent pas de l'ordre naturel ; notre sensibilité est faite pour notre vie, pour la vie terrestre : c'est vers une vie supérieure qu'il la faut diriger, en l'élevant, en la combattant au besoin. Mais quel secours aurons-nous pour la combattre ? La raison est une puissance d'une autre sorte, ou plutôt elle n'est pas une puissance, elle est une lumière ; la sensibilité est une force. On ne peut agir sur une force que par une force, sur un sentiment que par un sentiment : qu'à la sensibilité naturelle s'ajoute donc un sentiment surnaturel, non en soi, mais dans son objet, un saint désir qui nous incline vers la vie supérieure : comme la révélation est l'enseignement de l'esprit, la grâce est l'attrait du cœur, dans l'ordre religieux.

Non que les inclinations humaines, prises en elles-mêmes, soient rien de mauvais. Les tendances de la sensibilité sont des impulsions, des forces, instruments de vice ou de vertu selon l'usage qu'il nous plaît d'en faire, indifférentes par elles-mêmes au bien ou au mal. Mais nous sommes portés à en faire un mauvais plutôt qu'un bon usage. C'est dans ce sens que nous sommes enclins au mal. L'homme est né mauvais, au point de vue du surnaturel : non qu'aucun des principes qui constituent son être soit mauvais, il s'ensuivrait qu'il est mauvais essentiellement, chose absurde ; mais il est porté à mal user de ces principes, parce qu'il est porté à en user dans le sens naturel, quand il doit combattre ce sens au nom du surnaturel. Aussi le péché lui est-il plus facile que l'œuvre sainte, et le vice que la vertu. Dès que l'on a péché, on a reculé, tandis qu'on devait avancer, et le mal devient encore plus facile ; plus on pèche, plus on se dégrade : si bien que, par cette incompréhensible loi, que nous sommes tentés de trouver injuste parce que le sens nous en échappe, et que nous ne devons pas nier, puisqu'elle est, mais expliquer, si nous pouvons, dans un ordre de justice ; par cette loi qui veut que le fils naisse pire ou meilleur selon ce que vaut le père, le premier péché d'un seul devient pour tous une profonde chute, et telle, que notre devoir ne nous est plus possible. Il nous est possible cependant, sous peine de contradiction. Contradiction étrange, qui, pour disparaître, réclame impérieusement un élément nouveau, la grâce.

On nomme l'habitude une seconde nature. La nature primitive est bonne, en ce sens qu'elle n'est pas plus portée au mal qu'au bien ; pour mieux dire, elle est neutre moralement. L'habitude est une nature acquise, pire ou meilleure que la première, selon que l'être libre a bien ou mal usé de sa liberté. L'individualité des enfants dépendant, par une loi que la physiologie constate, de celle des pères et des mères, la nature primitive d'un être libre né d'un autre est déjà une nature acquise, une *habitude innée*, qu'il relèvera ou qu'il abaissera davantage par ses propres habitudes, pour transmettre à ceux qui naîtront de lui une nature plus modifiée encore et plus profondément différente de la nature primitive. La nature primitive n'appartient donc qu'au premier homme ; les hommes nés du premier ne naissent plus moralement neutres, mais enclins au bien ou au mal, selon que leurs pères se sont bien ou mal conduits, et, en fait, enclins tout à la fois à certains vices et à certaines vertus. Ils subissent la suite heureuse ou funeste des vertus ou des vices de leurs pères ; ils sont récompensés d'un bien qui ne semble pas être leur bien propre, et ils ont à expier un mal qui ne semble pas être leur propre mal. Pourquoi ? Cela est. On a beau nier le péché originel, sous prétexte qu'il est incompréhensible, inconcevable, injuste ; il est un fait, ainsi que la grâce originelle : ces deux fondements du christianisme sont deux faits qui se voient, qu'il faut donc accepter, et non pas nier, et sur lesquels il n'y a rien à dire ni rien à faire, qu'à en comprendre, si l'on peut, la justice. Mais, qu'on explique ou non cette transmission du bien et du mal, elle est une vérité ; tant qu'on ne l'expliquera pas, elle est un mystère sans doute : elle est du moins un mystère connu par la raison elle-même, étant une vérité de fait, sur laquelle repose tout l'édifice de la foi chrétienne.

La triste expérience de notre faiblesse ne le prouve que trop : nous luttons contre la tentation, nous voulons vaincre le mal, le mal plus fort triomphe, il faut succomber. Nous sommes coupables, nous ne pouvons pas ne pas être coupables. Et cependant nous le pouvons ; en vain une puissance irrésistible nous a-t-elle dominés, nous sentons que nous pouvions résister, et il est nécessaire que nous le puissions toujours, au nom du devoir : donc il est nécessaire qu'un rédempteur intervienne qui nous délivre du mal où nous porte notre nature, par un attrait surnaturel au bien, par la grâce de Dieu.

L'homme qui a péché n'est plus après son péché le même homme qu'il était auparavant ; il est amoindri, diminué, abaissé ; il ne peut donc plus lui-même, n'étant plus le même, racheter son péché. Il mérite néanmoins, par l'effort et par le repentir, que son péché soit racheté. Le péché ne peut être racheté que par l'homme antérieur au péché, l'homme juste, l'homme saint, l'homme parfait : c'est donc à l'homme parfait de se sacrifier pour racheter les péchés des hommes. Mais l'homme parfait n'est aucun homme : il est l'homme, ou le Fils de l'Homme : il est le type de l'humanité, l'incarnation de la pensée de Dieu. Ainsi le Verbe incarné, homme et Dieu, en même temps qu'il révèle comme Dieu, expie comme homme: homme actuel fini et homme virtuel infini, homme présent et homme futur, homme parfait et homme impeccable, type de l'homme et idéal de l'homme, rédempteur comme type de l'homme, révélateur comme idéal de l'homme, sous l'un et l'autre mode incarnation du Verbe de Dieu. Un homme ne peut pas réparer son péché qu'il ne devienne en quelque sorte lui-même le Verbe de Dieu sous ce double aspect, par le renouvellement de son être intérieur : « Ce n'est plus moi qui vis, c'est le Christ qui vit en moi (1). » Car, en tant qu'il expie, il s'applique l'expiation de l'homme parfait, pour que la sienne soit efficace ; et, en tant qu'il veut expier, il cherche à réaliser déjà l'homme impeccable, l'idéal de l'homme, et il le possède en quelque sorte d'avance par la puissance de la grâce ou du désir.

De là une conduite appropriée au but que se propose l'homme religieux ; de là des actes conformes à ses sentiments, qui en soient à la fois la suite et la source, qui les développent dans son cœur et qui les fassent naître : l'adoration, l'élévation de l'âme à Dieu par la prière, tout un culte, tout ce qui peut lui rendre plus facile ce dégagement de l'esprit en lui, ce déploiement et cette réalisation progressive de son être idéal, qu'il se doit à lui-même comme il le doit à Dieu.

Mais l'individu n'est point isolé de l'espèce ; il s'en distingue, il ne s'en sépare pas. Chaque homme est dans l'humanité, et l'humanité dans chaque homme. Si cela est pour l'ordre naturel, cela est également pour l'ordre supérieur : chaque homme a son propre idéal, distinct mais inséparable de l'idéal de l'humanité. C'est la communion des saints. Que chaque individu ne fasse qu'un avec la société des hommes, dans une communion d'actes, de sentiments, de doctrine : actes communs par

---

(1) SAINT-PAUL, *Épître aux Galates*, II, 20.

le culte public, sentiments communs par l'édification réciproque des âmes, doctrine commune par la foi. Car la foi, en tant qu'elle est la croyance à l'autorité de l'enseignement du dehors, l'adhésion à la parole du genre humain, fonde la communauté de doctrine. Tel est l'esprit d'unité, qui est l'essence du catholicisme ; tel est le principe où se fonde la religion, universelle ou catholique par ce principe même.

CHAPITRE III

LE CATHOLICISME

I

Si telle est la religion, il n'y en a pas plusieurs, il n'y en a pas deux, il n'y en a qu'une. Pour diverses qu'elles soient ou qu'elles paraissent être, toutes les religions n'en sont au fond qu'une seule, qui est la tradition vivante de l'humanité, le catholicisme.

D'abord, la religion, telle que nous venons d'en déterminer par l'objet les caractères essentiels, se retrouve dans toutes : ces caractères y peuvent être plus ou moins altérés par la diversité des formes ou par la diversité des superstitions ; mais quelque religion qu'on examine, on les y retrouve comme traits fondamentaux. Toutes poursuivent une vie éternelle, depuis l'antique druidisme de nos ancêtres gaulois qui la veut dans les conditions de la personnalité, ou le bouddhisme qui rêve le salut par la délivrance des existences temporelles et l'absorption finale dans le sein du grand être, jusqu'au christianisme qui le cherche dans une vie divine de la personne humaine. Et quelle est celle qui ne repose point sur la révélation d'un idéal supérieur, que dis-je ? sur l'incarnation de cet idéal, soit que le paganisme présente à l'adoration des dieux en forme humaine, ou le christianisme Dieu fait homme ? Quelle est celle qui n'annonce point, sous des voiles plus ou moins épaissis, mal et remède, chute et rédemption, dans un mystère de grâce ? Quelle est celle qui ne sollicite point des pratiques destinées à exalter et à dégager en nous l'esprit, l'être futur ? qui ne fonde point un culte public ? qui n'établit point la commmunion des âmes sur une foi commune à la parole, expression de la tradition, lien des hommes, ciment de l'Eglise ?

Ensuite, quelques mélanges que l'ignorance ou l'inintelligence apporte dans la religion, toujours et partout l'homme religieux, lorsqu'il cherche à réparer le mal, s'applique l'expiation de l'homme parfait, et réalise déjà, par le désir, l'homme impeccable : toujours et partout, au milieu même de l'idolatrie et de l'erreur, s'il est sincère, il est chrétien. Qu'il le sache ou qu'il ne le sache pas, à quelque religion qu'il appartienne, c'est le Christ qui fait la grâce du juste ; et c'est pourquoi il est dit : Hors de l'Eglise, c'est-à-dire hors de la rédemption par le Verbe de Dieu, point de salut. Celui qui s'efforce pour le bien en vue du bien lui-même, en vue de Dieu, soit qu'il connaisse ou ne connaisse point le Verbe de Dieu, c'est le Verbe de Dieu qui le sauve.

Enfin, quiconque est un par la pensée avec la société qui l'entoure, entre autant qu'il peut dans la communion des hommes : l'esprit d'unité l'anime ; ce qui le dirige, c'est le principe de la société spirituelle ou de l'Eglise, le principe du catholicisme, la foi.

Tout homme qui vit dans la foi de ses pères vit dans la vérité, encore que cette vérité soit mêlée, ou plutôt chargée, de beaucoup d'erreurs, qui la couvrent et la cachent trop souvent aux yeux de la raison. Il doit y demeurer, jusqu'à ce que la vérité plus dégagée et plus pure lui apparaisse ailleurs : qu'il se retire alors d'une affirmation moins parfaite dans une affirmation plus parfaite au regard de sa conscience ; mais qu'il ne quitte jamais l'affirmation pour la négation. Je ne veux pas qu'on pousse l'horreur de l'imparfait jusqu'à préférer à l'imparfait le néant.

Le catholicisme n'est pas toujours entendu non plus, et peut-être ne l'a-t-il jamais bien été, de ceux qui le professent. Il faut distinguer soigneusement les doctrines catholiques et la doctrine catholique ; il faut connaître ce qu'on juge ; il faut savoir ce qui est orthodoxie précise, article de foi expressément formulé, et ne le point confondre avec ce qui est, dans le fait, la religion catholique aux yeux des bonnes femmes, et de beaucoup d'hommes leurs pareils.

Il y a deux catholicismes : le catholicisme de l'histoire, variable comme toutes les formes religieuses, catholicisme du moyen-âge, catholicisme du XVIIe siècle, gallicanisme, ultramontanisme, et d'autres, et le catholicisme orthodoxe. Il ne doit être question que de celui-ci. S'il est la vérité, à la foi de le connaître, à la raison de le comprendre. Que l'Eglise le détermine par ses formules nettes et positives : l'œuvre philosophique sera de le démontrer, de l'appliquer, d'en dégager la vérité pure et le sens profond. « Le temps approche où l'on n'adorera plus le Père ni sur cette montagne ni à Jérusalem… Mais le temps vient, et il est déjà venu, où les vrais adorateurs adoreront le Père en esprit et en vérité. »

Le catholicisme orthodoxe lui-même est-il enfin ce catholicisme essentiel qui est la religion véritable, parce qu'il n'a pas d'autres principes que les principes de la religion prise en soi ?

II

J'ai besoin d'expliquer ma pensée. Car il y a dans ces

matières une confusion d'idées, source d'une confusion de mots, qui embrouille tout.

Je dis qu'il faut distinguer les religions et la religion; e dis que la religion est catholique; je dis qu'une religion existe de par le monde qui se nomme catholique, qui est peut-être la même, qui peut-être ne l'est pas; je dis que celle-ci est d'ailleurs peu connue, de ceux qui la défendent comme de ceux qui l'attaquent, et qu'il importe de la bien connaître pour voir si, nettement et rigoureusement formulée, si, dégagée enfin du vain cortège de doctrines flottantes, bonnes ou mauvaises, avec lesquelles elle se trouve compromise par une alliance qui ne peut que la corrompre, si, dis-je, considérée dans la pureté de sa doctrine fixe, elle n'est point précisément la religion.

Cela importe beaucoup : parce qu'il se rencontre, chose très remarquable, que la religion prise en soi et telle que j'ai essayé de la déterminer par son objet, non contente de se retrouver plus ou moins dans toutes les grandes religions qui ont apparu sur la surface de la terre, se rapproche singulièrement de l'une d'elles, de celle qui est la principale pour l'histoire de la civilisation humaine, du christianisme; et que la religion qui se nomme catholique n'est autre que le christianisme organisé en une société religieuse, la plus puissante de toutes.

La multitude des sectes chrétiennes antagonistes les unes des autres prouve qu'il ne faut pas identifier, historiquement, le christianisme avec le catholicisme : les églises que, sous le nom d'hérétiques, repousse le catholicisme n'en sont pas moins appelées le christianisme par ceux qui les professent. Mais le catholicisme ne diffère-t-il des confessions de foi qu'il écarte qu'en ce qu'il est une autre interprétation du christianisme ? Beaucoup l'ont cru ; ils se sont trompés. Si cela était, il ne différerait des hérésies que comme chacune de ces hérésies mêmes diffère des autres. On ne verrait pas d'un côté la société religieuse officielle, de l'autre le protestantisme, c'est-à-dire la protestation, c'est-à-dire la revendication : souvent, il est vrai, légitime ; mais ce n'est pas en elle-même qu'une revendication a sa raison d'être ; on ne verrait pas d'un côté l'Eglise, de l'autre des églises. Différence considérable, reconnue de ceux mêmes qui ne sont pas chrétiens, et qui a passé jusque dans le langage.

C'est que les églises chrétiennes partent du christianisme comme d'une vérité posée en principe, qu'il ne reste qu'à expliquer ou à appliquer, et qu'elles expliquent ou appliquent chacune à sa manière ; elles y trouvent et leur origine historique et leur fondement logique tout ensemble : tandis que l'Eglise, dite absolument, part d'une conception de la religion en soi, et l'on peut dire qu'elle est catholique avant d'être chrétienne : elle appuie sur cette conception le christianisme ; elle prend le christianisme pour en faire, non plus une religion, mais la religion ; elle y a bien son origine historique, sans doute, mais son fondement logique n'est pas là.

Le catholicisme paraît d'abord plus étroit que le christianisme, puisqu'il rejette de son sein tant d'églises qui se déclarent chrétiennes : il est plus large à le considérer dans son fond, car il n'arrive au christianisme qu'après être parti de la conception plus vaste d'une Eglise qui embrasse tous les temps et tous les lieux ; il se pose comme une sorte de christianisme spirituel, antérieur et supérieur au christianisme temporel : tout homme juste est catholique, et tout catholique chrétien, même avant l'avènement, même en dehors du christianisme temporel, et n'eût-il jamais entendu parler de Jésus-Christ.

Or, nous-même, qu'avons-nous établi ? Que la religion est catholique, c'est-à-dire qu'elle est une et universelle, invariable, absolue ; qu'elle est transmission, tradition, révélation : enseignant, ne discutant pas ; affirmant, ne démontrant pas ; s'appuyant sur la foi, qui est le principe de l'unité du genre humain, ou sur la parole, qui est le lien des hommes : que l'individu est enseigné par l'humanité, et l'humanité, de quelque façon qu'on l'entende ou qu'on en conçoive le mode, par Dieu. Et, comme Dieu est nécessaire à l'intelligence de l'homme, il est nécessaire à tout l'homme ; il est le fondement de notre être naturel, il l'est aussi de notre être surnaturel, j'entends de notre intelligence, de notre sensibilité, de notre volonté par suite, selon qu'elle est appelée à travailler pour une vie supérieure : de notre volonté religieuse, par le mouvement qu'il imprime à notre sensibilité, car notre volonté même, il ne la touche pas, ce serait la détruire, il en respecte le caractère libre ; il ne nous fait pas vouloir le bien qu'il attend de nous, il nous le fait aimer : de notre volonté religieuse donc, par son action sur notre sensibilité, de notre sensibilité religieuse par la grâce, de notre intelligence religieuse par la révélation. La révélation et la grâce étant les moyens sans lesquels il nous serait impossible, même avant tout péché, d'accomplir notre destinée religieuse, combien, sans ces moyens, cela nous est-il plus impossible encore si nous avons péché ! Le péché, qui entraîne l'obscurcissement de la raison avec la dégradation de tout l'être, exige une action plus forte de la grâce ; et l'homme étant, avant le péché, dans l'impossibilité d'atteindre son céleste idéal, si la grâce ne le sanctifie, s'enfonce, après le péché, dans cette même impossibilité plus profonde et plus terrible, si la grâce ne le rachète.

Telle est la religion où la raison seule, appliquée au problème de la vie supérieure, nous a rapidement conduit. Toutes les religions donnent ou impliquent la même réponse au même problème. Une entre toutes la donne explicitement, en termes à peu près semblables. Elle est la plus vraie des religions, ou elle est la vraie. Nous avons esquissé les traits fondamentaux d'un christianisme selon l'esprit ; le christianisme selon la lettre y ajoute des traits particuliers, qui peut-être le complètent, ou peut-être le dénaturent : c'est ce que nous n'avons pas à décider ici. Il s'agit ici de la religion que toutes les religions contiennent, que le christianisme contient si manifestement qu'on peut dire que, si toutes les religions la contiennent, elles contiennent le christianisme, selon le mot de Tertullien, *anima naturaliter christiana*, et qu'il suffirait pour l'y trouver de les développer en les épurant, de les amener à la conscience d'elles-mêmes.

Chose remarquable ! L'idée même de la religion nous donne une doctrine religieuse qui est comme le fond des religions diverses, et qui est précisément l'essence du dogme chrétien. C'est pourquoi je crois qu'il ne sera pas inutile de comparer ici, en quelques mots, la doctrine du catholicisme chrétien avec la doctrine de ce catholicisme essentiel, absolu, où nous a conduit la raison.

Quand une exposition rapide du catholicisme professé par l'Eglise chrétienne n'aurait pas d'autre avantage que de le faire connaître, cela suffirait pour qu'elle ne fût pas hors de propos dans un travail sur le problème religieux de notre siècle. Ce n'est pas qu'on ne l'ait faite ailleurs, et souvent : mais trop longue, ou trop courte. Tantôt avec le cortège obligé des preuves convenues, tantôt sans rien qui s'adresse à la raison, pas même la liaison naturelle des dogmes : ici une apologie, là une suite de propositions sans démonstration et sans lien. Je ne sache point qu'on se soit encore avisé d'un exposé tout simple, pareil à ceux qu'on présente des systèmes philosophiques, complet et bref, sans discussion, sans autre démonstration que cette raison secrète qui ressort de l'enchaînement des choses, qui marque les traits essentiels de la doctrine, qui permet d'en voir l'ensemble et d'en saisir l'esprit : si bien que tout ce qu'un tel exposé n'enfermerait pas n'appartiendrait pas à la doctrine, et devrait être mis à part comme une addition, comme une interprétation arbitraire, ou même comme une altération. Toute l'orthodoxie, rien que l'orthodoxie : la plupart des gens qui en parlent, et qui ne se font faute de la railler ou de la prêcher, de la combattre ou de la défendre, comme s'ils la connaissaient, j'ose dire qu'ils la connaissent mal.

III

Il y a deux hommes : l'homme extérieur, et l'homme intérieur. Dans tout homme visible, il y a un homme invisible. Un corps qui se voit manifeste et cache tout ensemble une âme qui ne se voit pas. L'homme donc, étant corps et esprit, vit d'une double vie. Mais il ne se donne pas lui-même sa vie, il la reçoit : chaque individu reçoit la sienne de Dieu par l'intermédiaire de la société. Est-ce aller trop vite de dire qu'il la reçoit de Dieu? Qu'il la reçoive de Dieu ou non, de quelque part qu'elle lui vienne, c'est la société qui la lui transmet : la société, en la lui transmettant, lui en impose les conditions et lui en enseigne l'usage. Or sa vie est double ; il relève donc de deux sociétés : l'une qui est l'origine, la règle et l'enseignement de sa vie selon la chair, c'est la société naturelle, ou le monde : l'autre qui est l'origine, la règle et l'enseignement de sa vie selon l'esprit, c'est la société religieuse, ou l'Eglise. Non que le monde ne soit que la société des corps, et l'Eglise que la société des âmes : l'âme et le corps de l'homme ne se séparent pas de la sorte. Mais la société naturelle est celle des corps avant tout, des corps vivant pour eux-mêmes, et elle est ensuite celle des âmes, selon que l'âme intervient nécessairement dans le souci de la vie terrestre ; la société religieuse, au contraire, est celle des âmes avant tout, des âmes vivant pour elles-mêmes, et elle est ensuite celle des corps, selon que le corps ne saurait demeurer étranger à la vie de l'esprit.

L'Eglise, ou la société religieuse, a des caractères qui la constituent, et auxquels il est facile de la reconnaître. Elle est une, elle est sainte, elle est catholique. Une, parce qu'elle est société : point de société sans union ; l'union dans la doctrine d'où émane la justice, et dans la pratique de la justice, est l'essence d'une société d'esprits. Sainte, à cause de cela même, parce qu'elle est une communion d'âmes liées pour l'accomplissement de la vie morale. Catholique, c'est-à-dire universelle, parce qu'elle embrasse tous les temps et tous les lieux : tous ceux qui vivent de la vie de l'esprit, à quelque pays, à quelque siècle qu'ils appartiennent, forment ensemble la société religieuse ou l'Eglise.

L'Eglise doit à ces trois caractères trois privilèges qui en sont la suite : elle est indéfectible, infaillible et souveraine. Indéfectible, parce qu'elle est catholique : elle ne saurait déchoir sans perdre à l'instant même son caractère d'universalité ; d'une Eglise qui aurait été et qui ne serait plus, pourrait-on dire qu'elle embrasse tous les temps ? Sa déchéance, en la frappant dans le plus éminent de ses titres, ne marquerait pas seulement sa mort, mais la nierait jusque dans sa vie passée, et l'anéantirait dans tout son être. Infaillible, parce qu'elle est une, et pour demeurer une ; parce qu'étant une société d'esprits, elle est d'abord une société de vérité ; parce que, comme la société transmet, règle et enseigne la vie, la société religieuse doit transmettre, régler et enseigner la vérité d'abord, qui est le principe de la vie de l'esprit. Souveraine enfin, parce qu'elle est sainte, parce qu'elle doit régler la vie de l'esprit, comme elle en règle le principe, et la discipline du corps, qui se rapporte à la vie de l'esprit, comme elle règle cette vie même.

C'est comme société religieuse qu'elle est une, sainte et catholique ; c'est donc comme société religieuse qu'elle est indéfectible : elle n'est donc aussi infaillible et souveraine que dans l'ordre religieux.

Un caractère unique résume à la fois ces trois caractères et ces trois privilèges qui en découlent : c'est la catholicité.

Or, considérez les diverses religions, les diverses églises qui ont apparu dans l'histoire des hommes : une seule offre ces trois caractères d'unité, de sainteté, de catholicité ; et elle s'est nommée l'Eglise catholique. Et il n'est personne qui lui conteste ce grand nom qu'elle porte ; personne qui ne la reconnaisse, soit pour la combattre, soit pour la défendre, sous ce nom.

Celle-là donc n'est pas une église, mais l'Eglise.

Comme elle est l'Eglise, une, sainte et catholique, elle en possède les privilèges : l'indéfectibilité, l'infaillibilité, l'autorité. Le dogme qu'elle enseigne est donc véritable, et l'on doit se conformer à la morale qu'elle en dérive, ainsi qu'aux prescriptions de discipline ou de culte qu'elle impose pour rendre plus facile aux âmes l'accomplissement du devoir.

Écoutez donc le dogme qu'elle vous enseigne. Elle ne vous le prouvera pas, elle vous l'affirmera, et sa parole vous suffira, puisque vous savez qu'elle est infaillible. Croyez d'abord ; vous comprendrez ensuite, si vous pouvez. Commencez par connaître de foi ce que vous ne pouvez connaître encore de science, et qu'il vous est nécessaire de connaître néanmoins. Après que vous l'aurez connu de la sorte, vous pourrez chercher à vous le démontrer à vous-mêmes, à vous le confirmer par l'effort de votre propre raison : la science ne vous sera pas interdite, pourvu que la foi demeure sauve.

Or, voici la vérité que vous enseigne et vous impose l'Église infaillible :

Cette terre, ce ciel, tout ce monde que vous voyez, où vous vivez et où vous mourez, n'existe point par lui-même, mais par Dieu. Rien de ce qui est n'existe que par Dieu.

Dieu est l'être absolu, principe et source de tout être. Comme il est l'absolu, il est le parfait. Comme il est le parfait, il est l'infini. Comme il est l'infini, il est unique et il est un, immense, éternel, immuable, tout-puissant. Il possède en un seul infini tous les infinis, et en une seule perfection toutes les perfections, dans leur plénitude absolue. Tout le bien de tout ce qui est lui est emprunté, à lui seul. Tout ce qu'il y a d'être effectif dans tout ce qui est, est de lui, l'être, est en lui, l'être, est lui, l'être. « En lui nous vivons, nous nous mouvons, et nous sommes (Saint Paul). » Je suis celui qui suis, dit-il ; ou, je suis ce qui est. Tout le reste est un pur néant devant lui.

Mais Dieu se distingue des êtres dont il est le principe. Il y a quelque chose en eux qui est lui, c'est leur bien ; eux-mêmes ils ne sont pas lui. Dieu n'est pas non plus une perfection sourde et qui s'ignore, une force aveugle et fatale, par qui serait tout ce qui peut être, sans discernement : il est un être vivant, intelligent et libre. Il a conscience de soi. Dès qu'il est, il se manifeste à soi-même ; il se contemple soi-même, comme dans une parole intérieure par laquelle il se raconte son être, dans une sagesse, dans une intelligence, dans un Verbe qui émane de lui : l'être donc engendre éternellement son Verbe, parfait comme lui, et dans lequel il se retrouve, il se reconnaît, il s'affirme tout entier. Or, l'être ne pouvant être sans le Verbe qu'il engendre, ni le Verbe sans l'être dont il est engendré, des deux procède à jamais un amour qui va de l'un à l'autre, principe de leur indivisible union, vie, ou Esprit. Ainsi l'être qui engendre est nommé le Père, et le Verbe engendré est nommé le Fils ; et, le Fils étant autre que le Père qui l'engendre en soi, et l'Esprit autre que les deux dont il procède à jamais, le Père, le Fils et l'Esprit sont dits trois personnes, mais également absolues, également parfaites, également infinies, en une seule substance. Car la substance du Fils ou du Verbe, éternelle parole de l'être, est tout entière dans le Père, qui est l'être ; et la substance de l'Esprit, lien éternel du Fils avec le Père, tout entière dans le Père, qui est l'être : les trois personnes sont ensemble une seule substance, un seul être, un seul Dieu. C'est le mystère de la Trinité.

Dieu, tout-puissant, peut créer, ou donner l'être à ce qui n'est pas. Ce qui n'est pas ne saurait s'opposer à l'action qui le fait être ; car s'opposer à une action, c'est encore agir, et ce qui n'est pas ne saurait agir. Si donc une puissance ne va pas jusqu'à pouvoir créer, elle n'en est point empêchée par rien qui soit hors d'elle, mais par une borne qui est en elle. Dieu donc, à l'origine, étant seul, et, en vertu de sa puissance infinie, pouvant créer, s'il le veut, trouve, dans cette puissance qui lui permet de communiquer l'être et de faire d'autres heureux que lui-même, un motif de le vouloir. Il crée des êtres nouveaux, des êtres qui n'étaient pas, qui donc n'étaient pas en lui, si ce n'est dans sa puissance de les créer ; il ne les tire pas de son sein, mais du néant ; et il les amène librement du néant à l'être, parce qu'il est bon. C'est le mystère de la création.

Ainsi Dieu crée au commencement le ciel et la terre. Il crée au commencement, étant le commencement et le principe de tout. Car il n'y a pas de temps, non plus que d'espace, en lui, l'infini. Mais dans le monde, qui est fini, parce qu'il est créé, le temps et l'espace parurent. C'est pourquoi se succédèrent sur la terre plantes, poissons, oiseaux, quadrupèdes, l'homme enfin.

L'homme est un animal raisonnable et libre. Il a un corps mortel comme l'animal, mais il a de plus que l'animal une raison et un libre-arbitre, pour gouverner son corps, pour pratiquer la vertu, pour mériter la récompense ou la peine du bien ou du mal qu'il aurait accompli. Tel est l'homme à l'état de nature. Voilà ce que Dieu devait à l'être immédiatement supérieur aux animaux. Mais Dieu, dont l'infinie bonté n'est mesurée que par la sagesse, lui accorda plus encore, plus qu'il ne lui devait : il lui donna de surcroît, par une faveur toute gratuite, la sainteté avec l'immortalité, une destinée surnaturelle, un partage facile de la divine béatitude : l'homme n'avait qu'à se maintenir dans l'innocence où Dieu l'avait créé, et Dieu l'assistait de sa grâce pour cela. Dieu le créa donc, non à l'état de nature, mais à l'état de grâce : saint et heureux.

L'homme néanmoins demeurait libre. Il pouvait pécher ; il pécha, et il perdit son bonheur.

Il fut entraîné à pécher par le mauvais conseil d'un esprit pervers. Car il n'était pas la seule créature de Dieu qui fût intelligente : Dieu avait créé en outre des êtres spirituels ou des anges, tous bons à l'origine, mais dont plusieurs, dans le cours de leur existence, abusant de leur libre arbitre, s'étaient pervertis. Ces esprits, corrompus et perdus, cherchent à corrompre et à perdre, comme les bons cherchent à sauver. Les uns et les autres peuvent communiquer, et communiquent, en effet, avec l'homme, qui est esprit uni à un corps. Si l'homme n'a pas la conscience ni la perception de ces communications intimes, c'est que, dans son état naturel, il n'a conscience de son âme qu'autant qu'elle est liée à un corps corruptible, et il ne perçoit que la matière. Dans l'état de grâce où il fut créé, esprit uni à un corps incorruptible, la communication sensible avec les anges était un privilège dont il jouissait et dont il ne jouit plus.

L'homme, ayant péché, perdit donc ce privilège, et beaucoup d'autres. Il ne perdit point ce qui appartient en propre à la nature d'un être raisonnable et libre, mais il redevint ce qu'il eût toujours été, si Dieu n'eût rien ajouté, par bonté gratuite, à son être naturel : il reprit son être naturel, sujet à la douleur et à la mort, âme impérissable liée à une chair périssable, qui est la condition de son existence, mais qui en est la borne, et dont la faiblesse l'entrave dans son propre développement. Les enfants qui naquirent de ce premier pécheur, et qui devaient partager son existence glorieuse, n'eurent plus en partage que l'existence obscure et pauvre de l'homme naturel : ils ne furent plus que des hommes, dépouillés, non de leurs droits, mais des privilèges gratuits dont Dieu avait aimé à combler le premier homme. Ainsi les fils d'Adam furent sujets à la mort, et déshérités de la possession de Dieu.

Ils naissent tous marqués du péché d'un seul. Non qu'ils en soient coupables, ni punis : Dieu favorise une race, l'auteur de cette race démérite, Dieu lui retire, et à sa race avec lui, sa faveur, mais non pas sa justice. Dieu donc n'ôte aux hommes qu'un privilège qui ne leur était pas dû. Mais ce privilège qui ne leur était pas dû, il le leur eût accordé néanmoins sans la faute de leur père ; leur état, qui, étant propre à l'homme, n'est malheureux que par comparaison avec celui de leur père et avec celui qui eût été le leur, si leur père n'eût point péché, est donc une suite de ce premier péché. C'est le mystère du péché originel.

Dieu, qui leur a retiré sa faveur, ne la leur a pas retirée tout entière. Il n'a point voulu que des êtres qu'il avait destinés à un partage magnifique de son éternelle béatitude fussent privés d'un tel bienfait pour une faute qui avait été commise, mais qui n'était pas la leur. Sans doute leur mérite propre pouvait les conduire, soit dans cette vie, soit dans une autre, à un juste bonheur : mais ce bonheur, fruit de leurs faibles efforts et proportionné à leur pauvre mérite, qu'aurait-il été jamais au prix de la béatitude éternelle dans le sein de Dieu ? Seulement il fallait que la faute fût expiée, et rachetée. Même, la faute rachetée, Dieu ne leur donna que la sanctification, et non la glorification, avant la mort : il leur laisse la mort avec les épreuves de la vie, pour que la sainteté les fasse dignes de la gloire.

Mais nul homme ne pouvait expier ni racheter le péché d'Adam. Non-seulement Adam avait péché contre la justice : il avait péché en outre, et surtout, contre la grâce ; il avait été plus que coupable, il avait été ingrat. Ingrat envers Dieu, bienfaiteur infini, qui, par pur amour, s'était donné lui-même, l'infini. Le bienfait ayant été gratuit, Adam, en un sens, n'avait rien à expier ; la peine de l'ingratitude était pour lui dans l'ingratitude même, dans la privation du bienfait, dans le renoncement de Dieu. Pour que Dieu, renié et repoussé de la sorte, se redonnât à l'homme, une expiation devenait nécessaire : mais infinie comme avait été l'offense, et supérieure à la puissance de l'homme de toute la supériorité de l'infini sur le fini. Quel homme était capable d'une telle expiation ? Mais quel homme, eût-il été capable d'expier la faute, l'eût été de la racheter, c'est-à-dire de fournir une expiation qui valût pour tout le genre humain, et pour Adam, non moins que pour lui-même ? Il fallait donc une expiation infinie, et réversible infiniment ; et il fallait, pour qu'elle fût infiniment réversible, que l'expiateur n'eût pas besoin de prélever pour soi quelque chose de sa propre expiation. Nul donc ne pouvait être cet expiateur, que l'infiniment saint : Dieu expia pour l'homme. Dieu se sacrifia pour l'homme, Dieu racheta, par un miracle de l'amour infini, la suite de la faute d'Adam, pour se redonner à l'homme. Dieu, comme Dieu ? Non ; mais comme homme. Dieu se fit homme pour pouvoir se sacrifier. C'est le mystère de la rédemption.

Ce ne fut point le Père, l'être immuable, qui se fit

homme : ce fut la seconde personne de Dieu, le Verbe, l'Idéal. Le Verbe, idéal de tout ce qui est, étant donc l'idéal de l'homme, se manifesta dans un homme réel ; il revêtit une chair visible, et naquit véritablement, historiquement, il y aura bientôt dix-neuf siècles, en Palestine, d'une vierge. C'est Jésus-Christ, qui naquit de Marie, sans que l'époux de sa mère eût participé à sa naissance, ni que sa mère eût cessé d'être vierge ; mais la troisième personne de Dieu, qui procède à jamais des deux autres pour les unir à jamais, l'amour, principe éternel de l'éternelle vie, l'Esprit, en un mot, l'enfanta dans le sein vierge de sa terrestre mère. Jésus-Christ, Dieu et homme, possède un vrai corps et une âme vraie, étant homme, et, étant Dieu, la perfection infinie de Dieu ; il joint les deux natures, l'humaine et la divine, avec les deux volontés, l'humaine et la divine, distinctes et non confondues, en une seule personne, qui est Dieu. C'est le mystère de l'incarnation.

Fils de l'Homme et Verbe de Dieu, cet Homme-Dieu expia sur la croix le péché de l'homme, et le racheta au prix de son sang, par un supplice qui était infini, puisqu'il était divin. Toutefois, non-seulement Dieu, l'être immuable, demeure impassible tandis que le Verbe fait chair souffre et meurt sur la croix ; mais l'humanité même du Verbe fait chair ne fut pas détruite par la mort : l'Homme-Dieu, descendu au tombeau, en remonta le troisième jour pour ne plus mourir. En même temps qu'il siège à la droite du Père, il habite à jamais, Lui et l'Esprit, avec l'Église. Tous les jours les saints qui vivent sur la terre le reçoivent, corps, sang, âme et divinité, tout entier, lui Dieu, sous des apparences qui le cachent à la raison et ne le laissent voir qu'à la foi. Il est l'âme et la vie même de l'Église.

L'Église de Jésus-Christ, qui est la véritable, une, sainte et catholique, se distingue en outre de toutes les autres par un quatrième signe, à savoir qu'elle est apostolique, c'est-à-dire que, par une tradition et comme par une chaîne non interrompue de pontifes et de docteurs, elle donne la main aux apôtres qui la prêchèrent et l'organisèrent après la mort de Jésus-Christ. Grâce aux mérites de Jésus-Christ, et à son aide puissante dans la pratique du bien, tout homme peut être sauvé, c'est-à-dire sanctifié et glorifié, ou appelé à partager sans fin la béatitude éternelle de Dieu. Quiconque a été sauvé, avant comme après la venue de Jésus-Christ, ne l'a été que par les mérites de Jésus-Christ. Sans le sacrifice de Jésus-Christ, le plus juste des hommes n'aurait jamais pu obtenir que ce qu'il aurait pu mériter, une récompense imparfaite en rapport avec l'imparfaite vertu dont l'homme est capable dans son état naturel. Grâce au divin sacrifice de Jésus-Christ, tous ceux qui appartiennent à l'Eglise peuvent être sauvés.

L'Eglise se compose d'une âme et d'un corps. Tous ceux qui font profession de la foi catholique appartiennent au corps de l'Eglise ; appartiennent à l'âme de l'Eglise tous les justes, et les seuls justes, de quelque siècle et de quelque pays qu'ils soient. Les injustes qui appartiennent au corps, n'appartiennent donc pas, étant injustes, à l'âme de l'Eglise ; et les justes appartiennent toujours à l'âme de l'Eglise, même s'ils n'appartiennent pas au corps. Les enfants non baptisés, et trop jeunes pour être justes, n'appartiennent ni au corps ni à l'âme de l'Eglise. S'ils meurent dans cet état, ils ne peuvent donc pas être sauvés. Non qu'ils soient voués au malheur : mais ils ne peuvent pas aspirer à un autre sort qu'à un sort naturel.

Ceux qui meurent dans l'injustice ne peuvent pas être sauvés non plus : mais ils joignent en outre, à la privation de l'état surnaturel que Dieu leur avait offert, des peines positives, proportionnées à leurs fautes ; et, si ces peines s'adoucissent avec le temps, si même elles cessent enfin, pour faire place à d'autres plus légères (1) mêlées de plaisirs, la privation de la possession de Dieu (2) reste pour eux un éternel regret. Telle est l'éternité des peines. Ce qui est éternel, c'est la privation de la possession de Dieu, ou le dam ; la privation d'un bien, compatible d'ailleurs avec d'autres biens, n'est pas un mal, ou du moins n'est pas une souffrance, pour qui n'en a pas l'idée : aussi le dam n'est-il pas une souffrance pour les enfants morts sans baptême ; mais pour les coupables qui, par leur propre faute, se sont retiré à eux-mêmes un bien, et un tel bien, qu'ils ont connu, c'est là, même au milieu d'autres moindres biens, le sujet d'une éternelle douleur.

Ceux qui meurent moins coupables, ou avec le repentir, mais non avec l'expiation de leurs fautes, souffrent un temps pour satisfaire à la justice de Dieu ; ensuite ils sont sauvés. Ceux qui meurent en état de grâce sont sauvés dès l'instant de leur mort.

Et comme l'homme est un esprit uni à une chair, la chair de l'homme ressuscitera, mais transfigurée, purifiée, glorieuse, incorruptible, pareille, en un mot, à cette chair immortelle qui était sa chair avant qu'il ne l'eût corrompue et rendue mortelle par le péché.

(1) La théologie admet une « mitigation des peines de l'enfer. »
(2) Et non la *privation de Dieu*, comme on dit. La privation de Dieu serait le néant. *Si descendero in infernum, ades* (Ps. 138, 8). Mais un être en qui Dieu est présent, comme il est présent dans tous les êtres, ne le possède pas pour cela. Autre chose est donc la privation de Dieu, ou de la présence de Dieu, et la privation de la possession de Dieu.

Telle est l'histoire de votre destinée, suspendue entre une magnifique espérance et une terreur. De ce dogme, l'Eglise tire toute une morale, et aussi tout un culte, qu'elle vous impose également, pour donner plus de force à vos âmes dans la poursuite de ce qui est leur bien.

IV

J'ai laissé de côté dans cette exposition la constitution et même la morale de l'Eglise.

Il importe de ne pas identifier l'Eglise catholique avec l'Eglise romaine. L'Eglise romaine est une église, dont je n'ai rien à dire en ce livre.

Je me suis borné à une exposition doctrinale du catholicisme chrétien : j'ai tenu à la faire brève, et toutefois complète, dogmativement ; j'ai tenu en outre à la faire systématique.

Ainsi présenté, le catholicisme chrétien n'a plus cet aspect farouche qu'on lui prête si souvent. Il ne damne plus impitoyablement, comme tant de gens affectent de le croire, quiconque n'a pas adoré le Christ : s'il estime le baptême nécessaire au salut, il admet, en faveur des justes qui n'ont pu connaître le Christ, un baptême de désir, implicitement compris dans leur amour du bien et dans la droiture de leurs voies. La damnation même, dont l'éternité, disproportionnée à l'inégalité de nos fautes, nous épouvante et nous révolte, perd beaucoup de son horreur ; elle ne semble plus incompatible avec un bonheur naturel : elle n'est plus, dans son fond, que la privation d'un bonheur surnaturel, infini, divin, qui nous était destiné : triste condition, dont nous avons déjà vu, dont nous avons pleuré la misère ! Mais ce n'est point celle qu'on imagine, celle qui froisse, avec l'instinct du cœur, le sentiment de la justice.

Tout le fond de cette construction dogmatique est une théorie du surnaturel, fort différente de la nôtre. Il consiste à distinguer deux destinées, l'une naturelle et de droit, l'autre surnaturelle et de grâce ; à comprendre que celle-ci est seule parfaite, seule capable de satisfaire entièrement l'homme ; que l'homme néanmoins ne peut l'atteindre par lui-même, qu'il ne le peut que par un merveilleux secours, comme elle ne lui a été accordée aussi que par un dessein extraordinaire et d'une manière merveilleuse ; qu'il n'a, pour s'en rendre digne, que l'épreuve de la vie présente, épreuve unique et définitive, quelles que soient d'ailleurs les circonstances dont le souffle propice ou funeste le pousse (dirai-je fatalement ?) au bien ou au mal : épreuve définitive, dis-je, pour tous les hommes, sauf pour les enfants qui meurent sans avoir été baptisés, et desquels il n'est peut-être pas défendu de croire, l'Eglise étant muette sur leur sort, qu'ils vont en quelque autre monde subir une épreuve analogue à celle qu'ils auraient subie en celui-ci : morts avant que leur personne fût née, ils seraient comme n'étant pas nés ; ils naîtraient ou ils achèveraient de naître ailleurs.

Ce fond une fois compris et admis, le catholicisme chrétien se montre comme un système enchaîné ; l'exposé que j'en ai fait n'est pas une suite d'affirmations, une simple énonciation du dogme, mais une interprétation, par cela seul qu'il est systématique. J'ajoute que c'est l'interprétation orthodoxe.

Pascal, dans l'ardeur de son *humeur bouillante* et de son mélancolique génie, n'interprétait peut-être pas ainsi le christianisme, non plus que de Maistre, non plus que beaucoup d'autres, qui en ont caressé, comme à plaisir, le sens le plus dur et le plus contraire au cœur humain. Bossuet, peu modéré encore, quoi qu'on ait dit, l'entendait plus étroitement et plus impitoyablement que nous. Mais il faut prendre garde que ces diversités résultent d'un ensemble de doctrines qui se rattachent au dogme formel, et qui l'altèrent en se combinant avec lui, plutôt que d'une interprétation directe du dogme ; que telle interprétation en outre n'est pas plus obligatoire que telle autre, comme article de foi ; que celle que j'ai donnée embrasse tout le dogme obligatoire, rien de plus, rien de moins, et le prend toujours à la lettre ; qu'enfin je ne l'ai pas donnée de ma propre autorité, mais tirée d'une étude attentive de la théologie qu'on enseigne à Rome (1). Je n'y ai mis du mien qu'un certain enchaînement, d'après la manière dont j'ai compris moi-même cette interprétation. Elle a le double avantage d'être la plus large et la plus humaine, la plus rapprochée des tendances de la raison moderne, et conforme néanmoins à la lettre des articles de foi, qui sont le terrain commun où se réunissent les catholiques dans une même lettre, si ce n'est dans un même esprit.

Est-il besoin d'ajouter que toutes ces déclamations historiques, politiques, philosophiques, ou autres, qui remplissent un trop grand nombre d'ouvrages religieux, surtout chez nous, naturellement peu théologiens, sont aussi étrangères au catholicisme orthodoxe, qu'elles peuvent l'être d'ailleurs au catholicisme absolu? Il semble que tel de nos religieux n'écrive ses livres ou ses journaux que pour achever de rompre les faibles liens qui retiennent encore dans la foi une foule d'âmes

---

(1) Voyez entre autres, et surtout, *Prælectiones theologicæ quas in collegio romano societatis Jesu habebat*. J. PERRONE.

indécises, que la négation inquiète, mais que la sottise est impuissante à convaincre, et désireuses de croire, sans doute, mais non pas peut-être, après tout, au prix de leur abêtissement.

V

Mais cette doctrine du catholicisme orthodoxe n'est point celle que j'ai essayé de déterminer *à priori* par la seule considération de la religion prise en soi.

Je ne crois pas qu'il soit hors de propos de faire voir que ces deux doctrines, pour être différentes, ne sont pas contraires : de telle sorte que, si la théorie de la religion pure n'entraîne pas immédiatement la vérité de la théorie de la religion dite catholique, elle n'en entraîne pas non plus immédiatement la fausseté.

Marquons d'abord les différences.

Les deux doctrines s'accordent bien au point de départ sur la dépendance de l'individu vis-à-vis de la société qui l'enseigne, dans l'ordre naturel et dans l'ordre religieux ; sur la nécessité et sur les caractères de la religion ; sur l'Église en un mot, une, sainte et catholique, indéfectible, infaillible et souveraine. L'idée de l'autorité et de la catholicité de l'Église est la première dans l'exposition du catholicisme absolu : elle est aussi la première dans l'exposition du catholicisme chrétien. C'est encore là une marque par où il se distingue du protestantisme. « Nous convenons, dit Bossuet, qu'il (Dieu) » se sert de l'Église et de l'Écriture. Notre question est » de savoir par où il commence, si c'est par l'Écriture » ou par l'Église ; si, c'est, dis-je par l'Écriture qu'il » nous fait croire à l'Église, ou si c'est plutôt par l'Église » qu'il nous fait croire à l'Écriture. Je dis que c'est par

» l'Église que le Saint-Esprit commence ; et il faut bien
» qu'il soit ainsi, puisque constamment c'est l'Église
» qui nous met en main l'Écriture (1). »

Mais de ce que la religion existe, faut-il conclure qu'une des religions actuellement constituées soit celle-là ? Faut-il conclure, de la nécessité de l'Église, qu'une des églises qui se partagent le monde soit précisément cette Église catholique et absolue ? C'est, en effet, le système du catholicisme chrétien. Et je suis fortement persuadé, jusqu'à preuve du contraire, que, si une église est l'Église même, c'est celle qui se nomme catholique, parce qu'elle réalise à un plus haut degré que toute autre l'idéal de la religion. Mais c'est là une question, s'il faut chercher l'Église même, une, sainte, universelle, indéfectible, infaillible et souveraine, catholique en un mot ou absolue, dans l'une des églises que présente à nos yeux l'histoire du genre humain. Cela peut être, cela peut ne pas être. On conçoit qu'une religion visible réalise sous une forme concrète le type invisible et rationnel de la religion, c'est la prétention de l'Église dite catholique ; on conçoit aussi que ce type ne soit qu'un abstrait, âme invisible de toutes les religions visibles, les faisant plus parfaites à mesure qu'elles se rapprochent davantage de ce qu'il est lui-même, mais ne se réalisant pleinement nulle part.

La théorie du catholicisme absolu ne résout pas cette question : en quoi elle diffère du catholicisme chrétien, qui la résout en sa faveur. Différence, et non contrariété. Tout le reste du système est empreint de la même différence, laquelle résulte toujours de ce que l'une des deux théories demeure dans l'ordre abstrait, pendant que l'autre passe dans le concret, et n'en sort plus.

(1) Bossuet, *Réflexions sur un écrit de M. Claude.*

Celle-ci incarne en quelque sorte chacune des vues générales de l'autre dans un fait particulier ; chacun de ces faits particuliers est un miracle, qui couvre un dogme profond. Si l'homme avait besoin de la grâce de Dieu, c'était pour atteindre un état surnaturel, auquel Dieu l'avait destiné par privilège. Ce privilège, don de grâce accordé par un Dieu dont les actes ne reconnaissent d'autre motif que son plaisir, ou tout au plus que certaines convenances qui ne l'obligent pas, fut retiré, aussi librement qu'il avait été accordé, aux héritiers d'un seul coupable : voilà le péché originel, suite d'un seul péché, et non point simple disposition de l'âme au bien ou au mal, simple *habitude innée*, péché originel et grâce originelle dans un sens tout psychologique, selon que nos pères ont bien ou mal agi. Un seul péché, par un triste privilège, suite naturelle d'un privilège glorieux, veut une réparation divine, et non plus tout péché, par ce motif que le pécheur tombe au-dessous de ce qu'il était, et que cette chute de son être le rend incapable de de sa propre rédemption. Le révélateur même est un homme qui est né et qui est mort (sauf qu'il est ressuscité après sa mort), qui a vécu d'une vie humaine, non pas toujours ni partout, mais dans un siècle et dans un pays déterminés. L'ordre surnaturel, dans ce système, est entendu comme l'ordre des actes arbitraires, ou du moins contingents, de la liberté divine : il est plus encore un extra-naturel qu'un surnaturel.

Ce sont là entre les deux théories de grandes différences, sans doute ; et l'on peut admettre la première sans admettre la seconde, ou être catholique dans le sens absolu du mot sans appartenir au catholicisme chrétien. On peut aussi admettre la seconde sans admettre la première. Mais ces différences ne sont pas des contrariétés,

Car, d'une part, beaucoup de chrétiens parfaitement orthodoxes ajoutent volontiers au sens littéral un sens mystique ; ils voient dans les événements sacrés des figures de certaines vérités sacrées ; et, comme l'interprétation mystique de ces événements demeure libre, ils peuvent, sans hérésie, prendre les miracles et les faits de l'ordre surnaturel pour des réalités qui, outre leur valeur propre telle que la détermine l'Église, soient encore des signes concrets, relatifs, contingents, particuliers, d'idées abstraites, universelles, nécessaires, absolues : ces idées dès lors peuvent être les nôtres, qui ne sont, au fond, que les leurs généralisées.

D'autre part, nos idées abstraites admises pour véritables, s'ensuit-il qu'elles ne se traduisent pas en faits miraculeux ou divins qui les représentent et les signifient ? En vérités particulières, qui en soient une expression concrète ?

Les deux systèmes ne sont donc pas contradictoires ; ils peuvent donc être vrais ensemble, ou l'un vrai, l'autre faux.

J'insiste là-dessus : parce qu'il importe que les croyants ne trouvent point dans la doctrine orthodoxe un obstacle à un système qui peut accomplir un jour l'accord de la raison et de la foi, et que les philosophes ne trouvent point dans leur hostilité contre l'Église dite catholique un obstacle à un système qui, indépendamment de telle ou telle église, de telle ou telle foi, tient la foi religieuse pour une chose nécessaire, véritable, rationnelle dans son fond.

L'accord de la raison et de la foi a son principe dans le principe même du rationalisme, savoir, que la raison peut par sa propre force s'élever jusqu'à la vérité, je dis jusqu'à l'ensemble tout entier des vérités que l'homme a besoin de connaître, sous quelque forme qu'elles apparaissent d'ailleurs, comme vérités de raison ou comme vérités de foi.

L'accord de la raison et de la foi sera consommé, lorsque la foi se sera faite raison, et la religion philosophie.

La philosophie, légitime, et possible à l'intelligence humaine, embrasse donc dans son vaste objet tout l'ordre religieux.

C'est ce que je crois pouvoir établir, dans l'hypothèse même où la religion une, catholique, absolue, où la vraie religion en un mot, serait une des religions positives qui affirment leur propre autorité. Je choisis pour la supposer vraie la religion dite catholique, parce que, si elle n'est pas en effet la vraie religion, elle est celle qui s'en éloigne le moins, en même temps qu'elle est celle qui semble le plus opposée au principe que je veux établir.

VI

Les catholiques aiment à distinguer entre la *vérité* et les *vérités* de la religion. Démontrer les vérités de la religion, c'est faire la démonstration intrinsèque de ses dogmes : œuvre difficile, impossible même, disent les catholiques, parce que plusieurs dogmes, et les principaux, échappent, selon eux, à la portée de l'esprit humain. Démontrer la vérité de la religion, c'est démontrer que la religion doit être crue, qu'elle est vraie dans son ensemble et comme dans sa masse, et toutes les vérités plus particulières qu'elle enseigne se trouvent établies du même coup. Je ferai voir que la philosophie tout entière, telle qu'elle doit être conçue pour être capable de démontrer et d'expliquer les vérités mêmes de la religion, est également requise pour en démontrer la vérité.

La vérité de la religion, hors de la démonstration intrinsèque de ses dogmes, ne peut être établie que par trois grandes preuves, que je range dans l'ordre de leur valeur, à partir de la plus faible : 1° par la nécessité de l'autorité, ou de la foi ; 2° par la nécessité de la révélation ; 3° par la possibilité de la révélation et d'autres faits divins, jointe à la preuve par l'histoire que ces faits divins ont eu réellement lieu.

La première de ces preuves, savoir la nécessité de l'autorité ou de la foi, prouve bien l'existence de la religion : mais il y a loin de dire que la religion existe, qu'elle est une, sainte et catholique, indéfectible, infaillible et souveraine, à dire qu'une des religions positives et constituées est précisément cette religion absolue. Loin de là, ne semble-t-il pas plus simple d'admettre que, comme la langue parfaite est le fond commun de toutes les langues, plus ou moins imparfaites selon qu'elles s'éloignent plus ou moins de leur type fondamental, il en est ainsi des religions ? Plus vous appuierez sur les caractères éminents de la véritable Eglise, plus je serai porté à la considérer comme une Eglise mystique, invisible, âme secrète de toutes les églises qui ont paru dans le monde, puisque vous êtes contraint de reconnaître vous-même une âme de l'Eglise, distincte du corps de l'Eglise, et qui n'est autre que cette Eglise mystique, la seule que j'aie besoin de reconnaître. Et plus vous me répéterez que l'autorité me fait tout ce que je suis, qu'en moi la foi précède la raison, plus je conclurai que toutes les religions sont bonnes et efficaces pour le salut, puisqu'il ne nous est pas loisible de naître dans l'une plutôt que dans l'autre : que nulle donc n'est la seule véritable exclusivement à toute autre, et que Dieu nous place, en nous faisant naître ainsi dans l'une plutôt que dans l'autre, dans la lumière qui nous convient.

A moins que, poussant plus avant, vous n'ajoutiez que, si l'humanité enseigne l'individu, Dieu même enseigne l'humanité, et vous ne remontiez de la nécessité de l'autorité à la nécessité de la révélation. Ceci nous amène à la seconde preuve, comme au complément de la première.

Mais cette seconde preuve soulève des problèmes où toute la philosophie est engagée. La nécessité de la révélation est la même en effet que la nécessité du langage. Elle résulte de ce que l'homme est un « être enseigné » : comment, si ce n'est que l'individu est enseigné par l'humanité, et l'humanité par Dieu ? Et comment encore, si ce n'est à l'aide du langage ? Si ce n'est que l'individu écoute la parole de l'humanité, et l'humanité la parole de Dieu ? La révélation est donc nécessaire au même titre que le langage, et l'origine du langage nécessaire est aussi l'origine de la révélation nécessaire ; de la religion par suite, en tant qu'elle se fonde sur une telle révélation. Quelques philosophes, qui ont tenté de prouver la révélation par le langage, ont compris ce rapport ; et si d'autres, séparant les deux problèmes, ont soutenu que l'origine humaine du langage ne prouve rien contre la vérité de la révélation divine, c'est qu'ils ne considèrent pas cette révélation comme nécessaire, mais comme simplement possible, et comme établie d'ailleurs par les faits.

Cela étant, comment cette révélation nécessaire, soit du langage, soit de la vérité religieuse, se fait-elle, ou s'est-elle faite ? Elle est divine, c'est-à-dire qu'elle est une action de Dieu ; mais comment Dieu agit-il ? N'agit-il que par la nature, ou agit-il aussi, que dis-je ? peut-il agir, indépendamment et en dehors de la nature ? Ce n'est pas là une question pour le chrétien, je le sais ; mais c'en est une pour le philosophe, et nous la retrouverons bientôt, à propos de la troisième preuve. En attendant, chacun voit que résoudre par un dogme chrétien une question dont la solution importe à la vérité même du christianisme, c'est, au fond, résoudre la question par la question. Et comment la résoudre en dehors du christianisme, sans construire pour cela même toute une philosophie ?

Pour ne pas s'enfoncer dans les abimes de la philosophie, on se contentera de la psychologie ; on étudiera le langage ; on se demandera dans quel sens il est vrai de dire que l'invention en est impossible à l'homme. On verra qu'elle est impossible à la raison ou à la réflexion de l'homme : s'ensuit-il qu'elle soit impossible à l'instinct ou à la spontanéité de l'homme ? L'homme, en effet, ne saurait inventer une parole comme il invente une machine, par une action individuelle d'un esprit qui raisonne, calcule, compose, avec la conscience de son œuvre ; faut-il en conclure que la parole ne sorte pas d'un seul jet, comme Minerve du cerveau de Jupiter, des entrailles du genre humain, par une action commune d'esprits que l'instinct de la raison encore inconsciente sollicite à se manifester les uns aux autres, pour se manifester à soi-même, et pour prendre conscience de soi ? Considérez ce langage qui est l'expression du sentiment, et qu'on est convenu d'appeler *naturel*, comme si celui qui est l'expression de la raison n'était pas aussi naturel pour l'homme : direz-vous qu'un homme a pu l'inventer ? Ou direz-vous que Dieu le lui a révélé, à lui et aux animaux qui le parlent? Oui, sans doute ; mais comment? En le leur donnant comme complément de leur organisation, en les créant doués du langage naturel. Or, si le langage naturel s'explique de la sorte, pourquoi n'expliqueriez-vous pas de même celui que vous nommez artificiel? D'où vient que vous le nommez artificiel, si ce n'est que, comme il exprime la raison et la volonté de l'homme, l'homme le modifie à sa guise, et dérive d'un langage une foule d'autres? Pourquoi donc n'aurait-il pas dérivé toutes les langues qu'il parle d'une seule langue primitive, unique à l'origine? Vous l'admettez, puisque vous voulez qu'elle lui ait été révélée de Dieu. Mais pourquoi cette langue primitive ne serait-elle pas un langage naturel, expression de la raison et de la volonté de l'homme, comme l'autre l'est du sentiment? Ou plusieurs également naturels? Ainsi l'origine du langage, même artificiel, serait un langage naturel. Le langage naturel n'est pas l'œuvre de l'homme en tant qu'il est une personne qui agit avec la conscience de son acte, mais de l'homme en tant qu'il est un être organisé pour parler ; œuvre fatale et non libre : ce n'est pas l'homme qui parle, c'est la nature, c'est Dieu en lui.

Or, le langage spontané avant le langage réfléchi, n'est-ce pas l'expression spontanée d'une vérité avant l'expression réfléchie de la même vérité? N'est-ce pas l'instinct rationnel avant la raison? N'est-ce pas la révélation, fondement de la tradition, et de cette foi par où débute l'intelligence de chaque homme? Cette révélation n'est-elle pas divine? et, si elle explique en général la connaissance que nous avons des vérités de l'ordre terrestre, n'explique-t-elle pas au même titre la connaissance que nous avons également des vérités de l'ordre religieux ? N'est-elle pas la source, humaine et divine tout ensemble, de la religion ?

Je ne dis pas que cela soit. Mais je dis que, si cela peut être, cela est. En vertu de ce principe que, de deux explications, l'une naturelle, l'autre surnaturelle, ou plutôt extra-naturelle, d'une même chose, la naturelle, si elle est possible, est la vraie. Et cela, quelque système que l'on ait d'ailleurs adopté sur la possibilité de l'extra-naturel.

Or, je le demande, quelle profonde étude ne faut-il pas avoir faite de la métaphysique du langage, pour être en droit de prononcer qu'il n'en peut être ainsi ?

La nécessité de la révélation n'est donc nullement la nécessité d'une révélation extra-naturelle. Il faut autre chose pour arriver là. Mais quel qu'en ait été le mode, naturel ou extra-naturel, rien n'est encore fait. Car Dieu a-t-il révélé un langage, ou plusieurs ? Une religion, ou plusieurs ? Si vous me dites que la vérité en soi est une, je réponds que le langage en soi est un. J'en conclus bien que les diverses langues qui se parlent sur la terre sont plus ou moins parfaites, mais non qu'une de ces langues en particulier soit elle-même ce langage unique révélé de Dieu. Ou Dieu en a révélé plusieurs, plus parfaites les unes que les autres, selon les besoins de l'homme ; ou il n'en a révélé qu'une, qui s'est perdue ; ou enfin qu'on établisse par le fait, ce qui nous ramène à la troisième preuve, qu'il en a révélé une impérissable, laquelle se parle aujourd'hui comme elle s'est toujours parlée, et comme elle se parlera toujours. Jusque-là qu'y a-t-il autre chose à faire qu'à poursuivre au fond des langues diverses le langage absolu qui en est le type commun, et à construire la philosophie des langues ? Et qu'y a-t-il autre chose à faire qu'à poursuivre au fond des religions diverses la religion absolue qui en est le type commun, et à construire la philosophie des religions ?

Reste donc la troisième preuve, la meilleure, à mon avis, et la mieux éprouvée aussi par l'usage le plus général des apologistes de la foi.

Peu importe que la révélation soit ou ne soit pas nécessaire : il suffit qu'elle soit possible ; l'histoire prouve qu'elle a eu lieu.

C'est à peu près l'argument de Leibniz : Si Dieu est possible, Dieu est ; avec cette légère différence que, la révélation démontrée possible, il reste encore à démontrer qu'elle a eu lieu.

Le premier point de l'argument en est le principal; car l'histoire ne prouve rien, si la révélation n'est pas possible. Ce qui n'est pas possible n'a pas été. Or, ce n'est pas assez qu'on n'ait pu démontrer l'impossibilité d'un fait, pour que la possibilité en soit démontrée par cela seul.

Ne me dites pas que, s'il fallait comprendre la possibilité d'un fait pour l'admettre, on n'en saurait admettre aucun, parce qu'il n'en est aucun dont on comprenne la possibilité ; qu'on la connaît, sans la comprendre ; qu'on la connaît par le fait ; que c'est le fait même qui prouve, en la constatant, la possibilité du fait : vous auriez raison dans une foule de cas, dans tous les cas peut-être, hors celui-ci. — Je m'explique. Nous pouvons connaître la possibilité d'un fait sans la comprendre : nous la connaissons alors par le fait même, c'est-à-dire par l'expérience ; et non par l'expérience d'autrui, mais par la nôtre propre. Encore ne nous suffit-il pas d'une expérience, qui peut être une illusion ; mais il nous faut une expérience fréquente, journalière, et confirmée par l'expérience également journalière de ceux qui vivent avec nous. La possibilité d'un fait connue de la sorte, nous admettons sans peine un fait analogue sur le témoignage d'autrui, garanti d'ailleurs par les conditions sans lesquelles nul témoignage n'est valable. Tels sont les faits que l'histoire nous raconte : il se peut que nous n'en comprenions pas la possibilité, mais nous la connaissons, par notre propre expérience ; elle nous raconte des faits dont nous voyons tous les jours les analogues, et qui ne nous étonnent pas. Mais des faits sur lesquels notre expérience est muette? Nous n'en connaissons pas la possibilité ; si nous ne la comprenons pas ou si nous ne la concevons pas non plus, on a beau dire que le fait a eu lieu, nous en doutons toujours, parce que nous doutons qu'il ait été possible. S'il n'était pas possible, il n'a pas eu lieu. — Mais il était possible, puisqu'il a eu lieu. — Qu'en sais-je ? — Je vous le dis. — Et qu'en savez-vous ? L'avez-vous vu ? — D'autres l'ont vu. — L'ont-ils vu souvent, tous les jours, comme une chose familière, sur laquelle l'illusion n'était pas à craindre ? Ou ne se sont-ils pas laissé entraîner plutôt à l'amour du merveilleux, aux croyances et aux superstitions de leur temps, à leur propre imagination, à des préventions de toute espèce? — Mais il est fondé sur les plus imposants témoignages, comme les faits les plus authentiques de l'histoire. Nierez-vous l'histoire profane ? — L'histoire profane me raconte des faits possibles, que je sais très bien être possibles ; je n'ai aucun motif de les nier, ni même d'en douter, si les témoignages sur lesquels ils sont fondés sont assez imposants, comme vous dites. Mais ceux que vous me racontez sont-ils possibles ? Peut-être oui, peut-être non. Je l'ignore. Comment voulez-vous que je n'en doute pas ? Et quels témoignages trouverez-vous qui soient assez forts pour me convaincre d'un fait dont nous n'avons jamais, ni vous ni moi, rencontré l'analogue, et dont je ne sais même pas s'il est possible ? Montrez-moi, ou prouvez-moi, qu'il est possible, et je croirai peut-être qu'il a eu lieu.

Aussi la plupart des théologiens, avant de chercher à prouver que la révélation a eu lieu, commencent-ils à établir qu'elle est possible, avec les faits extra-naturels ou les miracles qui s'y rapportent. Ils ont raison. Cette marche est nécessaire pour donner quelque solidité à la preuve par l'histoire, ou par le fait.

Mais démontrer la possibilité du miracle ! Qui ne voit du premier coup d'œil combien la chose est ardue, et ce qu'il faut de métaphysique abstruse pour venir à bout d'une si rude entreprise ? La philosophie tout entière, et je n'entends pas la psychologie ou la morale, mais cette haute philosophie, mais cette métaphysique transcendante, qui s'élance audacieusement, ou qui s'enfonce résolument, qui s'aventure sans défaillir parmi les plus redoutables obscurités des problèmes de Dieu, pourra seule répondre à cette question.

Car il s'agit bien de me dire que le miracle est possible parce qu'il n'est pas contradictoire ; que vous ne savez, dans un fait miraculeux, où serait la contradiction, que vous ne l'y voyez pas, que je ne l'y vois pas moi-même…. Qui vous demande si vous ou moi ne la voyons pas ? On vous demande si elle ne s'y trouve pas. Ce que vous ne pouvez prouver par un défi, mais par l'analyse des éléments du miracle. Vous définissez le miracle, une suspension des lois de la nature. Je n'en veux pas tant. Bornons-nous à dire : une modification de leur action par l'intervention directe de Dieu, qui, sans les suspendre, en change le résultat. Les lois de la nature peuvent-elles être suspendues, ou leur action modifiée ? Voilà ce qu'on vous demande.

— Oui, dites vous, par Dieu, auteur de ces lois. — Quel Dieu? Un Dieu personnel, esprit infini, homme infini, allais-je dire, moins le corps? Ou un Dieu impersonnel, être essentiel de tout ce qui est? Un Dieu fatal, ou un Dieu libre? Vous me parlez d'un Dieu personnel, d'un Dieu libre : vous avez à me prouver, non pas le théisme contre l'athéisme, mais bien, contre le panthéisme, l'anthropothéisme, ce qui est moins facile, moins surtout qu'il ne semble à ceux qui ont peu médité sur ces hautes matières. Voilà déjà toute une philosophie. Après quoi, vous n'avez pas encore cause gagnée. La liberté divine est-elle sans aucune loi qui l'oblige et qui la nécessite? Ou, différente de la nôtre, laquelle est obligée, mais non nécessitée, notre imperfection même nous permettant de violer la loi qui nous oblige ; différente de la nôtre comme un attribut chez un être parfait diffère du même attribut chez un être imparfait, est-elle déterminée dans ses actes par une loi intrinsèque, par l'être de Dieu? Les lois de la nature dérivent-elles de cette loi absolue de l'être de Dieu? Émanent-elles de Dieu, et n'y a-t-il que les choses, et non leurs lois, qui soient créées? Ou les choses et leurs lois sont-elles également créées? En un mot, ces lois sont-elles nécessaires, ou contingentes? Dans les choses, qui sont contingentes, y a-t-il un élément nécessaire, éternel, absolu, comme une divine empreinte de l'ouvrier divin? Ou sont-elles tout entières contingentes, jusque dans leur fond, et l'ouvrier est-il tout-à-fait en dehors de son œuvre? Le grand problème de la métaphysique ne serait-il point par hasard de poursuivre l'accord de la liberté et de la nécessité en Dieu, d'accomplir la conciliation de l'anthropothéisme et du panthéisme, faux chacun isolément, comme étant la moitié du vrai?

Ce problème n'existe pas pour vous ; vous niez un de ses deux termes ; vous ne reconnaissez que l'anthropothéisme, la contingence absolue des lois de la nature ; elle sont sans aucune autre raison d'être, si ce n'est qu'il plaît à Dieu qu'elles soient ; elles n'ont aucune raison d'être en elle-mêmes ; créées de Dieu, et non divines ; œuvres de Dieu, et non rapports éternels et nécessaires de Dieu avec son œuvre : quoi de plus simple, dès-lors, que Dieu puisse les modifier à son gré, les suspendre au besoin, et que le miracle soit possible ? Que la révélation extra-naturelle soit possible ? Peut-être l'est-elle à moins. Mais il faut donc, pour démontrer la possibilité d'une révélation extra-naturelle, édifier rationnellement toute la science de Dieu et de ses rapports avec le monde, c'est-à-dire toute la science qui a pour objet les plus impénétrables mystères de la foi ; et il faut démontrer la possibilité de la révélation extra-naturelle, pour que la preuve d'une telle révélation par le témoignage historique soit valable.

Certes, la religion n'a pas été mise pour nous, faibles intelligences que nous sommes, à un tel prix. Où en serions-nous, si cela était ? Et qui pourrait se flatter d'être assez profondément raisonnable pour être religieux ? Elle est de foi, quelle qu'ait pu être la source de la foi parmi les hommes. Elle a été révélée aux hommes par Dieu, naturellement ou miraculeusement, il n'importe ; elle nous a été enseignée par la société qui nous a donné ou qui nous a transmis l'être : elle nous vient de nos parents. Conservons donc chacun la nôtre, comme un précieux héritage ; gardons chacun notre lumière, jusqu'à ce qu'une lumière supérieure nous apparaisse.

Mais notre objet, en ce livre, est d'étudier le rapport de la foi avec la raison, de la religion avec la philosophie.

Tel est donc ce rapport, que, si la raison est incapable de démontrer *les vérités* de la foi, elle est incapable, au même titre, d'en démontrer *la vérité* ; que pour l'un comme pour l'autre travail toute la philosophie est requise, je dis la philosophie première ou la métaphysique, je dis cette haute philosophie qui ne recule pas devant les moins accessibles problèmes de l'ordre religieux.

CHAPITRE IV

CATHOLICISME ET RATIONALISME

Maintenant, prenons pour accordée la vérité de la religion chrétienne. Je suis, par hypothèse, catholique orthodoxe ; je vois dans le catholicisme chrétien la religion même, la seule vraie, la religion une et unique, type rationnel de toutes les religions de la terre ; je vois, en un mot, dans le catholicisme orthodoxe, le catholicisme absolu. Dans cette hypothèse, vraie ou fausse, mais non gratuite, et où nous place notre naissance même, voici, ce me semble, comme je dois raisonner.

I

« Un des grands traits du catholicisme, dont chacun dès l'abord demeure frappé, c'est la force systématique qui en relie toutes les parties, de sorte qu'on ne saurait repousser un seul de ses dogmes sans les repousser tous, ni en saisir un seul sans que tous les autres accourent aussitôt ; à quelque anneau qu'on la prenne, la chaîne entière suit. Cet enchaînement profondément rationnel, qui fait d'une religion une philosophie, est déjà un signe que le catholicisme n'est pas une religion comme les religions diverses qui se sont disputé l'empire des âmes, mais qu'il est la religion elle-même.

» Ainsi faut-il que la raison se retrouve dans la foi. Un homme qui est né dans une religion ne doit pas y vivre par cela seul qu'elle est celle de ses pères ou de son pays ; il doit y vivre tant qu'il ne connaît pas une vérité plus parfaite, une religion plus pure. Mais il doit s'appliquer sans cesse à connaître Dieu, à l'aimer et à le servir, puisque c'est pour cela qu'il a été créé et mis au monde ; à le servir, dis-je, et à l'aimer *en vérité*, à dégager d'une vérité imparfaite la vérité plus parfaite qu'elle couvre, et d'une religion particulière la religion universelle, ou le catholicisme, qui en est l'esprit. Qu'est-ce qui le guidera dans cette recherche de la religion pure ? La raison. L'enseignement religieux qui lui a été donné l'a été à sa raison, parce que la raison est toujours le pouvoir de connaître, de quelque part que vienne la connaissance, et qu'elle vienne du dedans ou du dehors. Cette recherche de la religion pure est d'ailleurs un travail d'investigation personnelle, d'intelligence, d'analyse, qui ne saurait être que l'œuvre de la raison.

» Ceux qui portent le nom de catholiques ne sont pas dispensés du même travail. Ils ont à chercher, au fond de tel ou tel catholicisme, qui varie de peuple à peuple et d'âge en âge et que j'appelle catholicisme historique, le catholicisme orthodoxe et absolu. Encore que l'Eglise le détermine en le formulant à mesure qu'il devient nécessaire de le fixer, il ne faut pas que la raison demeure oisive ; car les formules même de l'Eglise ne sont qu'une lettre morte pour quiconque ne s'attache pas à les pénétrer, à les dégager des idées accessoires, plus ou moins passagères, qui les enveloppent, à les comprendre ; et un tel travail ne saurait être aussi que l'œuvre de la raison.

» Or, ce n'est point comprendre une formule, que se borner à l'accepter pour en tirer ce qu'elle contient : la comprendre, c'est la reconnaître en elle-même véritable; la démonstration intrinsèque qui l'établit en elle-même en peut seule donner le sens. Ce n'est point non plus la démontrer que démontrer l'infaillibilité de l'autorité qui l'enseigne : on démontre par là sans doute que la formule est vraie, et que ce qu'elle affirme doit être cru ; mais qu'affirme-t-elle? que signifie-t-elle? quelle idée exprime-t-elle? On l'ignore, tant qu'on ne l'a pas comprise ; et on ne l'a pas comprise, tant qu'on ne l'a pas démontrée elle-même, c'est-à-dire tant qu'on ne l'a pas rattachée aux autres vérités que possède naturellement la raison. Alors seulement on l'a comprise, et alors seulement on en peut tirer tout ce qu'elle contient.

» Je détermine ainsi une science ayant pour objet de déduire le surnaturel du naturel. Les vérités de l'ordre surnaturel sont l'objet propre de la foi religieuse ; les vérités de l'ordre naturel sont l'objet propre de la raison : la raison peut s'élever des unes aux autres ; elle peut, partant des vérités naturelles, démontrer et expliquer les vérités qu'enseigne la foi, et fondre les deux ordres dans une science plus haute, dans une synthèse supérieure où s'unissent les deux termes de l'antinomie, dans la philosophie.

» Ici je rencontre une double objection qui tombe sur ma thèse des deux côtés à la fois, du camp des catholiques et du camp des rationalistes. Il m'arrive ce qui arrive souvent à qui tente une conciliation qui soit autre chose qu'un juste-milieu : c'est que je suis contraint de combattre les deux adversaires en même temps pour les amener à ne plus se battre, et à se réunir dans une paix fondée sur le droit. Mais qui a le droit pour soi l'emporte tôt ou tard. Le droit en pareille matière, c'est la vérité.

» L'objection des rationalistes est faible, en ce que, si

elle vaut, elle les condamne. Que pouvez-vous faire, disent-ils, avec votre raison, dans ce monde invisible qui lui échappe? Des hypothèses, des conjectures, des imaginations vaines, des romans métaphysiques, de beaux châteaux bâtis dans le vide. Ils en concluent que le monde invisible n'existe pas, parce qu'il échappe à leur raison. La conclusion est merveilleuse. Ces gens-là sont dieux : ce qui les dépasse n'existe point.

» D'autres, plus modestes, se contentent de conclure qu'il ne faut pas s'inquiéter de ce qu'on ne peut pas savoir. Voilà qui est plus raisonnable. Mais s'il faut le savoir, sous peine d'abdiquer son être d'homme? S'il faut le savoir, pour savoir ce que nous sommes venus faire en ce monde visible? S'il faut le savoir, enfin, pour n'être plus tourmentés de la pensée de ceux qui souffrent et qui meurent, laquelle, avec l'ignorance de l'avenir, est bien le plus horrible supplice, la plus inexorable torture que j'imagine pour un cœur vivant? Ces gens-ci ne sont plus des dieux vraiment : ils sont des animaux ; ce dont ils ne se trouvent pas mal, à ce qu'il paraît, puisqu'ils ne souhaitent rien au-delà. J'envie leur tranquillité, et leur égoïsme est à mes yeux une admirable chose. Pour moi, qui suis moins calme, ou peut-être moins philosophe, étant moins digne de leur rationalisme superbe, je ne serais pas rationaliste, en effet, si je pensais de la sorte : je serais croyant. Je me demande pourquoi ils ne le sont pas.

» On me dit qu'ils n'ont pas besoin de l'être. Alors, si la vérité sur le monde invisible leur est indifférente, s'ils n'ont besoin ni de la philosophie ni de la religion, je n'ai plus rien à répondre. Ils ne peuvent entendre mon langage, ni moi le leur. Ce sont des êtres d'une autre espèce que moi.

» Sur quoi se fondent-ils pour assurer que le monde invisible échappe à la raison ? Sur ce que la raison a pour fonction d'expliquer le réel fourni par l'expérience ? Sur ce que le fait et l'idée s'opposent pour s'unir dans une synthèse de l'expérience et de la raison ? Soit. Je connais tout cela. Mais qui vous assure qu'expliquer le réel fourni par l'expérience, ou le visible, n'est pas précisément rapporter le réel visible à un réel invisible ? Si bien que l'œuvre de la raison serait de déterminer l'invisible par le visible, le surnaturel par le naturel ?

» Il est clair qu'on ne saurait construire une pareille science par la méthode expérimentale ; on ne le saurait non plus pas une méthode qui dédaignât l'expérience, mais par une méthode transcendante, intime accord de l'expérience et de la raison, qui partît de l'expérience pour s'élever au-dessus d'elle, et pour déterminer par la réalité visible la réalité invisible. Comme c'est là l'objet de la philosophie, une telle méthode est la méthode propre au philosophe : c'est la *dialectique* platonicienne, qu'il faut élever à la hauteur d'une méthode rigoureuse, pour construire une philosophie positive.

» Aussi ne prétends-je point que la philosophie soit une science faite ; elle est une science toute à faire, au contraire : mais qui se fera. Que l'on parvienne à connaître la loi de l'enchaînement ou de la nécessité réciproque des choses, dès lors, une réalité donnée par l'expérience manifeste à l'œil de la raison, avec une entière certitude, une réalité placée en dehors de l'expérience, mais liée par cette nécessité réciproque à celle d'où l'on est parti. Ce n'est pas ici le lieu d'en dire davantage ; ce que j'en dis suffit pour faire voir à ces rationalistes qui limitent si arbitrairement la raison que la portée de la raison est plus haute qu'ils ne l'imaginent, et que la philosophie ne tardera plus à devenir une science positive, puisqu'il est déjà possible de dire quel en est l'objet, quelle méthode lui convient, et sur quelle loi ou quel principe repose le fondement de cette méthode.

» Quant aux catholiques, ils objectent l'incompréhensibilité des mystères. Mais entendons-nous bien sur ce point. Outre que l'Église ne défend pas de chercher à les comprendre, pourvu qu'on ne fasse pas de la faiblesse qui empêcherait d'y parvenir un motif de les nier ; outre que d'ailleurs, quand on ne parviendrait jamais à les comprendre pleinement, du moins on peut les comprendre de plus en plus, et réaliser de plus en plus, par cette intelligence progressive de la foi, l'adoration en esprit ; je dis, outre cela, qu'un mystère ne cesserait pas d'être mystère, alors même qu'on le comprendrait. Car qu'est-ce que comprendre une chose, sinon voir clairement et distinctement qu'elle ne peut pas ne pas être ce qu'elle est ? C'est là le plus haut degré de l'intelligence humaine, quand elle constate et qu'elle démontre ; quand elle voit ce qu'est une chose, et que la chose connue de la sorte ne peut pas ne pas être ce qu'elle est. La vérité ainsi comprise n'en est pas moins un mystère, si elle demeure inexplicable dans son fond.

» Cela est, cela ne peut pas ne pas être : qui parle ainsi comprend ce dont il parle ; mais comment cela est-il ? comment cela peut-il être ? Voilà le mystère. J'appelle mystère une vérité qui, même comprise, étonne la raison. Qu'elle soit enseignée et qu'on ne la connaisse que par la foi, ou qu'elle soit démontrée et qu'on la connaisse par la raison, si elle est étrange pour la raison, si elle conserve encore, après la démonstration même, quelque chose d'incompréhensible, elle est toujours un mystère. L'immutabilité divine semble inconciliable avec la providence ; ce sont deux vérités démontrées l'une et l'autre pour la raison ; l'accord de ces deux vérités est aussi une vérité démontrée pour la raison, par ce principe que deux vérités ne sauraient être incompatibles. Mais cette troisième vérité, savoir, l'accord des deux qui semblent inconciliables, n'en est pas moins étrange. Elle est comprise, puisqu'elle est reconnue comme étant et comme ne pouvant pas ne pas être ; comment peut-elle être ? Voilà quelque chose d'incompréhensible, qu'elle conserve toujours, et qui étonne : elle est un mystère. Un mystère de foi, quand il sera rationnellement démontré, n'en sera pas moins un mystère : il sera devenu un mystère de raison.

» Le mystère est relatif, comme le surnaturel, tel que nous l'avons défini. De même que le surnaturel est pour nous ce qui est supérieur à notre nature terrestre, à notre être actuel, mais non pas à notre être virtuel, pareillement le mystère est pour nous ce qui surpasse notre intelligence terrestre, notre raison actuelle, mais non pas notre raison virtuelle. Quand ce qui est pour nous le surnaturel sera devenu notre nature même, ce qui est mystère pour notre raison d'aujourd'hui aura cessé de l'être pour notre raison d'alors. Les vérités de la foi religieuse sont des mystères par essence, parce qu'elles se rapportent à l'ordre surnaturel ; elles seront donc toujours des mystères pour l'homme terrestre: mais qui empêche que les mystères de foi ne deviennent peu à peu des mystères de raison ?

II

» Si l'on considère que l'être futur a, non pas sa

cause, mais sa racine, son origine ou son point de départ dans l'être présent, comme l'être présent dans l'être passé ; que les termes successifs d'une série s'engendrent les uns les autres, celui qui précède engendrant celui qui suit, l'inférieur le supérieur, non par une force causatrice qui lui soit propre, car le moins ne saurait contenir le plus, mais en vertu d'une loi générale émanée d'une cause souveraine, universelle et unique, qui domine le tout ; que l'homme terrestre contient virtuellement l'homme céleste, et que, pour développer en soi l'homme céleste, il faut être parfait comme homme terrestre, et réaliser son type pour atteindre son idéal : on en conclura que les vérités de l'ordre naturel contiennent virtuellement les vérités de l'ordre surnaturel ou les mystères, et que les mystères ont dans la raison, non pas leur principe premier, mais leur racine, leur origine ou leur point de départ. On conçoit donc que la raison puisse s'élever, non pas jusqu'à les posséder, jusqu'à les retrouver en elle-même, mais jusqu'à les voir au-dessus d'elle par elle-même, indépendamment de tout secours extérieur, de toute foi (1).

» Or, la raison le peut. La raison humaine a des limites, sans doute, et on le reconnaît bien, quand on dit que les vérités de l'ordre surnaturel ne perdront pas pour nous leur caractère mystérieux. Mais ses limites sont fixées arbitrairement, tant par les rationalistes euxmêmes, que par les catholiques. On oublie qu'il y a une mesure très simple et très juste de la raison : c'est la parole. La raison et la parole, la chose signifiée et le

---

(1) Il va sans dire qu'on suppose la raison formée, sans revenir sur ce qui a été reconnu plus haut sur la nécessité du secours extérieur ou de la foi comme condition de sa formation même.

signe, sont dans un tel rapport qu'un seul mot, chez les Grecs, les désignait l'une et l'autre, ou, ce qui revient au même, qu'ils désignaient l'une par l'autre, la raison par la parole. Je n'insiste point sur ce rapport ; il est assez connu. La parole ne saurait exprimer ce que la raison n'entend pas. Il s'ensuit que la parole est la mesure de la raison : où atteint l'une, l'autre atteint également. Une idée, si vague, si obscure, si mystérieuse qu'elle soit, si on la parle, on l'entend ; la raison, qui l'entend, l'examine et la juge. Les mystères de la foi sont-ils exprimés par la parole ? Oui. Donc ils sont entendus. L'idée qu'en a la raison peut être incomplète ; mais elle en a une, si la formule qui les exprime n'est pas un vain assemblage de sons. L'idée qu'elle en a n'est pas hors d'elle ; elle peut donc la rapprocher de ses propres principes : elle a en elle toutes les idées intermédiaires qui lui permettent d'en établir la fausseté ou la vérité. Donc il est possible de tirer de l'ordre naturel les vérités de l'ordre surnaturel, et d'arriver par les seules forces de la raison jusqu'à l'affirmation des mystères de la foi.

» Il est trop clair qu'on ne peut rien déduire d'un principe qu'on n'entend pas : il faut donc entendre les vérités de la foi, pour en déduire les conséquences morales. Aussi les a-t-on toujours entendues, plus ou moins. Les religions diverses ne furent que des voiles différents dont se revêtit, pour se rendre accessible à des peuples différents, une doctrine toujours la même au fond, et toujours conservée par les initiés, comme le feu sacré par les vestales romaines. Depuis que l'homme plus mûr a été jugé digne de recevoir enfin la doctrine sans voiles, depuis que la religion secrète est devenue la religion publique, et que tous ont pu être initiés, combien ne voit-on pas encore la foule, plus saisie du signe que de l'idée, du symbole que du sens intime, de l'enveloppe que de l'essence, altérer par ses imaginations la religion pure, dédaigner l'esprit pour la lettre, et composer, du mélange de ses idolâtries avec l'adoration en vérité, un catholicisme de nom, imparfait encore, d'où se dégage péniblement le catholicisme absolu ! Mais l'Église maintient toujours les vérités du dogme, et de la morale qui s'en déduit, par des formules plus précises, à mesure que ces vérités sont plus altérées au dehors, ou qu'on est plus capables de les entendre.

» Il suit de toutes ces considérations qu'il y a dans la religion deux éléments, l'un immuable, l'autre mobile et progressif : la religion est immuable de soi, selon qu'elle est la vérité, selon qu'elle est la connaissance, l'amour et la poursuite efficace du surnaturel, selon qu'elle est le lien des hommes en Dieu ; elle est mobile et progressive, selon qu'elle est une vérité de plus en plus comprise, selon que le surnaturel est de mieux en mieux connu, aimé, recherché, selon que les hommes, en même temps qu'ils s'unissent davantage, s'approchent davantage de Dieu. Immuable dans sa pureté absolue, mobile et progressive dans son dégagement des formes, des enveloppes, de la lettre nécessaire, mais qui n'en est que le dehors et qu'on ne doit pas prendre pour elle-même. Immuable dans la parole qui en enseigne le fond, et le même fond au premier homme qu'au dernier; mobile et progressive dans l'intelligence humaine qui pénètre de plus en plus profondément la divine parole. Œuvre de la foi et de la raison tout ensemble, immuable comme œuvre de la foi, mobile et progressive comme œuvre de la raison.

» La foi reçoit, la raison trouve. Il ne dépend pas de la foi de recevoir plus ou moins ; elle reçoit ce qui lui est donné, et c'est tout. La raison, quand elle a trouvé, peut trouver encore ; il dépend d'elle de s'arrêter ou d'avancer, jusqu'à ce qu'elle ait atteint sa dernière limite. La foi est donc immuable, comme elle est, par son principe qui relie l'individu au genre humain, universelle et une ; la raison est mobile au contraire, comme elle est, par son principe qui distingue, qui sépare l'individu, l'empêchant de se perdre dans le genre humain, particulière et variée. La loi de la raison est donc enfin le progrès ; la loi de la foi, la décadence par rapport à la raison, qui grandit tandis qu'elle-même ne grandit pas, et qui peut, sans l'amoindrir, parvenir à l'égaler un jour. Le jour où la foi, c'est-à-dire la connaissance par la communion intellectuelle des hommes, et la raison, c'est-à-dire la connaissance par l'intelligence propre de l'individu, se seront égalées de la sorte, leur opposition sera détruite, et leur union consommée dans la vérité, ou dans la raison supérieure qui est le principe de la foi comme de la raison, parce qu'elle est le principe de toute vérité.

» La raison conduit d'abord à la foi, car il n'y a de foi légitime qu'une foi fondée en raison. A ce premier moment, le rôle de la raison est négatif, celui de la foi positif : la raison en effet ne fait encore que reconnaître sa propre impuissance, d'où elle conclut la nécessité de la foi. Car voilà le motif de la foi pour les croyants même qui ne s'en rendent pas compte ; s'ils ne raisonnent pas l'impuissance de leur raison, ils la sentent du moins par un acte spontané de la raison, et ils croient. La foi parle dans le silence de la raison trop faible : elle contient des vérités, un dogme, une morale, un culte, tout un enseignement positif.

» Mais la raison, lorsqu'elle a conduit l'homme à la

foi, ne l'abandonne pas sur le seuil du temple ; elle l'y accompagne, elle marche avec lui, et son pouvoir grandit de jour en jour. Il grandit jusqu'à ce point, qu'elle peut parvenir à reconnaître par elle-même les vérités que lui enseigna la foi. Alors les rôles changent : celui de la foi devient négatif, celui de la raison positif. Car qu'est-ce qu'une vérité enseignée par la foi ? Tant qu'elle n'est pas comprise, elle est une sauve-garde contre l'erreur plutôt qu'une vérité ; elle est ce pont jeté sur l'abîme, et qu'il faut suivre sous peine de tomber à droite ou à gauche dans les ténèbres, si l'on veut arriver au ciel, c'est-à-dire au vrai. Toute doctrine qui lui est contraire est fausse ; une doctrine qui ne lui est point contraire n'est point véritable pour cela. Mais une marque de fausseté l'est de vérité, quoique d'une manière négative : telle est la formule de la foi. A la raison d'établir la vérité positivement, puisque c'est à elle de comprendre la foi.

» Même chose a lieu pour les sciences de l'ordre naturel. Les faits observés ne sont pas la science, ils sont la matière de la science : la science en est l'explication, ou la théorie. Si la théorie est contraire aux faits, elle est fausse ; si elle n'est pas contraire aux faits, il ne s'ensuit point qu'elle soit véritable. Elle est toujours une hypothèse, qui gagne en certitude à mesure que les faits la confirment ; mais une certitude qui croît avec le temps n'est point absolue. Que si, au lieu d'observer les faits d'abord, pour les expliquer ensuite par une hypothèse qui, tant que les faits ne la démentent pas, n'est jamais que possible, on déterminait les faits rationnellement, indépendamment de l'expérience, qu'arriverait-il ? Ils seraient démontrés en eux-mêmes ; ils seraient compris plus tôt que vus ; l'expérience ne viendrait qu'après, pour confirmer la théorie. Si l'expérience démentait le système, il serait jugé faux : non que la méthode qui l'aurait construit fût mauvaise, ou la raison incompétente, mais parce qu'on aurait raisonné mal. Si l'expérience le confirmait, il serait vrai : non pas en vertu de l'expérience, mais de la méthode qui l'aurait construite, de la raison qui aurait pu par l'idée déterminer le fait, et parce que cet accord des faits avec le système tel que la raison l'aurait préconçu serait une preuve que l'on n'aurait pas raisonné mal. L'expérience, au lieu d'être le point de départ du système, ne viendrait au contraire qu'à la suite comme une contre-épreuve ou une vérification. La raison seule, par ses propres principes, le construirait en entier, et le marquerait du sceau de la certitude absolue qui lui appartient. Telle sera l'œuvre de la philosophie dans l'ordre naturel.

» Dans les sciences, la connaissance des faits, des réalités même visibles, ne joue qu'un rôle négatif ; le rôle positif est celui de la raison.

» Pareillement, que l'on parte des données de la foi, et qu'on cherche à les comprendre, le système ainsi construit sera faux s'il leur est contraire ; sera-t-il vrai par cela seul qu'il ne leur sera pas contraire ? Non, sans doute. Il sera possible, voilà tout. Qu'est-ce qui en démontrerait la vérité ? Sa conformité avec les données de la foi, j'entends sa facilité à les expliquer ? Un autre peut-être leur serait tout aussi conforme, et les expliquerait mieux. Mais que l'on parte des données de la raison, et que l'on cherche à s'élever des vérités de l'ordre naturel aux vérités de l'ordre surnaturel, indépendamment de la foi ; alors de deux choses l'une : ou le système ainsi construit sera contraire aux données de la foi, et, la foi étant d'ailleurs tenue pour légitime, il sera faux ; ou il ne leur sera pas contraire, et il sera vrai, non comme conforme aux données de la foi, mais comme rationnellement démontré. Son opposition à la foi n'infirmerait pas la méthode qui l'aurait construit, mais l'usage qu'on en aurait fait ; elle serait un signe qu'on aurait raisonné mal, comme la fausseté d'un résultat n'infirme point la méthode en arithmétique, mais signifie que l'opération a été mal faite.

» La science qui part des données de la foi pour les comprendre est la théologie. La foi étant d'ailleurs tenue pour légitime, elle est, comme sont les sciences de l'ordre naturel, certaine dans ses données, hypothétique dans le système qu'elle en tire par une force à laquelle sont étrangères les données d'où elle part. La science qui part des données de la raison, et qui arrive à retrouver, par les vérités de l'ordre naturel, les vérités de l'ordre surnaturel telles que la foi les formule, est la philosophie : comme elle est certaine dans ses données, elle est certaine aussi dans le système qu'elle en tire par une force à laquelle appartiennent les données d'où elle part. La théologie, tant que la philosophie n'a pas pu se constituer, a été la seule intelligence possible, mais incomplète et peu certaine, de la foi : le progrès de la raison, faisant enfin de la philosophie une science exacte, remplacera la théologie par la philosophie.

» La philosophie diffère tout ensemble de la théologie et des sciences de l'ordre naturel, en ce qu'elle tire des seuls principes de la raison la détermination des vérités de l'un et de l'autre ordre ; et encore en ce qu'elle forme le lien des deux ordres, qui ne sont qu'un dans la raison divine où s'unissent toutes les vérités, s'élevant des vérités de l'ordre terrestre jusqu'à voir par elle-même celles de l'ordre céleste ou divin.

» Mais que la philosophie remplace la théologie, est-ce à dire qu'elle remplace la religion? Ceux qui ont pu se le figurer ont prouvé par là qu'ils n'entendent pas ce qu'est la religion. La théologie elle-même n'est pas la religion : elle n'en est que la science, elle n'est que l'intelligence plus ou moins complète, plus ou moins certaine, des vérités qu'enseigne la foi. Mais la connaissance de ces vérités, que l'on peut avoir et que l'on a indépendamment de la théologie, la culture des sentiments et la pratique des actes qui s'y rapportent, mais tout cet effort pour dégager de l'homme terrestre, par la connaissance, par l'amour, par la conduite, l'homme céleste, l'être intérieur, l'être idéal qui sera réel un jour, mais, pour le dire d'un mot, la vie en vue du salut de chacun et de tous dans la communauté du culte qui représente et qui excite la communion des âmes, voilà ce qu'est la religion. Les ennemis de la philosophie invoquent contre elle sa stérilité en matière de sentiments et d'actes, surtout de sentiments et d'actes communs, son impuissance à constituer une église : ce reproche a une très grande force, non point contre la philosophie, mais contre ceux qui prétendent qu'elle succède à la religion. La théologie, non plus que la philosophie, ne saurait constituer une église. La religion n'a point son principe dans une science ; elle est plus vaste que toute science, et elle vient de plus haut.

» C'est pourquoi la religion et la philosophie ne sont pas ennemies, quelque ennemis que puissent être les religieux et les philosophes. Elles ne peuvent point s'absorber l'une l'autre, ni s'identifier : il n'y a identification possible pour elles que dans la doctrine. Encore leur doctrine, qui peut être la même, et qui le sera, différera-t-elle toujours par la méthode, la religion étant

..atholique, et la philosophie rationaliste, par méthode ; je veux dire, l'essence de la religion étant d'affirmer où la philosophie démontre. Ainsi, même dans la doctrine, s'aideront-elles mutuellement, sans se remplacer.

» Cette identité des doctrines issues de méthodes différentes se réalisera. Cela résulte de leurs tendances. La religion, sous la continuelle action de la raison, tend sans cesse, depuis l'origine du monde, à dégager sa vérité pure du mélange des erreurs populaires; et la philosophie, qui embrasse, ou soulève du moins et qui agite tous les problèmes dont la solution est impliquée par le dogme religieux, tend sans cesse, à mesure que la raison croît, à se constituer, à devenir une science exacte. Or, cela sera : puisque les problèmes qu'elle cherche à résoudre, par cela seul que la parole humaine les exprime, ne sont pas hors des limites de la raison, puisque d'autre part la raison de l'homme est progressive, le progrès de la raison amènera forcément la solution rigoureuse de ces problèmes qui l'inquiètent et qui ne lui sont pas inaccessibles.

» Et déjà l'on peut reconnaître le principe de la méthode qui lui permettra de se constituer. Comme, pour l'ordre naturel, elle trouve dans l'expérience la contre-épreuve ou la vérification de ses systèmes, elle trouvera aussi la contre-épreuve ou la vérification de ses systèmes dans les formules du dogme religieux, pour l'ordre surnaturel. Il suffira que ses systèmes ne contredisent point les formules du dogme, pour qu'elle soit en droit, au nom de la méthode, de les reconnaître vrais : cela suffira, dis-je, si large que puisse être l'interprétation qu'elle en donnera, car « la lettre tue et l'esprit vivifie. » Ainsi, par la philosophie, la religion réalisera de son côté sa propre tendance, et atteindra sa propre fin, qui est le catholicisme absolu. »

III

« L'accord de la religion et de la philosophie donne lieu à un problème capital, dont l'importance ressort visiblement du nombre des débats qu'il a soulevés.

» On a essayé de le résoudre de plusieurs manières. La réfutation des diverses solutions qu'on en a tentées éclaircira et confirmera la nôtre.

» La première manière de le résoudre, c'est de le supprimer. Plusieurs ne s'en font faute, et ils s'applaudissent de leur génie, parce qu'une question difficile, qu'ils n'aperçoivent pas, ne les embarrasse pas. Quel est le véritable rapport de la raison à foi ? Il est malaisé de répondre à cela : mais ôtez l'un des deux termes, plus de rapport, et la réponse devient très simple, en même temps que très bienvenue de l'indifférence ou de la paresse. Mais cette réponse, toute simple qu'elle soit, laisse encore une petite difficulté : c'est de savoir quel terme il faut ôter pour supprimer le problème. Est-ce la raison ? Est-ce la foi ? Les uns veulent que ce soit la foi, d'autres la raison ; et les uns et les autres parlent à merveille : si bien qu'il est impossible de ne pas se rendre à leurs plaidoiries, que les partisans exclusifs de la foi prouvent par leur absurdité la raison qu'ils nient, et les partisans exclusifs de la raison, par leur insuffisance, la foi qu'ils repoussent ; et que les deux thèses contraires, étant également fausses, sont également vraies. C'est le malheur de ces partisans d'une thèse extrême, de rencontrer en face d'eux des partisans de l'autre extrême, des antagonistes qui pensent comme eux, mais en sens contraire ; et chaque parti, prouvant contre soi, prouve pour l'autre, encore que ce ne soit point là ce qu'il a voulu. Il est bon que la raison ait été niée par certains croyants, cela montre l'absurdité de ne vouloir que la foi ; et il est bon que la foi ait été niée par certains philosophes, cela montre l'insuffisance de ne vouloir que la raison. C'est à quoi servent les hérésies, *oportet hœreses esse* (Saint-Paul) : toute erreur est une vérité niée, mais au nom d'une vérité exagérée : c'en est le mal, et c'en est le bien.

» Cette solution commode, qui consiste à supprimer le problème pour le résoudre, se retrouve dans l'alliance de la foi et de la raison telle que l'entendent plusieurs esprits qui veulent subordonner la foi à la raison, ou la raison à la foi.

» Lorsque Bossuet, par exemple, ou d'autres philosophes chrétiens, ne voient dans la philosophie qu'une aide à la religion, il est clair que la religion n'est pas une question pour eux, et la philosophie pas davantage : toute philosophie leur est bonne, dès qu'elle favorise quelqu'une des vérités de la religion : toute philosophie leur est mauvaise, dès qu'elle est hostile à quelqu'une des vérités de la religion, ou à la manière dont ils l'entendent. Et si la manière dont ils entendent la vérité religieuse s'oppose à un système philosophique, quelque bien établi qu'il puisse être d'ailleurs, le système a tort, sans autre examen. Et si elle semble contradictoire, elle n'est pas moins vraie, puisqu'ils l'ont reçue telle de la théologie qu'ils ont apprise. Ils n'ont pas compris que la méthode théologique ne peut donner avec une pleine certitude l'intelligence de la foi. Ils n'unissent point la religion et la philosophie, ils absorbent la philosophie dans la religion.

» Lorsqu'un grand nombre des philosophes du siècle (je parle des éclectiques) veulent que la religion et la philosophie, au lieu de se combattre, se prêtent un mutuel secours, la religion s'adressant aux petits et la philosophie aux grands de l'intelligence, jusqu'à ce que, les petits devenus grands, la religion soit définitivement remplacée par la philosophie, ces gens-là se moquent : ils affichent un profond respect pour une puissance qui ne se laisse pas offenser de bonne grâce, et ils la frappent en la saluant. C'est la théologie que la philosophie remplacera, je n'en doute point : mais la théologie n'est pas la religion, ni pour les savants, qui la connaissent, ni pour le peuple, qui ne la connaît pas. Ils n'unissent point la philosophie et la religion, ils absorbent la religion dans la philosophie.

» Ces théologiens ne reconnaissent point l'autorité de la raison, ni ces philosophes la légitimité de la foi. Ils suppriment, comme les précédents, l'un des deux termes qu'il faut unir.

» Une troisième école, plus voisine du vrai, puisqu'elle rapproche les deux camps et qu'elle ne se scinde pas, comme la précédente, en deux partis contraires, résout la question par la séparation des domaines. Ceux-ci reconnaissent et l'autorité de la raison et la légitimité de la foi ; mais, disent-ils, la raison a son domaine propre, comme la foi le sien : que chacune demeure dans sa sphère, sous peine de mort.

» De ce système là, je ne dirai qu'un mot : c'est que, la raison étant le pouvoir individuel de connaître, la parole qui enseigne s'adresse à la raison de l'individu ; il est donc impossible, si cette parole est autre chose qu'un pur assemblage de sons, que la raison ne l'entende pas un peu ; la raison est invitée, par l'enseignement même de la foi, à la suivre sur son terrain. Que devient la séparation des domaines ? La raison ne juge-t-elle point si les formules de la foi n'offrent rien de contradictoire ?

Elle est donc le juge nécessaire de la foi : où elle est juge elle est maîtresse ; où elle s'arrête elle-même, là seulement son autorité s'arrête.

» Ils oublient en outre que l'empire de la vérité ne se divise pas. Je veux que l'ordre naturel et l'ordre surnaturel soient distincts l'un de l'autre : ils sont unis aussi quelque part. Si l'homme peut connaître des vérités de l'un et de l'autre ordre, il a sans doute un double pouvoir correspondant ; mais ce double pouvoir devient un dans le pouvoir général de connaître la vérité. Appelons foi, si cela plaît, le pouvoir de connaître l'invisible ; j'appellerai alors expérience le pouvoir de connaître le visible, et raison le pouvoir général qui relie les deux ordres de connaissance, et qui permet le passage de l'un à l'autre.

» Il y a dans ces matières une grande confusion de termes, qui embrouille toutes les disputes. Dans le rapport du genre humain avec l'individu, on oppose la foi et la raison, comme la connaissance par l'enseignement et la connaissance par l'intelligence propre : on devrait plutôt dire la foi et l'intelligence, deux termes qu'unit la raison. Dans le rapport de l'invisible avec le visible, on oppose la foi et la raison, comme le pouvoir de connaître l'invisible et le pouvoir de connaître le visible : on devrait dire plutôt la foi et l'expérience, deux termes qu'unit encore la raison. La foi, dans le premier cas, est prise pour la croyance à l'enseignement, ou à l'autorité de la parole ; dans le second cas elle est prise pour l'intuition de l'invisible, sorte de sens intime par lequel on saisirait le divin comme par le sens externe on saisit le terrestre. La foi, suivant la première définition, rallie l'individu à l'humanité ; suivant la seconde, elle rallie l'homme à Dieu.

» Mais de l'individu à l'humanité quelle autre différence y a-t-il, que celle d'une forme ou d'un exemplaire à un type ? Chaque individu n'est-il pas un exemplaire de l'humanité ? Les individus sont-ils hors de l'humanité, ou l'humanité hors des individus ? Les facultés de l'humanité ne sont-elles pas les mêmes que celles de l'individu, sauf que l'humanité les possède absolument, et l'individu plus ou moins, variables dans leurs degrés, non dans leur essence ? En un mot, l'humanité n'est-elle pas dans chaque homme ? Rien n'est donc dans la raison de l'humanité qui ne soit dans la raison de chaque homme, sauf que chacun sait plus ou moins l'apercevoir ou le reconnaître en soi-même. Le raisonnement est le procédé par lequel on arrive à reconnaître en soi-même ce qui s'y trouve et qu'on n'y apercevait pas d'abord. La raison est donc commune ; elle embrasse, en les unissant, l'intelligence et la foi.

» Que s'il existe une autre sorte de foi qui soit l'intuition de l'invisible, est-ce une faculté de l'humanité ? Elle l'est aussi de l'individu. Est-elle une faculté de l'homme ? Elle l'est de chaque homme. Chaque homme peut, — et si ce n'est l'un aujourd'hui, demain ce sera l'autre, — l'homme du moins peut voir l'invisible comme il voit le visible, et unir cette double connaissance dans un système qui les coordonne, par l'unité fondamentale du pouvoir de connaître, par la raison.

» Que devient, je le répète, cette chimère de la séparation des domaines ? On a beau s'ingénier, il est malaisé d'unir en séparant.

» On ne gagne à cela que deux choses : la première, que la vérité religieuse n'exerce aucun empire sur la science, et c'est le premier fruit de cette division du royaume de la vérité ; la seconde, que le progrès de la science, à mesure qu'il agrandit le domaine de la raison, diminue d'autant le domaine de la foi, et que, devant cet envahissement successif de la vérité religieuse par la vérité scientifique, la raison et la foi, la religion et la science, faites ennemies par le principe même qui prétendait en faire deux amies, ne cherchent plus qu'à se détruire l'une l'autre : et l'on sait qu'en Europe du moins, si l'une des deux devait périr, la science ne périrait pas !

» Vient enfin une autre école, qui semble concilier l'autorité, que dis-je ? la souveraineté de la raison, avec la foi : une école qui se dit rationaliste et chrétienne. Cette intention ou cette prétention, cette meilleure intelligence du problème, est une des puissantes causes qui lui ont donné la moitié de l'Europe. Je parle du protestantisme. Le protestantisme, l'œil fixé sur le livre de la parole de Dieu, l'interprète librement, soit par le sentiment individuel, soit par la raison : deux protestantismes, à vrai dire, dont l'un, tout mystique, n'accorde point foi et raison, mais foi et foi, la croyance à la parole avec l'intuition de l'invisible, ou plutôt avec une façon d'illumination intérieure qu'il appelle *grâce, témoignage de l'Esprit, etc.* C'est l'autre qui fait une part à la raison, et il la lui fait considérable. Je ne parle point du protestantisme mystique, mais du protestantisme philosophique.

» Je remarque ici encore qu'on impose à la raison un point de départ qui lui est étranger, le livre de la parole de Dieu ; et je remarque de plus qu'on impose à la foi une limite arbitraire, puisque on l'arrête à une époque fixe dans la suite des temps. La nécessité de l'enseignement pour l'homme, sur laquelle repose la foi, n'existe donc plus : à quel titre ? Où avez-vous pris que la révélation, indispensable à l'homme, ne lui soit plus indispensable à partir d'un certain jour fixé dans la série des siècles ? Si la révélation n'est pas permanente, dites donc que la foi fut bonne pour les hommes des premiers âges, et qu'elle est inutile pour vous. Mais comment entendez-vous ce Christ, ce Verbe de Dieu incarné, qui, depuis qu'il s'est montré sur la terre, ne réside plus parmi les hommes ?

» L'homme raisonnable est rationaliste, et le chrétien catholique, s'il est conséquent. Le rationaliste construit le système de la vérité par les seuls principes de la raison ; il ne prend son point de départ que dans la raison, et non pas ailleurs : non pas même dans le livre de la parole de Dieu. Le catholique ne borne pas la révélation à un siècle arbitrairement fixé : il accepte la foi tout entière, continuée à travers les âges par le Verbe de Dieu toujours vivant dans son Église. Un homme dont le système, construit par les seuls principes de la raison, tomberait d'accord avec les données de la foi, celui-là seul aurait opéré l'intime conciliation de la raison et de la foi : rationaliste et catholique tout ensemble. C'est en quoi ma solution diffère du tout au tout de la solution des protestants. Plus profondément rationaliste que n'ose l'être le protestantisme, elle offre aux catholiques, pour les débats qui s'élèvent chaque jour entre les deux camps chrétiens, un terrain plus solide que celui sur lequel ils ont eux-mêmes coutume d'accepter la bataille.

» Les protestants, par exemple, qui proclament le libre examen, mais qui en bornent l'usage à ramener sans cesse le christianisme aux premiers jours de son histoire, accusent beaucoup l'Eglise catholique de n'avoir plus la constitution libérale qu'elle avait, disent-ils, avant le IIIe siècle. Quand il serait vrai que la constitution primitive de l'Église fût autre qu'elle n'est aujourd'hui, s'ensuivrait-il qu'elle dût être la même aujourd'hui qu'autrefois ? L'Église, instituée divinement, l'est-elle jusque dans sa forme ?

» L'Église était dès l'origine, dans sa hiérarchie et dans sa forme, ce qu'elle est de nos jours, disent les catholiques en général ; sa forme actuelle lui vient directement de Dieu, et doit être imposée à tous les fidèles au nom de Dieu : les protestants doivent donc au plus tôt revenir à elle, sous peine de persévérer dans l'hérésie.

» Non, répondent les protestants, c'est l'ambition de l'évêque de Rome qui l'a faite ce qu'elle est ; sa forme primitive était autre, elle lui venait directement de Dieu, et elle doit être imposée à tous les fidèles au nom de Dieu : l'Église de Rome doit donc la reprendre au plus tôt, sous peine de demeurer impie comme elle est depuis quinze siècles, et de périr.

» Sur ce terrain, la lutte semble interminable. Mais ne se passe-t-elle point sur un mauvais terrain ? Pourquoi faire de la forme extérieure de l'Église une institution divine et qui s'impose comme telle, lorsque cela, vrai ou faux, ne saurait se constater d'ailleurs d'une manière péremptoire ? N'y a-t-il pas en toute chose vivante une forme qui varie et qui manifeste diversement, selon les âges, un fond invariable ? Un homme de trente ans n'est-il pas le même qu'il était à dix ans, quoiqu'il ne soit plus le même si l'on ne considère en lui que le visible ? Il l'est par un certain fond, qui le constitue dans son individualité propre. Pareillement l'Église est immuable dans son essence, et c'est l'essence immuable qui est d'institution divine chez elle : car, s'il y a chez elle quelque chose de divin, c'est l'immuable, c'est le principe de la vie, et le droit de vivre aux conditions de la vie. Elle est un corps vivant, qui croît, change peu à peu dans sa forme, varie et se développe selon une condition de progrès qui est la condition de toute vie sur la terre. Qu'elle se présente de la sorte, au lieu de prétendre à une immobilité absolue, à laquelle d'ailleurs l'histoire donne un trop facile démenti, j'ose dire que sa position en sera plus aisée à défendre contre l'ennemi, et qu'elle n'aura plus besoin, pour repousser les attaques du dehors, de chicaner sans fin sur des faits qu'on lui contestera toujours.

» Qu'à l'*Histoire des variations des Églises protestantes* les protestants répondent que l'Église catholique n'a pas moins varié : — Soit, dira-t-elle, mais autrement. Vos variations ont été brusques, apparentes, sans loi et sans lien. Les miennes sont telles que, si je varie, je parais invariable néanmoins. Les miennes sont donc un progrès, un développement d'une chose qui vit : je varie dans l'unité, vous variez sans unité. Si l'unité n'est pas un signe de vérité par elle seule, l'unité dans la variété c'est la vérité et la vie.

» Qu'on vienne lui dire aujourd'hui : La constitution primitive de l'Église n'était pas celle que vous avez préférée depuis. — Soit, dira-t-elle encore. Cela prouve-t-il qu'elle était meilleure ? Elle était sans doute mieux appropriée au temps, et celle que j'ai préférée depuis était sans doute aussi mieux appropriée à d'autres temps. Discutez donc la chose en elle-même, et faites voir, par des arguments rationnels, non historiques, que je ferais bien de changer ma constitution : je la changerai, quand j'en serai convaincue. En attendant, critiquez-la, si vous la trouvez mauvaise à quelques égards ; faites voir ce qu'il convient d'y changer, et pourquoi : mais faites-le avec respect, et avec obéissance à ses décrets en matière de discipline, tant qu'elle n'est pas changée. Si elle change, si elle reprend une ancienne forme, ou si elle en prend une nouvelle, vous lui obéirez encore en matière de discipline, comme on obéit à l'État, quel qu'il soit, et aux puissances établies. Vous la reconnaîtrez toujours : où est la société des chrétiens, je parle des chrétiens unis, là est l'Église chrétienne.

» Une forme de culte est prescrite ; elle ne convient pas. Une façon d'agir est commandée ; on en préférerait une autre. Tant que la chose est établie ainsi, il faut agir ainsi, en fait, dans l'intérêt de l'ordre, et pour ne pas briser l'unité de l'Église. Cela n'empêche point de parler pour dire ce que l'on croit qui vaudrait mieux ; mais avec respect dans la parole et soumission dans le fait.

» Les protestants ont porté la bataille sur le terrain de l'histoire ; et les catholiques les y ont suivis. Ce terrain en effet est favorable aux protestants, qui peuvent s'y appuyer sur les obscurités de l'histoire ; et, bien que les catholiques s'y puissent défendre, la distinction de l'élément variable et de l'élément invariable dans l'Église leur offre un champ de manœuvre plus solide : car, quand on nous répèterait sans cesse que l'Église primitive n'était pas constituée comme la nôtre, qu'est-ce que cela prouve ? Est-ce là ce qui fait l'essence du catholicisme ? Pourquoi donc l'avez-vous quitté ? La véritable Église, l'Église divine, telle que Dieu l'a voulue, telle que la conduit le Verbe qui l'habite, ne se trouve-t-elle pas où est le corps des chrétiens, c'est-à-dire où les chrétiens forment un corps, lié, non pour protester, sorte d'unité toute négative, mais lié dans l'unité positive de la discipline et du culte ?

» La grande erreur du protestantisme, c'est qu'il rompt avec la tradition. Par cela seul, il échappe à la loi essentielle, à l'esprit même de la religion ; il tombe en dehors de la religion, pour s'engloutir, si peu qu'il soit logique, dans la philosophie exclusive et négatrice de la foi. Doctrine de foi ou doctrine de raison, religion ou philosophie, qu'il choisisse d'être l'une ou l'autre, ou l'une et l'autre ensemble : il a pris le pire parti, qui est d'être moitié l'une moitié l'autre.

» Ainsi la logique pousse les protestants ou au catholicisme pur ou au rationalisme pur : ou à reconnaître une Église qui porte les caractères de la religion, s'ils reconnaissent la religion ; ou, s'ils reconnaissent la raison, à s'en servir pour édifier une philosophie plutôt qu'une histoire. Qu'ils soient donc ou rationalistes ou catholiques, ou plutôt qu'ils étreignent les deux termes dans une même vérité.

» La conciliation de la raison et de la foi n'avait pas encore donné lieu à un problème, le plus difficile comme le plus important et le plus grand des âges modernes, qu'il était déjà résolu d'une certaine manière, et non de la pire manière, par la théologie. Le principe de la théologie, c'est l'interprétation de la foi par l'intelligence. J'ai fait voir quel en est le vice. La foi prise pour base, qu'elle ne soit, comme chez les protestants, que la parole de Dieu renfermée dans les livres saints, ou qu'elle soit, comme chez les catholiques, cette même parole conservée, développée, et déjà interprétée par la tradition chrétienne, donne bien une marque de la fausseté, mais non de la vérité de l'interprétation. L'interprétation de la foi par l'intelligence, si elle arrive à contredire la foi, est fausse ; si elle n'y arrive point, est-ce une marque qu'elle soit vraie ?

» Je trouve chez un défenseur de la théologie, que, comme l'ordre naturel a ses principes indémontrables, base de toute démonstration des vérités de cet ordre, l'ordre surnaturel a aussi ses principes indémontrables, d'où l'on peut également déduire les vérités de cet ordre. Mais ces principes indémontrables de l'ordre surnaturel, où sont-ils? Dans l'enseignement de l'Église? Dans l'intelligence de l'homme? Dans les deux? S'ils ne sont que dans l'enseignement de l'Église, ils ne sont pas entendus; on n'en peut rien déduire. Il faut donc qu'ils soient aussi dans l'intelligence de l'homme : si cela est, ils s'unissent, dans l'unité de son intelligence, avec les principes de l'ordre naturel. Une étude attentive de l'intelligence humaine fera voir clairement que l'intuition de l'invisible et la perception du visible s'y pénètrent l'une l'autre, de telle sorte qu'il soit impossible de s'appuyer sur l'une des deux sans s'appuyer en même temps sur l'autre : et c'est là l'unité de notre raison.

» J'arrive toujours à la même conclusion, que l'accord de la raison et de la foi est dans l'accord du rationalisme avec le catholicisme s'engendrant l'un l'autre; que cet accord existe; qu'il s'accomplira, lorsque la théologie, qui part des vérités révélées pour s'efforcer de les comprendre, sera remplacée par la philosophie, qui tire le surnaturel du naturel, et qui fonde sur les seuls principes de la raison tout le système des vérités de la foi.

» Tous ceux qui ont cru résoudre ce grand problème confondent la conciliation avec la transaction, l'accord de deux absolus avec une concession que chacun ferait à l'autre pour vivre en se tuant. Ils veulent un peu de la raison, un peu de la foi : comme si ce n'était point les détruire également l'une et l'autre, que d'accepter ceci, de rejeter cela, dans l'une ou dans l'autre! Qui prend la raison la doit prendre tout entière, et aussi qui prend la foi. Choisissez l'un des deux extrêmes ; ou plutôt embrassez-les tous les deux dans leur unité : là est le vrai. Mais de juste milieu, point. Ne montez qu'un des deux chevaux, si vous n'êtes pas assez fort pour les monter tous les deux ensemble ; mais ne vous laissez pas choir entre les deux, juste au milieu, par terre.

» Je crois que la solution que je hasarde, et que l'on n'avait point encore songé à proposer (1) parce qu'elle est la plus simple, est la véritable. Aussi est-elle transportée sur un terrain plus large, où les deux adversaires peuvent se rencontrer sans se le disputer, sans se battre à qui aura la place. En quoi pourrait-elle déplaire aux catholiques ? Qu'y a-t-il en elle qui contredise la plus sévère orthodoxie ? Et en quoi pourrait-elle déplaire aux rationalistes purs ? Ont-ils un système qui accorde davantage aux plus hautes, aux plus impérieuses exigences de la raison ?

» Diront-ils que, si l'interprétation des dogmes de la foi doit les transformer peut-être, si le catholicisme est vrai philosophiquement plutôt qu'historiquement, rien ne sert d'en tenir compte ? Erreur ; car les dogmes de la foi contiennent la vérité, confiée en dépôt par Dieu au genre humain, et que les hommes comprennent plus ou moins, selon les âges. Le tout est de les entendre. Il faut donc en tenir compte pour que l'interprétation qu'en donne la philosophie ne les contredise pas.

(1) Je ne parle que de notre siècle. Si l'on remonte plus haut, elle se trouve déjà, dès les origines du christianisme, chez plusieurs Pères Grecs, notamment les Pères Alexandrins. Peut-être dès lors la conciliation de la raison et de la foi eût-elle commencé à s'opérer de la sorte, si le malheur des temps, la décadence du génie antique, l'invasion des barbares, si tout ce qui a fait le moyen-âge, ne s'y fût opposé.

» Diront-ils qu'ils n'ont pas assez de preuves par devers eux pour croire que les hommes possèdent la vérité nécessaire contenue, comme sous une transparente enveloppe, sous les symboles et les formules de la foi du genre humain ? Qu'ils attendent au moins, avant de combattre cette foi, que la philosophie se soit constituée en science positive ; et l'on verra bien alors si elle ne tombe point, par une suite de merveilleuses rencontres, sur des doctrines qu'il soit impossible de formuler autrement que ne fait la religion. Jusque-là pourquoi rompre avec la société de vos frères ? Avec une religion dont la prétendue fausseté n'est pas certaine scientifiquement, même à vos propres yeux ; que vous ne remplacez pas, d'ailleurs ; et qui, ne fût-elle pas sans erreur, n'est pas sans vérité, vous le savez ? Et mieux vaut, vous le savez, moins de vérité que point de vérité.

» Je demande aux catholiques une seule chose : c'est de laisser se constituer la philosophie ; c'est de permettre que la *croyance*, doctrine de foi, devienne peu à peu, par l'effort de l'entendement, *science* ou doctrine de raison. En sera-t-elle moins orthodoxe pour être mieux entendue ? Et la vérité démontrée en sera-t-elle moins vérité ? — Et je ne demande aussi qu'une seule chose aux rationalistes : c'est de tenir compte des traditions de l'humanité, parce que toute vérité y est contenue; si leurs systèmes les contredisent, ils contredisent à tout le moins, sinon une révélation expresse et positive de Dieu, cette affirmation spontanée, inspiration de la pensée humaine, voix universelle et naturelle de l'homme, qui est au fond une révélation de Dieu. Je ne leur demande que de comprendre cela. Un pas des uns vers la foi et des autres vers la raison, un seul pas, bien facile, et tel que chacun en le faisant reste néanmoins dans son propre carac-

tère, c'est assez pour que « la croyance et la science, ces
» deux situations de l'esprit humain qui peut-être un
» jour n'en formeront qu'une seule, (1) » trouvent enfin
leur suprême accord.

» En résumé, le problème religieux a été résolu par
la négation de l'un des deux termes du rapport, par
l'absorption de l'un dans l'autre, par la séparation des
domaines, par l'interprétation libre des Ecritures, par
la théologie catholique du moyen âge : autant de solutions fausses, ou incomplètes. Il restait à le résoudre par la
transformation de la foi en science, ou par la philosophie.

» Concilier le rationalisme avec le catholicisme ; conserver la religion telle que la formule l'Eglise qui en
tient le dépôt, la règle et la loi, mais substituer à la théologie la philosophie, c'est-à-dire à l'explication douteuse
de vérités données la reconstruction rationnelle de ces
mêmes vérités, pour ajouter à la certitude qui repose
sur la parole divine transmise par les hommes la certitude plus intime que l'homme trouve en sa propre intelligence, voilà comme il m'a semblé que pouvait être résolu le problème religieux de mon temps.

» Non que la théologie doive se hâter de céder la place
à la philosophie : elle doit la préparer, au contraire, à sa
façon, prête à se retirer quand le jour en sera venu ; car
la philosophie n'est pas encore une science, à l'heure
qu'il est. La philosophie n'est pas, elle sera. Mais on
voit déjà ce qu'elle sera. On voit l'importance et la grandeur de l'œuvre que lui réserve l'avenir : elle sera le
lien entre la religion et la science ; elle rattachera la
vie présente au souci de la vie future ; elle constituera
l'unité des choses de ce monde. »

(1) E. Quinet.

Tel est le langage que doit tenir, ce me semble, dans le siècle où nous sommes, un catholique orthodoxe, aussi exact, aussi sévère en sa foi qu'on le voudra, mais sensé, et attaché sincèrement à la raison, sans laquelle, après tout, l'homme n'est ni religieux ni rien.

CHAPITRE V

NÉCESSITÉ DE LA PHILOSOPHIE

I

Je me suis placé dans une hypothèse extrême, celle du catholicisme orthodoxe. Peu importe, d'ailleurs, ce qu'elle vaut. Peu importe que ce catholicisme-là soit le vrai, ni que l'Église qui le professe soit en effet, comme elle croit l'être, cette Église unique et universelle, seule forme visible du catholicisme absolu : gardons-nous bien de rien affirmer à cet égard : une telle affirmation, faite sans l'appui de preuves suffisantes, ne pourrait que compromettre, au regard de ces hommes qui, pour être incrédules, ne sont pas forcément irréligieux, la religion même prise en soi. C'est la religion prise en soi qu'il faut unir avec la philosophie prise en soi, et non pas telle religion avec telle philosophie.

Généralisez le langage de notre fidèle ; transportez dans la bouche du religieux abstrait tout le raisonnement qui me semble devoir être celui du catholique orthodoxe, vous aurez le principe de l'accord futur de la foi et de la raison. Je dis dis l'accord futur, parce qu'il ne sera consommé que quand la raison aura fait des dogmes de la foi une science. Si c'est là l'unique condition de cet accord dans l'hypothèse même où la doctrine religieuse n'émane pas de la raison, ni instinctive, ni réfléchie, mais directement, par un mode extra-naturel, de Dieu seul, que sera-ce dans l'hypothèse où la doctrine religieuse n'aurait point d'autre source que cette révélation naturelle qui est la raison instinctive et primitive de l'homme ?

Il faut donc, de toute nécessité, ou accepter cette unique condition de la solution du problème, ou refuser le problème, et repousser la foi, c'est-à-dire nier dans l'homme le genre humain.

Ici peut-être aux yeux de quelques-uns une difficulté se présente. La doctrine religieuse est connue, tant qu'il s'agit d'une religion visible et concrète : mais d'une religion abstraite, invisible, absolue, mais de la religion en soi, quelle est la doctrine ? Est-ce à la philosophie qu'il appartient de la déterminer, cette doctrine qui doit vérifier, et confirmer ou démentir, les conclusions de la philosophie ? Ce serait un cercle. Sera-t-il permis d'ailleurs, en attendant que cette religion philosophique soit enfin formulée, de vivre sans religion ?

Je ne vois pas là une véritable difficulté, si j'ai été entendu. La philosophie sera ; la religion est. Elle est depuis le commencement du monde ; elle est toujours, elle est partout : il n'y a donc pas lieu de la faire, il n'y a qu'à la prendre toute faite. Quelle est-elle ? Elle est d'abord, pour chacun, la religion de son temps et de son pays. Elle est pour nous le christianisme.

Car, de deux choses l'une :

Ou, ainsi que le croient les sectateurs des diverses religions, la religion s'incarne et se réalise dans une forme visible, forme unique, absolue, divine, comme elle est elle-même, de telle sorte qu'une des religions qui existent soit la vraie, sans qu'il y ait lieu de distinguer en elle l'âme inséparable du corps. Dans cette hypothèse, les autres religions ne sont que des altérations de la vraie, et toutes contiennent les mêmes vérités plus ou moins voilées, plus ou moins obscurcies par des erreurs locales. Quelle que soit donc celle de son temps et de son pays, le philosophe doit y retrouver la vérité. Il la retrouvera beaucoup mieux sans doute dans la vraie, qui la lui offre intacte, et où il n'a qu'à la comprendre, que dans une fausse, qui la lui offre tronquée, mutilée, peut-être mise en pièces, et où il ne lui suffit pas de la comprendre, mais où il a de plus à la reconstruire en la comprenant. Qu'il s'attache donc à reconnaître la vraie ; mais qu'il garde la sienne, tant qu'il n'y sera point parvenu : il y retrouvera toujours, quoique plus péniblement, la confirmation ou la condamnation des vérités ou des erreurs de sa propre philosophie.

Ou la vraie religion se distingue en soi de tous les corps qu'elle peut revêtir ; nulle forme visible ne la réalise tout entière, nulle ne la contient. Mais, si nulle ne la contient, toutes la contiennent, plus ou moins. « Il n'y a qu'une religion qui soit la bonne, dit J.-J. Rousseau, si tant est qu'une le soit. » Oui, la bonne : mais si nulle n'est la bonne, toutes sont bonnes, à divers degrés. La meilleure est celle où se retrouve le mieux la tradition du genre humain.

Il faut en effet, puisque la religion est, qu'elle se manifeste en quelque manière, qu'elle se rende visible, qu'elle prenne corps. Si donc elle ne prend qu'un seul corps, il n'y a qu'une religion qui soit la vraie ; toutes les autres sont d'imparfaites copies de celle-là, et l'on doit s'efforcer de s'élever de ces copies imparfaites jusqu'à l'original. Si elle prend successivement plusieurs corps, aucune religion n'est la vraie, mais toutes le sont, chacune à son tour.

Dans l'un et l'autre cas, il y en a toujours une qui est la vraie : absolument, dans le premier cas; relativement, dans le second. Dans le premier cas, celle-là est la vraie, qui offre le plus visiblement les marques de la religion, l'unité, l'invariabilité, l'autorité : c'est nommer le christianisme, mais le christianisme en corps d'Église, le catholicisme chrétien. Dans le second cas, celle-là est la vraie, qui est la tradition, et comme la source où les peuples les plus avancés ont puisé leurs idées, leurs mœurs, leurs progrès : la religion des pays qui marchent à la tête de l'humanité, la nôtre, le christianisme.

Si la religion prend plusieurs corps, elle les prend l'un après l'autre, et n'en quitte un qu'après l'avoir usé, pour en prendre un autre plus en harmonie avec l'homme devenu plus viril. Mais elle n'est jamais sans un corps. Qu'on ne vienne donc plus me dire : où est la vraie religion ? La vraie religion est celle qui règne chez les peuples les plus civilisés, et sa doctrine est vérité : plus ou moins explicite, plus ou moins mystérieuse, mais toujours vérité. Comme elle est la vraie, elle est aussi la seule qui soit bonne, jusqu'à ce que le cours des âges l'ait remplacée par une meilleure, la même plus parfaite sous une forme plus pure.

Qu'on se souvienne d'ailleurs que l'homme n'est pas un être intelligent seulement, mais sensible et libre : que ce n'est pas le tout pour lui de connaître Dieu, mais qu'il ne le doit connaître que pour l'aimer et le servir, en communion avec le genre humain. Qu'on se souvienne qu'il faut que l'individu vive en communion avec le genre humain, en participant au culte commun, comme à la foi commune. Pratiquer publiquement un culte qu'on repousse dans le secret du cœur, et qu'on attaque en livres ou en discours après qu'on vient de le courtiser dans son temple, c'est être hypocrite ; mais ce n'est pas être hypocrite, que pratiquer publiquement un culte auquel on adhère comme au plus juste des signes ou des symboles du vrai pur, et à la plus parfaite des formes visibles de l'adoration.

Il faut avoir une religion publique, sous peine de se mettre en dehors de l'humanité. Si les religions sont humaines, ou ne sont divines que comme tout ce qui est naturel est divin, les religions sont des langues ; qu'on poursuive tant qu'on voudra l'idéal du langage : s'abstiendra-t-on de parler, parce que le langage usité ne réalise point cet idéal ? Je conçois qu'on adopte une autre langue, plus parfaite que la vulgaire, comme ces savants qui écrivaient en latin ; ou que l'on travaille à perfectionner, à transformer, à recréer, pour ainsi dire, une langue vulgaire qui deviendrait sous l'effort d'un homme, comme l'italien sous la main de Dante, une nouvelle langue : je ne conçois pas qu'on nie le langage, et qu'on se condamne à être un muet. Je conçois pareillement qu'on change de religion, qu'on abjure la sienne pour en adopter une autre meilleure, ou que l'on crée en quelque sorte, par un puissant travail de transformation, une religion nouvelle : je ne conçois pas qu'on nie la religion, et que l'on se condamne à être un impie. On ne vit pas dans la pure négation. Qui se mettrait dans la négation de toutes choses s'anéantirait : qui se met dans la négation d'un certain ordre de choses s'anéantit en cela, et il n'est plus, ainsi amoindri, qu'un être mutilé. Or, un être anéanti précisément dans cet ordre de choses qui concerne son éternelle destinée, qu'est-il ?

Que telle soit donc la religion du philosophe : la religion vulgaire professée et pratiquée comme tenant en dépôt la croyance du genre humain, laquelle doit être, non le point de départ, mais le point d'arrivée et la confirmation de la philosophie. Toute philosophie qui contredit la croyance du genre humain est fausse : fausse par conséquent toute philosophie qui contredit la religion.

Je n'entends pas toutefois que la religion doive se comprendre à la lettre, selon l'idée que s'en fait la foule des croyants, ni même selon son enseignement officiel ; je n'en dis rien : ce serait revenir à la question des religions particulières, que je n'ai pas à traiter ici. Aux yeux du philosophe, il suffit que la philosophie ne soit pas contraire à la religion, comprise dans le sens le plus large. La religion est un critère négatif, et non positif, de la philosophie ; je l'ai expliqué ailleurs. D'où il suit que la philosophie détermine seule ce qu'il y a de positif dans le dogme religieux, et qu'elle ne peut se proposer d'avance un dogme, non plus qu'elle ne peut prendre dans aucune foi son point de départ.

Que la foi se transforme en science, l'accord de la religion avec la philosophie sera consommé, et le plus redoutable des problèmes du XIX⁰ siècle résolu. Et comme la religion de l'Europe est encore le christianisme, comme le schisme, ni l'hérésie, ni les attaques du dehors, ne l'ont encore tué pour le remplacer, qu'il soit la religion éternelle ou bien qu'il ne soit que la dernière et la moins imparfaite des formes de la religion, à quelque point de vue que je me place, je retrouve toujours la conclusion du catholique raisonnable : concilier le rationalisme avec le catholicisme, par la reconstruction rationnelle des doctrines que donne la foi.

II

Si la transformation de la foi en science par la philosophie peut seule résoudre le problème religieux, la grande œuvre qu'il faut désormais tenter, c'est de constituer cette philosophie de l'avenir, scientifique par la méthode, religieuse par l'objet : positive, non pas comme celle qui de nos jours s'est prétendue *positive*, en se renfermant dans la science du sensible, mais, ce qui est tout le contraire, en faisant exacte et rigoureuse la science du spirituel. Telle est donc l'œuvre qu'il faut tenter ; et il faut aussi, pour la tenter, connaître le fort et le faible de la raison humaine. Ce n'est pas assez de démontrer, comme on a essayé de le faire, que les matières religieuses n'échappent pas à la raison : il faut encore étudier la raison, pour apprendre d'elle-même, non plus que sa tâche est de transformer la foi en science, mais comment elle remplira cette tâche ; non plus que la philosophie est possible, mais comment la philosophie est possible. Avant de construire la philosophie, il faut avoir en mains le moyen de la construire. Et quand la philosophie, qui n'est pas encore, sera, en elle se retrouvera la foi ; elle seule établira, par le rationnel enchaînement, par la force logique de sa propre doctrine, la vérité des dogmes religieux.

C'est pourquoi, traitant de la religion, qui est le catholicisme, mais un catholicisme rationnel, je ne me prononce point sur la vérité absolue du catholicisme orthodoxe. Que celui-ci d'ailleurs soit vrai d'une vérité absolue ou relative, que ses dogmes soient la vérité, ou qu'ils ne soient que des signes et des figures de vérités plus hautes, il n'importe guère à la solution du problème religieux tel que j'ai cru devoir le poser philosophiquement.

Avouons-le : la position philosophique du problème religieux est peu comprise. Cela ne tient qu'à une chose : c'est que l'on n'aime pas la vérité. On croit aimer la vérité : on n'est que passionné pour la doctrine qu'on professe. Non qu'on la sache véritable, puisqu'on se refuse à ce qui la vérifierait si elle est vraie : mais on la veut véritable, parce qu'on ne veut pas s'être trompé ; la seule pensée qu'on s'est trompé peut-être en se consacrant à une doctrine, humilie l'esprit et trouble le cœur. On est intéressé à la conserver, comme une forteresse du haut de laquelle on domine dans le monde, ou bien comme un tranquille sanctuaire où l'on dort commodément, sans inquiétude, sans crainte, sans souci du travail de vivre. Chez les uns, paresse ou mollesse, peur de penser, lâcheté ; orgueil ou respect humain chez les autres : ni les uns ni les autres n'aiment le vrai. Vous ne concluez pas, s'écrient-ils ; vous ne dites pas si vous êtes catholique, dans le sens orthodoxe du mot. — Ne voient-ils pas que je n'ai pas à le dire ? Je parle de la religion, quelle que soit la religion ; je traite une question logiquement antérieure à celle-ci : y a-t-il une forme religieuse qui soit la vraie religion à l'exclusion de toute autre forme, et, s'il y en a une, laquelle ?

Le but de ce livre n'est point de rechercher la méthode pour construire la philosophie, mais de dire ce qu'est la philosophie dans l'humanité, quelle solution elle donne ou elle prépare au problème religieux et, par suite, aux autres problèmes qui remuent le monde, quel changement se fera dans toutes choses quand elle sera faite, sa place en un mot et son rôle dans une civilisation qui lui doit tant et lui paie si peu sa dette. Peut-être n'est-il pas inutile qu'une obscure et faible voix, après tant de voix, les unes aussi obscures, les autres éclatantes et illustres, s'élève encore pour elle. En d'autres temps je me serais tu : aujourd'hui je l'ai vue méconnue, oubliée, dédaignée, et j'ai pensé que c'est aux humbles de parler quand les superbes se taisent. Il importe peu sans doute à la philosophie, qui n'a pas besoin que personne prenne sa défense : elle vaut assez par elle-même, et les dédains d'une multitude aveugle, impuissants contre la force intérieure qui la fait vivre et qui la fera régner, ne l'arrêteront pas dans sa marche ; mais il importe à cette multitude, qui a toujours besoin d'être éclairée, et qui ne saurait méconnaître la vérité sans manquer sa propre destinée avec son bonheur.

Tel est le progrès de la raison dans le genre humain, que rien au monde ne saurait plus prévaloir contre elle, ni valoir sans elle ; elle est le seul juge qu'on interroge, le seul qu'on écoute, le seul qu'on prenne pour arbitre, le seul dont la parole décide souverainement : on affirme ce qu'elle affirme, on nie ce qu'elle nie, elle est le principe de toute foi, elle est la suprême autorité.

Et telle est la décadence de la raison dans le genre humain, que, réduite à elle-même, comme une plante qui refuserait le sol où elle puise sa nourriture, l'air et la lumière où elle respire sa vie, elle a conduit l'homme à nier ce qu'il avait affirmé, à ignorer ce qu'il avait su, à répudier tour à tour toutes les doctrines qui sont la vie et l'être, et hors desquelles plus rien ne lui reste, que son propre néant.

Quand on s'est avisé d'opposer la raison à la foi, on a commis une grande faute. On a opté pour la raison ; et c'est ce qu'on devait faire, si l'on devait opter. En quoi l'on s'est trompé. Non qu'on eût mal choisi, mais on a eu tort de choisir. Du jour donc où l'on ne fut plus chrétien, on ne fut plus même déiste : le déisme ne fut, pour une raison sans appui, que le premier degré de la chute ; on le traversa pour tomber plus bas, dans le panthéisme, dans l'athéisme, ou dans cette union vulgaire du septicisme philosophique et du dogmatisme scientifique qui se nomme le *positivisme*, ou dans le savant et nouveau scepticisme de ces *criticistes* qui ne connaissent plus rien que leur connaissance, et desquels sont nés ces *idéalistes* qui estiment qu'il n'y a plus rien hors de leurs idées, faisant de l'idée l'être des choses. De sorte que les choses mêmes qui tombent sous le sens ne sont pas, qu'il n'y a pas d'être, si ce n'est l'idée, si ce n'est la raison, assise sur un trône silencieux au milieu du désert ; et que, d'erreur en erreur, de vide en vide, après que la foi, qui est le sens des choses invisibles, a été niée, le sens même, qui est la foi aux choses visibles, perd, par un juste retour, tandis que son pouvoir semble croître, la légitimité de son pouvoir.

La raison est donc mise en demeure, puisqu'elle est désormais la seule puissance de l'homme, de reconstruire l'édifice qu'on a détruit par dévotion pour la raison, afin qu'il n'y eût pas d'autre puissance qu'elle, ne songeant pas que la mettre au-dessus de ce qui la touche, c'était la séparer de ce qui la porte, c'était lui ôter à elle-même son soutien. La raison est mise en demeure de retrouver son objet. Y a-t-il matière ? Et qu'est-ce que la matière ? Esprit ? Et qu'est-ce que l'esprit ? Y a-t-il, outre l'ordre naturel, matière et esprit, un ordre surnaturel ? Et en quoi consiste ce double ordre ? Par où ces vérités diverses nous sont-elles connues, et jusqu'à quel point accessibles ? Il faut que la raison réponde à tout cela. Il faut ensuite qu'elle rattache les vérités physiques aux morales dans l'ordre naturel, et cet ordre au surnaturel dans l'universel, construisant, en vertu de ses propres lois, par la synthèse de tout ce que l'homme peut connaître, la philosophie.

III

Les philosophes n'ont créé et mis au monde que des systèmes. Ils ont amassé, j'aime à le croire, des maté-

NÉCESSITÉ DE LA PHILOSOPHIE

riaux pour la philosophie future : nul ne l'a construite.

Et qui jamais la construira ? Platon et Aristote, Descartes et Leibniz, Kant et Hegel, les plus puissantes intelligences de la terre, y ont échoué. Ce n'est point une raison d'abandonner leur entreprise. Elle a été vaine, elle peut ne plus l'être ; et l'on ne saurait conclure du passé contre l'avenir. Que les architectes, que les maçons, mettent la main à l'œuvre, qu'est-ce que tout cela si le temps n'y met la sienne ? Pour toute chose il faut le temps ; et ce n'est point folie que de tenter après les plus habiles ce que les plus habiles n'ont pu faire. On profite de leurs travaux, et l'on s'instruit à leurs tâtonnements.

Il est beau de poursuivre la science, dût-on ne pas l'atteindre.

J'ai ouï dire pourtant que, dût-on l'atteindre, la poursuivre est une chimère et une vanité ; qu'elle n'est digne que du mépris des hommes sérieux : encore lui font-ils beaucoup d'honneur, de laisser tomber sur elle un regard qui la méprise ! J'ai ouï dire qu'elle est inutile. On demande sans cesse : A quoi est-elle bonne ? Que sert aux hommes de savoir ? Je réponds : A savoir. N'est-ce donc rien que connaître, pour une intelligence ?

Curiosité pure, dites-vous. — Pourquoi manger aussi ? Gourmandise pure. — Nous mangeons, répliquent-ils avec une gravité doctorale, parce qu'il nous faut vivre corporellement, étant corporels, et que nous ne le pouvons faire sans manger. — Nous philosophons, parce qu'il nous faut vivre intellectuellement, étant intellectuels, et que nous ne le pouvons faire sans philosopher : ce qui est la nourriture de l'intelligence, comme le pain est celle du corps.

Il est écrit : « L'homme ne vit pas seulement de pain,

mais de toute parole qui sort de la bouche de Dieu. »

N'est-ce point une pitié, lorsqu'y songe, que l'utile mesure tout en ce monde ; que l'on ne prise une chose que par le bien-être qu'on en retire ; que l'on se fasse gloire d'être *positif,* comme ils l'entendent ; que l'on dédaigne la vanité de tout ce qui ne se rapporte point à notre voluptueuse machine ; que, plus on s'abaisse vers l'animal, plus on s'élève en sa propre estime ; et que l'homme enfin (car c'est de l'homme que je parle) mette au-dessus de l'esprit la chair ? O fou, disent-ils, qui se consume en de longues et laborieuses nuits pour enfanter, à force de veilles et à force de pâleur, une œuvre inutile ! Et moi je dis qu'elle est utile, l'œuvre de la science ; je dis que l'utile n'est pas seulement ce qui sert au corps de l'homme, mais que tout ce qui sert à l'homme est utile, même ce qui sert à son âme ; et que celui que la science a rendu pâle n'est pas un fou.

Mais je les veux contenter. Ce n'est pas utile qu'est la science, c'est nécessaire à l'homme ; et non plus à la vie intellectuelle, mais à la vie pratique de l'homme. L'homme est un : s'il a une intelligence, il faut, dans l'intérêt de son égoïsme tout entier, qu'il connaisse. Il le faut. dis-je, et, qu'on y prenne garde, la nature sanctionne ses lois : il le faut, sous peine de mort. La législation divine n'est pas aussi humaine que le sera la nôtre quelque jour, s'il plaît à Dieu. L'homme est un : s'il doit connaître, il connaîtra, ou il ne vivra point.

Qu'on ne vienne donc plus me dire : A quoi sert la science ? Car je répondrais : A quoi sert la vie ?

Quel bonheur, pour ces hommes de pauvre argile, qu'il y en ait d'autres à côté d'eux qui ne soient pas faits comme eux ! Sans les esprits divins, purement et absolument spéculatifs, que seraient les sciences même pratiques ?

Nul ne les conteste plus, ces dernières sciences. Les merveilles de l'industrie parlent d'une voix trop haute : elles couvrent la clameur des bonnes gens, qui, las de clabauder contre ce qu'ils ne comprennent pas, se taisent, et en profitent.

Respect aux mathématiques, art de la mesure et du calcul, par qui on groupe les chiffres et, si besoin est, on les embrouille. Respect à la chimie, noble mère qui accompagne partout, au milieu des acclamations du monde, une noble fille et bien courtisée, la science de la production et de la consommation, la seule qui soit digne de nous, comme aucuns ont osé l'écrire ! Mais la philosophie, à quoi est-elle bonne ? — A quoi ? Et vous ne savez ce qu'elle est. Peut-être est-elle la grand'mère de cette précieuse fille dont la chimie est la mère. Peut-être les mathématiques, en quelque manière, sont-elles de la philosophie. Qu'en savez-vous ? Taisez-vous donc.

Et n'y eût-il aucun lien entre les mathématiques et la philosophie, qu'importe ? Est-ce là tout ? Dieu, ou la nature, ou le hasard, ne nous a-t-il jetés nus sur cette terre nue que pour nous y vêtir et la vêtir à notre usage, heureux si la sueur de notre front et la fatigue de notre cerveau nous permettent d'arracher à la stérilité d'un sol avare quelques maigres biens, contents de nous-mêmes et de notre science laborieuse, oubliant, dès que nous l'avons parée, la tristesse à peine masquée de notre demeure ? N'avons-nous rien à faire, rien à songer, qu'à vivre sans savoir pourquoi nous vivons, à quelle fin, s'il y a même une fin, un but de notre vie ? Et moi, moi qui sais et qui ne sais pas ce que je suis, moi, venu un jour je ne sais d'où pour m'en aller un jour je ne sais où, que suis-je ? D'où viens-je ? Où vais-je ? Que suis-je, moi qui suis et qui pense ? Ne suis-je qu'un peu de boue ou de cendre, un agrégat de cellules composées d'oxygène et d'hydrogène, de carbone et d'azote, poussière arrachée à la poussière pour retourner à la poussière ? ou bien suis-je moi-même autre chose que ce corps destiné à pourrir ? Si cela est, vivrai-je après que la pourriture de mon corps aura nourri, par une suite de transformations, des herbes, des bêtes, des hommes ? Puis-je, dès cette vie, déterminer mon autre vie, ma vie éternelle ? Et si elle dépend, comme il se pourrait, de ma conduite humaine, quelle est la conduite qui m'assurera la meilleure place en l'autre monde ? Tout cela est au moins curieux, et j'avoue que cela m'intéresse : même j'ai la bonhomie de croire que tout animal raisonnable s'y doit intéresser, et qu'il faut être un animal comme les autres pour ne s'y intéresser pas.

Mais à eux, que leur importe ? Ils mangent et ils boivent. Qui leur parle d'une âme impérissable ? Ils inventent des machines : ils travaillent pour le progrès des jouissances de la chair, — je me trompe, pour le progrès de la civilisation. Qui leur parle de lutte intérieure, de sacrifice, de vertu ? Ils ont une vertu, la volupté. Qui leur parle de religion et de culte ? Ils ont la religion de l'argent et le culte du ventre. Qui leur parle de Dieu ? Ils sont dieux : ils s'adorent.

Indifférents à tout cela : ni Dieu ni l'âme ne se touchent. Ils s'en occuperaient, si c'étaient des choses : mais ce ne sont que des mots, des souffles de voix, *flatus vocis*, comme disaient leurs ancêtres les nominalistes, des bulles d'imagination, vains fantômes dont s'effraie et dont se joue tour à tour la crédulité des peuples : eux, les positifs, ils regardent tout cela du haut de leur inintelligence, et ils passent. Combien ils aiment mieux cette réjouissante perspective, qu'ils serviront bientôt de pâture aux vers du sépulcre, et que ce sera tout ! Une pareille idée ne les épouvante pas ; ils vivent gaiement avec elle : ils sont braves. Que dis-je ? Elle leur sourit, ils s'y complaisent : ils sentent bien que, lorsqu'ils iront trouver les vers du sépulcre, ils iront trouver leurs frères. Vers de terre qu'ils sont, bas et rampants !

L'âme et Dieu ne sont pas des choses ? Qui le leur a dit ? Où ont-ils pris une si sublime vérité ? Enfants, le catéchisme leur enseigna qu'il est un Dieu, créateur du monde, juge du bien et du mal ; qu'ils ont une âme immortelle, faite pour être perdue ou sauvée selon leur conduite sur la terre. Si tout cela était vrai ! Cela est faux, cela est absurde, cela est impossible, cela n'est pas, quand on est mort on est bien mort, ils le disent : mais si cela était, enfin ! Car ont-ils par devers eux des preuves péremptoires que cela n'est pas ? Non. Donc, si étrange que cela soit, cela peut être. Quelle inquiétude alors ! Alors quel plus impérieux souci que de résoudre ce terrible problème de notre destinée ! Alors il faut quitter sciences, plaisirs, affections, tout, pour ne mettre plus d'affection, pour n'avoir plus de plaisir, que dans la science unique de l'âme et de Dieu : car c'est l'éternité qui nous entoure et qui nous menace ; et, avec le doute en de telles matières, la vie est un tourment dont on n'est pas sûr de se reposer même dans le sommeil de la tombe !

IV

J'ai ouï dire que si, Dieu et l'âme sont des choses, ce sont choses qui échappent à la raison.

Si je pensais de la sorte, je chercherais une religion qui damnât sans miséricorde quiconque n'admettrait point sa doctrine, et je serais de cette religion-là.

Que si je ne la trouvais point, je chercherai la plus sévère, pour la croire de toutes mes forces.

Car il se peut que la foi soit vraie, comme il se peut qu'elle soit fausse. Si elle est fausse, qu'importe ? J'aurais perdu, dans la gêne, dans l'angoisse, dans le sacrifice de tout ce que je désire, de tout ce que j'aime, de tout mon être, de tout moi, dans un enfer que je me serais allumé ici-bas pour éteindre celui qui n'existe pas ailleurs, une courte, pauvre et misérable vie de soixante ans ; j'aurais usé sottement du petit nombre de jours où me permet d'être le je ne sais quoi qui fait être ce qui est : voilà tout. Si elle est vraie, il m'importe très fort, parce qu'une souffrance qui risque d'être éternelle vaut peut-être la peine que j'en prenne quelque souci.

Où la raison n'a nul accès, je ne puis autre chose que fermer les yeux et croire.

Telle est la conséquence de ce principe, que, si Dieu et l'âme sont des choses, ce sont choses qui échappent à la raison.

Comme ce serait là, dans leur peu raisonnable hypothèse, le seul parti raisonnable à prendre, c'est là aussi le parti que se gardent bien de prendre nos hommes positifs.

Mais d'autres le prennent, ce parti ; et sur le septicisme philosophique s'appuient beaucoup de chrétiens. Il enferme un grand péril. Celui qui croit de la sorte s'imagine croire et ne croit pas.

Il dit : « Je crois » ; c'est une parole. Il agit conformément à la croyance qu'il professe ; c'est une conduite. Parole et conduite, l'homme extérieur. L'homme intérieur ne croit pas.

Qu'est-ce que croire, sinon ouvrir son esprit à la lumière de la vérité qui se montre ? Celui-là ferme son esprit, pour ne pas voir la vérité comme elle se montre. Il veut que ce qui lui semble vrai soit faux ; que ce qui lui semble faux soit vrai. Cela est ainsi, dit-il. — Pourquoi ? — Parce qu'on me l'enseigne. — Et ce que l'on m'enseigne, le sait-on ? — Oui. — Pourquoi ? — Parce qu'on me l'enseigne. Même le maître qui me l'enseigne est infaillible : c'est lui qui m'enseigne encore cela ; et quant à moi, comme ma raison est aveugle en ces matières, je ne puis rien, que m'incliner et croire.

Il croit donc ; et il ne songe point que, pendant qu'il affirme de bouche, dans le fond de son âme il nie, ou il doute.

Il croit, — il s'imagine croire plutôt, — parce qu'il veut croire.

Si quelque chose en lui croit, ce n'est pas son intelligence, c'est sa volonté qui croit. Contradiction, folie et crime.

Il subordonne la vérité à lui, au lieu de se subordonner à elle. Il se met lui-même à la place de la vérité. Il dit à Dieu : « Ote-toi de là, que je m'y mette. »

Mais il le dit à genoux, se frappant la poitrine, se prosternant dans la poussière, s'humiliant dans la pénitence, et criant : « Je m'anéantis devant vous, mon Dieu ! Je vous adore ! » lorsqu'il se prosterne devant un fantôme qu'il a créé, devant son œuvre propre ; lorsqu'il ne s'anéantit que devant lui seul ; lorsque le Dieu qu'il adore est un Dieu voulu, non pas un Dieu connu ! Je le répète : contradiction, folie, et crime. Heureusement la folie est là pour excuser le crime.

Erreur et ignorance sont deux ; erreur et mensonge, deux. L'erreur et l'ignorance peuvent ne pas être coupables, le mensonge l'est toujours. On peut être avec un esprit de vérité, même dans l'erreur, surtout dans l'ignorance ; on peut être avec un esprit de mensonge, même dans la vérité. Celui qui cherche la vérité, qui s'inquiète de savoir s'il est dans la vérité, celui-là a un esprit de vérité, fût-il dans l'erreur ; celui qui ne cherche pas la vérité, qui ne s'inquiète pas de savoir s'il est dans la vérité, celui-là, fût-il dans la vérité, a un esprit de mensonge.

Et comment ce chrétien sceptique en philosophie s'inquiétera-t-il de savoir s'il est dans la vérité, lui qui récuse la compétence de la raison ? Il reconnaît l'autorité : à quel titre ? Il sacrifie la raison à la foi : pourquoi ? — Pourquoi ? La raison seule le lui peut dire. : elle domine l'autorité. A quel titre ? La raison seule lui peut répondre: elle juge la foi. La raison seule peut voir si elle doit se soumettre ; le sacrifice de la raison, il n'y a que la raison qui le puisse prononcer : et c'est la raison que chasse loin de lui ce faux chrétien. Qu'il cesse donc d'être chrétien, puisqu'il ne sait pas pourquoi il l'est ! Ou, s'il l'est encore, je vous le dis, moi, en vérité je vous le dis : il ment, et il se ment.

Le mal s'enchaîne au mal, comme le bien au bien. Au fond de ce mensonge est une lâcheté. Il ment, parce qu'il a peur de l'enfer.

Il ne sait pas pourquoi il est chrétien, puisqu'il ne ne veut pas de la raison, qui seule pourrait le lui apprendre. Mais comme il conserve toujours quelque apparence de raison, malgré qu'il en ait, voici pourquoi, moi je m'en vais le dire : il est chrétien, parce qu'il a peur.

Sa foi n'étant pas l'œuvre de son intelligence, mais de sa volonté, il se crée son Dieu, et, devant la statue sortie de ses mains, le voilà qui tremble !

Il y a trois sortes de croyants.

Ceux dont la croyance est toute géographique, musulmans ou bouddhistes en Asie, chrétiens en Italie, qui ne contestent pas la raison, mais qui se jugent raisonnables par cela seul qu'ils prient comme on leur enseigne à prier, car ils appartiennent toujours à la race fidèle, au peuple élu : c'est la foule. Ils sont sincères.

Ceux qui ont réfléchi par eux-mêmes ; ceux qui, d'une raison ferme, ont lutté courageusement avec le doute, et l'ont terrassé ; ceux qui croient et se rendent compte de leur croyance : c'est le petit nombre. Ils sont sincères.

Ceux qui, dans leur doute, dans leur incrédulité même, s'efforcent de croire, non pas convaincus en raison, mais parce qu'ils tremblent devant cette menace : Crois, ou tu seras damné ! C'est le grand nombre, par malheur, de ceux qui pensent et qui croient. Ils ne sont pas sincères.

Les croyants de la première et de la seconde espèce ont leur bonne foi pour se sauver, s'ils se trompent; ceux de la troisième n'ont rien.

Pascal a écrit, parlant des incrédules : « Rien de plus lâche que de faire le brave contre Dieu. » Mais est-ce faire le brave contre Dieu, que ne pas croire ce qu'on ne croit pas en effet ? Nul n'est le maître de sa foi. Que peut ici la volonté, qu'écarter de l'intelligence les passions aveugles ? Et la peur, même de l'enfer, n'est-elle pas une passion ?

Je m'assure que Dieu sauve ceux qui, au risque d'être condamnés, repoussent la foi dans la sincérité de leur âme, et qu'il condamne ceux qui, contrairement à toutes leurs convictions, la subissent, et croient sans croire, pour n'être pas condamnés.

Ils se sont moins souciés de la vérité, qui est Dieu, que de leur salut. Ils ont trouvé Dieu, ils ne l'ont pas cherché : ils se sont cherchés eux-mêmes, eux seuls. Que Dieu les fuie, ceux-là qui ne le cherchent point ! Qu'ils périssent ceux-là qui songent plutôt à ne pas périr qu'à posséder Dieu !

Les autres du moins l'ont cherché, s'ils ne l'ont pas trouvé. Ils ont préféré la vérité, ils l'ont voulue au prix de leur propre perte : ils l'ont aimée plus qu'eux-mêmes, plus que tout. Que Dieu donc, le Dieu de vérité, les reçoive dans son sein ! Que le ciel s'ouvre à ces nobles âmes !

Si le dogme « Hors de l'Église point de salut » le leur ferme, ce dogme est une erreur, et l'Église n'est pas infaillible. Un bon catholique, qui veut l'Église infaillible, doit l'entendre d'une autre façon, et tolérer ceux qui errent, ne sachant s'ils errent avec l'esprit de mensonge ou avec l'esprit de vérité.

Il doit aussi tenter de les ramener à la vérité, par la raison. Quiconque se croit dans le vrai, surtout en de pareilles matières qui intéressent une âme impérissable peut-être, doit aux hommes de les tirer de leur erreur, et de leur enseigner le vrai qu'ils possèdent, par la raison.

La philosophie est donc nécessaire.

Elle est nécessaire, parce qu'elle répond seule à notre besoin de connaissance et de vérité, le plus impérieux comme le plus noble de tous.

Elle est nécessaire, si elle est la science universelle, parce qu'elle enferme toute science, que sans elle, par conséquent, il n'y a pas de science possible, ni, sans science, de vie possible pour l'humanité.

Elle est nécessaire, si elle n'est que la science des choses de l'âme, pour résoudre le problème de notre destinée, et pour poser les principes de la conduite des hommes ici-bas.

Que si la foi résout ce problème, encore faut-il la philosophie pour établir la foi, pour la pénétrer, l'éclairer, et en tirer la longue chaîne des conséquences morales.

Que si la foi ne le peut résoudre, ou si beaucoup n'ont plus la foi, la philosophie est plus que jamais nécessaire.

V

La philosophie ne se propose pas la connaissance des choses, mais l'intelligence de la raison d'être des choses connues. Comme elle a pour but la direction de la volonté libre de l'homme dans l'accomplissement du bien, elle a pour objet le rapport de l'homme à l'univers : elle est la science de la raison des choses dans leur rapport à l'homme. Elle est la science du tout, mais du tout pour l'homme. Elle est la science du bien et du mal : non seulement des lois de la sagesse, mais plus encore du motif suprême de ces lois.

Reconquérir par la science l'âme et Dieu : telle est la grande œuvre à laquelle se doit consacrer quiconque n'a pas désespéré encore de la race humaine.

Aujourd'hui surtout que l'antique religion se retire de nos cœurs et s'efface peu à peu dans le lointain, aujourd'hui que les croyances tombent en ruines de toutes parts, que la foi, cette vieille base du monde, vacille, et que le monde, sur sa base vacillante, chancelle comme pris d'ivresse, que fera l'homme? Dormira-t-il, au milieu des orages dont les foudres se croisent sur sa tête, couché seul, pauvre et nu, dans l'indifférence, ou le doute? Mais le doute, c'est l'âme près de mourir; l'indifférence, c'est l'âme déjà morte !

Il n'y a plus de religion, il n'y a pas encore de philosophie. Lorsque la Russie étend un manteau de neige sur ses vastes plaines, lorsque nos soldats vaincus regardent l'horizon avec angoisse et n'aperçoivent partout que l'hiver, saisis d'un apathique désespoir, ils se couchent, ils dorment, et ils ne s'éveilleront pas. Dans le désert d'une âme sans Dieu est la neige aussi ; là aussi est un froid qui tue : malheur à ceux qui dorment !

Consolons-nous. L'humanité grandit. L'enfant croit ce qu'on lui raconte. Quand lui vient l'âge de raison, il repousse d'abord ce qu'adopta son enfance irréfléchie et crédule, et les merveilles qui séduisirent le plus son jeune enthousiasme sont fables dont il se montre le plus déclaré ou le plus dédaigneux frondeur. Il nie donc, ou il doute, après avoir cru; il saura plus tard. Plus tard il reviendra, homme, à quelques-unes des histoires qui le charmèrent enfant ; il continuera à en rejeter d'autres : mais quoi qu'il rejette ou qu'il accepte, ce ne sera plus sans motif. Après la foi, la science : entre les deux une transition difficile, une rude et mauvaise traversée, l'incrédulité, le doute.

L'humanité, après avoir cru et avant qu'elle sache, nie ou doute. Qu'elle entre dans la plénitude, elle aussi, de sa raison virile ! qu'elle sache enfin ! Hâtons-nous, avec une impatience que commande la tempête où nous sommes : car il n'y a plus de religion, et il n'y a pas encore de philosophie !

CHAPITRE VI

INSUFFISANCE DES SCIENCES PARTICULIÈRES

I

L'esprit de la philosophie est l'esprit de la science. La science est la connaissance rationnelle des choses.

Au-dessous d'elle, dominées de droit, sinon de fait, ou même de fait à leur insu, par elle, et destinées à ne faire qu'un avec elle, les sciences qui se disent positives, et qui lui disputent l'empire.

A côté d'elle, et de droit, sinon de fait, ou même de fait à l'insu de beaucoup, dominée par elle et tout ensemble la dominant, la foi, qui garde sous une mystérieuse apparence cette connaissance du bien et du mal nécessaire à l'homme pour que l'homme agisse et dont Dieu lui a commis le dépôt.

La foi procède par autorité : je suis assuré que telle chose est, parce que la parole de celui qui sait me l'affirme. La science, par libre raison : je suis assuré que telle chose est, parce que je vois clairement moi-même qu'elle est. Ceci est l'évidence, ou la lumière propre de la vérité.

Telle est la thèse soutenue en ce livre, que l'une et l'autre certitude sont légitimes : que la philosophie doit unir toutes les sciences humaines dans la science ; que le science et la foi, loin de se combattre, doivent s'unir à leur tour : double accord d'une nécessité telle, que le salut du monde est à ce prix.

Des données générales que la foi et la science, la religion et la philosophie, répandent dans la masse des hommes, se compose une sorte de sens commun, un ensemble de doctrines vagues dont vivent cette foule d'hommes qui réfléchissent peu, qui ne raisonnent guère, qui ne sont ni théologiens, ni philosophes. Chacun participe par son éducation et sa vie même aux idées du temps et du lieu qu'il habite : mais ces idées ne sont encore que des préjugés tant qu'il ne les a pas examinées lui-même. Que, les ayant examinées, il en reconnaisse la vérité, il fait de la philosophie.

Philosopher n'est autre chose que faire comparaître au tribunal de son entendement propre, afin de s'en rendre compte à soi-même, les idées qu'on a reçues pour vraies, et qu'on n'est fondé à recevoir pour telles qu'après cette épreuve.

De ce qui précède suit :

Premièrement, que la philosophie est indépendante de toute autorité, hors celle de la raison ;

Secondement, qu'elle n'accueille aucune information antérieure ; qu'elle n'accepte rien à titre philosophique, qu'elle débute par le *doute méthodique*, doute provisoire où elle tient en suspens toutes les doctrines, jusqu'à ce qu'elle les ait examinées et jugées : car une science ne saurait, avant de les avoir établies, prononcer sur les idées qu'elle doit établir : la science qui doit vérifier les bases de tout savoir, et par suite sa propre base, ne saurait donc, avant cette vérification, rien affirmer sans tomber dans le cercle vicieux ;

Troisièmement, que le caractère auquel un philosophe reconnaîtra la vérité sera l'évidence, c'est-à-dire la vérité même directement manifeste : pour le philosophe, l'intelligible est le vrai.

Tel est est l'esprit philosophique. L'éternel honneur

de Descartes sera de l'avoir mis en lumière, et c'est pour avoir su le déterminer qu'il a mérité d'être appelé le père de la philosophie moderne.

Il importe de le bien expliquer, pour le défendre contre les attaques de ceux qui ne le comprennent pas.

L'esprit de la philosophie, ainsi défini, ne diffère que de l'esprit de la religion, non de l'esprit des sciences.

Pourtant, il n'est pas moins combattu par les sectateurs des sciences dites positives que par ceux de la foi ; et, en effet, si la philosophie diffère des sciences, l'esprit de la philosophie diffère de l'esprit des sciences.

Or, la philosophie diffère des sciences en ce qu'elle a pour objet la connaissance du principe des choses et pour but la règle de la sagesse. Mais tel est aussi l'objet, et tel aussi le but de la doctrine religieuse. Donc c'est par la méthode qu'elle diffère de la doctrine religieuse, et des sciences par l'objet. Il suit que l'esprit de la philosophie est le même, au regard des sciences, que l'esprit de la religion ; et le même, au regard de la religion, que l'esprit des sciences.

Aussi que combattent en elle les croyants, sinon la méthode ? Et les savants, sinon l'objet ?

Il y a des savants et des croyants philosophes ; je ne parle ici que des purs savants et des purs croyants, aussi étroits les uns que les autres.

Les purs savants affectent de la confondre avec la religion, ou tout au plus de la considérer comme un progrès sur la religion, comme une transition de la religion à leurs sciences matérielles ; il les honorent l'une et l'autre d'un commun dédain.

Les croyants étroits voient en elle, au contraire, la science ; et, forcés de céder à l'irrécusable langage des sciences positives, ils voudraient les combattre, ils ne le peuvent : ils en attaquent l'esprit, dans l'esprit philosophique. Ils se mettent hors de la raison, et les peuples, qui marchent de plus en plus dans les voies de la raison, se séparent d'eux : mais ils perdent en même temps leur propre objet, qui est la connaissance du principe des choses, fondement des règles de la sagesse.

Et les sciences, sans lien, sans unité, c'est-à-dire sans philosophie ou sans religion, ce qui est tout un, s'isolant dans leur égoïsme, s'anéantissent en poussière.

Il faut réconcilier les sciences avec la religion, pour les réconcilier avec la philosophie, identique à la religion en ce qui la distingue des sciences ; mais pour réconcilier la religion avec les sciences, il faut la réconcilier avec la philosophie, identique aux sciences en ce qui la distingue de la religion.

Telle est la haute et périlleuse cime où la philosophie réside : vérité suprême, lumière de la religion et dominatrice des sciences, règle de la sagesse, reine des mœurs, et par là reine du monde.

Le salut du monde est au prix de ce double accord : des sciences avec la religion, et de la religion avec la philosophie.

II

Avant de parler de la philosophie comme distincte de la religion, parlons de la philosophie comme distincte des sciences. Ne fût-elle pas ce qu'elle est, une science organisatrice des autres, elle est plus que supérieure, elle est encore, prise en elle-même, nécessaire aux autres, qui ne se suffisent pas, mais qui surtout ne suffisent pas à l'homme.

Traiter de la philosophie à ce point de vue, c'est traiter de la religion.

INSUFFISANCE DES SCIENCES PARTICULIÈRES 165

A quoi sert la philosophie ? demandent les positifs. Qu'ils me disent d'abord à quoi servent leurs sciences.

Elles permettent à l'homme de produire des œuvres qui accroissent, qui développent sa vie, et de la sorte concourent pour son bonheur. Donc elles relèvent de la science du bonheur, laquelle n'est autre que la science du bien et du mal.

Elles permettent à l'homme d'agir sur la nature, et la lui livrent comme en propriété : qu'est cela ? Elles lui apprennent un moyen, non un but ; par elles, il sait comment agir, il ne sait pas à quelle fin. Or, lui importe-t-il de le savoir ? S'il lui importe, il lui faut une science plus haute qui le lui apprenne, la science de son propre être et de sa destinée. S'il ne lui importe pas, qu'entendez-vous? Qu'il ne doit prendre pour guide qu'un aventureux hasard et marcher à l'aveugle ? ou qu'il ne doit rechercher, dans toute sa conduite, que son intérêt personnel ? ou l'intérêt général, comme d'autres l'entendent ? Mais voilà autant de propositions qui ne peuvent être conclues que de la science plus haute du bien et du mal, toujours invinciblement supposée au fond de toute science.

Que si la science du bien et du mal est chimérique, parce qu'elle est impossible, disent-ils, que conclure de là, sinon, ou que l'homme peut vivre sans elle, supposition insensée ; ou qu'elle existe dans l'homme, non à l'état de science, mais de foi, non dans la raison individuelle, mais dans la raison du genre humain, et accessible à l'individu, non par son évidence propre, mais par l'autorité d'une parole qui l'enseigne ?

Ce principe, que la philosophie est impossible, amène, on l'a vu, cette conséquence, que la religion est vraie.

Pour moi, je crois la philosophie possible. Mais elle

n'existe point, j'entends à titre de doctrine acquise, ferme, incontestée. Donc la même conséquence demeure.

La philosophie est dans l'homme. L'individu peut la connaître, sinon par les seules forces de son entendement propre, au moins par la communion de sa raison avec la raison de l'humanité. Il faut que l'homme la possède, non pas implicitement, et telle que l'individu la puisse dégager un jour, par voie démonstrative, des profondeurs de la raison humaine (car alors elle serait pour l'homme, qui a besoin d'elle, comme si elle n'était pas), mais en corps de doctrine, afin que l'individu puisse la saisir pour l'appliquer sans cesse. Elle est de tout temps dans la raison de l'humanité enseignée de Dieu pour enseigner l'individu : elle sera un jour dans la raison de l'individu même. Elle est religion : elle sera philosophie.

Parmi les savants positifs, il en est qui reconnaissent la religion. Ce n'est point à la religion, c'est à la philosophie qu'ils se refusent. Je m'adresserai à eux lorsque je m'adresserai aux croyants négateurs de la philosophie. Je parle d'abord aux savants qui n'admettent pas la religion, aux philosophes qui ne l'admettent plus, aux mondains qui ne s'inquiètent d'aucune science en théorie, mais qui estiment sur parole et sans les connaître toutes celles qui les abandonnent à leur matérialisme pratique.

Ici je ne veux pas m'enfoncer dans ces profondeurs obscures, dans ces mystérieux problèmes que l'intelligence de l'homme n'aborde qu'avec tremblement. J'aurais trop à faire. Beaucoup conviennent avec moi que la religion est indispensable, que sans elle tout l'homme périt ; mais ils s'épouvantent comme moi, et, à la vue d'une incrédulité si vaste qui nous environne de toutes parts, ils lèvent les mains au ciel. Comment secouer des cœurs ensevelis dans la mollesse et dans l'indifférence ?

Comment ramener à Dieu des esprits perdus dans les lointaines ténèbres? Il semble que Dieu seul le puisse faire : mais il le peut, et tout progrès de l'humanité vers le bien, n'est-ce pas lui qui le fait en elle ? Ne désespérons donc pas d'une telle entreprise ; que l'œuvre sainte ne nous paraisse jamais au-dessus de nos forces! Souvenons-nous que parmi les incrédules, même les plus égarés, il en est de sincères. Il en est qui ne désirent rien tant que de voir la vérité, et qui souffrent de ne pas la voir. Sera-t-il donc si difficile de la leur montrer ? Je ne veux leur dire ici qu'un mot, un mot tout simple, et qui me paraît suffire.

III

On me vante des sciences utiles. On entend par là, sans doute, des sciences qui servent au bonheur. On se propose pour but le bonheur : à tout le moins, le bonheur du corps, le bien-être. Mais le bonheur est-il un but, pour qu'on se le puisse proposer ?

Que je dise : « Je ne suis pas heureux, » qu'est-ce à dire, sinon que quelque chose me manque, qu'il y a en moi des besoins non satisfaits, que le développement de mes facultés rencontre un obstacle qui l'arrête ? S'il faut manger pour vivre, il y a plaisir à manger quand on a faim, et à ne le pouvoir faire il y a peine. Et ainsi de toutes les lois de la nature, qui se traduisent par des besoins : la satisfaction particulière de chacun d'eux est plaisir ; la satisfaction générale de tous ensemble, bonheur. Le bonheur n'est pas lui-même un but, mais une conséquence du but une fois atteint. Le bonheur n'est pas, mais le bien : le bonheur est le retentissement du bien dans notre sensibilité personnelle. Si donc le bien est, et que le bonheur ne soit autre chose que le bien senti en nous, que chercherons-nous pour trouver le bonheur? Le bien.

Et quel sera le bien, si ce n'est pour nous l'accomplissement, mais harmonieux, des destinations de notre être? Car la loi de notre être, comme de tout être, c'est l'harmonie, ou l'ordre.

L'ordre est en toutes choses, et rien ne serait sans lui. Il est la condition d'être de tout ce qui est. Il est l'âme de la nature ; et quand je dis la nature, je l'entends tout entière, sans que je puisse concevoir une seule exception à cette loi universelle de l'être.

Que l'unité manque à l'univers, il n'est plus l'univers: il se détache et se décompose en parties qui se séparent, qui s'isolent les unes des autres : il tombe de degré en degré par une division sans limites, jusqu'à n'être rien ; et de tout ce qui devait être, rien ne sera.

Qu'on me dise comment il se peut que la terre soit solide sous mes pieds? Comment il se peut que je tienne un corps sans qu'il s'évanouisse entre mes mains, et disparaisse en poudre? Comment, si je ramasse un de ces grains de poudre, il ne fuit pas encore en une poudre plus fine, et celle-ci en une autre, et sans fin, jusqu'à ces derniers atomes que mon œil n'a pas vus, que mon imagination elle-même n'a pu voir, que je conçois à peine ? Voici un de ces atomes : il m'échappe par sa petitesse ; je sais toutefois qu'il existe, et, s'il échappe à mes sens, il n'échappera pas à ma pensée. Eh bien ! si petit qu'il puisse être, il est divisible, et je conçois des parties plus petites : ou il est divisible, ou il est comme s'il n'était pas. Je suis donc parvenu à l'extrême limite de l'existence : rien ne subsiste dans cette séparation sans terme, dans cet isolement de toutes parties : qu'elles s'unissent, voilà l'univers ; hors de là, néant. Mais qu'est-ce que cette union?

La science m'a parlé d'une attraction universelle. Elle m'a montré dans les moindres corps une force qui en attire les uns vers les autres et qui en rapproche tous les éléments ; elle m'a pris par la main, et, remontant avec moi l'échelle des grandeurs finies, elle m'a montré cette même force qui attire vers la terre, leur centre, tous les corps du rayon terrestre, et qui régit plus haut tous les mouvements des cieux : cohésion et affinité, pesanteur, gravitation, tout cela n'est qu'une chose, l'attraction universelle. Quoi encore? L'unité : l'unité dans la variété des êtres ; Dieu dans tout ce qui existe, unité souveraine qui fait être ce qui est. Quoi encore ? L'ordre.

L'ordre est la vie de l'univers, et toute vie est un ordre.

Dites-moi, homme qui suivez les routes du monde, homme de spectacles et de fêtes ; ou vous, homme de cupidités terrestres, qui fait de la plus noble moitié de vous-même l'esclave de la plus vile, qui avez enfoui dans le souci des richesses votre pensée, présent divin : si vous ne comprenez pas l'âme, peut-être comprendrez-vous le corps. Vous êtes, de cela du moins vous ne sauriez douter : vous avez un corps tantôt sain, tantôt malade, vivant d'autant plus qu'il est sain et d'autant moins qu'il est malade, et dont toute votre étude est de prolonger la vie : la vie en effet est précieuse, et je gémirais sur votre tombe d'un profond gémissement, si cette dernière demeure qui renfermera votre dépouille vous renfermait vous-même : oui, vous seriez bien misérable d'être né pour mourir, si la mort n'était pas la naissance à une vie plus haute ! Vous donc, qui vous croyez mis dans ce monde pour le quitter bientôt sans espérance d'en retrouver un autre, vous qui croyez que vous êtes pour ne plus être un jour, vous souffrez, je le conçois ; un horrible tourment vous dévore ; vous cherchez de tous vos soins, de toutes vos forces, de toute l'ardeur du désespoir qui vous ronge quand vous regardez par delà le sépulcre, à jouir du court instant de votre vie, à la rendre longue s'il se peut, et, s'il se peut, heureuse. Heureuse ? Ce n'est point par un tel chemin que vous irez au bonheur, et vous avez, au-dedans de vous, en dépit de vous, une âme qui gémit dans le fond de votre conscience, et qui souffre du bonheur même que vous comptez vous faire. N'importe : vous vivez ; ou, si ce n'est vous, c'est votre corps. Comment vit-il ? Et qu'est-ce sa vie ?

Interrogez le physiologiste, homme positif : il vous parlera d'une force qui, par une action qui lui est propre, attire à elle, s'assimile tous les éléments qui lui conviennent, et repousse tous ceux qui ne lui conviennent pas ; il vous dira qu'il est, dans les corps ayant la vie, un centre d'expansion et d'attraction d'où elle s'épanouit au dehors et où elle aboutit sans cesse : le sang ne cesse de quittter le cœur pour se répandre en fleuves, en rivières, en une multitude innombrable de ruisseaux, jusqu'aux extrémités du corps, et retourner ensuite des extrémités au cœur ; le cerveau, par une infinité de ramifications nerveuses, rayonne à la surface, y envoyant le mouvement et en recevant l'impression excitatrice de la sensation. Le corps est organisé, c'est-à-dire qu'il est un tout conséquent à soi-même, une harmonie, un ordre. Si l'ordre est parfait, parfaite est la santé ; si l'ordre se dérange ou se trouble, la santé diminue, la maladie augmente avec le désordre, jusqu'à la mort.

Il n'en est pas autrement de l'âme : plus elle est conséquente avec elle-même, plus elle est harmonique, plus elle vit. C'est là sa perfection. La parfaite santé de l'âme

INSUFFISANCE DES SCIENCES PARTICULIÈRES 171

est, comme celle du corps, dans un ordre parfait. Connaître, aimer, vouloir : connaître ce qui doit être connu, la vérité, et surtout la vérité souveraine, Dieu ; aimer ce que l'on connaît aimable ; vouloir ce que l'on aime. La volonté opère de la sorte, par sa propre force, comme le mystérieux hymen de la connaissance et de l'amour ; et cet hymen est l'ordre ou l'harmonie de l'âme, la vertu : la vertu que les Grecs appelèrent d'un nom sublime, σοφία, connaissance tout ensemble et sagesse ; la vertu à qui le christianisme donne un nom plus sublime encore, sainteté, c'est-à-dire vertu où la connaissance et l'amour transfigurés deviennent foi et adoration : ce n'est plus connaître et aimer les choses dignes de connaissance et d'amour, les choses justes, les choses belles, les choses bonnes, mais le juste, le beau, le bien, ou Dieu. On ne connaît plus, on voit d'une vision directe, immédiate, et en quelque sorte surnaturelle ; on n'aime plus, on adore : connaître et aimer Dieu, c'est ici le posséder en soi. Le philosophe peut être sage, l'homme religieux est saint. Cet état est supérieur à l'autre : la sainteté l'emporte sur la simple vertu, d'autant que Dieu l'emporte sur tout ce qui n'est pas lui. L'état le plus parfait est la réunion des deux : la sainteté et la sagesse. L'homme saint et sage, ἁγιὸς καὶ σοφός, connaît et aime Dieu d'abord, ensuite les créatures faites à la ressemblance de Dieu, belles, bonnes, pareilles en leurs limites à ce qu'est Dieu même en son infinité. Si ma volonté rebelle refuse de joindre ainsi en leur véritable rapport la connaissance et l'amour, c'est-à-dire si je n'aime point selon que je connais, et plus ce que je connais mériter mieux mon amour, ce qui est plus juste, ou plus beau, ou meilleur, et Dieu plus que tout le reste, dans tout le reste, au fond de tout le reste, le retrouvant partout, et ne voyant jamais en ce qui est juste, beau ou bon, que lui la justice, lui la beauté, lui le bien, je brise l'ordre de mon âme : mon âme perd sa vertu, elle cesse de vivre sa vie parfaite, elle devient malade, elle souffre en moi par le désordre où je la jette ; je suis coupable et je pèche.

Mais je ne suis pas une âme sans corps : âme et corps unis, je suis un seul être. Mon corps sera-t-il bien, si mon âme est mal ? Si mon corps est mal, mon âme sera-t-elle bien ? Ne faut-il pas que tous les actes de mon corps aient leur raison dans mon âme, et n'est-ce pas elle qui les fait en lui ? Ne faut-il pas que mon âme réalise ce qu'elle conçoit, et se retrouve, pour ainsi dire, dans mon corps ? que je revête mes idées du juste, du beau, d'une forme extérieure, d'un symbole, comme d'un vêtement, sans lequel je ne les puis saisir ? Ne faut-il pas agir comme il faut penser ? Ne faut-il pas que mon corps et mon âme soient en harmonie l'un avec l'autre : trop de chair n'étouffe-t-elle pas l'esprit, trop d'esprit ne dévore-t-il pas la chair ? Il y a donc un ordre supérieur dans l'être double que je suis ; et celui-ci est pour moi le plus essentiel, car il est l'homme.

L'ordre du corps est la santé, et la santé le bonheur du corps. L'ordre de l'âme est la vertu, et la vertu le bonheur de l'âme. L'ordre ou l'unité du corps et de l'âme est le bonheur de l'homme même : une action sans entraves, ferme, libre, juste, conforme à une volonté que dirige l'intelligence et qu'inspire l'amour.

O homme ! voilà ton idéal ! voilà le rêve que Dieu te permet, qu'il t'offre, qu'il te commande plutôt, et dont il met l'accomplissement dans tes mains ! Ne considère pas en toi ton seul corps, ni ton âme seule, mais l'un et l'autre : considère-toi tout entier. Remplis toutes les destinations de ton être, satisfais les besoins de ta nature, n'en laisse pas un qui souffre ou qui gémisse en toi, et le ciel descendra sur la terre : tu te seras à toi-même ton ciel et ton Dieu !

Mais, que dis-je? Non, non, homme orgueilleux et misérable, tu ne saurais te suffire, fini qui as besoin de l'infini ! L'infini est en toi, mais tu n'es pas l'infini : l'infini n'est en toi qu'une aspiration, qu'un besoin, qu'une douleur. Pour que la douleur cesse, il faut que tu cesses d'aspirer ; il faut que Dieu te tende la main et t'élève jusqu'à lui : il faut que tu le possèdes, et que tu montes au ciel, qui ne peut descendre.

Le souverain bien ici-bas ? Un homme a-t-il pu se forger une pareille chimère ? Et que serait-il, ce bien suprême ? Le bien-être ? Je le souhaite sans doute, et je l'espère ; mais quand il deviendrait un jour notre commun partage, au fond de ce bien-être odieux l'âme ne se lamenterait-elle point, étouffée sous les jouissances du corps ? O apôtres de mon siècle, vous que brûle pour mes semblables et pour moi le feu jusqu'ici inconnu d'une charité matérialiste, laissez-moi cet air que respire mon âme, cette brise dont elle a soif, laissez-moi l'infini ! ou si je ne le possède point, faites-le moi entrevoir dans les profondeurs de mon intelligence, dans ces lointains lumineux où règne la clarté céleste ; levez devant mon œil un coin du voile qui me dérobe les mondes, que je m'élance de toute l'impétuosité d'un divin espoir vers les ténèbres de cet avenir que la foi seule éclaire : montrez-le moi, conduisez-moi vers lui, mettez-moi sur le chemin qui y mène ; du moins, si vous ne le pouvez faire, laissez, que sans vous je le voie et le contemple dans les abîmes de mon être, ce ciel où Dieu règne, et où je pourrai l'adorer face à face !

IV

Quels sont nos divers besoins ?

Je les ramène à deux : conserver, et développer. Conserver l'être que nous sommes ; développer ce même être, ou l'accroître par une production d'œuvres vraiment nôtres : merveilleux pouvoir qui fait de nous une imparfaite image, une ressemblance finie, une ressemblance toutefois et une image du Dieu créateur. Être et produire, tout est là. Et ces deux besoins, qui résument tous les autres, n'en sont qu'un, le premier, le seul, le besoin suprême de la vie. Être et produire, c'est vivre : d'une vie plus ou moins pleine, qui demeure au-dedans de nous, ou qui s'épanche au dehors, qui s'arrête en soi ou se développe jusqu'à sortir de sa propre enceinte ; inférieure dans la simple existence, supérieure dans la production, mais toujours soumise à la loi universelle sans laquelle rien de ce qui est ne saurait être ; et comme à l'existence l'ordre est nécessaire, il l'est plus encore à la production.

Divers éléments matériels, formant ensemble un tout bien ordonné, constituent ma vie physique, mon corps. Il faut que mon corps se conserve, qu'il persiste autant qu'il le peut et qu'il se soutienne dans son être ; il faut qu'il soit, puisqu'il est. S'il manque à ce devoir d'être, je souffre, j'éprouve un besoin impérieux qu'il me faut satisfaire, ou je meurs. Or, à combien de nécessités ne m'oblige point cette chair, prison de mon âme ! La nourriture, le sommeil, le vêtement, l'abri, et mille autres ! Car les sens, qui me mettent en rapport avec le monde, m'exposent à ses insultes aussi bien qu'à ses caresses ; ce théâtre où règne la matière aveugle n'est qu'un chaos que l'esprit de Dieu, que l'unité, pénètre à peine ; l'harmonie entre mon corps et la nature qui m'environne n'existe point, si je ne la fais moi-même ; et, comme il me faut avoir de quoi me nourrir, il me faut avoir aussi de quoi me défendre : il faut que le monde où je suis placé me donne ce que veut la protection et l'entretien de mon corps ; il faut que je possède, ou que je périsse. Si donc la conservation de mon corps est un besoin fondamental de mon être d'homme, et si un tel besoin ne se peut satisfaire que par la propriété, la propriété elle-même est un besoin, et un droit.

Autres sont les besoins de mon âme : infinis, et ils aspirent à Dieu : c'est Dieu que mon être d'homme m'ordonne de posséder : non plus en propriété, la propriété est du monde, car elle est exclusive, ce que je possède des choses matérielles est à moi et à moi seul ; mais l'esprit ne se divise pas comme la matière, et, tandis que je possède Dieu, il est en même temps à moi tout entier et tout entier à tous. C'est la religion, besoin de mon âme, comme la propriété est le besoin de mon corps.

Mais, par l'union que je suis de l'esprit et de la chair, j'ai un nouveau besoin complexe, qui est la religion dans la propriété, la clarté divine dans l'aveugle matière pour l'éclairer, pour la régler et la conduire : c'est la morale. Corps, je suis en relation avec la matière : propriété ; âme, avec Dieu : religion ; homme, avec moi : morale. Celle-ci qui est de l'âme et du corps, spéculative et pratique ; qui soumet, suivant l'ordre, la propriété à la religion, la chair à l'esprit ; qui constitue dans l'unité de mon être la véritable harmonie de mes besoins.

Ainsi se réalise la première loi, le premier besoin de mon être, qui est le besoin même d'être : corps, âme, lien du corps et de l'âme : propriété, religion, morale.

Vient ensuite le développement ou l'accroissement de

l'être par une triple production sous ce triple point de vue : industrie, science, art.

Mais, chez l'homme, l'esprit et la chair ne se séparent point, ils aboutissent l'un à l'autre dans le fond de sa conscience : il retrouve l'esprit dans la satisfaction même de ses besoins matériels, et dans la satisfaction de ses besoins spirituels il retrouve la chair. Que si cela est lorsqu'il ne s'agit que de l'être, que sera-ce lorsqu'il s'agit de la production, puisqu'il ne peut produire que par une vie plus intense, partant plus harmonique, par l'active volonté, par l'unité de son être complexe? Le corps et l'âme doivent donc s'unir lorsqu'il produit, et il ne produit que par leur union : seulement, dans cette union, ou le corps domine, ou l'âme, ou l'un et l'autre se fondent par une alliance plus haute.

L'industrie ne saurait être sans l'intelligence : mais elle n'en réclame le concours qu'au nom des joies de la terre ; elle ne s'élève pas au-dessus de l'utile. Elle est le développement de l'homme dans l'ordre du corps.

La science, désintéressée et détachée de la matière, sans laquelle non plus elle n'est pas, ne cherche, ne poursuit dans toutes ses études qu'un seul but : connaître et comprendre : c'est au vrai qu'elle s'attache. Elle est le développement de l'homme dans l'ordre de l'esprit.

L'art ne sacrifie ni l'intelligence à la matière, ni la matière à l'intelligence. Il se sert de l'une et de l'autre, et l'une par l'autre les complète : par l'intelligence, il donne une idée à la forme ; par la matière, une forme à l'idée. Il poursuit non l'utile, ni le vrai, mais le beau. Il exprime, par le symbole, l'homme tout entier, l'homme vivant. Il est le développement de l'homme, non plus dans l'ordre du corps, ni de l'esprit, mais de la vie.

Voici une différence profonde entre les deux systèmes

de besoins : pour ce qui répond au besoin d'être, nous recevons, nous ne produisons pas. La propriété et la religion, par exemple, peuvent être le but de nos recherches, de nos efforts, de notre travail ; mais la terre nous donne la propriété, et la religion Dieu même nous la donne. Que si, tant notre nature est complexe ! l'homme vient à satisfaire son besoin de produire ou de se développer en même temps que celui d'être, que fait-il ? Dans la propriété, de l'industrie ; dans la religion, de la science.

L'homme est un être qui veut ; la volonté est le fond de sa nature. Aussi l'applique-t-il à tout, excepté à l'être même, qu'il reçoit. S'il ne le recevait point, si cette merveilleuse prérogative s'étendait jusque-là, il serait de lui-même, il serait éternel, il serait Dieu.

Il faut que l'homme conserve, et qu'il produise : tel est le développement de son être. Dès lors qu'il se développe, il produit plus ou moins.

C'est une preuve que le besoin de produire n'est pas, comme on pourrait le croire, particulier à quelques-uns, qu'il est universel au contraire, qu'il est un véritable besoin de la nature humaine. Tous les êtres imparfaits, étant soumis à une sorte d'attraction qui les pousse vers le bien suprême ou Dieu, naissent, grandissent, meurent pour renaître plus haut et se transformer par la mort ; ils se développent toujours, et nul ne se peut conserver qu'il ne se développe, c'est-à-dire qu'il ne produise plus ou moins, lorsqu'il a, ainsi que l'homme, une volonté libre : car la production n'est autre chose que le développement volontaire qu'un être fait de soi-même. L'homme se conserve, et pour cela se développe, ou il meurt ; il crée donc, sous peine de mourir : et ce n'est point le génie seul qui crée, chacun crée en sa mesure.

O le plus grand, le plus magnifique des bienfaits de Dieu ! Vouloir, et par notre volonté libre concourir à notre développement, qui dès là est bien le nôtre, et tel que nous l'avons su faire ! Vouloir, créer en nous : ô Dieu créateur, nous sommes votre image ! C'est à juste titre qu'au génie qui crée dans une plus haute mesure s'attache notre plus haute estime, et l'imagination, qui est la faculté créatrice, est glorieuse parmi nous. Sujette à mille écarts, parce qu'elle est personnelle, elle n'obtient le triomphe que si elle est soumise aux conditions de l'être, qu'elle pousse jusqu'à la dernière limite de son développement ; mais alors elle l'obtient, et ce triomphe est le plus beau que l'homme puisse atteindre.

Voilà faire au besoin de créer une assez belle part, ce semble. Mais il faut que l'homme soit, avant qu'il développe son être. Ce qui répond chez lui au besoin d'être, ce sans quoi il ne serait point, le produira-t-il ?

Or l'homme n'est point sans un certain rapport avec la matière, puisqu'il est chair : ceci constitue la propriété. L'homme n'est point sans un certain rapport avec la vérité, puisqu'il est esprit : ceci constitue la religion. L'homme n'est point sans un certain rapport avec lui-même, puisqu'il est ; rapport complexe, qui unit en l'homme, union de la chair et de l'esprit, l'esprit et la chair : ceci constitue la morale.

Le rapport de l'homme avec lui-même résulte de son double rapport avec la matière, qui termine son action, et avec la vérité, qui la règle. Ce dernier rapport est donc le plus nécessaire des trois et le fondement des deux autres ; il est la connaissance universelle, sans laquelle point de vie possible, laquelle donc l'homme ne crée pas mais reçoit toute faite des mains de Dieu.

V

Assez longtemps je suis demeuré en moi : je veux sortir de mon égoïsme. J'ai besoin d'aimer. La nature ne vaut pas que je l'aime ; Dieu est mon premier amour, mais trop haut et trop vaste, esprit qui ne répond pas à ce que j'ai de matériel, et son immensité n'a point de proportion avec la petitesse de mon être fini. Il faut que j'aime autour de moi. La solitude me pèse. Qu'il me vienne donc un semblable, un être comme moi, faible et grand : que cette créature, pareille et pourtant différente, soit l'os de mes os et la chair de ma chair ; qu'elle soit faite pour moi, et moi pour elle ; que, complétés l'un par l'autre, incomplets que nous sommes en notre solitude, nous ne fassions ensemble qu'un seul être : non point l'homme ni la femme, mais l'être humain ! Vivons l'un avec l'autre d'une vie mille fois plus pleine et plus entière que nous ne pourrions faire l'un sans l'autre : cette vie produira. Aimons-nous : c'est la famille, et la société naît. C'est la famille, vie la plus intime de l'homme, qui crée l'homme : et nous sommes tous sœurs et frères, et voici la société, homme qui se compose d'une foule d'hommes, qui ne peut vivre de même que par l'ordre entre ses éléments, mais qui a pour éléments des hommes ; et cet ordre nouveau, unité de l'homme social, est la solidarité, la fraternité, ou l'amour.

L'homme ainsi né de l'homme, ce n'est pas un accroissement, ce n'est pas un développement, mais la seule conservation de l'homme ; c'est encore l'être de l'homme : non plus l'individu, mais la société.

La société est, comme l'individu, un corps et une âme étroitement unis. Elle a, comme lui, rapport avec la matière, avec Dieu, avec elle-même ; elle a donc trois ordres de besoins, qui se réalisent par ces trois termes : propriété, religion, morale.

Elle a, comme lui, une triple production, empreinte du caractère de ses mœurs : industrie, science, art.

Le corps d'une société en est l'état économique ; l'âme, l'état religieux ; l'union intime du corps et de l'âme, l'état moral. C'est l'organisation de la religion, de la morale par suite, et par suite encore de la propriété, dans la société.

Tel est l'ordre d'une société vivante. C'est là l'ordre social, dont l'État n'est que le protecteur et le gardien.

Ne confondons pas l'État avec la société. L'État n'est que la société civile, tout extérieure : il n'établit pas la vraie société économique et religieuse, mais lui permet de s'établir, en assurant son terrain.

L'ordre social a pour base la doctrine commune, la foi. Où la foi est mauvaise, il repose sur des fondements mal assurés. Où la foi est nulle, il repose sur le néant, et croule. Une société sans foi est une société qui se meurt.

VI

La religion est donc pour la société, comme pour l'individu, ce qu'il y a de plus nécessaire. Et pourtant, qui s'en inquiète ? Elle n'est pas de ce monde. Les uns, novateurs matérialistes, ne considèrent que le bien-être, qu'ils voient du reste où il est, dans la propriété ; les autres, matérialistes conservateurs, ne défendent que la propriété, seule chose qui les touche.

Où sont-ils donc, ceux qui comprennent que le bien-être matériel n'est pas le tout de l'homme ? qu'il y a dans le cœur du riche, comme dans le cœur du pauvre, mille désirs insatiables, que n'assouvirait pas l'univers, que l'infini peut seul assouvir ? que nous avons une âme enfin, capable de Dieu, et faite pour le connaître, pour l'aimer, pour le posséder tout entier ? Je ne dirai pas non plus que les heureux de la terre ont d'autres souffrances, s'ils n'ont pas celles qui frappent la multitude ; des souffrances privées, intérieures, qui se cachent, qui ne s'étalent pas aux regards, que ne console pas la compassion publique. O mille fois insensé qui croirait que l'ordre social, et encore d'une société toute matérielle, est seul responsable des humaines misères ! Non : ces misères sont trop profondes, et nos sublimes génies ne connaissent point l'homme. Qu'ils regardent autour d'eux, et que, effrayés de ce qu'ils voient, de ce qu'ils ont vu toujours, de ce que toujours verra le monde, ils apprennent que cette vie est un exil, ou une épreuve dont Dieu est le juge, un passage pour monter à une autre. Voilà ce que la religion leur enseigne, et ils ne l'entendent point. Ils nient le mal, la religion le leur explique : elle donne un but à nos souffrances, et se montre nécessaire par la nécessité de nos douleurs. Le mal, qui est de l'homme, que l'homme diminue, mais qu'il n'ôte point, nous courbe à genoux aux pieds de la religion ; car elle seule peut résoudre le plus grand de tous les problèmes sociaux, le problème de notre destinée,

Mais je leur dirai : Vous soupirez après le bien-être ; je vous approuve, pourvu qu'il ne soit pas votre unique fin, votre ciel, votre Dieu. Le bien-être n'est pas le bonheur, mais il est bon : il est permis à l'homme de se créer une félicité ici-bas, pourvu qu'il se souvienne que ses destins ne sont pas de ce monde, et que rien ne les consomme de ce qui se mesure. Qu'il cherche donc le bien-être : la félicité du corps entre pour quelque chose dans celle de l'homme. Vous le voulez ; et moi aussi je le veux. Votre égoïsme, dirais-je au plus grand nombre, le veut pour vous seul ; votre charité ardente et aveugle, dirais-je à quelques autres, le veut pour tous, et le poursuit par des voies mauvaises, qui s'en éloignent plus encore que les voies de l'égoïste. N'importe : il est le terme des efforts de ce qui s'agite autour de nous ; il est la grande inquiétude du siècle où je vis. Toutes les inquiétudes du siècle où je vis sont les miennes ; et en passant sur votre terrain, je ne sors pas du mien, qui est le vôtre.

Sur quoi se fondent vos théories ? Au nom de quelle règle agissez-vous ? Ce n'est point sans doute au nom de votre caprice. Ce n'est point parce qu'elle fait votre jouissance, ô riches ! que vous défendez la propriété : vous la défendez, parce qu'elle est juste. Ce n'est point parce qu'elle excite votre envie que vous l'attaquez, ô novateurs ! vous invoquez d'autres principes, vrais ou faux, l'égalité, la fraternité, que peut-être ne comprenez-vous pas, toujours la justice. Telle est l'autorité de la justice, que chacun se croit tout-puissant, s'il est avec elle ; et l'on ne se trompe pas : toute cause juste est faite pour le triomphe. Mais qu'est cela, sinon de la morale ?

La morale est la seule force de quiconque parle sur les choses même du monde : rien ici-bas ne vaut que par elle. Elle prête sa puissance à toutes les pensées, à toutes les paroles, à toutes les actions, à toutes les œuvres en un mot qui travaillent sur l'homme : je défie que, sans elle, il soit jamais possible d'organiser une société humaine. Qu'est-elle donc ?

Elle est le rapport de l'esprit et de la matière : non pas l'esprit ni la matière, mais leur rapport ; non pas la religion ni la propriété dans l'homme, mais le lien de l'une et de l'autre. Elle est la loi. Ici nous atteignons de plus hautes cimes. Tous invoquent la loi ; et d'où vient qu'au nom de la loi on réclame des choses si diverses ? D'où vient que, depuis le despostime jusqu'à l'anarchie, il n'est pas une forme politique à laquelle ne s'attachent les rêves de notre siècle ? D'où vient une si effroyable incertitude, ou plutôt une division si profonde, un tel désordre dans les sentiments sur ce qui concerne l'Etat, la société, tout, qui produit et alimente sans cesse tant de guerres civiles ? C'est que la morale manque de base : elle doit être une, et elle est multiple. Où est celle qui parle comme ayant puissance, et qui repose sur des principes d'un caractère absolu ?

Il faut donc un fondement à la morale, comme elle est elle-même le fondement de la société. Et il le lui faut immuable, pour qu'elle soit immuable ; un, pour qu'elle soit une. Où l'homme le trouvera-t-il ?

VII

Il ne peut le chercher qu'en lui, ou hors de lui. Je m'explique. Ces deux termes, que les philosophes nomment le moi et le non-moi, se mêlent nécessairement l'un à l'autre, et l'un sans l'autre ne sont rien. La conscience, qui est le sentiment du moi et comme sa propre manifestation toute pareille à celle de Dieu qui se contemple et qui s'aime, ne se suffit point, par cela seul que nous sommes finis : elle a besoin d'une autre manifestation tout extérieure qui la nourrisse et l'alimente, et, pour parler encore le langage de l'école, le moi sans le non-moi est un sujet sans objet ; à son tour, le non-moi sans le moi est un objet sans sujet, il est pour nous comme s'il n'était pas, car il ne nous est connu que par le moi et il ne nous apparaît qu'au travers de notre conscience. L'homme ne peut donc rien chercher qu'en lui et hors de lui tout ensemble ; il n'y a de différence que dans l'ordre de subordination : ou il ne voit en lui que ce qui vient du dehors, et il subordonne le moi au non-moi, ou au contraire il subordonne le non-moi au moi, et ne voit en lui, hors de lui, partout, que lui-même, lui seul. C'est ici l'orgueil dans toute sa plénitude, l'égoïsme.

Que trouve-t-il en lui ? Deux choses, la passion, l'intérêt. Lequel de ces deux mobiles prendra-t-il pour loi de sa conduite et pour base de sa morale ? La passion, qui l'abaisse au niveau de la brute, ne le mène que par l'instinct du présent, et par là étouffe en lui toute intelligence. Il y a plus : la passion, loin d'être une et immuable, est essentiellement changeante et diverse. Chez le même individu, elle varie d'un jour à l'autre, et celle qui l'emportait tout à l'heure est déjà la plus faible ; mais combien elle varie davantage, si, au lieu d'un individu, on considère une société ! Toute société assise sur une telle morale consacrerait le droit du plus fort ; et chacun de ces adorateurs du plaisir se verrait jeter en pâture au plaisir d'un plus cruel que lui. Qu'est-ce que l'homme dans un tel système ? En proie à la passion qui le domine et dont une autre va prendre la place, il se fait son malheur faute de prévoir l'avenir, esclave de chacun de ses caprices, et de cette foule d'influences qui les font naître en lui, lui qui se cherchait seul et qui s'adorait soi-même : mille fois plus esclave, s'il sacrifiait, dans ce culte des passions, le présent à l'avenir !

Ce n'est pas sur une pareille base, changeante, diverse, contradictoire, qu'il fondera l'unité de la morale immuable et absolue. Que fera-t-il donc, s'il s'obstine à ne chercher que lui ? Il se jettera sur l'autre mobile, l'intérêt : la même déception l'y attend. Par l'intérêt, j'en conviens, il s'élève au-dessus des animaux, car il se montre déjà raisonnable : mais aussi la morale de l'intérêt est plus hideuse que celle des passions. Pourquoi ? Pour cela même, que l'homme s'y montre plus raisonnable, c'est-à-dire qu'il met la raison venue du Ciel, qu'il met Dieu, au service de son égoïsme. Trouve-t-il là du moins cette immuable unité, ce caractère absolu qu'il cherche ? Pas davantage. Ce qui est utile aujourd'hui, hier ne l'était pas, ne le sera pas demain. Ce qui est utile à l'un nuit à l'autre. S'il calcule assez bien pour sacrifier l'utile de ce jour à l'utile de toute sa vie, ou mieux, pour concilier avec l'intérêt de tous son propre intérêt, fera-t-on dépendre la vertu du calcul, et de l'habileté, qui souvent ne fait que des fourbes, la justice, la morale ? Non, non : la voix du genre humain s'élèverait indignée contre une telle folie. Quiconque cherche en lui seul le fondement de la morale peut dire : Cela me plaît ; ou : Cela m'est utile ; il ne dit point : Cela est juste.

Que trouve-t-il donc en lui ? Rien : il ne se trouve pas lui-même. Il veut s'enfermer en la solitude du moi, et jusque dans le moi il rencontre le non-moi que fuyait son égoïsme ; et comme il ne l'a pas accepté, il le rencontre au-dessus de lui et le subit servilement. L'inévitable non-moi, dès qu'on ne le cherche point, vient et s'impose en maître. Qu'il cherche donc hors de lui, l'homme qui ne trouve rien en lui qu'emprunté du dehors : néant s'il repousse le non-moi, misère s'il le subit sans qu'il le cherche ; tout au plus l'agréable ou l'utile, jamais le juste. Qu'il s'estime son prix, et comprenant, après une si rude expérience de son orgueil, qu'il n'a rien qui ne lui vienne du dehors, qu'il regarde au dehors ce qui le surpasse, ce dont il emprunte ce qu'il a, sa morale comme le reste, et son être même.

Il a regardé, et qu'a-t-il vu ? Deux éléments qu'il trouve toujours et partout. Partout il rencontre cette dualité éternelle dont il ignore la profonde unité, ces deux termes dont le lien obscur, qui se dérobe à nos poursuites, serait la solution de tous les problèmes, le dernier mot et la vérité dernière de la philosophie : quoi donc? le corps et l'âme, la matière et l'esprit ; quoi encore ? le particulier et l'universel, le contingent et le nécessaire, le relatif et l'absolu, comme parle l'école ; le fini et l'infini ; le monde, Dieu. Ces deux éléments, il les trouve en lui seul ; comme ils sont en toutes choses, il les trouve en lui, mais dans la proportion misérable de l'étroite enceinte de lui-même : être de chair par la passion, être raisonnable par l'intérêt. De même il trouve hors de lui Dieu et le monde. Est-ce le monde, est-ce Dieu, qui peut servir de base à sa morale ? Quand son égoïsme ou son orgueil n'est plus là qui l'abuse, l'homme ne se trompe point. Nul ne répond ici que la vérité. Il n'y a pas deux justices, me crie-t-on de toutes parts. Le juste est immuable, il est un : il faut à l'unité de la morale un fondement qui soit un comme elle. Où sera-t-il ? Dans le monde, particulier, contingent, relatif, fini en un mot, par conséquent divers et multiple? Non: dans l'universel, le nécessaire, l'absolu, dans l'être infini, dans l'unité souveraine, qui est Dieu.

Dieu ! je vous trouve partout ! Au fond de toutes choses, vous êtes, et rien ne peut être que par vous. Je lève les mains vers vous, Seigneur, et je vous rends grâces, parce que vous êtes le terme seul et magnifique de toutes nos poursuites ! Dieu ! Dieu ! voilà le juste, l'inébranlable base de la morale ! Qu'elle repose sur lui, elle sera une ; et tout ce qui repose sur elle sera un, comme elle, comme lui.

Il est le grand tout de notre âme : notre âme est faite pour lui. Notre âme a une intelligence capable de le connaître, un amour capable de l'aimer, une volonté capable de ne vouloir que lui seul. Que demande mon intelligence ? le vrai. Et mon amour ? le beau. Et ma volonté ? le juste. Et tout cela c'est le bien. Et tout cela c'est le bonheur, manifestation intime du bien dans l'être qui l'a obtenu, qui le contemple en soi-même et le savoure avec délices. O Dieu, souverain bonheur ! O Dieu, bien suprême, où sont réunis tous les parfaits en un seul parfait ! Qui ne voit que les trois sont un, un seul bonheur, un seul bien ; que toute doctrine qui donne le vrai donne le beau et le juste ; que toute doctrine qui renferme le juste et le beau est une doctrine de vérité ? Venez donc, philosophies et religions de la terre, que je vous juge : dites-moi comment vous entendez ou le beau ou le juste, et je vous dirai comment vous entendez le vrai. Mais non : montrez-moi plutôt l'éternelle vérité : avec elle sera l'éternelle beauté et la justice éternelle. Et sur cette idée de la justice éternelle qui est Dieu, repose une morale que n'ébranleront pas les tempêtes.

VIII

Mais comment connaître Dieu ? Et qu'est-ce que connaître Dieu ?

Connaître Dieu, ce n'est point le connaître en lui-même, mais dans son rapport avec l'homme. C'est connaître le bien. Que dis-je ? non le bien en soi : le bien pour l'homme. Mais connaître ce bien comme un absolu, comme le devoir, condition du bonheur. Connaître le principe et la fin de l'homme. Connaître pour agir ; posséder le vrai pour faire le bien.

Le vrai ne nous apparaît qu'au travers de notre conscience. Il se révèle à nous : révélation involontaire et spontanée, si elle se fait en nous sans que nous la cherchions; réfléchie et volontaire, si nous la cherchons. La révélation du vrai visible ou du monde se nomme dans la langue de l'école *expérience externe*, soit spontanée, soit réfléchie. Celle du vrai invisible ou de Dieu se nomme *foi*, si elle est involontaire et spontanée ; si elle est réfléchie et volontaire, *raison*. Notre esprit cherche Dieu et le trouve, telle est la raison ; Dieu s'offre à lui sans qu'il le cherche et de lui-même se révèle, telle est la foi. La raison donne le vrai à la conscience de l'homme, mais de l'homme en tant qu'individu : car il est clair que ce qui cherche, ce qui veut, c'est l'individu, et non le genre humain. La foi aussi donne le vrai à la conscience de l'homme, mais de l'homme en tant que société : car il est clair que s'il n'appartient qu'à l'individu de chercher et de vouloir, le genre humain ne possède le vrai qu'à la condition que le vrai se révèle.

Ces aperçus seront repris ailleurs pour être expliqués. Je me borne d'abord à ce point, qui me semble incontestable : c'est que, sur les choses invisibles, la plupart des hommes ne savent que ce qui leur est enseigné, c'est-à-dire révélé. Comment n'en serait-il pas ainsi ? Veut-on que chacun arrive, par la force d'un raisonnement tout ensemble sûr et subtil, à une vérité qui échappe aux yeux terrestres ? Veut-on que chacun soit philosophe, soit métaphysicien ? C'est une chimère. La foule croira toujours sur parole : sur la parole des philosophes quand ce ne sera plus sur celle des prêtres. La foule ne cherche point le vrai, elle ne peut : il faut que le vrai vienne de lui-même à elle, qui ne peut venir à lui.

C'est toujours à la conscience que le vrai se manifeste ; mais il se manifeste de la sorte à la conscience particulière de l'individu par la conscience universelle du genre humain. Car, comme il est un et immuable, il n'est pas aujourd'hui autre qu'il n'était hier, ni pour celui-ci autre que pour celui-là : ou il n'est point, ou il est toujours et pour tous le même. Mais tous le peuvent-ils voir ? En est-il un qui le puisse, et qui, l'ayant vu, le reconnaisse avec certitude ? Cela fût-il, tous ne le peuvent, et c'est assez. Il faut qu'il s'offre lui-même à nous, et qu'une autorité infaillible, non de soi, mais par le vrai qui est en elle, nous l'enseigne très certainement. Quelle autorité, si ce n'est le genre humain ? Cette connaissance des choses invisibles tenue comme en dépôt par le genre humain pour l'usage de chacun de nous, c'est la doctrine religieuse ou la foi.

Il me paraît peu contestable qu'il n'y a point, qu'il ne peut y avoir de société qui ne repose sur la morale, point de morale, j'entends de morale publique et reconnue, qui ne repose sur la religion. S'il n'y a point de religion ; si, tandis qu'un petit nombre d'honnêtes gens, de plus en plus rares, flottent dans l'incertitude des religions, et que le reste des hommes s'oublie dans l'oubli de toute religion, la société protège d'un même manteau d'indifférence dédaigneuse, enveloppe d'un même linceul, toute science ou toute croyance qui se propose un autre objet que son intérêt éphémère et son plaisir d'un jour, c'est un mal affreux et sans mesure : car alors plus de morale; que dis-je ? quelques prétendues morales qui se contestent et se combattent l'une l'autre dans le silence des foules inattentives, et les institutions qui s'essaient sur une base aussi vaine croulent : les voyez-vous qui se succèdent avec une rapidité et un bruit terribles, qui se pressent, qui se heurtent, se poussent, tombent l'une sur l'autre : ruine effroyable, où bientôt, sous le despotisme seul debout en face de la servitude universelle, il n'y a plus rien ; où le néant montre trop bien, par la cruelle expérience qu'il nous inflige, au milieu des douleurs qui éclatent de toutes parts, quel empire il se hâte de reprendre sur l'homme, dès que l'homme abandonne Dieu !

Donc la religion est nécessaire : donc elle est, car il ne se peut que ce qui est nécessaire ne soit point ; puisqu'il y a des sociétés humaines, qui sans elle ne sauraient être, elle est. Elle n'est pas dans le passé, finie et morte ; elle n'est pas dans l'avenir, à faire ou à refaire : elle est. Qui parle de créer une religion nouvelle? La religion est éternelle, elle est.

IX

Ainsi, qu'on envisage l'individu ou la société dans l'homme, on arrive à la même conclusion, que l'homme, sans la connaissance du bien et du mal, ne peut pas vivre.

Si cela est, au nom de l'esprit scientifique, vous tous fils d'un siècle superbe en sa science, je vous adjure, oubliez les préjugés que vous respirez comme un air fatal, examinez par vous-mêmes, fauteurs du libre examen, et dites : Cette doctrine, si haute que vous la déclarez inaccessible (sans quoi vous seriez ou philosophes ou chrétiens), et dont les principes supposent une étude si vaste que vous prétendez qu'il est insensé d'aspirer à la faire, l'homme naissant la fit-il, ou la trouva-t-il, la reçut-il toute faite ?

Que si vous dites qu'il la reçut toute faite, concluez : ne savez-vous pas que l'édifice de la religion, ou du catholicisme essentiel, est bâti sur ce fondement ?

Vous insistez, et vous demandez pourquoi reconnaître une religion de préférence à une autre ; pourquoi même tant de religions dans le monde, s'il est que sans la vérité l'homme ne puisse vivre ?

Je réponds qu'il y a vivre et vivre : que l'homme ne vivrait point dans l'absence de toute vérité, ou de certaines vérités fondamentales, en possédât-il d'autres moins importantes ; que dans toutes les religions les grandes vérités, plus ou moins altérées, se retrouvent, en sorte qu'il peut vivre dans toutes les religions, mais qu'il vivra d'autant plus que la vérité lui sera plus pleinement accordée, et plus purement : d'où il résulte qu'il y a lieu de reconnaître, parmi les religions diverses, celle qui, étant comme leur commune substance, renferme la vérité pure.

Celle-ci n'est autre, me dit-on, que la religion naturelle. Peut-être. Mais où est-elle ? et qu'est-elle ? Est-elle une religion constituée, formulée, explicite ? Si elle existe en forme, quelle pourra-t-elle être, sinon cette société spirituelle qui est le christianisme en corps d'Eglise : le catholicisme chrétien ?

Est-elle le culte de la raison ? je le veux. Mais d'abord, quelle raison ? La raison de l'individu ? C'est la philosophie, que les savants repoussent de toute leur âme : elle n'est pas, et beaucoup prétendent qu'elle ne sera jamais. Hélas ! à l'heure où j'écris, puis-je dire qu'une seule des grandes vérités soit démontrée pour le sens individuel, directement, certainement, lorsque je vois l'existence de Dieu, l'immortalité de l'âme, et jusqu'au libre arbitre, mis en question ? Ainsi nous humilie et nous frappe notre nature même, pour nous avertir, faibles que nous sommes, que, le sens individuel dût-il arriver un jour à comprendre la doctrine, il n'est pas notre maître, qu'il a besoin d'un maître, au contraire, dont la parole l'instruise et lui permette d'atteindre plus tard l'intelligence par la foi !

La raison de l'humanité, le sens commun ? je le veux.

Comment l'individu connaîtra-t-il ces grandes vérités que l'humanité cache, comme un dépôt trop saint, dans sa raison ? Par sa propre raison ? Mais voilà de nouveau la philosophie. Par un sentiment intime, une sorte d'instinct, révélateur de la vérité ? Mais cet instinct justifiant toutes les croyances, et d'autant plus qu'elles sont plus fortes, il faut recevoir pour dogmes les délires des plus folles imaginations, ou retomber sur le premier cas. Par une étude du langage ? Philosophie encore. Par la parole de l'humanité formulant sa doctrine ? C'est le catholicisme en soi, chrétien ou non, mais humain ; c'est l'idée même ou l'essence du catholicisme.

Il y a un catholicisme, c'est-à-dire une religion que les religions diverses expriment diversement et altèrent plus ou moins suivant qu'elles la revêtent d'une forme plus grossière ou plus pure ; il y a tout un ensemble de croyances qui passent de siècle en siècle, transmises par la parole, patrimoine spirituel du genre humain ; elles constituent, au-dessus des religions, la religion : et quiconque la cherche dans la sincérité de son cœur, la trouvera.

Mais celle-ci tend à s'accroître dans la raison des hommes, qui la pénètre chaque jour davantage, et qui la peut transformer en science, selon une loi de développement dont l'étude entre dans l'objet de ce livre.

X

La religion est-elle révélée ? Ou naturelle, comme plusieurs l'entendent ? Est-elle, veux-je dire, surnaturellement ou naturellement révélée ? Ce n'est pas le lieu d'examiner ceci. Toujours est-il que voici la science première, principe et raison des sciences, qui ne peuvent vivre détachées d'elle non plus que les branches de leur tige.

Par elle les sciences vont jusqu'à Dieu même : elle est la colonne de la vérité, et s'appuie sur Dieu. Par elle l'homme dès ici-bas entre en possession de Dieu même : cette possession est la nourriture substantielle de sa vie ; et il ne vivra pleinement que lorsqu'il possédera pleinement Dieu.

Tel est donc l'ordre de mon être : si je me fais l'esclave de la matière dont je suis le maître et le roi, je ne recueillerai de ma lâcheté que mon néant. Telle est ma vie : que mon âme règne sur mon corps, et Dieu sur mon âme. Sinon, je viole l'unité de mon être, et je meurs.

Oui, je meurs. Et non-seulement, cessant d'avoir une âme, je me rabaisse jusqu'à n'être plus qu'un vil animal, mais je meurs jusque dans mon corps : au milieu même des joies du monde, fatigué d'un bien-être qui me lasse et ne me rassasie pas, ne sachant que faire de mes jours toujours vides, je me tue. Il ne reste que le dégoût de la vie aux fils d'un siècle qui a oublié Dieu.

« Chose étrange! s'écriait, il y a quelque cinquante ans, un des plus éloquents écrivains de ce siècle (1). Pour dégoûter l'homme de la vie, il suffit de la lui livrer tout entière, de le rassasier de ses plaisirs ; alors, connaissant tout et ennuyé de tout, il saisit avidement la mort, comme une dernière sensation ou une dernière espérance. »

Qui s'en étonnerait? Si une merveille me frappe, ce n'est point que des hommes qui ne croient à rien, qui n'ont pas de Dieu, qui ont anéanti leur âme, se tuent, mais qu'ils vivent ; qu'ils mordent encore obstinément à ces beaux fruits des rivages de la mer Morte, comme s'ils n'avaient pas appris qu'ils n'y trouveront qu'amertume et que cendre ; qu'ils se puissent encore soutenir dans

---

(1) Lamennais.

le creux d'un monde où il n'y a point de ciel ; qu'ils ne tendent pas leurs mains désespérées à travers le vide, criant : « Levez-vous vite, orages désirés qui devez emporter René ! (1) » et que « une soif vague de quelque chose (2) » ne les consume pas !

Se peut-il qu'un homme ne l'ait point sentie, cette soif vague de quelque chose ? Soif qui dévore, que la terre est incapable de jamais assouvir. On mange à sa faim, on dort à son sommeil, on est bien vêtu : ce n'est pas assez ; l'on souffre. L'âme veut sa part de bonheur aussi ? Soit. On a une femme, des enfants que l'on aime, des enfants sur les genoux, la main dans la main d'une femme : douce famille, pieuse et calme, sans remords et sans regret, que semble avoir oubliée le mal : on est heureux, et l'on souffre. On est un grand philosophe ou un grand poète, tout plein de la conscience d'une belle œuvre, tout couvert d'une juste gloire : on est heureux, et l'on souffre. On est sur un trône, debout, solitaire, au-dessus des hommes ; on voit, loin, bien loin sous ses pieds, comme un tourbillon de petits êtres qui s'agitent et que l'on mène, le monde : on est heureux, et l'on souffre. Je ne parle pas de celui qui ne sait où poser sa tête ; de celui qui n'a point de pain pour la faim de sa famille ; de celui à qui la sueur de son front donne longuement, en récompense d'une fatigue sans repos, non la vie, mais la mort : stérile travail, agonie lente. Descendrai-je plus avant dans cette échelle de misères ? Que dirai-je de celui que trompe une ambition menteuse, de celui qui aime et qui n'est pas aimé, de celui que le doute, l'horrible doute sur les problèmes éternels, tue ?

---

(1) Chateaubriand, *René*.
(2) Chateaubriand.

Ou encore de celui qui vit lorsque meurent les siens ? Non, ceux-là sont malheureux, je ne parle que des heureux de la terre. Pourquoi, Napoléon vaincu et le monde à vos genoux, laissez-vous, pris d'une mélancolie qu'on croirait que les rois ignorent, votre trône superbe et ennuyé, pour vous en aller mourir, ô grand empereur, ô tzar de toutes les Russies ? Et pourquoi, dans la vie commune, pourquoi ce riche, beau, jeune, aimable, aimé, entouré de tous les biens, honoré pour son esprit et pour son cœur, noble et fier au milieu de ses amis qu'il charme de sa gaîté et qui le voient sourire, pourquoi, dites-le moi, si vous le savez, est-il triste souvent, et toujours pâle ? Pourquoi, au sein des plaisirs, cet ennui qui le pousse à fuir la vie, et le fait meurtrier de lui-même ? Pourquoi le *pessimisme* douloureux des écrivains les plus en renom de cette heure tardive du siècle ?

Douleur inconnue de beaucoup d'honnêtes gens : qu'importe ? Je n'ai rien à dire à ces gens-là. Mais elle existe : ceux qui ont une âme la connaissent. Et ceux qui ne la connaissent pas, ont-ils une âme, ou ne sont-ils que des corps vivants ?

Quel est-il donc, ce besoin inexprimé de quelque chose qu'on ne saurait dire ? Inquiétude de l'âme que son vide tourmente, qui n'a pas de repos, parce qu'elle ne trouve pas ce qu'elle cherche. « Mon cœur est sans repos, jusqu'à ce qu'il se repose en vous (St-Aug.) ! » En vous il se reposera, mais en vous seul, ô Dieu ! Plus de bornes à ma connaissance ; elles me gênent et m'inquiètent ! Plus de limites à mon amour ; l'amour est creux : que le mien soit profond, et sans fond, et rempli ! Que ma force faible et souvent mauvaise devienne toute-puissante et toute droite ! Je demande la vérité parfaite, la beauté parfaite, la parfaite justice ! Le plein avoir de vous-même, et de tout vous-même, et en vous de cet incommensurable univers, dont l'immensité ne comble pas la mesure de mon ambition ! Joie, joie alors : jusque-là douleur !

Que me veulent ces savants qui rejettent la religion et qui rejettent la philosophie ? Je meurs, si la vérité me manque ; non point la vérité sur quelques-unes des choses de ce bas monde, mais la vérité sur les choses de l'homme et sur les choses de Dieu !

Cette vérité m'a été donnée. Il y a une doctrine, religion ou philosophie, qui, bien comprise, serait la science même, et à laquelle doivent se rattacher toutes les sciences comme à leur fondement. C'est la science du bien et du mal, la science de l'unité des choses, de la raison des êtres : supérieure, première, unique, et sans laquelle toutes les autres sciences, qui s'arrogent une vie indépendante, ne sont rien.

CHAPITRE VII

INSUFFISANCE DE LA RELIGION

I

Convient-il de s'arrêter là ? Non. L'homme ne s'arrête point, et il a bien vite dépassé quiconque demeure étendu et comme mort, immobile sur le sol immobile de la foi. Il ne faut pas quitter le sol, on ne trouverait que le vide ; mais sur le sol du moins il faut marcher. Il faut que l'individu vive d'une vie propre, qui, loin de s'absorber dans l'humanité, se détache au contraire sur le fond de l'homme pour prendre possession de soi-même. Il faut pour cela qu'il reconnaisse sa propre raison, que, tout en accordant le sens privé avec le sens commun, il l'en distingue et lui maintienne sa place au soleil du vrai ; il faut que la doctrine du genre humain il se la rende sienne, et qu'en ayant reçu la vie il la vivifie à son tour. C'est ici l'individu devant la société, la liberté devant l'autorité, et devant la foi la science : deux aspects qui sont tout l'homme, qui doivent s'unir et se distinguer, sans chercher ni à se combattre ni à se confondre.

Chrétiens, en défendant l'esprit philosophique au regard des sciences, c'est la religion que j'ai défendue ; en le défendant au regard de la religion, c'est la science que je dois défendre.

Vous aussi, oubliez vos préjugés : souvenez-vous plutôt qu'il semble qu'on vous délaisse, et demandez-vous pourquoi. Ecoutez-moi donc. Je vais traiter de matières délicates : car désormais c'est de mon siècle que j'écris, et à la lueur des orages.

Une révolution nous a ouvert la route, et le tonnerre nous accompagne. Il semble que le ciel irrité ne laisse point dormir sa foudre. Toujours grondante alors même qu'elle n'éclate pas, toujours poussée par je ne sais quel souffle fatal, d'intervalle en intervalle elle tombe, et chaque coup fait un incendie : incendie terrible, qui jette à l'horizon une formidable lumière.

C'est à ce flambeau que j'écris, et j'écris de mon siècle.

Chaos où tout se mêle, bien et mal, erreur et vérité, craintes, mensonges, désespoirs sans nom et chimériques espérances ; débordement inouï d'idées, de principes, de contradictions, de rêves, qui s'attirent, se repoussent, qui se croisent, se heurtent au hasard, qui se pressent, se refoulent, se brisent en mille chocs, d'où ne jaillissent que des éclairs dans les ténèbres ; vaste fournaise où tout se décompose, où tout se remet en fonte, politique et littérature, religion et philosophie, où la société se travaille, où le monde se renouvelle par le feu, et se transforme, s'il ne se dévore pas soi-même... Quel siècle ! Tous en ont parlé, et tous ont dit vrai. Le vrai ? non. Pas un ne l'a dit. Mais qui le dira ?

Moi aussi j'en veux parler : parole sans autorité, voix inconnue. D'où me vient donc une telle audace ? Ah ! c'est que je ne suis pas seul à souffrir ! C'est que la civilisation que j'accuse est elle-même une souffrance, et que mon siècle souffre comme moi ! De toutes parts montent de la terre au ciel mille cris confus de haine ou d'amour, de joie ou de douleur, et du fond de tous ces cris un autre s'élève, qui les résume tous : cri qui sort sans repos, hélas ! et peut-être sans terme des entrailles de la nature humaine ; cri d'une aspiration qui semble n'avoir pas d'objet, qui change à chaque instant de but, et, le but une fois atteint, demeure toujours la même ; cri d'un désir impérieux qui ne se connaît pas, qui n'est pas satisfait et qui veut l'être... Il a retenti en moi. Je me suis trouvé au milieu de mon siècle comme un écho sonore ; il faut que je rende les sons qui me frappent. Je sens au dedans de moi un instinct secret dont je ne suis pas le maître, qui me travaille, qui me tourmente, qui me force malgré moi à me répandre au dehors, à jeter au monde ce cri dont j'étouffe si je le refoule. Voilà pourquoi je parle, sans titre. Non, ce n'est pas audace chez moi, c'est faiblesse : je parle, parce que je ne puis pas me résister à moi-même ; je parle, parce que je ne puis pas me taire.

Pourtant, lorsque je considère le peu que j'ai parcouru, et tout ce qui me reste à parcourir, de la route que je me suis tracée, je m'épouvante et je me défie. Le voyageur hardi, prêt à gravir une de ces montagnes dont l'inabordable sommet effraie et tente les courages, au moment où, après de longs efforts, il arrive enfin à la périlleuse ascension, s'arrête, et se demande s'il ne fera pas mieux de redescendre plutôt que de poursuivre un impossible chemin ; il demeure en suspens, il hésite ; mais la curiosité l'emporte...

Quelque chose aussi l'emporte au dedans de moi. Voyageur en d'autres régions, j'ai d'autres montagnes à gravir, et dans mes voyages un autre intérêt me pousse. J'ai vu que mon siècle s'agite, qu'il regrette le passé, qu'il tend les bras à l'avenir, qu'il se débat entre les siècles qui ne sont plus et ceux qui ne sont pas encore : et un feu s'est allumé dans mon âme, et parmi tant de voix qui s'élèvent j'élève la mienne à mon tour.

Viens donc, ô mon siècle, m'apparaître dans mes

veilles silencieuses : que je te voie tel que tu es, avec ta laideur et ta beauté, avec tes espérances et tes craintes, avec le désir inassouvi que tu cherches à satisfaire, et que tu ne peux satisfaire. Pourquoi ? Viens, on va te le dire. Ecoute mon langage, si terrible qu'il puisse être ; que je t'épouvante de toi-même ; que tu te contemples face à face, comme un châtiment de tes erreurs et de tes fautes ; que je t'effraie par amour pour toi, et que, saisi de peur à ton aspect, la peur que tu auras de toi-même te sauve.

Arrière ces vils courtisans, qui ne savent que flatter le caprice du maître, et le perdre avec de lâches impostures ! Arrière le mensonge : il est des poisons qui plaisent et qui tuent. La vérité ne peut jamais nuire : si elle nuit, elle n'est point la vérité. Dieu serait-il contradictoire à lui-même, et tous les biens n'ont-ils pas leur raison en Dieu ? Depuis quand la vérité n'est elle plus un bien, ou depuis quand le bien n'est-il plus d'accord en soi ? « Quoi donc ! ont dit les pusillanimes (et j'ai regret que d'honnêtes gens s'abusent jusqu'à parler comme eux) ; quoi donc ! on se plaît à instruire, à tourmenter la société de ses misères, et l'on ne songe point que ces misères, aussi vieilles que le monde, inhérentes à l'homme, ne passeront qu'avec lui ; et sur la parole de maladroits qui ne savent pas taire une vérité funeste, ou d'ambitieux qui la dévoilent pour grandir parmi les troubles qu'elle cause, la société s'agite dans la recherche tumultueuse d'un chimérique remède à des maux incurables : de là les secousses, mal nouveau et réel, non pas celui dont ils se plaignent, mais celui que fait leur plainte, qu'alimentent sans cesse leurs folles récriminations... » Ainsi parle l'injustice ou l'aveuglement qui se croit honnête ; et combien d'apôtres généreux qui travaillent pour le bien de leurs frères se sont vus, martyrs du progrès, enfermer, que dis-je ? torturer, condamner à toutes les peines, jusqu'à la mort, comme des rebelles ou comme des malfaiteurs ! Coupables en effet du crime le plus énorme que la société châtie, du crime de n'avoir pas voulu qu'elle s'endormît pour mourir. Mais pense-t-on par hasard que quelques nobles voix étouffées feraient taire le cri du genre humain ? Si les voix de la société se taisent, elle-même sera sa propre voix ; les pierres parleront. Veut-on plutôt que l'homme ignore son mal ? Ou qu'il le connaisse, qu'il souffre, et ne se plaigne point ? Ou, chose pire, qu'il n'ait pas le courage de le secouer, et qu'il y demeure jusqu'à la mort ? Non, non, il n'en va pas ainsi. Répondez-moi, ô vous qui vous croyez honnêtes et qui n'êtes que timides, ô amis de la paix pleins d'une pieuse horreur pour le mouvement, ignorez-vous que le mouvement est la loi de tout ce qui est ; que tout ce qui est et qui n'est pas Dieu marche vers Dieu ; que le parfait seul est immuable ; que l'imparfait qui s'arrête dans une immobilité mensongère, dès qu'il n'avance plus, recule ? Ou peut-être, à votre avis, l'homme est-il un être parfait ? Aveugles, qu'offusque la vérité, qui ne voulez pas qu'on la dise, et qui, la supposant nuisible, supposez le bien contradictoire à soi-même, que savez-vous s'il est funeste de s'agiter dans la poursuite d'un remède impossible ? Bien d'autres remèdes impossibles ont été trouvés, bien d'autres maux incurables guéris. Je ne sache point ce qui coûte à la toute-puissante main qui gouverne l'univers : l'homme peut atteindre ce qui n'est pas contraire à sa nature, et, s'il le peut, il le doit. Mais encore la première condition est-elle qu'il connaisse le mal où il est, qu'il voie le bien où il tend ; qu'il le voie dans les lointains de l'avenir, et que dès le présent il y travaille. Disons-lui donc la vérité, loin de la lui taire. S'il ne peut repousser le mal que par des agitations et des secousses, que l'on s'en prenne au mal, et non à ceux qui le dénoncent. Sachons mettre courageusement le doigt sur la blessure ; sachons y enfoncer le fer sauveur, qui la tourmentera peut-être, mais qui la fermera.

II

Gémissements, plaintes, et douleurs ; les traditions du passé perdues, et les voies de l'avenir cherchées en vain ; nul principe, nulle conduite d'homme, ferme, inflexible ; nul accord entre les esprits : guerre dans les doctrines, dans les choses, partout ; et si la fatigue, si la servitude, laissent apparaître quelques rares intervalles d'une courte et odieuse paix, la paix d'un côté n'est de l'autre qu'une guerre plus vive.

Il y a dans le monde, loin, bien loin de nos cités (car Dieu, malgré nous-mêmes, nous comble de ses faveurs) des terres maudites, sur lesquelles passe quelquefois une colère d'en haut. Le ciel est serein, le gazon est vert, les arbres se courbent sous le poids des fruits : on regrette, à l'aspect d'un calme si doux répandu sur la vallée, de n'être pas un des simples habitants de cet heureux séjour. Et voilà que tout d'un coup un murmure se fait entendre : murmure vague, indécis, faible d'abord, qui bientôt, croissant peu à peu, trouve dans les profondeurs du vallon, dans les cavernes de la montagne, le fracas de la foudre. Ce bruit n'était rien, et ceux qui l'ont entendu en deviennent pâles. Et des nuages noirs, venus on ne sait d'où, s'amoncellent, courent de toute la vitesse de l'ouragan qui les pousse, puis rampent sur le sol et enveloppent le pays qu'une malédiction terrible a frappé. Et la tempête passe. Et il y a des ténèbres entrecoupées comme d'un cliquetis d'éclairs, et le tonnerre gronde, et les retentissements d'en haut se mêlent aux retentissements d'en bas, le bruit des fleuves qui se déchaînent aux bruits qui résonnent de toutes parts ; tout tremble, tout tressaille comme d'une même secousse, et les toits qu'habitait l'insouciance s'engloutissent noyés par les eaux folles des montagnes ou ensevelis par les abîmes de la terre, et la roche superbe s'élève là où serpentait l'humble vallon, le précipice aux bords arides se creuse en gouffres effroyables là où l'homme étalait ses plus riches domaines, et dans ce théâtre des jeux d'un peuple naïf encore, où régnait le charme imprévoyant du bonheur, règne un tumulte sauvage, lutte de forces ennemies, qui se tordent, se brisent, se déchirent l'une l'autre, pêle-mêle sans nom... car j'ai vu passer la tempête.

Oh ! que les bouleversements de la nature sont petits, comparés à ceux de l'homme ! Oh ! qu'elle est pâle, cette image du trouble de nos sociétés ! Et quand j'assisterais au spectacle de l'un de ces affreux cataclysmes qui changent en un coup de vent de la colère divine la face du globe terrestre, y a-t-il rien dans ces révolutions toutes matérielles qui égale en douleurs la moindre de nos révolutions ? Où est, dans une calamité pareille, cette angoisse profonde, cette horrible incertitude, ce doute des hommes perdus qui se prennent à ne plus rien savoir d'eux-mêmes, de leur vie, de leur avenir ?

Ainsi nous sommes, et c'est pourquoi nous souffrons, incapables d'autre chose que de larmes ou de rêveries. Ainsi nous sommes, marchant sur un sable mobile que soulève sans cesse le souffle du désert. Nous faisons par intervalles une halte pénible et courte, dans l'espérance de reposer quelques heures sous des tentes éphémères :

mais le simoun survient, qui dessèche nos sources vainement conservées, qui engloutit nos tentes, qui brûle, étouffe ou disperse nos caravanes. Ainsi nous sommes ; tel est notre état véritable : la lutte furieuse entre les esprits, l'incertitude au fond de toutes les âmes, la bataille de mille principes contradictoires qui se heurtent dans les ténèbres, de mille rêves qui se repoussent, — le désordre.

Et chacun, dans une pareille confusion de toutes choses, ne songe qu'à soi ; l'égoïsme, dans cette fuite successive de tous les rois de la terre, est le roi qui demeure, le seul qui porte un sceptre dont nul n'a pu le déposséder, le seul dont l'empire se tienne debout parmi tant de ruines qui se font de toutes parts : et l'égoïsme, c'est encore le désordre.

Or, d'où vient ce désordre ? De l'absence d'un principe qui fasse l'unité ; de cette indifférence des choses morales avec la préoccupation exclusive du bien-être matériel, qui domine tout en nos jours, qui n'est que trop, hélas ! l'esprit de ce siècle ; du matérialisme. Oui, je touche enfin la blessure, la vraie blessure qui le ronge ; trois caractères le marquent au front d'un signe qui dans l'avenir le fera reconnaître entre tous, trois caractères, suites l'un de l'autre, qui s'enchaînent par une inflexible nécessité : le matérialisme, le désordre, l'utopie. Le matérialisme fait le désordre, qui est un mal dont on ne peut que mourir : ce mal fait l'utopie, le rêve qui berce les malades, qui les charme, qui les console quelques heures du moins jusqu'à l'heure terrible où ils se réveillent dans la mort.

III

Oui, sous quelque face que j'envisage les choses de

mon temps, partout je vois le désordre. Il est dans ce qui constitue la société ; il est dans la triple réalisation du besoin qu'elle a d'être, et du besoin qu'elle a de produire.

Il est dans ce qui constitue la société, dans la famille. Qui ignore combien de batteries on a dressées contre elle, à combien d'attaques elle est en butte tous les jours ? Le sanctuaire de la pudeur conjugale est violé : les uns, par des théories folles, la détruisent au fond des âmes ; les autres, mille fois plus insensés, en font achat et vente: — ils ne voient, les marchands, dans le mariage qu'un trafic, qu'un compte de commerce dans ce qui est la formation même de l'homme.

Il est dans la triple réalisation du besoin qu'a la société d'être : la propriété tremble, l'économie sociale donne lieu à des problèmes qui effraient ; l'état politique n'offre dans son histoire, depuis cent ans, qu'une suite effroyable de secousses et de guerres ; guerre encore entre une foule de religions qui se disputent le terrain, les anciennes débordées, de nouvelles prêtes à surgir faisant assaut d'extravagances, toutes, l'erreur et la vérité même, également impuissantes ; et qui d'entre nous, sur ce qui est bon ou mauvais, pense comme pense un autre ?

Il est dans la triple réalisation du besoin qu'a la société de produire. L'industrie est le théâtre de la concurrence, le trône où règne dans toute sa laideur le hideux égoïsme, le pire désordre de nos jours. La science est un champ de bataille : bataille de sciences et de systèmes révoltés contre le joug d'une philosophie impuissante qui ne les gouverne plus, mais qui les abandonne à leur chaos. L'art s'est anéanti dans une confusion d'écoles qui toutes le méconnaissent également, quoique diversement : la peinture, la musique, la poésie, se sont livré, chacune en sa sphère, des combats terribles et nouveaux : on s'entendait du moins sur les principes, autrefois : on dispute aujourd'hui sur le beau, comme sur le vrai, comme sur le juste, comme sur tout.

Où est, dans une telle diversité, l'unité ? Où l'harmonie ? Là donc est le désordre. Je ne vois que partis ou opinions, et nulle part la vérité ; une vérité du moins devant laquelle chacun s'incline. Je ne vois qu'une vaste dissolution des esprits et des âmes. Partout il y a désordre : pourquoi ? parce que partout il y a matérialisme.

IV

Il y a matéralisme dans ce qui constitue la société, dans la famille. Sur quoi repose la famille ? sur le mariage. Et le mariage, qu'est-il, sinon le saint amour de deux êtres qui s'unissent pour accomplir le but de la vie humaine ? Quel mystère, quel abîme, et que de merveilles ! Là se déploient toutes les affections de l'homme, depuis le baiser tendre de l'enfance jusqu'au grave sourire de la vieillesse, non moins tendre en son austérité ; là coulent toutes les sources divines qui rafraîchissent la soif de notre âme, là tous les charmes qui enchantent notre vie, toutes les joies nourricières du cœur ! Deux êtres s'aiment, et ils ne sont plus qu'un seul être ; et à l'ombre de cet amour que rien n'altère, que nul souffle n'a jamais flétri, croissent, loin des orages, les amitiés naïves de l'enfant ! Comme des fruits d'un arbre céleste qui auraient le parfum de la fleur, les enfants croissent, doux lien de la famille, consommation suprême de l'amour qui les créa ! Loin de nous ces hymens volages qui consacrent le culte de la chair, ces hymens que forme seul un attrait passager des sens, qui profanent le saint nom de l'amour, qui invoquent, disent-ils, la nature, et, pour se faire plus naturels, descendent jusqu'à la bête ! Une pareille religion, insensée et brutale, est morte avec ceux qui la firent : un cri d'anathème en a fait justice. Mais elle ne vit que trop dans la pratique. Et d'ailleurs, les plus honnêtes, qui la repoussent avec le plus de force, avec la plus vertueuse sincérité, ne mettent-ils pas l'argent, misérables matérialistes, au fond de la famille comme au fond de tout ?

Il y a matérialisme dans la triple réalisation du besoin qu'a la société d'être : on travaille à satisfaire le besoin du corps ; celui de l'âme, on n'y songe pas, ni celui de l'homme. Quelle est notre foi ? Notre foi est la liberté des cultes : comme si la liberté des cultes était autre chose que la condition même du devoir en matière de foi, ainsi qu'en toute matière la liberté est la condition du devoir ! Notre foi ? Peut-être serait-il possible encore de rencontrer çà et là quelques individus qui en eussent une ; mais la société n'en a point. La foule, qui ne pense pas, est athée ; ceux qui pensent ou qui s'imaginent penser se donnent le nom pompeux de savants ou de philosophes. La société est-elle philosophe ? j'ai peine à le croire. A coup sûr elle n'est pas religieuse. Elle a répudié tout rapport avec Dieu. Elle a proclamé l'athéisme de l'Etat : non pas au nom de la liberté, qui est la justice ; mais parce que l'athéisme est dans les âmes. La loi athée, telle est la doctrine religieuse du dix-neuvième siècle. Mais au nom de quel principe parle cette loi, si, n'ayant point de Dieu, elle persévère, comme elle fait, à méconnaître la liberté universelle ? Ou si, par une contradiction étrange, elle parle au nom de quelques principes, quelle en sera l'autorité ? quelle en sera la valeur sociale, sans une commune doctrine qui les consacre ?

quelle en sera la force ? Il ne faut, pour emporter des lois bâties sur de telles assises, qu'un souffle du vent populaire. Voilà pour le besoin de l'âme, et de l'homme. Quant au besoin du corps, il n'est pas celui qu'on néglige, et la propriété, plus que Dieu, trouve des adorateurs. On se prosterne devant la propriété, comme devant une idole ; on envoie au capital un encens que Dieu n'est plus accoutumé à recevoir, l'encens du cœur ; on sacrifie aux autels du veau d'or. Qu'importe aux hommes de mon siècle que les vieux cultes tombent en ruines, que la foi de nos ancêtres s'éteigne et meure dans l'insulte des uns, dans la superstition niaise des autres, ou qu'elle s'éloigne sans retour, nous abandonnant, race ingrate, à notre propre folie et aux abîmes que nous ouvrons nous-mêmes sous nos pieds ? Ont-ils versé une larme sur la perte de si grandes choses ? Ces calamités dont gémira l'histoire les ont-elles émus ? Ah ! il fallait, pour qu'ils fussent émus, que de vaines menaces les fissent trembler sur leurs richesses. Qu'ils craignent qu'usurpant sur eux, riches d'aujourd'hui, ce qu'ils ont usurpé eux-mêmes sur les riches d'autrefois, le peuple, conduit à de violentes représailles, ne les dépouille à leur tour, les voilà qui fuient... Ils fuient, les lâches, et ils emportent leurs propriétés, comme ce héros qui emportait ses dieux. Si la propriété, expression d'un besoin, est un droit, ce droit n'est-il pas le même pour tous, parce que pour tous le besoin est le même ? Ne devrait-on pas songer à ceux qui souffrent, parce qu'ils n'ont point de pain pour la faim de leurs familles, et s'inquiéter si, dans un ordre social où il ne suffit pas de travailler pour posséder, il n'y a pas une violation, inaperçue encore, de la liberté du travail, de la justice ? Oui, sans doute ; mais à ceux qu'enrichit un ordre social juste puisqu'il les favorise, que leur importe ? O Dieu ! vienne donc un prophète ! Vienne un de ces envoyés célestes qui descendent de loin en loin ici-bas, la vengeance à la main ! Vienne un de ces apôtres, ministres de votre colère, qui les frappe du fouet de la divine malédiction ! Oh ! qui me donnera des paroles pour les maudire, qui me donnera une haine assez implacable pour leur rendre la justice qui leur est due, à ces impies, à ces matérialistes ?... Pas de religion, pas de morale, qu'ai-je dit ? Ils ont une religion, ô Dieu du ciel et de la terre, et ce n'est pas la vôtre ! Ce n'est pas vous qu'ils adorent, ils adorent l'argent. L'argent est leur dieu, l'intérêt leur sagesse. L'égoïsme et la propriété, voilà leur culte et voilà leur autel !

Il y a matérialisme dans la triple réalisation du besoin qu'a la société de produire. La réalisation matérielle, l'industrie, l'emporte. La science, orgueilleuse de livrer ses lumières au service de l'industrie, oublie qu'il est pour elle une plus noble fin. L'art même, comme la science, comme tout en ce siècle, s'est fait matériel : l'école *réaliste*, l'école *naturaliste* prévaut ; le théâtre n'a plus guère, pour de grossiers spectateurs, que des émotions brutales ; le roman ne s'adresse plus guère qu'à des âmes viles dont il flatte les bassesses ; et notre littérature, à peu près réduite au roman ou au théâtre, est descendue, de chute en chute, jusqu'à l'industrie.

Malheureux que nous sommes ! Et qu'on dise, après cela, que le dix-neuvième siècle est une réaction contre le matérialisme du dix-huitième : ô ironie ! ô renversement des choses ! Qu'ont-ils fait, ces sublimes spiritualistes de nos jours ? Ils ont spiritualisé la matière ; on avait avant eux matérialisé l'esprit : je ne vois pas la différence.

Non, non. Voici un homme qui mange, qui boit, et qui dort. D'autres à côté de lui mangent à peine à la sueur de leur visage, et ne dorment pas. Il le sait. ils travaillent du matin jusqu'au soir ; ils mourront de fatigue, de misère peut-être. Il le sait. Chaque jour leurs pâles enfants leur demandent du pain et pleurent ; le souci de la pauvreté veille avec eux sur leur couche. Il le sait. Et sa table est chargée de tous les mets qu'il désire ; il ne retrouve en sa couche moelleuse que le souci des voluptés ; il ne s'inquiète pas, lorsqu'il va s'endormir, si les richesses qu'il savoure délicieusement lui appartiennent selon Dieu ; la faim de ceux qui travaillent pour lui, et pour qui il mange, n'épouvante pas ses rêves... Prenez garde, ô justes, s'il y a des justes en ce monde, que cet homme ne vous corrompe de son haleine : car il est un matérialiste, un impie !

Voici un homme que le riche salue, que le pauvre respecte, un homme de bien : il n'a jamais volé, sinon légalement. Il ne tue pas. C'est assez pour lui que ceux qu'il ruine meurent à petit feu, de chagrin, de désespoir. A force de travail, j'entends à force de sécheresse et d'égoïsme, il s'est poussé d'épicier-commis à personnage. Il va grandissant son importance. Il gagne. Petit marchand d'abord, mais souple, habile, rompu aux intrigues, lâche envers les hauts et puissants du jour, brave contre les humbles : c'est pourquoi il s'élève, et bientôt il foule aux pieds ceux qui naguère lui dépassaient la tête. Quoi de plus juste ? Il gagne. Que lui parlez-vous de droit, de devoir, et d'une autre justice ? Rêves que tout cela ! Il gagne. Ceci est une réalité. C'est son droit et son devoir, sa vertu : le travail n'est-il pas une vertu, surtout quand on le fait pour soi ? De bonne heure sur pied, fatigué tout le jour à vendre ou à courir, ou à subir les humiliations de l'antichambre : il ne dort pas la nuit, il n'aura point de repos qu'il n'ait ruiné, s'il se peut, le genre humain. Que d'inquiétudes ! que de peines, que de veilles ! Mais aussi quel respect entoure cet honnête homme, cet homme de travail et de vertu, député, ministre, que sais-je ? qui ne croit pas à Dieu, et qui gagne! Fuyons, nous qui ne sommes pas de ce temps : car il est un matérialiste, un impie !

Or, voici un homme pire que les autres, qui ne se contente point de s'enfermer comme eux en son égoïsme, de faire par la concurrence ou par une fortune utile à lui seul la ruine de ceux qu'il rencontre sur son chemin ; il étouffe la société, par système, sans autre profit que l'honneur qu'il en retire. Il prétend gouverner, il gouverne, ce ministre de l'ordre, et ne considère en sa politique immorale que l'utile, non le juste : l'utile pour lui, c'est l'intérêt de son pouvoir, ce n'est pas l'intérêt du peuple. Il n'est pas bon, à l'entendre, que la foule soit instruite ; il n'est pas bon qu'elle sache ce qu'est la justice : elle en voudrait jouir, crime affreux, par où disparaîtrait de la face du monde la tyrannie et l'esclavage ! Qu'on l'hébète, s'il est possible : plus elle sera brute, moins on aura de peine à la conduire, cette *vile multitude*, troupeau naturellement rebelle aux caprices de ceux qui le mènent. Justice, droit, liberté ? Mots dangereux, qui ne peuvent faire le bien du maître. Ce n'est pas là ce qu'il dit, il n'oserait ; mais il l'insinue en ses paroles, il le proclame en sa conduite. Et voilà qu'on l'honore comme le sage politique ; c'est le modéré, c'est le conservateur, c'est le défenseur de l'ordre : car il est un matérialiste, un impie !

Qui ne l'est point ? que n'a-t-on pas matérialisé ? Les plus pures vertus sont devenues, en nos jours, satisfaction des sens ; les œuvres de la charité divine, on les a faites œuvres de mollesse et d'orgueil. Les bals, les spectacles, ont exploité cette philanthropie magnanime, qui ne donne pas dix francs lorsqu'elle est sûre que ces dix francs soulageront quelque misère, mais qui les donne au plaisir sous le nom d'une charité menteuse. N'est-ce pas de nos jours aussi que les âmes honnêtes rougissent de leurs sentiments, qui ne sont plus que des rêves insensés, de risibles ou puériles illusions ? Que, par respect humain, elles deviennent *positives*, ou cherchent à le paraître, si elles sont incapables de se rapetisser assez pour le devenir? *Positif*, mot nouveau pour exprimer un matérialisme nouveau, dont chacun se fait honneur, qui est celui de la société même !

Ces hommes positifs sont heureux, parce qu'ils mangent bien : et c'est de quoi l'estime publique les récompense. Ils ne songent pas que le matérialisme fait le désordre, et que le désordre est un mal de mort. Que dis-je ? Ils ne trouvent que de l'ordre là où toutes choses se plient à leur gré ; ils ne s'imaginent guère que le siècle où ils vivent heureux soit un siècle malade ; ils ne sentent pas le mal qui les tue, et, entendant d'une oreille stupéfaite retentir mille plaintes lamentables qu'ils ne peuvent comprendre, ils se prennent, selon leur humeur, à hausser les épaules ou à rire.

« Quoi! s'écrient-ils, parce qu'il plaît à quelques femmes d'avoir des vapeurs, à quelques fous de se faire sauter la cervelle, à quelques poètes de chanter sur tous les tons des souffrances inconnues, à quelques ambitieux qui spéculent sur la popularité de dire au peuple que beaucoup souffrent en proie aux plaisirs de bien peu, notre siècle en est-il plus malade ? Il n'est malade que pour ceux qui le croient. Voyez : nos visages ne fleurissent-ils point? La bourse est à la hausse, nos rentes vont à souhait, nos manufactures de même, ainsi que nos chemins de fer ; les deniers publics paient nos dettes. Nous dormons un peu tard, il est vrai : les salons, les dîners, les bals, et l'Opéra, tout cela nous prend quelques heures ; mais notre somme n'y perd rien, le soleil l'éclaire si ce n'est la lune. Et d'ailleurs quels salons, où les finesses d'une société choisie nous instruisent sans fatigue et exercent comme en jouant ce qu'il y a de plus délicat dans notre intelligence ! Quels dîners, où les ministres qui nous les donnent reçoivent en échange, entre deux vins, nos votes du lendemain pour le bien public ! Quels opéras, où la musique des grands maîtres nous émeut, nous enchante, et nourrit ce qu'il y a de plus profond, de plus sensible en notre âme ! Quels bals, dont la recette est pour les pauvres, et qui sont une charité en même temps qu'un plaisir ! Vraiment, ceux qui ont dit que notre siècle est malade nous ont calomniés, ou se sont moqués de nous. »

Ainsi s'enorgueillissaient-ils dans leur cœur, heureux égoïstes ; et ils ont été frappés, et ils se sont plaints à leur tour, et ils ont souffert de toutes leurs joies de la veille. Et cette suite de secousses qui ont tout bouleversé a été une manifestation éclatante du désordre : ils l'ont comprise, celle-là, parce qu'elle était matérielle, et terrible pour eux. Et les utopies s'agitaient, œuvres signées de quelques noms à peine, mais œuvres communes de la commune souffrance.

V

Et, chose digne de remarque, l'utopie, éveillée par le désespoir du désordre, porte elle-même, malgré elle, cette empreinte funeste d'un siècle mauvais qui est la cause première du désordre : l'utopie est matérialiste. Elle invoque les amours volages de la chair. Elle fait asseoir tous les hommes à une table abondamment servie, noble bonheur qu'elle rêve pour tous, détruisant à cette fin la propriété comme un vol fait par l'individu à l'espèce dont il est membre : curieuse et inévitable réaction contre l'avarice des amis de l'ordre ! Elle prêche le culte de la nature ; elle fait des sens ses seules idoles ; elle les spiritualise, ou plutôt abaisse jusqu'à leur ignominie le grand Dieu du ciel ; elle se prosterne, elle tombe à genoux devant la bête : elle n'a d'autre principe moral que l'intérêt, ou la passion.

Rendez-nous, il est temps, l'antique foi de nos ancêtres ! Nous faisons fausse route dans ce chemin du progrès que l'humanité suit haletante et trop souvent aveugle. Nous sommes égarés, dévoyés, errants dans les ténèbres, perdus : que faire ? Reculer. Mais reculer, c'est avancer.

Lorsque j'écoute la cloche triste et grave qui appelle aux prières le nombre aisément compté des chrétiens, quelque chose s'émeut en moi. J'entre avec la foule, humble jadis, aujourd'hui superbe, qui porte au pied des saints autels plus de curieux que d'adorateurs : quel aspect s'offre à mes regards ! Des hommes et des femmes, étalant dans le faste de leurs parures des vanités que Dieu réprouve, viennent, ainsi qu'à un frivole spectacle, voir et se faire voir ; tout au plus entendre les hymnes sacrées de l'orgue aux pompes solennelles comme une musique profane, ou les paroles éloquentes d'un prêtre que sans doute le Ciel inspire comme le jeu d'un comédien. Et, hors de ces grandes solennités plus mondaines que religieuses, des quelques temples qui nous restent encore de tant d'églises abattues l'étroite enceinte paraît vaste, parce qu'elle est déserte.

Alors s'éveille en moi, avec une larme, le ressouvenir des jeunes années. Je fus baptisé chrétien. La religion berça ma couche d'enfant ; elle couvrit de son ombre protectrice l'asile de mes premiers sentiments et de mes joies premières. J'ai vécu, croyant à Dieu, et croyant à la foi des autres.

C'était là le bonheur de mon enfance : c'était, comme tant de bonheurs, une de ces illusions qui s'évanouissent avec l'âge. Tel est le mal de ce siècle : il semble que la foi lui manque, et qu'il n'y ait plus de Dieu pour nous.

Je me console pourtant, et j'espère. De l'excès du matéralisme un spiritualisme sortira, exagéré peut-être. Le matérialisme, qui est aujourd'hui dans la société même, qui se réalise, pour ainsi dire, dans la pratique de chaque jour, était au dix-huitième siècle dans la théorie, dans l'intelligence humaine. Or, voici que déjà l'intelligence n'y est plus à l'aise, et qu'elle s'en échappe vers l'idéal ; elle spiritualise la matière : ce n'est pas un progrès, mais peut-être est-ce la fin d'une décadence, l'expression confuse d'une doctrine désirée ; voici que déborde partout un sentiment religieux, vague, mais profond ; voici que les plus grands penseurs, les plus hauts poètes, écrivent des livres ou chantent des hymnes pleins d'aspirations inconnues ; voici que le scepticisme qui désole nos âmes est désormais, pour beaucoup de ces âmes, l'angoisse du vide, la douleur d'une foi absente, le vif besoin des croyances... Les croyances, ô mon siècle! oui, voilà bien que ce tu demandes, lorsque tu t'agites comme un malade dans sa couche inquiète : crois, et tu seras sauvé !

VI

Tu seras sauvé, non pas seulement pour le ciel, mais

pour la terre même. La foi, qui sauve, sauve en tout. On vit avec elle, sans elle on ne peut que mourir.

L'homme qui ne croit pas, ou meurt des sombres angoisses qui le dévorent, et le désespoir s'est assis sur sa couche funèbre ; ou, s'il ne meurt point, traîne dans les bassesses du matérialisme, une vie pire que la mort, car elle est la mort de son âme, la mort de l'homme en lui.

La nation qui ne croit pas chancelle comme délaissée du souffle qui la portait, toute pareille à un corps que l'âme abandonne : ou elle s'en va, au travers des secousses et des tremblements du sol, se précipiter vivante dans les abîmes qui s'ouvrent sous elle ; ou, plus maudite encore, elle prolonge, de longs siècles peut-être, non l'agonie d'un malade, mais l'insensibilité froide et l'*indifférence* d'un cadavre.

Tel est aujourd'hui notre état misérable : le désordre conséquence du matérialisme, qui n'est que la fuite du principe de toute unité et de tout bien, la révolte contre Dieu.

Non que Dieu nous manque : il ne manque point aux animaux, ni aux plantes, ni à rien de ce qui est, et qui ne peut être sans lui. Il ne manque pas à l'homme : c'est nous qui le quittons, ce n'est pas lui qui nous quitte. Il est en nous, et jusque dans notre désir : car qu'est-ce que le cri des siècles, si ce n'est le cri de l'âme qui soupire après Dieu ?

O Dieu ! écoutez ce profond soupir qui s'échappe des angoisses et des misères de l'homme ! Ce soupir ne s'adresse qu'à vous. Qu'importe que dans son ignorance ou son erreur il se tourne vers le monde, et se prosterne devant l'homme son semblable, jusqu'à ce que, ne voyant autour de lui que la désolation et le vide, il se retourne sur lui-même, se fasse son propre centre et son unique fin, adore en lui la volupté, et se dise dans un désespoir égoïste : Puisque partout où tu cherches, partout où tu regardes, Dieu n'est pas, sois toi-même ton Dieu? Qu'importe ? C'est un blasphème, mais au fond de ce blasphème vous êtes. Que veut donc l'homme, et que cherche-t-il ? Vous, toujours vous. Il veut s'accroître dans l'intelligence, et vous êtes la vérité; dans l'amour, et vous êtes la beauté ; dans la volonté libre, et vous êtes la justice. Il veut être heureux, vivre dans le bien : vous êtes le bien et la plénitude du bonheur. Il veut, en un mot se dilater dans l'être : n'êtes-vous pas l'être ? C'est donc vous qu'il cherche, ô Dieu ! mais il ne vous cherche pas en vous, et c'est pourquoi il s'est trouvé lui seul : c'est pourquoi aussi, comme il n'est rien, lui seul, qu'un pur néant, il s'attache d'une main désespérée à des ombres vaines d'un bien-être qui le fuit; il adore la poussière et la boue lorsqu'il doit vous adorer, Seigneur ; lorsqu'il doit s'élancer, il se précipite ; de toute la force du désir qui le pousse vers vous, il se creuse un abîme et il y tombe.

Non, Dieu ne nous manque pas : il nous manque de croire en lui, d'agir en lui comme étant la fin dernière de toutes nos œuvres ; il nous manque la foi. La religion n'est pas seulement la grandeur, mais la nécessité de l'homme.

Il nous manque la foi. Voilà le mal ; voilà le gouffre où vivant s'est englouti mon siècle. Et quel œil en sondera les ténébreuses profondeurs ? quel esprit ne tremblera point, frappé de vertige en face d'un tel abîme ?

O misère ! Il est bien temps que Dieu prenne pitié de nous. Misère ! Misère ! je jetterai mon cri de douleur aux quatre vents de l'horizon. J'irai parmi les tombeaux, au milieu de la plaine aride, où dorment en leur muet sépulcre tous ces morts de la foi ; je les secouerai dans leur sommeil, les malheureux endormis, et ils se réveilleront ; je crierai, et peut-être ressusciteront-ils, les morts ; peut-être se lèveront-ils de leur tombe, tout pâles d'y avoir entrevu l'enfer. Et ils chancelleront dans leur épouvante, comme des hommes hagards, pris de vin, qui ne savent plus ce qu'ils voient. Et je pleurerai, et ils entendront la parole de mes larmes. Qu'ils comprennent mes sanglots s'ils ne comprennent pas ma colère. J'embrasserai leurs genoux, je me roulerai à leurs pieds, et je pleurerai ; je les supplierai, je les conjurerai, et je pleurerai : je pleurerai sur leur aveuglement, sur la détresse que cet aveuglement leur a faite, et ils croiront.

Ah ! s'ils ne croient pas, s'ils ne veulent pas croire, où en sommes-nous ? Est-ce que votre heure, grand Dieu ! aurait sonné sitôt ?

Vous avez dit qu'il n'y aura plus de foi dans le monde, lorsque vous viendrez, la foudre à la main, avec les pompes de vos terreurs, pour punir et pour absoudre. Mais avant que l'humanité arrive à ce terme fatal, ne faut-il pas qu'elle consomme ses destins ? Vous avez dit que le Christ doit avoir son règne ici-bas. Votre promesse ne trompe point. L'heure n'a pas sonné encore.

Non, pas encore. La patience de Dieu est longue, et longue la route de l'homme. Ils croiront. Vous ferez ce miracle à la prière de tous ceux qui vous aiment, de tous ceux qui souffrent ! à la prière du monde qui crie en son angoisse, ne sachant plus où il est ; à la prière du passé, qui se lève de la poudre des siècles et gémit sur nous, ses enfants ; du présent, qui s'agite et se roule dans l'agonie ; de l'avenir, qui ne sera, si vous nous délaissez, qu'un monceau de ruines ! à la prière de vos saints et de vos anges, de toutes vos créatures qui se lamentent sur le sort de la plus rebelle ! Vous le ferez, ce miracle, parce qu'il le faut... Il faut qu'ils croient, et ils croiront.

Il nous manque la foi. Nous renions ce que le genre humain a toujours cru. Nous renions la parole de Dieu. Où donc est la vérité, si elle n'est pas dans le Verbe de Dieu parlant au genre humain ? Dans l'avenir ? Mais elle est nécessaire, et comment, si elle n'est pas découverte, a-t-on pu vivre dans le passé ? Dans le cerveau de quelque philosophe qui la garde en un coin obscur, enfouie au fond d'un livre qu'on ne peut comprendre ? Mais, encore un coup, on a vécu, lorsque sans elle on ne pouvait vivre. D'ailleurs, qu'il la fasse connaître, puisqu'il faut que je la connaisse : et à quel signe ? Qui me dira ce qu'elle est ? L'autorité de celui qui l'affirme ? Ah ! s'il faut une autorité, j'aime mieux l'autre. Pauvres gens, quand on y songe, qui ne veulent pas croire sur une autorité de six mille ans, et qui le veulent bien sur une autorité d'un jour ! Où plutôt, verrai-je moi-même, d'après mon propre jugement, que ce qu'il m'affirme est le vrai ? J'ai donc une pleine foi en mon jugement, je suis moi-même mon autorité, je crois à moi, à moi seul, et je suis infaillible : car j'ai besoin de la vérité, et si je ne la possède pas avec certitude, je ne la possède pas. C'est donc que je trouve en moi la certitude du vrai ; et parmi tant d'individus qui croient en eux, que de certitudes qui se contredisent, que d'infaillibilités qui se trompent ! à moins que tous les contraires ne soient également vrais : et ils le sont au même titre, avec cette infaillibilité de chacun, que, bon gré, mal gré, je dois admettre si j'admets la mienne, si je crois à moi. Et, chose singulière ! si je crois à moi seul, je crois à tous les autres, tous sans exception, même les plus insensés, et cela par une conséquence inévitable, ou je me contredis, puisque chacun trouve en lui les titres d'infaillibilité que je trouve en moi. Je me perds, ô Dieu ! dans la perplexité d'un si effroyable labyrinthe ; je m'enfonce dans une contradiction étonnante, où je me noie, sans que je puisse me sauver que par l'autorité d'une raison supérieure qui dirige la mienne, de la raison divine qui se révèle aux hommes, parce que les hommes doivent la connaître ou mourir ! Oh ! mille fois insensés tous ces rares génies qui att??? ?nt hardiment leur confiance à une raison débile ; q?. .lis-je ? à un orgueil étrange, à une superbe adoration d'eux-mêmes, qu'ils appellent raison, et qui n'a son vrai nom qu'en enfer ; mille fois insensés de n'avoir pas vu le vide au-dessous d'eux, et la faiblesse de ce roseau pliant par où ils demeurent sans effroi suspendus sur l'abîme ! Certes, je n'ai pas ce courage, et je ne puis voir sans frémir le précipice au-dessus duquel il me porte un instant peut-être, et qui bientôt m'engloutira pour jamais. Ma tête tourne à l'aspect du gouffre qu'ils n'aperçoivent point, et je regarde d'un autre côté, à droite, à gauche, partout, et je ne vois rien, et de plus en plus mon œil désespéré s'égare... Où suis-je donc ? où est la vérité, si elle n'est point dans la foi du genre humain, dans la religion ? Je la cherche, je la demande, je l'appelle à grands cris, tous les échos répètent mes clameurs folles, mais les répètent seuls...

Les échos répondent seuls, hors de la religion : la religion a répondu. Il me semble que la vérité est là. Si la vérité est là, malheur, malheur encore : car elle est une lumière qui brille pour des yeux aveugles ; que dis-je ? pour des yeux qui se font aveugles, qui se refusent à la voir. Elle est pour nous comme une vérité qui n'est pas.

VII

Tout a une cause, et un fait aussi général a une autre cause, sans doute, que la passion, nécessairement particulière. Quelques dévots peuvent bien dire que l'on n'est pas incrédule à moins d'être vicieux, que l'incrédulité naît du vice seul, du besoin que l'on éprouve de se voiler à soi-même son vice, de s'étourdir sur les conséquences qui en sont la suite, de n'avoir pas à s'inquiéter du compte de ses jours, et par là d'éteindre les vives flammes du remords. Modeste façon, en vérité, de proclamer à voix haute que leur conscience vertueuse ne les a jamais connues, ces vives flammes : toutes bonnes gens, qui jettent toujours la première pierre, parce qu'ils n'ont pas de péché. Non, la charité chrétienne, celle qui devrait être la leur, ne flétrit pas ; elle ne condamne pas les personnes, alors même que, fidèle à son devoir, elle condamne les erreurs ou les fautes ; elle sait que beaucoup d'entre ces aveugles sont plus malheureux que coupables, victimes pour leurs croyances du temps où ils vivent, mais honnêtes, sages, aimant (quelquefois plus que ne font ceux qui leur jettent la pierre) et les hommes et Dieu, bons, pour tout dire, et par leurs vertus dignes d'être chrétiens (1). Si l'incrédulité s'explique par le vice seul, comment expliquera-t-on le vice ? Car je crains fort qu'il ne s'explique aussi que par la seule incrédulité ; et je pourrais dire, sans me hasarder trop, que, si l'on pèche avec une ferme foi, on tombe peut-être dans des faiblesses qui passent, on ne tombe pas dans le vice, qui suppose l'habitude. Il se rencontre des vicieux qui croient, de bouche, non de cœur. Ce sont hommes qui

---

(1) Elle a trop de vertus pour n'être pas chrétienne.
(CORN., *Polyeucte*)

ont une foi pour ne s'en occuper point ; ils la conservent silencieuse au fond de quelque retraite cachée qui est en eux et qu'eux-mêmes ignorent ; si elle y reste, elle travaille là-dedans à leur insu, et un jour, après de longs écarts, tout d'un coup ils se retrouvent chrétiens. On a vu demeurer croyants des siècles de libertinage : est-il impossible de comprendre que le libertinage, d'ailleurs moindre aujourd'hui, n'est pas la raison d'un siècle incrédule ?

Un mal si profond a de plus profondes causes. Qui l'a fait? Nul absolument, tous un peu. Tous, dis-je, et ceux-là même, ceux-là surtout, qui s'en doutent le moins, qui s'en lavent les mains avec la confiance la plus juste, ce semble.

Il vient d'une opposition entre la religion et l'esprit du siècle, deux choses que l'on fait se contredire en telle sorte qu'il paraisse impossible d'être croyant sans renier le mouvement de notre âge, ou de vivre dans ce mouvement sans renier la foi.

Contradiction funeste, source de grands maux ; ceux qui l'ont faite ont fait, sans le savoir, tout le malheur du temps. Elle n'est pas, elle ne peut pas être : car il faudrait nier, pour qu'elle pût être, ou la divine révélation du vrai, ou le développement non moins divin de l'homme sur la terre. Ni l'un ni l'autre ne se peut nier ; mais si l'on fait tant que de nier l'un des deux, nous ne le voyons que trop, on niera la foi. Cela est tout simple ; à moins de renoncer à l'esprit du siècle, c'est-à-dire de se mettre en dehors du mouvement, de vivre solitaire ou fou : or la foule ne vivra point solitaire, elle ne se mettra point en dehors du mouvement, elle ne renoncera pas à l'esprit du siècle, car elle le porte avec elle, et là où elle est, il est ; elle ne peut donc se mettre en dehors de lui sans se mettre en dehors d'elle-même ; elle ne peut y renoncer, et, s'il faut qu'elle y renonce pour être religieuse, elle ne le sera point. Que cet esprit du siècle nous réjouisse ou nous afflige, force nous est de le subir. On l'a combattu au nom de la religion : c'était perdre ce qu'on prétendait sauver. Jusqu'à ce que l'on cesse de la défendre par de telles armes, loin de renaître, elle mourra de plus en plus dans le cœur des hommes. Qu'on la montre d'accord avec l'esprit nouveau, les peuples reviendront à elle pleins de joie, parce que, ne la voyant plus contraire au souffle divin qui les pousse, ils en reconnaîtront l'ancienne vérité : et cette alliance des deux esprits, au lieu que, se combattant l'un l'autre, ils s'efforcent de se détruire par une lutte féconde en ruines, assure aussitôt à l'un et à l'autre un pacifique triomphe.

Espérons-le, ce triomphe : car il est facile de concilier deux termes qui ne se contredisent pas, comme on le répète bien à tort ; qui au contraire, si on sait les pénétrer, s'accordent. Lorsque je parle de l'esprit d'un siècle, je ne fais aucune acception de parti ni de secte, j'envisage le siècle : un parti qui domine se trompe ou s'égare peut-être ; un siècle, dans la pensée qui l'anime, ne se trompe pas. Qu'il néglige des vérités nécessaires, soit : c'est ce que j'appelle l'erreur du temps, erreur grave, dont il souffre, et quelquefois jusqu'à la mort. Au moins est-il une vérité dont il s'inquiète : et celle-là, c'est la pensée du siècle. Oui, la pensée qui l'anime est vraie, car elle est commune à toutes les intelligences de cet âge ; elle est en cet âge celle du genre humain. L'esprit d'un siècle est l'esprit de l'humanité à une de ses périodes : il est donc l'esprit de Dieu qui la mène, et quiconque s'élève contre lui s'élève Dieu. N'est-ce pas aussi contre Dieu que s'élèvent ceux qui attaquent la foi ? Je m'adresse à des hommes comme il y en a de nos jours, qui ont tout, force intelligente et généreuse, âme noble, vertu, rien ne leur manque, excepté la seule chose vraiment essentielle, qui donne ou qui remplace tout le reste, la foi. Au moins reconnaissent-ils dans la religion beaucoup de vrai : par là donc elle est divine, ne le fût-elle que par là ; et quand ils verront qu'elle ne s'oppose point à l'esprit de leur siècle, elle sera pour eux toute divine. Cela étant, la contradiction entre la religion et l'esprit de ce siècle n'est qu'apparente ; deux choses qui viennent de Dieu, diverses, contraires même en apparence, sont réellement une. Combattre l'une ou l'autre, c'est combattre Dieu et se combattre soi-même ; c'est prolonger la guerre des âmes, où chaque trait retombe sur celui qui le lance, guerre continue, sans repos ni trêve, qui dure jusqu'à ce que la société périsse, ou jusqu'à ce que les deux principes, impérissables parce qu'ils sont divins, qui ne peuvent se détruire, s'accordent.

Cet accord viendra : la religion domine la destinée de tous les peuples, et il est dans sa propre destinée que l'esprit d'un siècle bien entendu ne soit qu'une phase de son développement terrestre. Si cela n'était point, si la religion et l'esprit moderne continuaient à se combattre en Europe, la religion, qui est de Dieu, ne mourrait pas pour le monde, mais pour l'Europe ; l'esprit moderne triompherait seul, car les fleuves ne remontent jamais vers leur source, ni les peuples vers leur passé : et cette horrible victoire, qui serait la perte de la foi, consommerait une décadence dès lors sans remède, une barbarie profonde, tombeau de la civilisation européenne.

Détournons les yeux d'un tel avenir, et cessons de le craindre : car il ne peut pas être, il ne sera pas. D'où vient que l'esprit moderne s'oppose à la religion, et d'abord quel est-il ?

VIII

La liberté de penser, de parler et d'agir ; la liberté politique, civile, religieuse : toute la liberté.

La liberté est si bien l'esprit du siècle, que ceux d'entre les croyants qui la repoussent ne laissent pas de s'en servir comme d'un prétexte pour l'attaquer elle-même, comme d'une arme pour se défendre contre elle et pour se défendre d'elle.

Elle est donc sacrée par le consentement de tout le siècle ; elle n'est pas une erreur : aussi fait-elle partie, à vrai dire, des dogmes de la véritable religion. Ce n'est point la religion ni la liberté, ce sont les religieux du jour et les libéraux du jour qui se combattent. Pourquoi? Parce que voici une des grandes misères de l'homme, que, se renfermant dans le vrai qu'il possède, et l'exagérant à ses propres yeux, il ne sache plus reconnaître le reste du vrai, qui lui semble s'accorder mal avec le sien. Nous lâchons toujours un des bouts de la chaîne, faute d'en apercevoir le milieu par où, comme parle Bossuet, l'enchaînement se continue. L'esprit du siècle est la liberté, mais la liberté seule. Or, qu'est-ce que la liberté, sinon la volonté, et la volonté, sinon l'homme? Dire que l'esprit du siècle est la liberté seule, c'est donc dire qu'il ne s'inquiète que de l'homme seul, sans rien voir au-dessus de lui.

Suivons d'un coup d'œil rapide ce mouvement qui emporta l'Europe, et la fit descendre en quelque sorte de Dieu à l'homme.

La religion, étant le rapport de l'homme avec Dieu, a deux faces, l'une divine, l'autre humaine : aimer Dieu par dessus toutes choses, aimer en Dieu son prochain comme soi-même, tel est le double précepte qui, selon

Jésus-Christ, la résume tout entière. Mise sur la terre, comme tout ce qui est sur laterre, pour s'y développer en nous, ce qu'elle développe d'abord, quoi de plus naturel à une religion ? c'est la face divine. Ainsi le christianisme, qui représente pour nous la religion, a-t-il commencé par élaborer sa doctrine et son culte : aimer Dieu par dessus toutes choses, ou le connaître par la connaissance des mystères et des dogmes, l'aimer à l'aide des sacrements qui donnent la grâce, le servir par la pratique d'un culte admirable qui frappe les plus incrédules, sinon d'enthousiasme, au moins de respect ; mais surtout par la pratique de la justice, par la vertu. Quant à la face humaine, aimer en Dieu son prochain comme soi-même, elle l'enseigne avec autant de rigueur que tout l'ensemble de ses préceptes ; elle en fait une de ses prescriptions les plus impérieuses : malgré cela, elle ne la développe pas encore ; et, au lieu que ce principe doit présider à l'organisation sociale de l'homme, elle n'en fit que le motif supérieur du dévouement, lorsqu'il tombait en des âmes dignes de le recevoir : elle le confia aux cœurs des hommes, et il n'en sortit que la charité privée.

L'heure vint où la face humaine dut se développer à son tour. L'homme fit son propre développement. Pourquoi l'Eglise l'abandonna-t-elle dans cette œuvre ? Qu'importe ? Je n'ai pas ici à sonder les secrets de la Providence : je me repose sur elle, et je crois que, s'il en fut ainsi, il en devait être ainsi sans doute. Si à toute force l'on en veut voir une raison, qu'on observe que les divers éléments d'une même chose se développent toujours un à un, et chacun à l'exclusion des autres, jusqu'à ce qu'ils retournent par une synthèse plus vaste à leur unité première. L'élément terrestre et l'élément spirituel, qui entrent dans tout ce qui est de l'homme, suivent cette loi. L'Eglise a pu développer la face divine du christianisme à l'exclusion de la face humaine : pouvait-elle en développer ensuite la face humaine à l'exclusion de la face divine ? pouvait-elle oublier Dieu, lorsque Dieu doit être tout pour elle?

Quoi qu'il en soit, l'homme fit son propre développement, et le fit seul. Il invoqua la liberté, qui est sa volonté, sa personne, son être ; qui est, soumise à Dieu, toute sa force, et, rebelle, toute sa faiblesse : il s'invoqua soi-même. Il commence par la religion, qui est le commencement de tout, parce qu'elle est le faîte des choses du monde, parce qu'elle est de Dieu. Au nom de la liberté religieuse, qu'il appelle aussi d'examen ou de conscience, il nie l'autorité, manifestation du bien auquel il doit se soumettre, de l'absolu qui s'impose, du vrai. Puis, descendant des sommets de la foi, au nom de la liberté philosophique, il nie encore l'autorité, de par la raison propre renverse le sens commun, repousse le surnaturel, dernière limite de l'orgueil humain, qui ne veut rien au-dessus de l'homme, et bientôt il se fait lui-même dieu. Cependant rien ne s'arrête : il faut que l'homme descende sa pente jusqu'au fond du précipice. On peut voir, par l'histoire de notre temps, par la lecture de nos livres, de nos revues, de nos journaux, s'il a déjà touché le fond.

On a beaucoup vanté, chez les philosophes de l'encyclopédie et de l'école voltairienne en France, chez les philosophes allemands, et d'autres, leur amour pour l'homme. Oui, je le sais, ils aiment l'homme, jusqu'à ne point aimer Dieu. La religion aussi, sans doute, a l'homme pour objet, mais l'homme dans son rapport avec Dieu, l'homme en Dieu, l'Homme-Dieu. Tel est le christianisme, qui ne marche point à l'anéantissement de Dieu ni de l'homme, qui les unit en un profond rapport, sans les absorber l'un dans l'autre, ce qui serait l'un par l'autre les détruire. Mais ces mortels, qu'indigne l'ordre du développement chrétien, où l'homme ne passe qu'après Dieu, au nom de la liberté qui représente l'homme, rejettent l'autorité qui représente Dieu. Comme la liberté n'appartient qu'à l'individu dans l'homme, le culte de l'homme ne tarde pas à être le culte de l'individu.

L'Église n'était pas encore sortie du sanctuaire, et Dieu avait en quelque sorte absorbé tout l'homme : l'homme à son tour absorba Dieu, et lui-même s'engloutit dans l'individu. Ramenons l'individu à l'humanité et l'humanité à Dieu ; que l'on comprenne enfin cette maxime merveilleuse où se renferme tout le développement de l'homme : aimer en Dieu son prochain comme soi-même. Montons de l'homme à Dieu, en Dieu se retrouvera l'homme : il est temps que la liberté et la religion se reconnaissent l'une l'autre ; il est temps que l'on voie cet admirable lien, qui est le vrai rapport de l'homme avec Dieu, le christianisme accompli par l'accomplissement de ses deux termes.

C'est là le point décisif, c'est le nœud du problème. Dans ce grand problème du christianisme et de la philosophie, est engagé tout le problème social, d'où sortira l'avenir.

CHAPITRE VIII

LA RELIGION ET LA PHILOSOPHIE

L'homme est individu et société à la fois.

L'individu n'est pas l'homme : car il n'est rien sans la société. Je ne dis point qu'il soit par elle tout ce qu'il est ; qu'il ne puisse rien savoir, rien penser même, qu'à l'aide du langage nécessairement transmis par elle : importante question, mais dont ce n'est pas le lieu. Qu'il me suffise que l'individu, stérile s'il est seul, doit s'unir à un autre pour continuer après lui la race humaine ; que, seul, il n'est donc pas tout l'homme, puisqu'il meurt sans laisser la vie ; que l'existence du genre humain repose sur la famille, qui est le commencement et le principe, ou plutôt le fond de la société.

La société n'est pas l'homme : car elle n'est rien sans l'individu. Les individus sont les éléments qui composent la société : qu'est-ce qu'un ensemble, hors des éléments qui le composent ? Qu'est-ce tous, sans chacun ?

Quelques philosophes toutefois tombent dans cette erreur étrange de ne voir que la société sans tenir compte des individus : pour eux, la société est tout lorsque les individus ne sont rien ; ils s'imaginent que plusieurs zéros peuvent faire une somme, et que, la raison de chacun étant impuissante, la raison de tous est infaillible.

La foule se trompe d'une toute autre façon : elle va de l'ensemble aux éléments, de tous à chacun. L'individu est tout pour elle, la société rien. C'est l'individualisme, grande plaie de ce temps-ci.

Non, certes, la société sans l'individu ne peut être, mais ni l'individu sans la société. L'homme donc n'est ni l'un ni l'autre ; il est l'un et l'autre, unis par une foule de rapports, en telle sorte que chacun des deux termes, sans l'autre, ne puisse être.

J'insiste sur ce point, trop peu compris : d'où sort d'elle-même cette conséquence, que le développement de l'homme est individuel et social ; qu'il est tout entier dans le développement l'un par l'autre de chacun de ces deux termes.

Tel est le sens du précepte par où la religion, toujours plus vraie à mesure qu'on l'entend davantage, résume les devoirs de l'homme envers l'homme : aimer en Dieu son prochain comme soi-même. Elle ne sacrifie ni la société à l'individu, ni l'individu à la société : elle veut que chaque homme voie son semblable et son égal en son prochain. Elle ne lui défend pas de s'aimer, ce serait lui défendre d'aimer le prochain ; elle ne marque autre chose, sinon la réciprocité de deux termes réciproques.

II

Toutefois, l'homme, qui fit seul son développement, ne voyant rien hors de lui, ne se vit pas lui-même tout entier ; il ne reconnut pas d'autre principe que celui de la liberté seule : mais la liberté seule est toute personnelle, et voilà l'individualisme de nos jours.

Luther veut que chacun se fasse sa religion : il frappe au cœur la foi.

Descartes, un bon catholique, lequel ne s'imaginait pas être un fils de Luther, veut que chacun se fasse sa vérité : il frappe au cœur le sens commun.

L'autorité religieuse, l'autorité morale, successivement abolies de la sorte, toute autorité succombe, et le dernier triomphe de l'homme est la perte de l'homme même par le sacrifice du genre humain à l'individu.

Nous assistons à ce lugubre triomphe, et notre siècle en a poussé un cri de douleur. Et voilà que l'individu, ayant tout renversé autour de lui, se regarde, et s'épouvante de se voir seul ; il se sent pris de tristesse, ou d'une sorte de fougue furieuse qui le pousse de plus en plus au fond de l'abîme. Beaucoup se tournent vers la terre ; ils lui demandent ce qui leur manque, qu'elle ne peut leur donner, et, par un désespoir aveugle, se consument dans le vain souci des richesses. D'autres, emportés d'un même désespoir, se retournent vers le ciel muet : ils l'interrogent, et ils n'ont pas de réponse ; et ils s'attristent, et je les ai vus mourir…

Que cherche donc votre inquiétude vague, ô René ! pour désespérer ainsi de toutes choses et du monde ? Mélancolie de nos poètes, tristesse de nos romanciers, *pessimisme* de nos derniers auteurs, qui as pris la place des anciennes mélancolies passées de mode, moins poétique, plus amer peut-être et plus profond, que veux-tu ? Où va ton aspiration ? Le souffle qui t'anime est-il ce vent mauvais qui écarte du rivage, ou cette brise qui s'élève aux approches de la côte heureuse, qui la fait comme pressentir et l'annonce de loin ?

Oui, la terre est proche. Le règne de l'individu parmi nous en est à cette extrême limite, que l'humanité périra s'il se prolonge. Car où descendra-t-il encore ? Les degrés manquent sous ses pas. La fatale échelle de l'isolement individuel que l'homme, depuis le quinzième siècle, travaille à descendre, ne lui offre plus qu'un dernier échelon, dernier terme de cet isolement progressif : l'isolement dans ce qui est le fond de la société, dans la famille. Ainsi tombent une à une la foi, le sens commun, la société, la famille. Heureusement ce dernier échelon est infranchissable : l'homme ne s'enfonce pas si avant dans le gouffre, et l'unité du genre humain ne se peut détruire qu'il ne cesse tout aussitôt d'être homme.

Que fera-t-il, en effet ? Dans son orgueil démesuré, cet être qui s'isole de plus en plus s'isolera-t-il jusque-là ? Quand il le voudrait, le peut-il ? Tous ses efforts feront-ils que, seul, il puisse perpétuer sa race ? Non, il a beau faire, l'individu ne peut enfanter qu'au moins dans cet acte suprême il ne s'unisse à un autre ; et ce n'est ni cet autre ni lui, c'est l'un et l'autre, c'est leur union qui enfante. Que si, par indifférence pour sa race, il se refuse à la perpétuer, sa nature, qui ne veut pas être mutilée, crie : car il porte en lui-même, tant la société et l'individu s'unissent profondément, un besoin qui l'attache à cette race que repousse en vain son égoïsme. Telle est l'indestructible base de l'unité du genre humain : un esprit quelque peu logique reconstruira sur ce fondement, avec la famille, la société, et, avec la société, l'homme.

Admirons toutefois la profondeur des folies de l'homme : il a répudié son âme, il n'a voulu voir en lui que matière, et voilà que dans la matière même Dieu est, sans qui elle ne serait pas ; voilà que dans la matière est un principe, sans qui elle se diviserait en ses atomes, jusqu'au néant ; que dans la matière donc est un principe d'unité, spirituel et divin : et l'homme retrouve ce principe jusque dans la matière même qu'il veut être. Là même il rencontre établie, sans qu'il puisse l'abolir, non-seulement l'unité de sa personne, mais celle du genre humain : car il n'enfante que par l'union de sa personne avec une autre. Alors que fait-il, ou que prétend-il faire ? Il accepte, je me trompe, il subit cette unité à laquelle il n'échappera point, fondement inviolable de sa nature : il la subit, comme un piège qu'il ne peut éviter ; il y tombe, pour mieux dire, et s'en sauve par une inconséquence. Que dirai-je ? Il entend l'amour à la façon des animaux ; il s'unit par caprice, et par caprice dissout, quand il lui plaît, l'union qu'il vient de faire. Que sont après cela ces doux titres de mère, d'épouse ? La femme, l'enfant, et par suite les biens aussi, appartiennent à tous : plus de famille, plus d'héritage, plus de propriété. L'individu, à force de s'isoler, accapare ; il étend sur tout ce qui l'environne son vaste égoïsme, et le drapeau de sa folie nouvelle porte cette inscription dont rira l'avenir : communauté de biens, communauté de femmes !

Qu'est ceci ? L'humanité jadis absorbait l'individu ; l'individu à son tour absorbe l'humanité. Il sort de lui, à force de ne voir en tout que lui seul ; il fait de lui la société, et de la société lui. Il identifie ces deux termes ; mais qui ne voit que c'est les détruire ? Qu'est-ce que l'individu dans le communisme, ou dans le collectivisme, le mutuellisme, l'anarchisme, ces variétés d'une même espèce, noms divers d'une même erreur ? qu'est-il ? Pour être tout, il n'est rien. Qu'est-ce que la société ? Ce qu'est l'individu, rien. Il se confond avec elle, et elle avec lui. Le communisme, chef-d'œuvre d'inconséquence malgré son appareil logique, non seulement viole la nature humaine en ce qu'il la ravale jusqu'à la brute, mais se donne le coup de la mort, en ce que, loin d'unir les deux termes qui ensemble constituent l'homme, il les nie l'un et l'autre.

Et je vois là un signe remarquable, rassurant, après tout, pour l'avenir: que le système communiste s'élève contre cet individualisme d'où il est né et qu'il exagère ; qu'il ne reconnaît ni la seule autorité ni la liberté seule, et qu'il invoque l'union des deux termes dans la fraternité. Là est sa vérité : là donc sa force apparente, séductrice de quelques nobles intelligences. Son tort est de ne pas faire ce qu'il veut : il nie en les absorbant les deux termes qu'il prétend accorder. Mais cette remarque sur le système communiste nous découvre deux choses : l'une, que l'individualisme a fait son temps, qu'il est à son heure de mort, puisqu'il touche déjà par son extrémité l'extrémité contraire ; l'autre, que, malgré d'éclatantes entreprises faites de nos jours pour établir d'une façon exclusive le principe qui s'oppose à l'individualisme, la tendance du siècle, la logique de l'histoire, amène à conclure qu'il existe une harmonie entre deux principes également vrais, et que cette harmonie, véritable mot de l'énigme, peut seule résoudre le problème social.

III

Cherchons-la donc, puisqu'il le faut. Cherchons-la d'abord au faîte des choses, dans la religion, et pour elle dans la vérité ; car, la religion étant le rapport de l'homme avec Dieu, ce rapport doit être connu ; et le problème de la connaissance est encore, comme toujours, le premier de tous.

Où est la certitude ? A quel signe se fait-elle voir ? Grande question que celle-là ; question fondamentale, et aussi pierre d'achoppement pour toute philosophie, pour toute science, pour tout acte, quel qu'il puisse être, de la pensée humaine. Voici des hommes qui ne s'attachent qu'à la foi et repoussent la raison ; en voici d'autres qui ne s'attachent qu'à la raison et repoussent la foi. Les partisans de la foi montrent avec évidence que la raison toute seule mène aux abîmes du doute, je parle d'un doute universel et sans issue ; les partisans de la raison montrent avec une égale évidence que la foi toute seule, n'ayant plus de base dans l'esprit humain, mène aux abîmes d'un doute plus profond, s'il est possible. D'où vient que chacun persiste dans son erreur : vérité pour qui la considère en elle-même, erreur parce qu'elle est exclusive ? De ce qu'on ne sait pas unir en ce problème, le premier de tous, l'individu et la société. La raison est l'instrument individuel, la foi l'instrument social de la connaissance ; et de même que l'homme n'est ni individu seul, ni société seule, de même la connaissance du vrai nécessaire à l'homme n'est ni individuelle ni sociale exclusivement, mais l'un et l'autre ensemble : elle n'a pas lieu par la raison ou la foi seule, mais par la raison et la foi se pénétrant l'une l'autre, de telle sorte que l'une sans l'autre n'est rien, qu'elles se soutiennent l'une l'autre, que la raison s'appuie sur la foi et la foi sur la raison, qu'ici, comme en tout le reste, l'individu repose sur la société, unique fondement, et la société sur l'individu, condition unique de l'existence humaine, l'un et l'autre étant l'homme, qui à son tour, qu'on le considère sous l'une de ses deux faces individuelle et sociale, ou qu'on l'envisage tout entier, ne repose que sur Dieu.

C'est faute de voir cela, qu'on a mal résolu la question de la certitude. Les uns ne voient l'homme que dans l'individu, et n'en peuvent sortir pour le compléter par ses semblables, moins encore pour atteindre Dieu ; d'autres ne le voient que dans la société, et ne peuvent se faire une route qui pénètre jusqu'à l'individu : ils lui retirent tout, et lui refusent, s'ils sont logiques, jusqu'à la faculté de les comprendre.

J'aborde ce redoutable problème : considérant l'individu et la société, peut-être en trouverai-je l'union, qui est l'homme.

Je commence par l'individu, parce que, son développement ayant été extrême en notre siècle, c'est lui que je dois ramener, s'il est possible, à tout l'homme et à Dieu. Cela ne serait point, que je commencerais encore par lui, parce qu'il est le premier objet qui s'offre à mes regards : en toute façon, c'est de lui qu'il faut que je parte.

Je prends donc l'individu, et le prends tel qu'il est, capable de penser, quelle que soit d'ailleurs l'origine du langage qui lui permet de penser. Tel que je suis, je m'observe : et ce que je vois d'abord, c'est ma *conscience*, qui est moi-même connu à moi. Je juge, et je connais que je juge ; je souffre ou je jouis, et je connais que je jouis ou que je souffre ; je veux, et je connais que je veux ; sans quoi je ne jugerais, ni ne sentirais, ni ne voudrais : telle est la conscience, condition nécessaire des facultés de notre être. Capables de penser, de sentir et de vouloir, ce n'est point par elle que nous pensons, mais que nous connaissons notre pensée; et ainsi du reste.

J'ai de la sorte une connaissance immédiate de ce qui se passe en moi. Si je me demande d'où viennent les sentiments et les idées que j'y trouve, j'observe qu'un grand nombre naissent en moi à la suite de certaines sensations, lesquelles sont aussi en moi, éveillées par le contact de la nature extérieure. Mon corps est un milieu par où pénètrent jusqu'à moi divers phénomènes du monde qui m'environne. On appelle organes des *sens* les voies qui leur ouvrent le passage ; et *expérience externe* cette connaissance que j'ai des phénomènes extérieurs à moi-même, tandis que la connaissance des phénomènes intérieurs, de ce qui se passe en moi, est l'*expérience interne*.

Est-ce tout? Les sensations qui naissent en moi à propos des faits et des choses du dehors font naître à leur tour beaucoup de sentiments, beaucoup d'idées. Mais n'est-il pas d'autres sentiments, n'est-il pas d'autres idées, que n'explique point cette origine ?

Quelques philosophes s'en tiennent aux sens, lesquels donnent les sensations, et celles-ci, réfléchies par le moi, les idées. Que de choses n'aurais-je pas à dire sur ce point, et sur bien d'autres, sur lesquels je ne puis que glisser ! Mais je me contente de suivre en ce moment l'argumentation de l'école, parce qu'elle me suffit, quoique très incomplète, pour faire voir la faiblesse de ce système qui veut que toutes nos idées nous viennent de la sensation par la réflexion du moi. En voici une, par exemple; et je prends l'exemple même apporté par l'école dont je suis l'argumentation. En voici donc une : Il n'y a point de phénomène sans cause. C'est le principe de causalité ; c'est l'idée de la cause absolue, de la cause nécessaire et universelle. La sensation, l'expérience externe, me donne-t-elle seulement l'idée de cause? Non ; elle ne me donne que des phénomènes. Or, il s'agit ici d'un principe qui les domine tous, que je conçois de telle sorte qu'un phénomène quelconque, en quelque lieu, en quelque temps, en quelque monde que ce soit, ne peut être que tout aussitôt je ne lui attribue ou ne lui cherche une cause.

— L'expérience externe, me dit-on, n'offre que des phénomènes : mais ces phénomènes se lient dans le rapport de cause à effet. — Je l'accorde ; seulement cette idée même, vous la tirez de vous ou d'ailleurs pour l'appliquer aux phénomènes : l'expérience ne vous la donne pas; elle ne vous donne que les phénomènes, et non pas les uns comme causes, les autres comme effets; elle les donne comme de simples phénomènes, tout au plus successifs, c'est-à-dire postérieurs les uns aux autres. Un homme tombe frappé d'une balle : je vois une balle qui frappe un homme, je vois l'homme qui tombe, deux faits qui se succèdent, sans qu'ils me disent eux-mêmes que l'un soit la cause de l'autre. Ils ne me le disent pas davantage alors même qu'ils se succèdent toujours : ils ne me montrent, dans ce cas, qu'un rapport constant de succession; c'est moi qui leur applique l'idée de cause, qui est en moi sans que l'expérience me la donne. Aussi se trompe-t-on souvent, comme le prouve le paralogisme bien connu : *post hoc, ergo propter hoc*. Mais cela même, cette habitude si fréquente de prendre pour un rapport de causalité ce qui n'est qu'un rapport de succession, fait voir jusqu'à quel point nous est familière l'idée de cause. D'où vient-elle ? — De l'expérience interne, dit une autre école; le moi l'a de lui-même, cette idée, car il se sent cause lui-même, étant une force libre. — Oui, mais cause particulière, et j'ai l'idée d'une cause universelle ; contingente, et j'ai l'idée d'une cause nécessaire, absolue. Le principe du moins est absolu : ce n'est point par conjecture, par induction, ou par analogie, me sentant cause, c'est avec une directe et pleine certitude que je l'applique. Il ne me vient donc pas de moi ni du monde des phénomènes, mais du mo.. de des idées, monde supérieur, dont j'ai comme la vue ..ime, qui se manifeste à ma conscience, qui m'apparaît à travers mon esprit, de même sorte que l'autre à travers mon corps. Ce principe de la cause, ou mieux de la causalité universelle parce qu'elle est nécessaire, d'où je m'élève jusqu'à une cause effective, actuellement et éternellement efficace, absolue, infinie, parfaite, jusqu'à Dieu, m'apparaît de lui-même. Je touche d'une part les phénomènes, de l'autre la cause; d'une part le contingent, le relatif ; de l'autre, le nécessaire, l'absolu ; et, comme le monde à travers mon corps, à travers mon esprit Dieu se révèle.

Telle est la raison, révélation intérieure de Dieu, Dieu même qui se manifeste à la conscience de l'homme ; et je m'écrie avec ce grand archevêque (1) : « O raison ! raison ! n'es-tu pas le Dieu que je cherche ? »

IV

Merveilleuse destinée que la nôtre, et grandeur étonnante ! Mais que l'homme n'en soit pas trop fier ; qu'il se mesure, et qu'il s'humilie, le superbe : il n'est pas tout grand. Si l'orgueil monte en fumées vaines dans son cerveau, qu'il le rabaisse, et qu'il se hâte : car je ne sais laquelle des deux l'emporte, de sa grandeur ou de sa petitesse.

L'expérience externe et la raison, c'est-à-dire le monde et Dieu, aboutissent l'un et l'autre, en nous, à la conscience : les voilà qui se réduisent aux proportions de l'expérience interne, du moi, lequel ne s'élève que lentement jusqu'à les reconnaître, lorsqu'il y arrive. L'infini prend à nos yeux les caractères du fini qui le contemple; au lieu de le voir tout entier, comme un seul et même parfait, notre conscience finie le divise (ô crime ! si elle n'y prend garde, si elle ne songe point qu'il faut toujours considérer comme un seul tout ce que divise sa faiblesse !) notre conscience finie, dis-je, morcelle ce Dieu éternellement, infiniment et absolument parfait, en perfections distinctes, dont elle ne voit qu'un petit nombre, bien qu'elles soient innombrables et qu'il y en ait une infinité si elles se peuvent distinguer les unes des autres; et celles-là même, elle ne les embrasse pas dans leur infini.

(1) Fénelon, *Existence de Dieu*.

Hélas ! quel est le principe que l'homme embrasse dans son infini ? Il le conçoit, il le sait infini : mais il ne voit pas, si je peux le dire, cet infini qu'il sait, puisqu'il ne voit pas en un seul regard, ni en mille, toutes les conséquences, toutes les applications sans nombre que ce principe enferme.

Il faut qu'il en ôte ce qu'il peut saisir, pas à pas, par une lente analyse, par une décomposition successive. Tout n'est donc point pour lui de certitude immédiate. Loin de là, il est peu de choses qu'il touche directement par ses propres organes, ou qu'atteigne directement son esprit dans le domaine rationnel. Tout le reste, ce qui compose, à vrai dire, l'ensemble de ses connaissances, se rattache par une série de raisonnements à un fait d'expérience, ou à un axiome ; si la série des raisonnements est bien faite, le fait d'expérience ou l'axiome une fois admis, force nous est d'admettre ce qui en découle. Ainsi se prouvent les propositions vraies, par la chaîne qui les lie à un fait reconnu ou à un axiome : alors il y a certitude, soit dans l'ordre physique, soit dans l'ordre métaphysique.

Mais le scepticisme ne se tient pas pour battu, et, par malheur, il a beau jeu. Quoi ! dit-il, on veut que je suive un à un les anneaux d'une chaîne par où telle proposition se rattache à un axiome ou à un fait ; et l'on croit démontrer de la sorte ? On prétend me ramener à une certitude immédiate, et ce que l'on me prouve ainsi est médiatement certain, grâce à une suite bien liée de certitudes qui s'engrènent les unes dans les autres : mais cette suite, qui m'assure qu'elle est juste ? La règle logique. Et qui m'assure que cette règle l'est ? Le principe absolu qui la fonde. Et qui m'assure de la vérité du principe ?...

Et cette certitude immédiate, que l'on me vante, où l'on me pousse, où l'on me traîne de proposition en proposition, pour donner aux autres une solide base, est-elle véritable ? L'expérience ne me trompe-t-elle point ? Vois-je bien ce que je crois voir ? L'axiome qui me semble évident l'est-il ? L'évidence, sur laquelle bâtit Descartes, est-elle autre chose qu'une décevante chimère, un jeu habile et moqueur de l'esprit des mensonges ?

Et qu'on n'invoque point, avec ce grand philosophe, qu'inquiète le cercle où il se débat, la véracité de Dieu : car Dieu même, qui me le prouve, si ce n'est la certitude métaphysique des principes absolus, si ce n'est cette évidence, qui ment peut-être ?

Qu'on n'invoque pas davantage le sens commun, l'accord de mes sensations avec celles des autres hommes, l'autorité du genre humain, toutes grandes choses, mais vaines pour moi tant que je ne sais à quoi m'en tenir sur mon autorité propre. Car y a-t-il des hommes ? Comment le puis-je savoir, si ce n'est que je les vois, que je les touche ? Et qui m'assure que ce témoignage de mes yeux, de mes mains, n'est pas une duperie ?

La sensation et l'évidence, étant la certitude immédiate dans l'ordre sensible et dans l'ordre rationnel, fondent pour nous la certitude de toutes choses, qui s'y rattache : mais d'abord faut-il que ni la sensation ni l'évidence ne nous trompent, que l'une et l'autre soient vraies ; et il est impossible que cette véracité se démontre, puisqu'elle est le fondement de toute démonstration. Je ne trouve en moi, pour ce qui est extérieur à moi-même, que la sensation et l'évidence ; rien ne m'en démontre la véracité : car comment juger, sans sortir de moi, si elles se conforment à la réalité de ce qui est au dehors, et que sais-je seulement s'il y a rien au dehors, si je ne suis pas seul ? Je ne puis le savoir que je ne sorte de ma solitude, ni en sortir que je ne suppose par là cette véracité même dont je cherche la preuve.

Il est vrai, et voilà nos philosophes bien humiliés, qui veulent une démonstration pour tout ce qu'ils affirment : je les défie de pouvoir démontrer jamais la base de leurs plus admirables démonstrations. Rassurons-nous toutefois : cette base est plus solide que les meilleures preuves ne la sauraient faire.

La certitude immédiate, fondement de toutes les autres, est la véracité de la sensation ou de l'évidence, dans l'ordre sensible ou rationnel ; rien ne me démontre cette véracité : je la crois. Je la crois d'une invincible croyance, sans que nul doute s'élève en mon âme ; elle est donc certaine à mes yeux ; et qu'est-ce que la certitude, si ce n'est une adhésion franche, entière, absolue, de l'entendement, sans que le doute soit possible ? Or le doute n'est pas possible ici, et le plus intrépide sceptique, croyant dès qu'il faut descendre des hauteurs de la doctrine, dès qu'il faut vivre, car on ne le peut sans croire, se détournera plutôt que de tomber dans un précipice : Pyrrhon, dans la vie, n'est plus un philosophe, il est un homme.

Qu'est-ce donc que cette certitude immédiate, appui de toute certitude ? Rien qui se puisse démontrer ; une croyance invincible, à jamais incapable d'aucune sorte de preuve ; une foi, et la plus impérieuse de toutes, la plus faite aussi pour courber devant Dieu le front superbe du sophiste : une foi aveugle. Celle-là ne se raisonne point ; en pareille matière toute philosophie est vaine : il faut croire, ou cesser d'être. Et, qu'on le veuille ou non, comme on est, on croit.

V

Est-ce faiblesse, est-ce force, qu'une telle nécessité de croire sans démonstration ? On y voit une faiblesse : c'est là, disent-ils, une des plus grandes misères de l'homme, qu'il ne puisse remonter plus haut que certains principes, ni se prouver à soi-même le fondement de ses preuves. Quelques-uns prennent le parti de la démence, le plus logique, à vrai dire, pour ceux qui demeurent dans ce point de vue ; ils se font pyrrhoniens, et tombent dans le scepticisme : peu de philosophes sont assez forts pour aller jusque-là. D'autres jugent plus simple de nier la raison, et, la déclarant impuissante, élèvent sur le scepticisme philosophique (singulière base, en vérité, pour soutenir un tel fardeau !) l'édifice de la foi.

J'avoue que je ne les ai point compris, et ce qu'ils appellent une faiblesse me semble bien plutôt une force. La preuve, au contraire, la nécessité de ne connaître une chose que par une autre et de ne savoir que pas à pas, le raisonnement, voilà notre faiblesse. Si notre intelligence était parfaite, ne verrait-elle pas d'un seul regard toutes choses ? Dieu n'aperçoit-il pas éternellement tout le fini et l'infini d'une vue immédiate ? Et la raison discursive n'est-elle pas le propre de l'homme, parce qu'il est raisonnable, mais borné en sa faculté de connaître comme en tout le reste ? La connaissance immédiate est celle dont Dieu connaît : si ce n'est que Dieu l'a dès qu'il existe, je veux dire éternellement, de toutes choses et de lui-même, tandis que l'homme n'arrive que par degrés, et selon que le développement de la vie l'éveille en son âme, à l'avoir de quelques phénomènes du monde extérieur, de quelques principes du monde rationnel. D'un côté le temps et le nombre, l'infini de l'autre ; rien qui commence ou qui finisse, rien qui se compte en l'être indivisible. Hors cette différence qui défend à toute créature de se comparer avec Dieu, la certitude immédiate qui est en nous ressemble à celle qui est en lui : elle ne se prouve pas, et n'en est que plus solide, car elle s'appuie sur elle-même au lieu de s'appuyer sur une autre ; comme Dieu a, sans sortir de lui, avec la conscience infaillible de son être parfait, celle non moins infaillible de la parfaite vérité qui est lui, j'ai pareillement, sans sortir de moi, avec la conscience certaine de mon être imparfait, celle non moins certaine d'une vérité, imparfaite parce qu'elle a des bornes, qui est en moi dans l'ordre des êtres analogues au mien.

Voici une table. Qui m'en assure ? Je la vois, je la touche. Voici un axiome constitutif de la raison : le même sous le même rapport ne peut tout ensemble être et n'être pas. Qui m'en assure ? Je le comprends, c'est-à-dire je le vois des yeux de mon esprit ; mon esprit le touche comme ma main touche cette table. Je sens l'existence de cette table parce qu'elle existe ; je sens la vérité de cet axiome parce qu'il est vrai. Je sens, dis-je, le vrai parce qu'il est vrai ; et ce qui m'en assure, c'est que je le sens.

Et comment sais-je que je suis, sinon que je me sens être ? J'ai la conscience que la vérité est en moi comme j'ai la conscience de moi-même : conscience que je suis, et que mes certitudes ne me trompent point, car elles se confondent en moi avec le sentiment de mon être. Qui se flatte de savoir ce qu'est le moi ? L'homme se connaît-il ? Est-il plus certain de son être même que de l'être des choses dont il s'étudie à douter ? Ma conscience m'atteste la notion immédiate de phénomènes et de principes, non pas seulement comme notion, mais comme notion vraie ; cette véracité est en moi : je l'y sens, je l'y trouve, comme je me sens et me trouve moi-même. Suis-je plus sûr que j'existe, parce que je me sens être, que je ne le suis de la vérité des notions que je sens en moi être vraies comme je me sens être? Et pourtant, puis-je douter que je sois ? Là donc est la certitude, laquelle n'est autre qu'une croyance, laquelle n'est qu'une foi, et, encore un coup, une foi aveugle : une foi qui ne se prouve point, et d'autant plus forte. Ceci est une manière de révélation intérieure par où Dieu et le monde, par où la vérité et la réalité, se découvrent à l'intelligence de l'homme.

Telle est la raison. Le tort du scepticisme est de la sacrifier ou de la subordonner au raisonnement. Le raisonnement est la faiblesse de l'intelligence, il est une marche lente de l'esprit particulier pour arriver jusqu'à la la raison ; il s'appuie sur la raison, qui est une révélation, une foi. Ainsi tout ce qu'il y a de force dans l'intelligence de l'homme est de foi ; sur elle seule repose toute certitude, toute vérité humaine ; on est infaillible par elle, quand on sait la voir. Mais il faut parvenir à cette vue immédiate ; là est le difficile : là est aussi l'erreur, trop fréquente chez les hommes. L'erreur est dans le raisonnement, seule route qui nous mène, sans secours étranger, à la raison ; route périlleuse, mais nécessaire à notre misérable esprit. Ce n'est pas la raison, c'est le raisonnement qui nous trompe.

C'est pourquoi l'individu (car souvenons-nous qu'il est notre point de départ), comme il n'arrive que par ce chemin à la vérité, ou à la foi révélatrice de la vérité, qui est la raison, se trompe souvent : il erre parce que mille causes personnelles qui le dominent l'écartent sans cesse de la bonne route, si pénible à suivre ; il erre parce qu'il raisonne mal.

VI

La raison en nous est infaillible ; mais nous sommes faillibles parce que nous pouvons ne pas la voir. Cependant la vérité est indispensable à notre être fait pour la lumière. Si le raisonnement est la seule voie qui nous y conduise, nous risquons fort de n'y jamais atteindre : c'est-à-dire de ne pas vivre, puisque nous ne le pouvons sans elle. Quelques-uns peuvent bien atteindre, à force d'attention et de temps, un petit nombre de vérités accessibles ; mais tous n'en ont pas le loisir, et beaucoup, parmi ceux qui l'ont, n'en ont pas la force. Que se passe-t-il alors ? Ceux qui en ont le loisir et la force, ceux qui trouvent par un raisonnement dont un soin extrême et le contrôle de leurs pareils garantissent l'exactitude, ceux qui savent, parlent : les hommes écoutent et croient. Ils croient, et possèdent aussi sûrement, sinon avec une égale connaissance de cause, la vérité qu'un autre a découverte pour eux. Ne savons-nous pas que la terre tourne, malgré les apparences ? N'est-ce pas une certitude pour la foule, qui néanmoins ne le sait que par adhésion à la parole de ceux qui le savent ?

Qu'est ceci ? Quel est ce nouveau moyen de connaître ? Trouverons-nous enfin cette certitude tant cherchée, cette infaillibilité sans laquelle le vrai, qui nous est nécessaire, n'est point pour nous ?

C'est que l'individu, je le répète, n'est pas seul. Il est en relation avec d'autres individus semblables à lui, qu'il doit « aimer comme lui-même. » Or, aimer mon prochain comme moi, qu'est-ce à dire, sinon voir en lui un être mon égal et mon frère, ou plutôt un autre moi ; le considérer comme moi, ni plus ni moins que je me fais moi-même, me retrouver, pour ainsi parler, moi-même en lui, et, dans l'ordre de l'intelligence. croire à lui comme je crois à moi ; reconnaître par conséquent que Dieu et le monde se révèlent à lui, comme à moi, de la même sorte, par la même raison ; que cette révélation ne se fait, en lui comme en moi, qu'autant qu'il la cherche et qu'il ne s'égare point dans la route par où il la cherche ; qu'infaillible par elle, lorsqu'il sait la voir, comme moi, il est, comme moi, faillible par le raisonnement. Mais les causes de l'erreur sont diverses, et propres à chacun de nous : une passion qui m'aveugle sur un certain point fait que j'erre d'un certain côté, une autre passion fait qu'il erre d'un autre ; nos habitudes différentes nous empêchent de tenir compte, moi de ceci, lui de cela, et, faute de tout voir, nul n'arrive à la raison, manifestation de la vérité. Nos divers raisonnements ne viennent pas tous se heurter aux mêmes pierres : c'est pourquoi l'erreur est multiple, au lieu que la vérité, nécessairement la même pour tous, est une. Si donc lui et moi nous n'affirmons pas la même chose, l'un de nous deux se trompe, ou tous deux ; si nous affirmons la même, il y a chance pour que ni l'un ni l'autre ne se trompe. Cette chance augmente à mesure qu'augmente le nombre de ceux qui se rencontrent dans une même pensée. Que sera-ce si l'on envisage non plus deux ou plusieurs, mais tous, mais le genre humain ? Où le consentement des hommes est unanime, il y a chance de vérité illimitée, et chance d'erreur nulle : car les causes toutes personnelles de l'erreur, essentiellement diverses, se détruisent par le nombre indéfini des personnes.

Le voilà, ce consentement universel, la voilà, cette philosophie du sens commun, philosophie véritable, dont la certitude bien comprise repose sur l'infaillibilité de la raison. La même raison se montre à l'individu et à l'humanité ; mais l'individu peut ne pas la voir, l'humanité ne le peut pas. Lors donc que l'individu se trouve en contradiction avec l'humanité, il s'incline et croit : car elle est plus intelligente que lui ; ou il refuse de croire, et par là prononce qu'il est au-dessus d'elle, infaillible lui seul ; il rompt tout commerce avec les hommes, et avec Dieu, vérité souveraine, éternelle raison qui les éclaire ; il pèche par orgueil, et l'orgueil le frappe dans ce qu'il a de plus noble, dans la partie divine de son être, la pensée ; cette pensée, qui le couronnait roi de la nature, se dépravé ; il s'en va, fier du titre de fou que ses semblables lui donnent pour flétrir justement le mépris que fait d'eux son intelligence superbe, et il s'en va seul, avec l'orgueil, qui demeure ; il rentre en possession du néant, unique bien qui lui appartienne et lui soit propre ; il s'isole, il s'enferme en sa solitude stérile, et il s'enfonce avec une horrible joie, dernier châtiment d'un esprit qui a perdu par sa révolte la conscience du vrai, dans les ténèbres qu'il s'est faites.

On allègue des erreurs universelles ; on cite l'immobilité de la terre, admise par tous avant que la science en eût établi le mouvement. Je vois dans cette citation une confusion étrange : car de quoi s'agit-il ? De deux choses qu'on devrait distinguer et qu'on ne distingue pas : le phénomène visible, et l'explication du phénomène : un fait universellement affirmé, mais vrai aussi, et sur lequel s'appuie la théorie moderne, non moins que l'ancienne ; un système qui n'était affirmé que par ceux qui qui s'occupaient de systèmes, auquel acquiesçaient les autres avec indifférence, simples échos, mais dont directement ils ne disaient rien parce qu'ils n'avaient rien à dire. Je ne parle que des affirmations directes ;

et celles ci, lorsqu'elles sont universelles, sont vraies.

Que l'humanité affirme : son affirmation est certitude, il faut la croire. Croire parce qu'elle affirme, c'est la foi : foi à la parole d'autrui, *fides ex auditu*. Je sais telle chose parce que je la crois véritable, ou je la sais parce qu'une autorité l'affirme : voilà toute la différence qu'établit le langage vulgaire entre la raison et la foi. Or, il n'y a pas d'autorité plus grande que celle du genre humain : les autres sont des autorités, celle-ci est l'autorité; donc la croyance à l'autorité n'est point telle ou telle foi, elle est la foi. Aussi la foi est-elle sociale, non individuelle; et nécessaire comme la raison, parce que l'homme n'est pas seulement individu, mais encore société. Dans cette différence que fait le langage entre la foi et la raison, il ne s'agit que de la raison qui se manifeste à l'individu : car la foi repose toute sur la même raison qui se manifeste au genre humain.

Telle fut, en ce qu'elle eut de véritable et de fixe au milieu de ses fluctuations, la grande doctrine de Lamennais, dégagée des erreurs qui la compromettent, je parle et de la manière trop étroite dont il entendit son propre système, et des conséquences qu'il en tira plus laborieusement que solidement. Mais Lamennais renverse, sans le vouloir, la base de son édifice, par une grande faute : il appuie la foi sur l'anéantissement de la raison ; faute énorme, qui détruit la foi, laquelle repose au contraire sur l'infaillibilité de la raison, en sorte que l'infaillibilité de la raison et celle de la foi viennent d'une même source, ou, pour mieux dire, sont véritablement la même.

VII

Nous tenons ici la grande Eglise du genre humain, le vrai catholicisme.

L'autorité du genre humain mène à une religion, qui toujours et partout s'est retrouvée la même fondamentalement, quiconque envisage d'un œil attentif les croyances universelles, oracles que promulgue dans la suite des siècles cette universelle autorité. Mais, non contents de ne considérer que ce qu'elle affirme, ne pouvons-nous la considérer elle-même, dans sa nature propre ? Ne pouvons-nous étudier la nature de la foi, comme celle de la raison ? Peut-être cette étude, quoique rapide, nous conduira-t-elle plus loin.

La foi est la croyance à l'autorité du genre humain : le genre humain affirme, l'individu croit, certain d'une véritable certitude, non individuelle, mais sociale, si je peux le dire. L'individu en ceci fait usage de sa raison, sans laquelle il ne peut être : il en fait usage, ne fût-ce que pour savoir ce qu'il croit. Alors il n'a point certitude comme individu, mais comme membre de l'humanité : c'est la certitude sociale, celle de la plupart des hommes, qui ne savent que par la foi. Il ne fait de sa raison qu'un faible usage ; il peut en faire un plus grand et plus noble : comprendre ce qu'il croit, en reconnaître la vérité, par son propre raisonnement, parce qu'elle est et que son intelligence la lui montre. Il ajoute alors à la certitude sociale la certitude individuelle, la sienne propre : les deux ensemble sont toute la certitude ; il sait comme homme, non comme membre de l'humanité ni comme individu seul, et non plus seulement par la foi, mais encore par la raison. Ainsi s'unissent la raison et la foi : c'est toujours la même raison, avec cette différence qu'en tant que raison elle se montre à l'individu, au lieu que la foi la lui montre, pour le garantir de l'erreur, par l'intermédiaire de l'humanité.

Or, par quelle voie la raison se manifestera-t-elle à

l'humanité? Sera-ce, comme à l'individu, par le raisonnement, c'est-à-dire par une révélation cherchée? Sera-ce par une révélation spontanée, et laquelle? Intérieure, ou extérieure? D'un homme, ou de Dieu?

Sera-ce par le raisonnement? — Mais le raisonnement est une recherche de la raison, recherche réfléchie et laborieuse, où il est facile de se perdre, où se perdent en effet les plus fortes intelligences. Plus on est loin de cette révélation du vrai, plus il faut raisonner, plus aussi l'on raisonne, ou, autrement, plus on a de chemin à faire, plus on risque de se perdre. La chance d'erreur est d'autant plus grande qu'il y a plus de raisonnement: où donc elle est nulle, c'est qu'il n'y a point de raisonnement, car elle ne serait pas nulle s'il y avait à raisonner. Or le genre humain est infaillible, donc il n'a pas à raisonner, sans quoi il cesserait de l'être : donc il ne raisonne pas, et ce n'est pas par le raisonnement qu'il trouve la vérité, ou que la raison se manifeste à lui.

D'ailleurs, lors même que la condition du raisonnement ne détruirait pas l'infaillibilité du genre humain, un autre motif la repousse encore : car dire que le genre humain raisonne ou peut raisonner, est contradictoire. Le raisonnement est une recherche de la raison, elle est donc volontaire, et, la volonté étant personnelle, il n'y a que l'individu qui veuille. Que tous les individus veuillent ensemble, ce ne seront toujours que les individus, jamais le genre humain : donc il ne raisonne pas, et ce n'est pas par le raisonnement qu'il trouve la vérité, ou que la raison se manifeste à lui.

Sera-ce par une révélation spontanée? Sans doute, puisqu'il n'y a plus d'autre voie. Mais laquelle? Et d'abord intérieure ou extérieure? Extérieure évidemment : car elle serait toujours individuelle, et non sociale, si elle était intérieure ; elle serait dans les individus, non dans l'humanité. Or une révélation extérieure ne se peut faire que par le langage, intelligence sociale, fondement de la société dans l'ordre de l'esprit, base de toute religion.

Voilà donc plusieurs points acquis. L'humanité n'erre pas ; non qu'avec le raisonnement elle découvre le vrai : elle en possède tout ce qui est nécessaire à sa nature intelligente et à ses impérissables destins, par une révélation spontanée, laquelle ne peut être que par la parole.

Mais cette parole révélatrice de la vérité sera-t-elle humaine ou divine ?

Si elle est humaine, elle est, ou la parole de l'humanité, ou la parole d'un individu qui enseigne le genre humain.

Or, qu'est-ce que l'humanité s'enseignant à elle-même, par sa propre parole, le vrai qu'il faut qu'elle connaisse? Rien, puisqu'elle ne peut que le découvrir ou le recevoir, qu'elle ne le découvre point, et par conséquent le reçoit, ou d'un individu, ou de Dieu.

Je suppose qu'elle le reçoive par la parole d'un individu qui l'enseigne. Cet individu ne lui enseigne pas l'erreur : car elle ne peut errer, et, s'il lui donne un faux enseignement, elle ne l'écoute pas. Il le lui donne donc véritable ; et d'où tient-il la vérité, si ce n'est de Dieu ? Qu'il l'ait découverte par les seules forces de sa raison, je l'accorde : mais qu'est-ce que cette raison, si ce n'est la raison souveraine ou Dieu, en tant qu'elle ne le trompe pas? Car, si elle le trompe, elle n'est plus raison. Il est donc permis de dire, même en ce cas, que c'est par une révélation divine que le genre humain possède le vrai.

Or, ce cas même, que je suppose, ne peut être. Comment une partie ferait-elle la loi au tout? Et un individu, qui se trompe, à l'humanité, qui ne se trompe pas ? Ce n'est pas à ce qui est faillible qu'il appartient d'instruire ce qui ne l'est point ; mais au contraire, à l'infaillible le faillible. L'infaillibilité du genre humain, nécessairement empruntée, puisqu'il n'est pas Dieu, ne peut l'être que de celui qui la possède en soi, qui est l'infaillibilité même, et qui porte dans le langage des hommes un nom incommunicable, Dieu. Dieu seul donc lui révèle la vérité, et la révèle par la parole, non cette parole intérieure qui n'est que l'intelligence de chacun, mais cette parole extérieure et sociale qui est l'intelligence de tous.

Ceci nous paraîtra plus clair, si nous pénétrons encore plus avant dans notre nature. Il faut donc entendre que l'humanité n'est pas une vaine abstraction, un mot stérile qui ne représente que l'ensemble fortuit de plusieurs êtres semblables : ce système, on le sait, fut le matérialisme du moyen âge ; il n'est autre que l'individualisme, le commencement et la fin de tout matérialisme possible. L'humanité n'est pas non plus un être concret, comme le voulurent plusieurs des idéalistes d'alors. Elle est un type qui domine tous les hommes, auquel chacun d'eux se conforme nécessairement dès qu'il existe à l'état d'homme ; elle est la vie universelle du genre humain, par où vivent les individus. Nul ne vient de lui-même, nul ne fait sa vie, tous la reçoivent ; l'individu la reçoit, double et simple, multiple et une, parce qu'elle est humaine, de la société. La société lui donne et le corps et l'âme : le corps, c'est-à-dire les sens qui le mettent en relation avec la matière ou le monde ; l'âme, c'est-à-dire l'intelligence qui le met en relation avec l'esprit ou Dieu. Cette relation entre l'homme et la matière d'une part, l'esprit de l'autre, n'est-elle pas si indispensable qu'il ne peut vivre sans elle ? Celle qu'il soutient avec l'esprit ou Dieu, toute intellectuelle, est d'abord une relation de vérité. La vérité, sans laquelle l'homme, dans la partie supérieure de son être, n'est point, précède nécessairement l'individu, et nécessairement lui est transmise à l'aide du langage par le genre humain, qui lui communique l'intelligence avec la vie. Ce n'est donc pas l'individu qui la révèle au genre humain. Donc, c'est Dieu. Et puisque une révélation faite au genre humain ne peut l'être que par la parole, Dieu a parlé au premier homme; Dieu a parlé aux hommes, et nous n'avons qu'à recueillir l'écho sonore des voix de Dieu sur la terre ; Dieu, ou la raison suprême, le Verbe, éternelle sagesse de l'être, s'est incarné, et la divine Parole s'est faite homme, afin que l'homme l'entendît.

Oui, c'est une Parole qui est venue pour parler au genre humain. Ecoutons-la, car elle est Dieu. « Le Verbe s'est fait chair, et il a habité parmi nous. »

Et non-seulement Dieu a parlé, mais il a parlé sans cesse, parce que le vrai, toujours nécessaire au genre humain, ne peut toujours lui être connu que par une révélation extérieure. C'est pourquoi une autorité, extérieure pour être sociale, conserve et enseigne perpétuellement la parole de Dieu : ceci est la tradition, révélation permanente de Dieu ; ceci est l'Eglise.

VIII

Veux-je dire qu'il y ait de par le monde un corps constitué, visible, tangible, qui soit l'Eglise préférablement au reste de l'univers ? Je ne dis pas cela. Mais voilà l'Eglise. Catholicisme concret ou abstrait, orthodoxe ou absolu, romain ou rationnel, qu'importe ? mais voilà le catholicisme. Le catholicisme enferme dans son sein, plus vaste qu'on ne le veut croire, tout le développement de l'homme. Pourquoi ? C'est que les limites de la religion, que juge étroites l'insatiable convoitise de nos mauvais désirs, loin de resserrer le bien, lui ouvre la carrière toute grande ; elles ne s'opposent qu'au mal envahisseur, ou, comme le mal n'est que l'absence du bien, qu'il n'y a donc point de mal absolu, que pour l'homme le mal est ce qui l'abaisse, le bien ce qui l'élève, elles ne s'arrêtent qu'au-dessous, où l'homme commence, et au-dessus, où il cesse d'être homme : elles le maintiennent homme, entre la bête et l'ange. On veut qu'une religion qui s'adresse à un être limité n'ait point de limites ? Elle en a certes, et si étroites, qu'elle n'embrasse que l'homme ; mais si larges, qu'elle embrasse tout l'homme, mortel réservé pour l'infini ! Elle est exclusive de tout ce pour quoi il n'est point fait : elle repousse le faux et accepte le vrai, parce qu'il est fait pour la vérité ; elle repousse tout amour où Dieu n'est pas, et accepte tout amour où Dieu est, parce qu'il est fait pour la beauté ; elle repousse tout ce qui est inique, et accepte tout ce qui est juste, parce qu'il est fait pour la justice. Que dirai-je ? Elle n'est pas un parti, elle n'est pas une opinion ni une secte ; à l'insu même de beaucoup d'entre les membres de cette universelle Eglise, elle est, en soi, la foi universelle du genre humain.

Nul donc ne peut être chrétien, ni même religieux, qu'il ne soit catholique. Car que sera-t-il, s'il ne l'est point ? Il ne croira pas à la parole de l'homme, qui est divine ; s'il admet un dogme, ce ne sera point par acquiescement à la parole qui l'affirme, mais parce que de lui-même il l'aura vu véritable. Et s'il ne l'a pas vu ? Il ignorera, par sa faute. Il s'est réduit à son infaillible sens. La doctrine dite du *libre examen* ne saurait avoir d'autre base que la souveraineté du sens privé, l'infaillibilité de la raison personnelle, distincte de la vraie

Raison : elle détruit la foi, qui est sociale ; elle est le rationalisme exclusif, déjà gros de ses conséquences funestes. Tout au plus, si elle demeure religieuse, n'est-elle qu'un rationalisme timide, qui s'ignore soi-même, ou qui n'a pas le courage de sa logique.

Comment raisonne quiconque se sépare de l'Eglise ? — Je ne puis croire cela, car cela est faux. — Ainsi parle-t-il. Et qui en juge ? Sa raison. Mais cette raison est-elle sujette à erreur, ou infaillible ? Si sujette à erreur, qu'est-ce qu'un téméraire qui sait qu'il périra, éternellement peut-être, par suite d'une erreur coupable, et qui s'obstine dans le risque de se tromper et de périr ? Et une pareille folie ne l'étonne pas ? Et il ne sent pas, dans les secrètes profondeurs de son âme, quelque chose qui se remue et qui se révolte ? Ah ! il entend, sans doute, mais il étouffe cette voix rebelle qui l'importune ! Il dort, bercé par l'esprit du mensonge, sur l'abîme qui l'engloutira : il se plaît en sa sécurité perfide, il fait taire ce qui la trouble, et il dort... Qu'il se réveille, le malheureux ! voici l'heure. Qu'il réfléchisse avec cette raison dont il est si fier. Lui semble-t-il que dans le faux on se sauve, lorsqu'on a pu l'éviter, et que la vérité, pour laquelle nous sommes faits, nous soit indifférente ? ou que nous n'avons aucun moyen certain de la connaître, quand nous ne pouvons, ni en-deçà ni au-delà du sépulcre, nous passer d'elle ? Qu'il n'est en notre pouvoir ni de nous passer d'elle, ni de la connaître ? Quiconque n'est pas catholique, c'est-à-dire quiconque ne voit, en matière de religion, que l'individu, n'est pas religieux.

IX

Considérez le protestantisme, non comme doctrine

religieuse, mais comme négation de l'Eglise : car il présente deux aspects tantôt séparés, tantôt unis, mais qu'il ne faut pas confondre, et qui appellent deux jugements différents, suivant qu'on le regarde comme la religion de l'Evangile ou comme la religion du libre-examen. Le protestantisme, qui est, à le prendre dans son principe individualiste, le fond des esprits et le seul dogme accepté de nos jours, est-il autre chose, à le prendre comme doctrine, qu'une forme nationale, variable suivant les temps et les lieux, de la tradition chrétienne ? Que sont ces fidèles, âmes simples et pieuses qu'enseignent leurs pasteurs ? Ils croient ce qu'on leur enseigne ; attachés d'un zèle inébranlable à une croyance qu'ils ne tiennent pas d'eux-mêmes, ils se disent protestants, ils sont catholiques : ils professent en catholiques un symbole protestant.

La religion du libre-examen ! C'est là une formule contradictoire. Un principe de religion est un principe d'unité ; et si une église (faut-il dire une église ?) est conduite par la logique de l'erreur à se faire un principe d'unité d'un principe de division, l'ironie de cette meurtrière logique n'est-elle pas un châtiment ? Dans le protestantisme, certes, je n'attaque pas la doctrine : j'attaque la protestation, la séparation d'avec le centre, la négation de l'unité. Je ne regarde pas au nom, mais à la chose. Il y a des protestants qui sont vraiment catholiques : ceux qui croient selon qu'ils ont été enseignés, ceux encore qui ne se séparent d'une église que pour se rattacher à la grande Eglise du genre humain, pour s'unir d'une plus étroite alliance avec le centre suprême, avec le Verbe, ceux, dis-je, que ment l'esprit de religion, sont catholiques ; et si plusieurs, pour être catholiques, se séparent du genre humain ou de

Dieu, ils sont protestants en effet. Les catholiques et les protestants ne se trouvent pas seulement dans le christianisme, mais partout : les uns qui s'unissent, les autres qui s'isolent ; les uns qui disent oui, les autres non ; les uns qui se subordonnent au centre, les autres qui se font dieux ; les fidèles, les révoltés. Ces derniers même ne sont pas tout pervers : ils soutiennent le droit de l'individu en face de la communauté qui le nie : l'exagération du catholicisme fait les protestants. On arrive au néant par l'absorption de la variété dans l'unité comme par la dispersion de l'unité dans la variété. Que les *huguenots* et les *papistes* rentrent ensemble, réconciliés et unis, dans le sein élargi du christianisme, et que le christianisme soit la religion universelle : voilà, protestants et catholiques, ce que je vous demande, et je vous en conjure par le nom du souverain Amour !

Connaître, aimer, vouloir, c'est là tout l'homme : nous ne pouvons aimer ni vouloir sans connaître, ni vivre sans vouloir, sans aimer. Donc la vérité est nécessaire, donc il est une voie certaine de la connaître. Or il n'est que deux voies de la connaître : l'une par où nous allons à elle, l'autre par où elle vient à nous : le raisonnement, la révélation. Le raisonnement n'est qu'individuel, et il peut s'égarer dans sa route. La révélation s'adresse au genre humain, et nous sauve de l'erreur, parce qu'elle est elle-même la vérité qui vient à nous. Donc la révélation est cette voie certaine de connaître la vérité : donc elle est ; et non pas un jour dans la suite des temps, mais perpétuellement, puisqu'elle est perpétuellement nécessaire, au même titre. Donc Dieu a parlé aux hommes, et sa parole se conserve parmi eux, extérieure, visible, sociale en un mot, révélation permanente, qui est le catholicisme.

Que l'incrédule médite ce raisonnement, fort simple, à ce qu'il me semble ; sera-t-il chrétien ? je ne sais : car peu importe ici quelle est au fond la croyance de l'humanité, et peut-être d'ailleurs y a-t-il plusieurs manières d'entendre le christianisme ; mais il sera catholique.

S'il objecte que c'est encore un raisonnement qui surpasse l'intelligence de la foule, je lui dirai que la foule ne raisonne pas. Cela même nous montre combien a de force le principe de l'autorité, combien il a de profondes racines dans l'homme, combien il est conforme à sa nature. Il n'est, après tout, que cet esprit d'unité qui rattache les uns aux autres les membres de la famille humaine : et quel peut être le fondement de la religion universelle, si ce n'est l'esprit d'unité ? Quiconque s'isole, proteste ; quiconque, par sa croyance, ne fait qu'un avec la société qui l'entoure, est catholique ou religieux.

La foule croit : je parle pour ceux qui raisonnent.

Que l'individu raisonne donc : il fait de son intelligence un noble et légitime usage. Mais s'il arrive par le raisonnement à contredire le genre humain, il doit reconnaître à ce signe qu'il a raisonné mal, et qu'il se trompe. Ne pas voir que l'intelligence de tous est supérieure à celle de chacun, c'est le comble de la folie, ou de l'orgueil.

Mais, dira-t-on, la religion est pleine de points difficiles, énigmatiques, inexplicables.. — Qu'importe ? En est-elle moins vraie, parce qu'elle nous étonne ? Nous sommes dans les ténèbres, ou plutôt dans un demi-jour qui nous éclaire assez pour ne pas nous perdre, laissant le reste à nos propres efforts. Nous avons la foi, nous n'avons pas l'intelligence. Que celle-ci soit notre œuvre, l'autre est l'œuvre de Dieu en nous : croire est la loi de notre être, comprendre est la tâche de notre raison. Dieu est un Dieu caché : il ne se révèle qu'imparfaitement à nous, imparfaits que nous sommes, hôtes infirmes et misérables de la vallée des larmes, de la terre d'exil. Mais si obscure que puisse être la foi, parce qu'elle est de foi et non d'intelligence, elle est certaine, et rien ne demeure, pour qui la nie, qu'un doute sans fond. Car quiconque reconnaît en principe la foi est religieux ; quiconque n'est pas religieux nie ce principe, c'est-à-dire qu'il nie l'instrument social de la connaissance, il nie la société dans l'ordre intellectuel. La société toutefois ne cesse pas d'être parce qu'il la nie ; il la trouve autour de lui, malgré lui il la reconnaît, sinon comme société, du moins comme assemblage d'individus : et ces individus, qu'il ne peut anéantir, le troublent en son orgueilleuse solitude. Les fera-t-il tous infaillibles comme lui ? Que d'infaillibilités diverses et contradictoires ! Que d'erreurs, ou de mensonges ! Rien ne se tire de là, que l'incertitude et le doute. S'il ne sont pas infaillibles, l'individu ne l'est pas, il ne l'est pas lui-même : voici l'incertitude érigée en principe. Elle ne se tire plus comme une conséquence de l'infaillibilité qu'il s'attribuait d'abord ; elle est le fond de sa nature. Rien ne demeure en lui que le doute.

Quoi qu'il fasse, de quelque côté qu'il cherche une issue, il n'en sortira point. La voilà, cette grande maladie de notre siècle ! Le doute pénètre partout, jusque dans les plus belles œuvres de nos poètes, qu'il inspire ; tout en est ébranlé, tout tombe atteint de son souffle. Il n'est personne qui ne le dénonce comme le plus funeste des fléaux ; et ce manque de foi, source empoisonnée du matérialisme, du désordre, de l'utopie, qu'est-il donc, si ce n'est le doute ? L'erreur au moins est une ombre de la vérité : elle en tient la place, elle affirme : c'est quelque chose. Le doute est pire : connaître étant ce qu'il y a de plus nécessaire pour l'homme, il est la perte de l'homme ; que dis-je ? il est la plus étrange de toutes les contradictions : il est l'impuissance qu'a de vivre un être qui vit !

On vit néanmoins, grâce à une faiblesse qui est telle qu'on n'a pas le courage de raisonnner bien dans le mal ; on vit, parce qu'il reste d'involontaires croyances, ces croyances dites positives, aveugles certitudes en tout ce qui regarde le corps. Mais le doute pèse : l'homme le secoue ; il s'efforce de le repousser, il se lève et retombe. C'est encore un espoir et un vrai bonheur en nos tristes jours, qu'il souffre de son mal, que du fond de ses abîmes il crie, qu'il aspire à croire, le malheureux blessé du doute ! Qu'attend-il ? D'où vient qu'il hésite, puisqu'il n'y a pas de refuge entre un absolu scepticisme et un catholicisme rationnel, entre la mort et une vie imparfaite, mais une vie ? Le parfait n'est point pour ce monde.

Que l'homme donc soit catholique, c'est le terme où l'amène le développement de son être individuel et social. Au-dessus de l'individu, je vois l'humanité ; au-dessus de l'humanité, Dieu.

Ainsi s'unissent la raison et la foi : ainsi, dans l'ordre religieux, qui domine tout, l'individu et la société.

N'admettre que la foi, erreur, qui détruit la foi même avec la raison ; n'admettre que la raison, erreur, qui détruit la raison même avec la foi : parce qu'elles reposent l'une et l'autre sur la même base.

Ainsi l'homme connaît, dans les deux termes de son être individuel et social, la vérité une. La révélation, principe de l'autorité, sur laquelle repose la foi, enseigne au genre humain, et par lui à tous les individus, ce qu'il nous faut savoir pour ne pas périr ; c'est l'instrument social de la connaissance. La raison, instrument individuel de la connaissance, peut faire comprendre la même vérité que la foi se borne à faire croire. Celle-ci satisfait au besoin d'être, l'autre au besoin de créer, dans l'ordre de l'intelligence ; et comme l'individu seul crée, il crée aussi par la raison, étant par la foi : heureux de rendre à la société enseignement pour enseignement, il développe son être, et hâte pour son propre développement celui de ses semblables. Le jour où la philosophie, qui est la science du vrai, égalera la foi, qui en est la révélation, sans cesser d'être d'accord avec elle, l'homme cessera de croître : le reste de la vérité, qu'il ne peut connaître tout entière, n'est point pour un esprit terrestre.

X

Cet accord de la foi et de la raison, que je demande, est un besoin de plus en plus impérieux. Je demande que le philosophe explique les dogmes sans les altérer ; qu'il tire la doctrine du sens étroit qu'on lui donne ; qu'il la conserve et tout ensemble la transforme, non en elle-même, mais dans l'intelligence de l'homme.

Si les catholiques trouvent étrange ce que je viens de dire, et à quoi ils ne pensent guère pour la plupart, qu'ils me permettent de leur citer de Maistre :

« Lorsque je considère l'affaiblissement général des principes moraux, la divergence des opinions, l'ébranlement des souverainetés qui manquent de base, l'immensité de nos besoins et l'inanité de nos moyens, il me semble que tout vrai philosophe doit opter entre ces deux hypothèses, ou qu'il va se former une nouvelle religion, ou que le christianisme sera rajeuni de quelque manière extraordinaire (1). »

(1) *Considérations sur la France*, p. 66.

Et comment? Ecoutons ce qu'il dit encore dans un ouvrage postérieur :

« .... Attendez que l'affinité naturelle de la religion et de la science les réunisse dans la tête d'un seul homme de génie ; l'apparition de cet homme ne saurait être éloignée, et peut-être même existe-t-il déjà. Celui-là sera fameux, et mettra fin au dix-huitième siècle, qui dure toujours (1).... »

Cela vous choque-t-il dans la bouche de de Maistre ? Et que dis-je autre chose ?

Ou une nouvelle religion, ou un rajeunissement extraordinaire du christianisme, transformé en science.

La première de ces hypothèses, caressée par quelques esprits chimériques, n'est pas admissible : cela résulte rigoureusement de tout ce qui précède. D'ailleurs, et supposé que l'humanité eût vécu jusqu'à ce jour sans religion véritable ou sans véritable doctrine, la doctrine nouvelle ne saurait plus être une foi, mais une science. Reste la seconde hypothèse.

Toutefois, comme nul n'est tenu de jurer sur la parole de M. de Maistre, je veux en examiner trois autres.

Premièrement, la science exclusive, qui détruirait et remplacerait toutes les religions. Les catholiques n'en veulent point, j'imagine ; ni les croyants d'aucune sorte, ni moi, sous peine de renverser ce que j'ai établi.

Secondement, la religion exclusive, qui détruirait et remplacerait toutes les sciences. Ni les savants n'en veulent, ni même les croyants : car ils ne sauraient prévaloir contre les sciences prouvées.

Troisièmement, la religion d'un côté, les sciences de l'autre, sans accord, sans lien. Savants et croyants, phi-

---

(1) *Soirées de Saint-Pétersbourg*, II° entretien.

losophes et religieux, semblent marcher dans cette voie, dont ils n'aperçoivent pas le péril. Il y a des savants qui ne sont pas religieux, il y a des religieux qui ne sont pas savants ; il y a aussi des religieux savants, et des savants religieux, chez qui vivent côte à côte, juxtaposées, non fondues, chacune chez soi, chacune insouciante des affaires de sa voisine, la science et la religion. Or, que l'on poursuive une telle route, on aboutira forcément, ou à la religion exclusive, si l'on a la force d'effacer en soi les siècles, ou à la science exclusive plutôt : parce que la religion et la science, différentes d'esprit, ne peuvent que se combattre, si elles ne s'accordent pas.

Car il ne sert de rien de dire que chacune a son domaine propre : elles empiéteront l'une sur l'autre, et l'histoire le montre. Parce que la limite de leurs domaines est imaginaire ; parce qu'il n'existe qu'un domaine, le domaine de la vérité. La religion et la science ne se distinguent, après tout, que par l'esprit, non par l'objet. Qu'on sépare les domaines : soudain, ce qui est des sciences enlevé à l'esprit religieux, la religion perd sa souveraineté, et son empire diminue avec leur accroissement ; ce qui est de la religion enlevé à l'esprit scientifique, les sciences s'isolent, négligent le rapport qu'elles doivent avoir avec la vérité première, deviennent futilités sans titre, curiosités creuses, et perdent leur valeur à mesure que, par leur accroissement, elles prennent la place de la religion. Ainsi arrive-t-il : elles envahissent pas à pas tout son territoire, et elles sont matérialistes.

De quel droit, en outre, interdire à l'un ce que l'on permet à l'autre ? L'esprit, — religieux ou scientifique, sens commun ou sens privé, foi ou raison, — qui discerne le vrai et le faux, le discerne en tout ce qui est accessible aux hommes ; et il répugne qu'une vérité qui leur est nécessaire ne leur soit pas néanmoins accessible. Que dis-je? C'est de cette répugnance même qu'il faut conclure la manifestation perpétuelle de la vérité à l'homme, parce que l'homme doit avoir perpétuellement accès auprès d'elle. Ce qui juge le vrai le juge partout où il peut le saisir ; et le vrai qu'il ne peut saisir n'est point pour lui.

Je sais que peu de croyants sont disposés à m'accorder cela. Mais ils le doivent, s'ils sont logiques. Car la foi dont ils parlent, à qui s'adresse-t-elle, si ce n'est à la raison ? La raison de l'humanité à la raison de l'individu, le sens commun au sens privé ; et c'est toujours le sens privé qui prononce en dernier ressort son propre renoncement. C'est apparemment ma raison que vous cherchez à convaincre, lorsque vous cherchez à me convaincre de la foi. Il y a donc dans la raison individuelle un principe de certitude, ou d'infaillibilité, ce qui est tout un. Et si vous me l'ôtez pour le transporter à l'humanité seule, car « nous pouvons nous tromper dans les choses mêmes qui nous paraissent les plus claires, » d'où il faut conclure, dites-vous, une autorité supérieure et seule infaillible, ceux à qui un tel raisonnement paraît clair peuvent se tromper, d'après leur principe, dans ce raisonnement même, et la conclusion sera nulle. Et quoi que l'on me dise pour m'amener à reconnaître la raison universelle, que l'on parle à ma raison particulière, reconnue infaillible aussi : sans quoi, que pourrai-je, que douter en raisonnant pour me faire chrétien, et trouver au bout, sous le nom d'un christianisme faux, un véritable doute ? Je me dirai chrétien, je me croirai chrétien, mais, dans le fond de mon esprit, je serai sceptique.

C'est pourquoi plusieurs, rejetant le système de la

certitude individuelle, parce qu'il « renverse les bases de toute religion conçue comme obligatoire pour chacun indépendamment de son jugement propre, et qu'il n'est, en un mot, que le protestantisme pur, » ont rejeté également le système qui place la certitude dans la raison commune, parce qu'il n'est, disent-ils, « qu'un protestantisme plus vaste. » Il faut en effet ou les admettre ou les rejeter ensemble. Mais que reste-t-il si on les rejette ? La révélation. C'est-à-dire, « en premier lieu, que le catholicisme est en dehors de la raison humaine, qu'ainsi l'on doit y croire, croire à l'Ecriture, croire à l'Eglise, sans aucune raison quelconque d'y croire; que dès lors, en second lieu, ces croyances ne reposent sur rien, ou reposent uniquement sur une impression interne produite par Dieu même : impression dont la réalité ne saurait être prouvée, que chacun sent en soi, qu'il n'a aucun moyen d'examiner, de vérifier, de distinguer, par quelque autre chose que ce sentiment même, des illusions dont l'âme humaine peut être le jouet : ce qui est le principe même du fanatisme dans toutes les religions et dans toutes les sectes, principe qui a le même degré de force pour justifier chacun dans la sienne. Il résulte enfin du même système que, dans tout ce qui n'est pas l'objet de l'enseignement de l'Eglise, il n'existe aucune vraie certitude pour l'homme (1). » — D'ailleurs, les partisans de ce système cherchent à le prouver : et je ne vois guère à qui s'adressent leurs preuves, si ce n'est à la raison de l'homme, à la raison de l'individu ; ce qui est implicitement reconnaître jusque dans l'individu un principe de certitude, ou d'infaillibilité.

Si l'on me dit que c'est le protestantisme ou le ratio-

---

(1) Lamennais, *Mélanges*.

nalisme pur, je réponds que la raison privée ne tient pas son infaillibilité d'elle-même, mais de la raison commune, dont elle tient son être, comme la raison commune tient son être, et son infaillibilité, de Dieu. Mais la raison, en soi, qu'elle soit divine ou humaine, et celle-ci manifestée à l'humanité ou à l'individu, étant la même partout, a partout la même marque d'infaillibilité, c'est-à-dire qu'elle reconnaît la vérité ou l'erreur au même caractère d'accord intrinsèque ou de contradiction.

Aussi la plupart des croyants admettent-ils le droit de la raison : seulement ils le bornent, et ils ne s'aperçoivent point que le borner c'est le nier. Si elle peut prononcer infailliblement sur les preuves de la doctrine, elle le peut sur la doctrine même une fois comprise ; ou si l'on dit qu'elle ne le peut, parce qu'elle n'en saurait avoir une intelligence pleine, comme elle ne saurait avoir une entière intelligence de rien, elle ne le peut sur rien : ce qui ramène en toutes choses l'incertitude et le doute.

Que si je n'en ai aucune intelligence, qu'est-elle pour moi, qu'une parole vide ?

Que si je n'en ai pas l'intelligence suffisante, je m'abstiendrai et croirai sans comprendre, jusqu'à ce que je me trouve dans la condition requise, qui est que je voie clairement l'accord intrinsèque.

Vous dites que l'homme ne se trouvera jamais dans une telle condition. Qu'en savez-vous ? Vous êtes de ceux qui ne croyez point la philosophie possible : à la bonne heure ; mais condamneriez-vous l'effort de ceux qui la croiraient possible et qui tenteraient de l'édifier ? Pourvu qu'ils évitent de prononcer sur ce qu'ils ne comprennent pas, quel droit avez-vous d'exiger autre chose ?

Et s'ils arrivent à comprendre, n'en serez-vous pas plus avancés vous-mêmes ?

— Mais ils n'y arriveront pas, parce que la doctrine est pleine de mystères. — Quand ils cesseraient d'être mystères, cesseraient-ils d'être vérités ? Ils n'en seraient que plus vérités, si l'on peut dire, puisqu'ils n'en seraient que mieux en rapport avec l'intelligence.

— Mais Dieu est incompréhensible. — Il est vrai ; et il est encore vrai que rien n'est compréhensible que par Dieu. Donc toutes choses nous sont incompréhensibles, comme Dieu ; et Dieu nous est compréhensible, comme les choses qu'il nous est donné de connaître. Cette contradiction est aisée à résoudre. La raison est partout la même, en soi, c'est-à-dire en tant qu'intelligence de la vérité ; mais la raison humaine, identique à la divine sous ce rapport, n'est pas toute la divine : ce qui dépasse l'homme est absolument incompréhensible à l'homme, et par suite absolument inexprimable pour lui ; aucune langue d'ici-bas ne le saurait porter. Il n'en est pas ainsi des dogmes, puisque, si mystérieux qu'ils soient, ils sont exprimés, et, par conséquent, à quelque degré compréhensibles. Quand donc on parviendrait à les comprendre, à les établir rationnellement en eux-mêmes, serait-ce là détruire le dogme de l'incompréhensibilité divine ?

Et certes, si la vérité a été révélée aux hommes parce qu'elle leur est nécessaire, il suit que nulle autre ne leur a été révélée que la vérité nécessaire, et il répugne que la vérité qui leur est nécessaire, et qu'ils doivent connaître, leur soit incompréhensible néanmoins. C'est déjà la comprendre un peu que la connaître, pour qui connaît en elle autre chose que de purs mots ; et qui en a l'intelligence encore vague, l'a déjà pleine en germe : que le germe se développe, elle est comprise, et devient philosophie, de religion qu'elle était.

D'ailleurs, s'il faut à l'homme, non certes la perfection absolue, mais cette perfection relative, ce calme de la nature satisfaite que Saint-Augustin appelle excellemment la *tranquillité de l'ordre*, il lui faut la connaissance de la vérité, comme on l'a fort bien établi pour en déduire la religion ; et il lui en faut aussi, pour le même motif, l'intelligence. Ceux qui, raisonnant de la sorte, s'arrêtent à la religion, s'arrêtent à moitié route : qu'ils poursuivent, la philosophie est au bout. L'homme alors ne verra point Dieu face à face, mais il le verra comme il doit le voir pour qu'il se repose dans le contentement de son esprit.

La nature de la raison, qu'elle soit individuelle ou commune, et humaine ou divine, est la même (1), car la raison est raison partout, partout intelligence du vrai. Mais la raison humaine ne participe que jusqu'à un certain point de la divine ; toute la vérité n'est pas pour l'homme : voilà une différence de degré. Quelle différence y a-t-il entre la raison individuelle et la commune? Elle n'est pas de nature ; elle n'est pas non plus de degré : car la vérité qui est pour l'homme est pour tout l'homme. Tout ce qui est accessible à la raison du genre humain l'est donc à la raison de l'individu, et la foi doit pouvoir, si elle est véritable, se transformer en science.

En quoi diffèrent donc le sens commun et le sens privé, puisque ce n'est ni par le degré ni par la nature ? C'est que le vrai se manifeste au sens privé par le sens commun ; la parole, expression du vrai que possède le

---

(1) Abstraction faite, bien entendu, du mode d'opérer ; il ne s'agit ici que de l'intelligence *en tant qu'intelligence*.

sens commun, est le milieu par où le vrai de sa propre lumière illumine le sens privé. Mais l'individu, qui tient de l'humanité tout son être, en tient la vérité d'abord : ainsi, parce qu'il faut qu'il soit, il la connaît avant même de la comprendre, et il la comprend ensuite, parce qu'il faut qu'il produise, ou qu'il se développe.

CHAPITRE IX

LA PHILOSOPHIE ET LE CHRISTIANISME

I

Jetons un regard en arrière sur le chemin que nous avons parcouru.

L'humanité ne demeure pas immobile, assise en quelque sorte dans une profonde contemplation d'elle-même. Cette contemplation de soi ne convient qu'à l'être parfait, à Dieu. Tout ce qui est, et qui n'est pas Dieu, marche vers Dieu comme vers le centre qui attire éternellement toutes choses ; l'humanité marche aussi vers ce Souverain Être, et elle le sait : car elle a conscience. Elle tend donc vers le bien, elle cherche à l'atteindre, sans l'atteindre toutefois, parce que le bien est Dieu. Non que, Dieu étant son parfait bonheur, elle doive être toujours malheureuse : il faut au contraire que le bonheur se proportionne pour elle à la mesure de ses autres biens, ou des autres faces du bien qu'elle possède, c'est-à-dire à la mesure de son être ; car un bonheur absolu lui échapperait, elle ne comporte ni cet absolu ni aucun autre.

Le cri de cette aspiration incessante vers le bien, voilà le cri de l'humanité ; le cri des siècles est l'appel que chaque siècle fait à ce bien suprême, selon qu'il se le représente sous une forme plus ou moins vraie, plus ou moins trompeuse. Le bien est accessible, je ne dis point dès ici-bas, mais il est accessible, en la mesure que comporte notre être faible et grand, laquelle consiste dans une juste proportion entre les divers aspects du bien qui est le nôtre. C'est déjà l'harmonie.

Or, quelle est la forme du bien que se représente l'homme, et qu'il cherche? Le bien-être, ou plus généralement le bonheur. Et le bonheur, qu'est-il?

Chacune de nos facultés aspire à une certaine fin qui lui est propre. Tant qu'elle n'a pas atteint sa fin, elle souffre, ou nous souffrons par elle ; cette souffrance est le besoin. Toute satisfaction de nos besoins retentit dans notre sensibilité d'une manière qui est plaisir, et la satisfaction générale ou une de nos divers besoins est en nous le bonheur. Le bonheur est le bien senti en nous, et il n'est pas hors de ce bien, dont il n'est que l'intime sentiment : le bien pour nous est la satisfaction de nos besoins ; le bonheur, cette satisfaction sentie. Voilà ce qu'il faut poursuivre : non le bonheur en soi, qui n'est point, mais cette satisfaction de nos besoins, qui le donne, ou qui l'est.

Quelques-uns de nos besoins ne peuvent être satisfaits sur la terre, car ils aspirent à l'infini, et l'homme ne se borne pas à ce monde où il s'arrête une heure en passant. En outre, l'un est satisfait sans que l'autre le soit ; il y a plaisir et peine tout ensemble, et la peine ôte le bonheur. C'est donc le développement harmonieux de tout son être que l'homme doit chercher.

Un seul besoin oublié, il n'en faut pas davantage pour souffrir. La souffrance est plus grande, quelquefois mortelle, si les besoins ne sont pas satisfaits dans leur proportion, s'il y a défaut d'harmonie ou désordre.

Le désordre est le mal de ce siècle.

Ce siècle cherche le bonheur. En quoi il n'a pas tort : car, comme le bonheur consiste dans l'harmonie, qui est la condition de l'existence même, à mesure qu'on a plus de bonheur, on a plus d'être ; et c'est chercher l'être que chercher le bonheur.

L'harmonie est l'âme de toutes choses. Elle est l'unité

dans la variété, Dieu dans le monde : la variété sans l'unité ne serait que néant, néant le monde sans Dieu. Elle est dans tout, elle est dans l'homme : dans le corps, dans l'âme, dans cette union du corps et de l'âme qui est l'homme même ; l'homme est une harmonie vivante.

Tous nos besoins se résument à deux : conserver et développer notre être. Chacun à son tour est triple, parce que nous sommes corps et âme, et leur union. Triple est donc le besoin d'être : propriété, religion, morale ; triple celui de créer : industrie, science, art. — L'individu seul n'est rien, car il ne peut se reproduire ; et l'homme repose sur la famille, fondement de la société. De là une harmonie nouvelle, rapport des hommes entre eux, la fraternité ou l'amour. Que l'état économique s'accorde avec l'état religieux par la morale qui en est le lien, telle est l'harmonie de la société. Toute société conséquente avec elle-même est heureuse parce qu'elle est dans l'ordre ; toute société inconséquente est dans le désordre, et souffre.

Or, la société actuelle néglige et un ancien et un nouveau besoin : elle semble avoir brisé avec le passé, et elle n'est pas encore dans les voies de l'avenir. Les uns, qu'on dit arriérés, demandent la foi, ou l'unité, l'autorité, le devoir ; les autres, qu'on dit novateurs, demandent le bien-être, ou la variété, la liberté, le droit. Qui a raison ? Personne en ce qu'il rejette, chacun en ce qu'il veut. Les uns et les autres ont donc raison : la société ne donne raison ni aux uns ni aux autres. L'autorité ni la liberté ne sont satisfaites.

De là désordre, poussé de nos jours à son comble : le caractère de ce siècle est, si l'on peut le dire, une organisation du désordre. Désordre dans la famille, que ne respectent point les guerres sacrilèges de l'opinion ; désordre dans l'état économique, théâtre de luttes sourdes, toujours prêtes à éclater ; dans l'état religieux et l'état moral, où se livrent les plus implacables batailles ; désordre dans la science et dans l'art ; désordre dans l'industrie, où règne, avec la concurrence, la loi du plus fort. Aussi le matérialisme est-il partout ; partout la préoccupation exclusive des choses matérielles, jointe à la plus profonde indifférence sur tout ce qui n'est point chair et pourriture : l'homme *positif* ne fut inventé que de nos jours, et tous les dédains de nos honnêtes gens tombent sur ces nobles soucis qu'ils insultent du nom de rêveries creuses. Quelle est la religion de notre temps ? Le culte de la propriété. C'est elle que chacun adore, les uns ne songeant qu'à la défendre, les autres qu'à l'envahir ; nul ne s'inquiète d'une religion où Dieu entre pour quelque chose : la société est athée. Mais si l'on ne songe plus à Dieu, on songe à la propriété, cette seule réalisation possible des convoitises de la chair. Que dirai-je ? Si je vais plus loin, je vois, pour la famille, le mariage marchandise ; je vois l'industrie souveraine, la science qui s'abaisse jusqu'à n'être plus que sa très docile servante, l'art même, l'art sacré, qui se fait industriel !

Ah ! le matérialisme fait le désordre, et le désordre l'utopie, enfant de la souffrance ! Eh bien ! l'utopie elle-même se laisse emporter au principe du désordre et de la souffrance qu'elle veut détruire : elle est matérialiste.

Il y a dans notre siècle plus de bien-être que jamais, et l'on se plaint plus que jamais : signe manifeste que le mal est ailleurs. Le mal qui nous tue, c'est le matérialisme ; c'est l'absence de cette harmonie constitutrice de l'homme entre l'âme et le corps, entre l'état religieux et l'état économique, entre la doctrine sainte et la propriété. La société n'a point d'âme. Le principe d'unité lui manque, et elle demeure dans son chaos.

Quand le règne prochain de la liberté et de l'autorité morale, de la justice, redouble encore le besoin de la foi, la foi est morte parmi nous.

Je le dis avec douleur, mais cela est : et qui me contredira ? S'il est des hommes qui vivent au jour le jour, prenant l'intérêt pour mobile et pour vertu le zèle de leurs convoitises, sans s'inquiéter ni de Dieu ni d'eux-mêmes, qu'ils se lèvent, et que leur indifférence rende témoignage de ce que je dis ! S'il en est d'autres, moins misérables et plus malheureux, qui vivent, l'âme inquiète, dans l'incertitude du vrai, qu'ils se lèvent, et que leur angoisse rende témoignage de ce que je dis ! S'il en est enfin qui conservent une ferme foi, qu'ils se lèvent, et que la tristesse même de leur foi solitaire rende témoignage de ce que je dis !

La religion est donc nécessaire. Donc elle est. D'où vient néanmoins que l'on ne croit presque plus, et qu'elle semble mourir dans le cœur des hommes ? De ce que les croyants repoussent l'esprit moderne, même en ce qu'il a de juste. Le monde marche, ils se sont arrêtés ; ils le rejettent, parce qu'ils ne le comprennent pas : le monde les rejette à son tour, et il rejette aussi la religion, qu'il confond avec eux, parce qu'ils ont affecté eux-mêmes de se confondre avec elle. Mais la religion, qui est le lien de Dieu, l'être immuable, et de l'humanité progressive, céleste à la fois et terrestre, immobile avec tout ce qui est du ciel, se développe, avec tout ce qui est de la terre, dans l'âme des hommes, qui de plus en plus peut comprendre le vrai, aimer le beau, vouloir le juste, qui devient de plus en plus religieuse, de plus en plus sainte.

Le développement de l'homme est celui de la liberté, qui est son être même. La liberté seule, c'est l'individu :

mais en face de l'individu, mettons la société, qui est aussi de l'homme ; c'est mettre en face de la liberté l'autorité, et en face de la raison la foi.

La vérité se révèle, ou apparaît, si l'on veut, à l'homme : elle est le Verbe qui illumine tout homme venant en ce monde. L'individu ne la voit pas d'abord : il cherche à la voir par les forces de son esprit, il raisonne ; la raison, ou plutôt le raisonnement, est l'instrument individuel de la connaissance humaine. Une révélation immédiate, extérieure, permanente, la montre à l'humanité : c'est la parole qui suscite la foi, instrument social de la connaissance humaine. La raison et la foi se soutiennent l'une l'autre, loin de se détruire.

Ainsi le développement de l'homme individuel et social mène à la religion : la religion doit se faire nouvelle à son tour, et développer le côté terrestre de son œuvre, au lieu qu'elle n'en a développé que le côté divin, puis s'est arrêtée, comme ne comprenant plus la marche du monde : elle a subi une passagère mort, parce qu'une chose qui n'avance pas ici-bas recule, ou paraît reculer du moins lorsque tout avance autour d'elle.

Les uns ne voient que l'individu, les autres que la société : nous voyons l'homme.

II

Il n'y a point de problème religieux dans les siècles de foi. Mais aujourd'hui les esprits se partagent : les uns, poussés de plus en plus impérieusement par la raison, ou par ce qu'ils appellent de ce nom, s'éloignent de la religion, du spiritualisme même, et deviennent de savants athées ; les autres repoussent la raison qui les effraie, et se réfugient dans une foi exclusive, se faisant systématiquement, c'est-à-dire rationnellement, déraisonnables ;

ceux qui ne peuvent abdiquer à ce point leur être d'homme, et qui veulent être raisonnables en demeurant religieux, cherchent l'accord de la foi et de la raison, de la religion et de la philosophie.

La religion et la philosophie sont, au fond, une seule chose ; et toutefois elles s'opposent l'une à l'autre, comles deux pôles d'un aimant, ou les deux termes d'un rapport : l'individu et le genre humain s'unissent dans un terme supérieur, qui est l'homme ; la philosophie et la religion, dans un terme supérieur, qui est la vérité. La religion, comme doctrine, n'est autre que la philosophie révélée au genre humain avant d'être comprise par l'individu ; la philosophie n'est autre que la religion comprise par l'individu, qui la tient du genre humain, qui la tient de Dieu. La raison est l'intelligence personnelle ; la foi, l'adhésion de l'intelligence personnelle à l'intelligence commune, laquelle est une participation de l'intelligence infinie, une révélation de Dieu.

Le sens externe nous révèle les choses extérieures ; le sens intime nous révèle notre propre être. Mais outre le sens externe et le sens intime, n'y en aurait-il pas encore un autre, le sens du divin ?

Ce m'a été un véritable bonheur de le reconnaître dans l'âme humaine, ce sens du divin, mis en oubli par la plupart des philosophes, singulièrement obscurci chez beaucoup d'hommes, mais qui va peut être, chez quelques-uns dont le cœur est pur, jusqu'à la vision, jusqu'à l'intuition claire des hautes vérités. Comme le sens externe a vue sur le dehors, le sens intime a vue sur le dedans, sur le moi, sur l'âme ; et le sens du divin, sur l'âme aussi, mais pour y trouver Dieu, qui est en elle. L'un est l'âme tournée vers le monde, qui est hors d'elle; l'autre, l'âme tournée vers soi ; le troisième, l'âme tournée vers Dieu, qu'elle voit en soi et qui la remplit comme il remplit tout de sa présence. Le sens, étant l'âme en rapport avec son objet, ne révèle point par intuition ou par perception directe l'objet même, mais des modes, des manières d'être de l'objet, relatives à l'âme qui le perçoit : des phénomènes. Les *noumènes*, pour parler comme Kant, lui échappent. Dieu est le grand *noumène* qu'il appartient à la raison de déterminer d'après les données de l'expérience, soit externe, soit intime, soutenue par les vues de ce sens du divin.

Ce sens, comme le sens intime, comme le sens externe, a, on le conçoit, plus ou moins de portée. Peu l'ont pénétrant et sûr ; la plupart l'ont très faible. Il est nécessaire au philosophe, comme le sens intime au psychologue, au moraliste, à l'historien, comme le sens externe au physicien ; comme tous ensemble le sont au poète, qui résume en soi tout le génie de l'homme. L'intuition est toujours le caractère du génie : le vrai philosophe, j'entends l'inventeur, découvre ou plutôt voit par intuition, et n'use de la méthode que pour ordonner, à ses propres yeux comme aux yeux d'autrui, le système des choses qu'il a vues.

III

Des mille problèmes qui agitent notre siècle, nul ne se peut résoudre que le problème de la doctrine commune, ou de la religion, ne soit résolu. La religion n'est pas seulement le rapport des hommes avec Dieu : elle est le lien des hommes, qui s'unissent en Dieu ; elle est la base de la société. J'ai assez insisté sur ce point pour n'y plus revenir. Or on voit désormais comment le problème religieux peut être résolu. Il ne peut l'être par la foi pure, car les temps sont passés d'une croyance naïve : mais par une foi que la raison avoue. L'accord de la foi et de la raison, voilà donc la solution de ce grand problème. Chacun le dit, chacun le répète, cela n'est point nouveau : le nouveau serait de trouver cet accord.

On le cherche dans une délimitation de leurs domaines. Ce n'est point les accorder, mais les séparer au contraire, et les confiner, comme deux irréconciliables ennemies qui ne sauraient s'aborder sans se combattre, chacune en son coin. On veut bien soumettre à la raison les titres de la foi, mais à la condition que la raison les jugera valables, lors même qu'ils lui paraîtraient douteux : car quiconque s'avise de les trouver douteux, et de le dire, on s'emporte contre lui, on l'accuse de mensonge, on l'accuse de ce qui est la plus profonde perversité du cœur, de haine pour la vérité. Pourvu donc que la raison approuve les titres de la foi, on veut bien les lui soumettre : cela fait, on renferme la foi, sous clef, dans l'arche sainte, on l'entoure de triples barrières, et l'on dit à la raison, comme Dieu à l'océan : « Là tu viendras briser l'orgueil de tes vagues. » Mais cela, c'est condamner la philosophie même, en lui retirant l'objet de son étude : ce n'est pas s'accorder avec elle, c'est la repousser, c'est la tuer. Mais c'est aussi retirer à la foi, pendant qu'isolée dans le sanctuaire comme dans une retraite orgueilleuse elle s'oppose à toute invasion de la raison, tout empire sur les sciences qui relèvent de la raison, et sur les progrès de ce bas monde, qui relèvent des sciences : c'est retirer aux sciences et aux progrès d'ici-bas la communication divine, l'appui et comme la main de Dieu ; c'est mutiler la foi, en même temps que réduire les sciences au matérialisme qui les dévore. J'ai fait voir plus haut combien est chimérique ce prétendu accord qui se fonde sur la distinction et la séparation des domaines, reconnaissant un domaine de la raison et un domaine de la foi, et n'oubliant que le domaine de la vérité, qui est une. Il ne reste qu'un accord possible, et véritable celui-là : l'intime union de la raison et de la foi identifiées dans la vérité une, tandis que la raison retrouve par elle-même la foi et que la foi se transforme par la raison, la philosophie devenant religion et la religion philosophie.

On recule devant cet accord véritable, auquel répugnent et les chrétiens, qui craignent que la foi ne s'y perde, et les philosophes, peu chrétiens pour la plupart, qui n'entrent point en souci de la foi. Mais il faut y arriver, qu'on le veuille ou non, parce que là est le salut. Et la seule vérification des titres de la foi y mène. Car, tant qu'on possède une foi transmise par la tradition de la société où l'on vit, qu'on ne s'étudie pas à en douter, rien de mieux ; qu'on la garde : et on la garde avec d'autant plus de confiance, qu'on la rencontre plus universellement acceptée. « Celui-là est catholique, disions-nous, qui par sa croyance ne fait qu'un avec la société qui l'entoure. » Que si le doute vient (et comment ne viendrait-il pas lorsqu'on vit dans une société qui doute?), il faut examiner alors ; nous avons la règle : tout ce qui est contraire à la raison est faux. Y a-t-il dans la foi où l'on a été élevé un dogme contraire à la raison ? Qu'on le rejette. Voulez-vous convertir, prêtre catholique, un infidèle, je veux dire un fidèle d'une autre foi ? Faites-lui voir la contradiction dans sa foi : il sera forcé de la renier, et de tomber de la doctrine qu'il tenait dans une inquiète et pénible ignorance, d'où vous le relèverez par la vraie doctrine. Vous lui épargnerez cette ignorance qui le tourmente dans le passage d'une doctrine à l'autre, et vous ferez mieux, si vous lui présentez, dès l'abord, la vraie doctrine tout assise sur l'évidence rationnelle, et contraire à plusieurs dogmes de la sienne : du même coup il sera forcé d'écarter la sienne, et de reconnaître la vraie. Il était catholique autant qu'il lui était donné de l'être, ne faisant qu'un par sa croyance avec la société des siens : lorsqu'il se rend à une conviction rationnelle, comme il ne s'éloigne de la pensée d'une société particulière que pour rentrer dans la pensée de l'humanité, d'où la société particulière qui l'entoure était sortie, il en devient plus catholique. Tel n'est-il point le véritable rapport de la raison et de la foi, quelle que soit la foi, la musulmane ou la nôtre ? Et n'est-ce point, je le demande, introduire la philosophie dans le domaine sacré de la foi ?

Mais une foi qui se sentirait vraie n'appellerait-elle pas cette épreuve, loin de la craindre ?

Et alors même qu'on ne découvrirait, ni directement, ni indirectement, aucune contradiction dans la foi, ce n'est rien encore ; car il ne suffit point qu'elle ne soit pas démontrée fausse pour qu'elle soit démontrée vraie. Or il ne s'agit plus aujourd'hui de confirmer des croyants dans la foi, mais d'y ramener des incrédules. Nous ne sommes plus au point de vue du moyen âge : on conteste la foi jusque dans son fondement, on la renie tout entière ; il faut la démontrer tout entière. Mais comment, si on renonce à la démonstration intrinsèque du dogme ?

On objecte que la démonstration intrinsèque échoue devant l'impossible, c'est-à-dire qu'elle se brise contre l'incompréhensibilité des mystères, qui est de foi. Je dis que c'est brouiller les cartes pour confondre tout. Les mystères dépassent la raison ; ils ne la contredisent point. On ne peut les comprendre, et l'on doit les connaître. Si donc on peut les connaître sans les comprendre, on peut aussi, sans les comprendre, connaître leurs intimes rapports, j'entends leur enchaînement nécessaire entre eux et avec les principes rationnels. Qui découvrirait cet enchaînement nécessaire, celui-là ferait la démonstration intrinsèque des dogmes, et il n'en comprendrait que l'unité dans leur accord avec les principes de la raison pure ; il ne les comprendrait pas eux-mêmes : il les expliquerait comme l'homme explique toutes choses, sans les comprendre.

On objecte que la foi perd ce qui la caractérise en propre et la fait foi, à se rationaliser. Un Proudhon, ou tel autre de nos modernes, insiste sur la tendance des nouveaux siècles à rationaliser la foi, pour en conclure que le catholicisme se meurt : et les catholiques, acceptant cette conséquence, partent de là pour se rejeter dans le le moyen âge. Mais depuis quand notre philosophe est-il un théologien si approuvé, qu'il fasse autorité en matière d'orthodoxie ? Et sait-il bien ce qu'est le catholicisme ? La foi donnerait la main à la science, enseignant ce que démontre la science ; et la science à la foi, démontrant ce qu'enseigne la foi : et toutes deux se résoudraient de la sorte dans un terme supérieur, la vérité.

La science même sera toujours foi pour la foule, qui n'y saurait atteindre. Mais la foule hésite, et se divise en sa foi, lorsqu'elle voit les savants se diviser en leur science ; leur adhésion unanime à la science démontrée entraînerait la foi unanime des peuples.

Les premiers Pères de l'Eglise furent des philosophes : l'effort de plusieurs d'entre eux, et des plus grands, pour pénétrer avec la clarté de la raison dans les arcanes du dogme fut-il coupable? Et Saint-Anselme qui tente, en plein moyen âge, l'étude métaphysique directe des mystères chrétiens, ne m'est-il pas un garant de l'orthodoxie d'une pareille entreprise ? Entreprise audacieuse, qui dépassait non-seulement les forces, mais peut-être l'esprit même du moyen âge, et qui s'offre désormais comme la seule solution possible du problème religieux.

On objecte le cas où la philosophie, bâtie sur l'évidence, et rigoureusement déduite, contredirait la religion. Le cas est prévu pour d'autres religions ; il est le même pour la nôtre. Certes, entre l'évidence rationnelle et la foi, qui ne vaut après tout que ce qu'en juge la raison, je ne comprends pas qu'on puisse hésiter : et s'attacher au plus *universel*, qui est l'évidence, puisqu'elle est la raison même, c'est être véritablement *catholique*. Mais qui redoute un pareil cas déclare, ce semble, une foi bien chancelante : celui qui adhère avec pleine certitude à la foi craint-il de la voir infirmée par la raison ? Et y a-t-il une vérité contre la vérité ?

Quoi qu'il en soit, nous ne sommes plus au moyen âge. Des esprits faux, pour ne pas dire pis, nous y veulent ramener, sous prétexte de catholicisme ; et les ennemis du catholicisme en triomphent. Une conspiration d'adversaires acharnés, entendus pour perdre l'Eglise en ayant l'air de la défendre, ne ferait pas mieux. Nous ne sommes plus au moyen âge : le point de départ n'est plus la foi, mais l'incrédulité chez beaucoup, le doute chez le plus grand nombre. Il faut opter entre l'accord de la foi et de la raison par la transformation du christianisme en philosophie, ou la philosophie pure ; il faut ramener l'incrédulité à la croyance à l'aide d'une philosophie vraie, dût-elle ne pas aboutir à la vieille croyance, et la remplacer par une autre.

S'il était, après tout, que la vieille foi fût une erreur, l'erreur n'est-elle pas un de ces maux dont nous demandons à Dieu la délivrance dans notre prière de chaque jour : « Délivrez-nous du mal ? »

Que la philosophie devienne enfin la science qu'elle doit être : il me semble que la solution du problème religieux est tout entière là.

IV

Elle est dans la transformation de la foi en science ; elle appartient à la philosophie.

Du jour où l'homme s'efforça de comprendre ce qu'il croyait, du jour où il raisonna, il philosopha, sans doute. Mais l'œuvre d'un théologien, philosophique au fond, ne fut jamais une philosophie. Si l'on accepte toute une doctrine, enseignée ou révélée, comme un ensemble de prémisses pour en déduire certains développements, quelque vastes que ceux-ci puissent être, on renonce dès lors à comprendre la doctrine d'où l'on part ; on se borne, et l'on fait peut-être une science, non la science, cette science universelle et première qui est la philosophie même. Il n'y a donc eu de philosophes que les hommes qui ont tenté de créer des systèmes universels, sans autre force que la force de leur propre raison.

Nul n'a réussi. C'est pourquoi j'ai pu dire que la philosophie n'existe point. Mais il faut de nouveau tenter ce qu'ils n'ont pas su faire : parce que renoncer à comprendre la doctrine d'où l'on part, comme font les théologiens, c'est renoncer à en déduire une foule de développements nécessaires au bien du monde ; c'est renoncer à être assuré de ceux qu'on en déduit : car avec quelle certitude peut-on tirer des conséquences d'un principe que l'on ne comprend pas ? Et dès lors un catholique n'est sûr d'aucune chose, si elle n'est expliquée et éclairée par les conciles, par les décisions de l'Église, par la lumière extérieure du Verbe : hors de là, il ne sait plus rien ; c'est renoncer à dominer les sciences, et par elles tous les efforts du travail de l'homme, qui doivent pourtant se subordonner à l'unité d'une vérité plus haute: que dis-je ? c'est renoncer à perpétuer le règne du catholicisme dans les âmes : car on ne peut plus règner, dans l'ordre de la vérité, que par la raison, et quelle que soit, aux jours où nous sommes, la doctrine qu'on enseigne, il faut du moins en apporter les preuves. Or, s'il n'est pas prouvé que la doctrine catholique soit fausse, l'est-il à tous les yeux qu'elle ne le soit point ?

Les apologistes de la foi chrétienne nous vantent beaucoup leur soin de permettre à la raison la discussion, non de la croyance, ils ne veulent pas, mais des *motifs de crédibilité*, comme ils disent, ou des preuves de la croyance. Ils se figurent que la raison, mise en demeure de s'enfermer dans ce terrain, qu'ils lui lui laissent parce qu'elle l'occupe trop sûrement pour qu'ils l'en puissent bannir, est impuissante contre eux. Ils se trompent. Je ne connais pas, dans un seul de leurs livres, une seule preuve capable d'imposer silence à un incrédule raisonneur, ni de contenter, considérée isolément, un esprit critique. Il me serait aisé, si ce n'était risquer de scandaliser les faibles, et si d'ailleurs c'était le lieu, de réfuter l'un après l'autre tous les arguments qu'on invoque, de montrer qu'ils ne sont qu'un faisceau de demi-preuves, auxquelles j'opposerais des considérations non moins concluantes, et contraires.

Il existe néanmoins, j'en suis convaincu, plusieurs preuves directes de dogmes intelligibles en soi, quoi qu'on puisse dire, et qui entraînent rationnellement les autres. Par exemple, ce principe, qu'il est de l'essence de la réalité de se conformer à l'idée, une fois bien fixé, et l'idée de l'homme une fois bien définie, l'homme réel, qui existe en violation flagrante de sa propre idée, devient aussitôt pour nous un être anormal, corrompu, déchu. Un être anormal est un désordre ; le désordre est contraire à la nature : nous vivons, par suite de la violation de notre être, dans un milieu désordonné, contraire à la nature des choses, et que nous appelons nature, tandis que nous appelons surnaturel, et que nous nions comme tel, ce qu'exige le rétablissement de la nature véritable. La chute de l'homme veut une réparation : de là le Rédempteur, de là le Christ.

Mais déterminer par l'idée la réalité, c'est l'œuvre de la raison, c'est la philosophie. Aussi n'est-ce point dans la lettre, ou du moins n'est-ce point dans la lettre seule, que le christianisme est vrai ; lettre morte, pour qui n'en possède pas le sens ; symbole creux, pour qui l'adore comme la vérité même ; vérité vaine, pour qui accepte comme vérité l'enveloppe de la vérité, l'écorce protectrice du fruit : le christianisme est vrai dans son esprit, dans l'essence de sa morale, dans la profondeur mystique de ses dogmes, dont peu de chrétiens signeraient peut-être, faute d'être initiés, le véritable sens.

Cette initiation sera toute rationnelle.

J'ai ouï dire souvent qu'il faut qu'un chrétien qui pense soit menteur ou fou, aveugle ou aveuglé, pour cesser d'être chrétien. J'ai ouï dire souvent qu'il faut qu'un chrétien qui pense soit menteur ou fou, aveugle ou aveuglé, pour ne pas cesser d'être chrétien. Une rigoureuse démonstration du vrai ne réduirait-elle pas à un éternel silence tous les incrédules ou tous les crédules de l'univers ?

Ah ! si la philosophie est possible, quel service ne rendra-t-elle point, une fois faite, au christianisme ! Et le christianisme fût-il faux, quel service au monde, puisqu'elle sera la science de l'universelle vérité !

V

Il y a divorce entre la philosophie et le christianisme. Triste fait, mais incontestable. Et voici un autre fait, non moins incontestable, plus triste encore, qui m'apporte toutefois, dans l'excès même de sa tristesse, une profonde consolation : la philosophie, ayant répudié le christianisme, meurt.

La philosophie répudie le christianisme, et meurt. On dira peut-être que ces deux faits, trop visibles pour être niés, se rencontrent ensemble, mais ne se produisent point l'un l'autre. On se tromperait. Le christianisme et la philosophie, la foi et la raison, quoique séparés, opposés même bien souvent, par l'inintelligence des hommes, sont dans un tel rapport, que la mort de l'un est la mort de l'autre. La raison sans la foi est vide ; la foi sans la raison, incertaine : la raison donne son titre à la foi, la foi donne à la raison son objet.

Plusieurs se font, si je ne me trompe, une idée trèsfausse du christianisme, en le considérant comme une théorie métaphysique. Si cela était, il serait une philosophie : une fois établi dans les âmes, il clorait toute pensée ; on n'aurait plus à raisonner que pour le prouver, puis à se taire. Cela n'est point. Le christianisme est un fait, ou un ensemble de faits : il appartient à la raison de les coordonner, de les expliquer, de les comprendre dans la mesure de son pouvoir, de même qu'elle cherche à comprendre les phénomènes de l'ordre naturel ; il lui appartient de faire la théorie des phénomènes qui constituent le christianisme, comme elle cherche à faire celle des phénomènes électriques, par exemple, ou d'autres. Seulement, les phénomènes du christianisme ne sont pas connus de la même manière que ceux de l'ordre naturel. Le christianisme est la rédemption de l'homme déchu : grand événement très complexe, où se trouvent la chute de l'homme, l'incarnation du Verbe, le sacrifice du Fils de Dieu ; toute une histoire divine, sur le pivot de laquelle tourne l'histoire du genre humain ; toute une suite de faits, les uns révélés par le Verbe même, les autres racontés par les saints livres. Ils répondent à quelques faits de l'âme que chacun peut sentir dans la profondeur de son propre être, et qui eux-mêmes nous éclairent sur la nature de l'homme et sur la nature de Dieu. Sont-ils vrais ? Dans leur sens propre, ou figuré ? Selon la lettre, ou selon l'esprit ? Sont-ils explicables par la raison, et jusqu'à quel point ? Les constater, et, autant que le permet la faiblesse humaine, les comprendre, c'est là faire œuvre de philosophe.

La raison, de son côté, est une faculté dont il ne me semble pas qu'on ait bien entendu le rôle. Elle n'est pas le pouvoir de connaître, mais, ce qui est tout autre, le pouvoir de comprendre. Je veux dire qu'elle a pour fonction propre de se rendre compte de ce qu'elle connaît, d'opérer sur une matière qu'elle ne trouve pas en elle-même, qu'elle n'invente ni ne découvre : si cette matière lui manque, elle travaille sur le vide. Elle établit la vérité, non la réalité : pour cela, elle convertit, par une action toute spéciale, la réalité en vérité. La réalité est ce qui est ; la vérité, ce qui doit être : voir qu'une chose est, c'est connaître ; voir qu'elle doit être, c'est voir pourquoi elle est, c'est s'en rendre compte ou s'en rendre raison, c'est comprendre. Ainsi la raison change en vérité la réalité qui lui est donnée. Le sens externe lui donne les réalités visibles ; le sens intime, les réalités de l'âme, ou plutôt de la personne : un autre sens, peu étudié encore, et trop méconnu, lui donne Dieu.

Il faut donc à la raison une réalité qui lui soit donnée du dehors, j'entends le dehors par rapport à elle ; des faits, sur lesquels elle puisse opérer. Otez-lui la connaissance des faits de l'ordre divin, elle n'opère plus que sur des phénomènes physiques ou moraux, mais terrestres ; les sciences lui restent peut-être encore, mais la matière même de la métaphysique lui est enlevée : plus de philosophie, faute d'objet. Que l'on compare les philosophes antérieurs au christianisme avec les modernes. Combien d'idées manquent aux premiers, des plus essentielles ! C'est qu'ils travaillent sur des religions imparfaites. Nul aujourd'hui n'est plus étranger à ces idées, qui sont chrétiennes ; mais, chose remarquable, ceux qui les repoussent montrent bien, par la façon dont ils les combattent, qu'ils ne les ont réellement pas.

Ces idées sont données à la raison par un sens intérieur. Quand je dis qu'elles lui viennent du dehors, c'est du dehors par rapport à elle : non d'elle-même, mais d'un sens. Je parle de ce sens, plutôt que de la révélation. Aussi bien la révélation ne serait-elle pas entendue de quiconque n'aurait pas en soi la faculté des idées qu'elle exprime. Il y eut de grands philosophes avant Jésus-Christ. Le christianisme est moins un enseignement que l'acte rédempteur des hommes. Mais, comme il répare la nature humaine, il restaure avec le reste le sens du divin, obscurci dans les âmes. Si bien que, chez ceux qui le quittent, ce sens délicat s'obscurcit de nouveau, d'autant plus qu'ils ont rejeté la vérité après l'avoir possédée, et ils perdent peu à peu les idées qui sont l'objet même de la métaphysique.

Les âges vraiment philosophiques ont été les âges religieux. Les meilleurs philosophes de notre siècle même sont chrétiens. Mais, sauf de rares exceptions, nos philosophes sont incrédules : un siècle qui ne veut plus de métaphysique ni de poésie a consommé le divorce entre la philosophie et le christianisme. Les plus modérés professent le déisme : un Dieu qui gouverne les choses, du dehors, sans jamais se mêler au monde, n'agissant que de loin, non par lui-même, mais par des lois générales, sur des êtres privés de tout rapport direct avec lui ; la révélation est une chimère pour eux. Ils ont été dépassés. L'action indirecte de Dieu sur les êtres, qui implique de sa part une action directe sur quelque chose, est-elle plus intelligible que son action directe sur toutes choses, que sa perpétuelle intervention, comme providence spéciale, dans le gouvernement des hommes, et de ses moindres créatures ? La création n'est-elle pas plus inconcevable encore que tout ce qu'on rejette ? Plus de Dieu créateur, distinct du monde : voici les panthéistes, et voici les athées. Ils ont été dépassés. Car, à quoi bon la métaphysique ? Que servent les problèmes dont elle s'occupe ? Vieilles reliques bonnes à reléguer au grenier, avec les vieux habits et les cultes. L'homme a autre chose à faire qu'à s'inquiéter du principe et de la fin de sa vie : qu'il s'inquiète d'abord de vivre, qu'il s'arrange une existence commode ici-bas : c'est là sa grande œuvre, c'est là désormais son devoir. La production et la distribution des richesses, le plus sage régime politique, où il trouve le plus d'aisance avec le plus de sécurité, et la liberté dans l'ordre, à la bonne heure : plus de ces vains songes sur l'âme, qu'il ne voit pas, sur la vie éternelle, qui n'est pas la sienne, sur Dieu, qu'il ignore, dont les attributs, dont l'être même lui échappent ; plus de ces rêves qui le détournent du noble souci de son terrestre bien-être ! Faites de la science, on vous écoutera : la physique, la chimie, l'histoire naturelle, toute recherche de la matière a de quoi intéresser le siècle. Mais de la métaphysique ! Il faut être bien oisif pour s'amuser ainsi, et bien à bout d'amusements pour en venir à celui-là ! Les métaphysiciens sont des joueurs d'échecs, mais qui jouent pour eux, sans galerie. User sa plume à écrire métaphysique ! Autant vaudrait écrire religion.

Loin de moi la pensée de décrier les études économiques et politiques ! Ce que je déplore, avec des pleurs de douleur et de colère, c'est le dédain de la métaphysique, lequel ne va pas sans le dédain de toutes les nobles choses, sans la perte de l'idéal, sans la mort de la religion dans les âmes. En sorte que, quand il n'y a plus de religion, il n'y a plus de philosophie : quand la philosophie cesse d'être chrétienne, elle cesse d'être.

VI

Le soir était sombre ; un nuage rampait sur la face de la terre. J'étais dans une église chrétienne, à genoux, priant ; et nul ne priait avec moi. Je me levai enfin ; et j'allais à pas silencieux dans la nef muette, dont la nuit agrandissait encore les vastes solitudes. Autour de moi tout était silence et ténèbres ; et pourtant j'avais dans l'œil des clartés livides, et des plaintes lamentables remplissaient mon oreille, et, perdu, loin de ce monde, dans les régions du rêve, assailli de mille souvenirs, de regrets pleins de larmes, de pressentiments lugubres, surtout de la pensée de Dieu, la plus amère aujourd'hui, j'étais triste ; et triste j'allais toujours dans l'enceinte mélancolique de l'église ténébreuse et déserte, de l'église chrétienne.

Et je sortis ; et, ayant quitté l'église, j'étais dans le cimetière.

Or, comme j'étais là, un vent résonne au-dessus de

ma tête, fort comme le bruit des eaux que la mer jette aux rivages ; un souffle passe, siffle entre les sépulcres, et se tait ; et du haut des airs une voix se fait entendre : « Levez-vous, siècles passés ! » Et ils se lèvent. Et voici, j'ai vu autour de moi comme un tourbillon. Les pierres des tombeaux se sont ouvertes, et il s'est échappé pour un temps une foule innombrable de fantômes, qui s'en viennent, pareils à des langues de feu, voltiger sur le théâtre d'une vision étrange. Et les siècles, que la voix a secoués de la poudre où ils dormaient, se dressent tout pâles ; ils se prennent par la main, et, s'inclinant tous ensemble, saluent le ciel qui les réveille. Et tous, à partir du premier, ont agi et parlé tour à tour. Et quelque chose me disait au dedans : C'est pour toi qu'ils agissent et qu'ils parlent ; regarde cette grande évocation du genre humain.

Et à mesure que chacun, ayant agi et parlé, fait silence, un grand nombre des esprits qui voltigeaient çà et là, les âmes filles de ce siècle, poussent une clameur et disparaissent ; et le siècle disparaît avec elles. Et tous firent de la sorte, chacun à son tour. Et je vis beaucoup de choses qu'il est inutile de raconter, et j'en entendis beaucoup que je ne veux pas redire.

Le dernier, à la vue de l'église, éclata de rire ; il riait en parlant, et sa parole n'était qu'un long sarcasme ; et, ayant parlé, il se rua sur l'église chrétienne. Soudain à la lueur sinistre des torches incendiaires, au milieu des écroulements qui se faisaient, j'en vis un autre apparaître, que je n'avais pas aperçu d'abord : et, lui cédant la place, le siècle démolisseur prit la fuite, et ce fut pour jamais. Et rien ne demeura, car les dernières ombres disparurent avec lui.

Les sépulcres étaient clos, la plaine déserte, l'église

ruinée : seulement le siècle que je n'avais vu qu'à la fin, né sous mes yeux dans la tempête, loin de rire comme son père, pleurait. A sa face sérieuse et triste, à sa mélancolie profonde, à son morne désespoir, je reconnus le mien. Et, voyant l'église ruinée, il pleurait ; et un doute se creusait en rides sur son front. Par intervalles, il secouait son abattement, comme pris d'un singulier délire, pour suivre d'une course tumultueuse quelques feux fuyant à l'horizon : que cherchait-il ainsi ? Mais bientôt il revenait sur ses pas, découragé ; il jetait sur l'église un long regard, et pleurait. Tout à coup il s'élance, comme le siècle dont il est né, sur cette église qui l'attire par une secrète séduction ; il va, non plus pour la détruire, il va pour en relever les ruines, et, saisi d'un souffle de Dieu, se précipite sur elle, avec la joie d'une douleur éteinte et le transport d'un enthousiasme qui assure le triomphe.....

Et je ne vis plus rien : église et cimetière, tout disparut en un rayon de soleil. L'astre se levant à peine, et le cri de triomphe que je venais d'entendre, ont réjoui mon âme, et j'ai dit à mon Dieu : « Faites, Seigneur, qu'il en soit ainsi ! »

Il en sera ainsi, ô mon siècle ! si tu le veux ; tu es le maître de l'avenir. O mon siècle ! je t'ai reconnu dans une vision trop véritable ; je te reconnais le même dans le monde qu'éclaire le soleil vivant. Oui, je te reconnais, avec ce doute qui te ronge, cette tristesse qui consume tes os, ce regret et ce besoin tout ensemble de la croyance gisante en ruines à côté de toi. Tes pères les ont faites, ces ruines, avec la hache du sarcasme : tu ne ris plus comme eux, tu pleures. Tu pleures à l'aspect de ces décombres qu'ils t'ont laissés en héritage, et au lieu de rebâtir l'édifice, tu t'en détournes, et tu t'épuises à la vaine poursuites de songes bizarres, enfants de l'inquiétude et de la fièvre qui te dévore. Pourquoi donc hésites-tu à remettre l'une sur l'autre les pierres de l'autel ? Qu'est-ce qui t'arrête ? Qu'est-ce qui étouffe dans ton cœur la foi toujours prête à renaître ?

CHAPITRE X

L'AVENIR

I

Quelle doit être la conduite de l'Eglise, à qui fut confiée la religion ? et quelle, dans le rôle que les temps nouveaux réservent au christianisme, l'œuvre de la philosophie ? Peut-être ces deux puissances rivales et jalouses, déposant enfin avec une haine funeste une lutte dont elles ne pourraient que périr si elles étaient périssables, se prépareront-elles par leur intime union un commun triomphe : l'empire sur toutes les choses d'ici-bas, pour le bonheur de l'humanité.

Il y a plus de trois siècles que le développement de ce que j'appelle la face divine du christianisme est accompli ; il s'est accompli par l'Église. Il semble que depuis cette époque l'Église tombe : elle a fait son temps, s'écrient les aveugles ; la Réforme a sonné l'heure de sa mort. C'est là, disent-ils, ce qui fait l'extrême importance de la Réforme : d'autres hérésies avaient éclaté avant celle de Luther, mais impuissantes, à cause de la souveraine autorité de l'Église sur les âmes. En quoi l'hérésie de la Réformation diffère-t-elle de celles qui la précèdent, si ce n'est qu'elle va grandissant parmi les peuples, et qu'au lieu de succomber sous les foudres du concile, elle détache de la foi catholique les nations les plus éclairées, et les conduit comme par la main au rationalisme moderne ?

Je suppose, pour leur plaire, que le christianisme, au lieu d'être un fait divin, ne soit, comme ils le veulent, qu'une idée. N'enseignent-ils pas tous ensemble qu'une idée mise dans le monde doit s'accomplir jusqu'à son développement suprême ? Cela est vrai : idée ou fait divin, il faut qu'il s'accomplisse. S'est-il accompli ?

Il est une religion, s'il n'est pas la religion ; il est une manière d'entendre le rapport de l'homme avec Dieu ; il parle de Dieu, et s'adresse aux hommes : il a en lui une face divine et une face humaine. Or sa face divine est accomplie peut-être ; et sa face humaine ? A-t-il déterminé, en vertu du principe qui la résume, tout ce qui est de l'homme, gouvernements, lois, institutions ? Je l'accorde, en un sens : des gouvernements se formèrent à la ressemblance apparente, si je puis le dire, de l'autorité catholique, sans que le christianisme les formât. L'autorité, mal comprise, était tout pour eux : qu'elle y fût, peu leur importait le droit de l'homme ; la liberté, qui est l'homme individuel, n'entra pour rien dans leurs soucis. Je ne demande point si le christianisme a jamais déterminé, sans le vouloir, les institutions sociales ; je demande s'il les a déterminées selon le principe qui résume en lui la face humaine, selon cette loi de l'amour du prochain, d'où émane la liberté vis-à-vis de l'autorité, et, plus directement encore, la fraternité, qui n'est pas vieille, ce semble dans la langue politique. Non, il n'a pas accompli la face humaine qu'il enferme : donc il l'accomplira.

Le christianisme donc n'est pas à sa dernière heure, quoi qu'on puisse prétendre.

Que le développement de la face humaine qui est en lui s'accomplisse désormais par lui, selon le principe de l'amour, qui consacre, dans l'égalité fraternelle de tous, le droit et le devoir, la liberté et l'autorité, l'homme et Dieu !

Mais il ne faut pas que les catholiques se retournent sans cesse avec une secrète complaisance vers un passé qui leur sourit plus peut-être que l'avenir. Non, non, qu'ils ne s'arrêtent point à regretter l'ordre ancien, et qu'ils pressentent l'ordre nouveau.

L'ordre nouveau n'est plus fondé sur l'autorité, mais sur la liberté, parce qu'il est fondé sur le droit.

II

Qu'est-ce donc que le droit ? Il répond au devoir. Quel en est le fondement ? La responsabilité de l'être libre.

Je suis obligé d'exercer et de développer mes facultés, de tendre à ma fin ; c'est mon devoir : mon droit est que nul ne m'en empêche, que nul ne mette obstacle au déploiement de mon être. Tel est donc mon devoir : tendre à ma fin, et l'atteindre. Que je la manque, voilà un désordre, devoir non rempli, dont quelqu'un est coupable. Est-ce moi ? Certes, si l'on me laisse libre, si je ne rencontre aucune entrave, aucune limite, que la limite naturelle de mes facultés qui bornent et ma puissance et mes besoins, je peux accomplir mon être et arriver par la vertu au bonheur que Dieu m'ordonne : que je n'y arrive point, c'est ma faute alors, et nul autre n'est coupable ni punissable que moi-même. Mais si l'on ne me laisse pas libre ? Je manque ma fin, c'est la faute de qui met obstacle à mon œuvre : il y a toujours un coupable, c'est celui-là ; individu ou société, qu'importe ? il faut que je sois vengé, moi qui souffre, et que l'auteur du désordre soit puni.

Nul donc ne peut, sans se rendre coupable, se poser au travers du développement de mon être ; nul n'a le droit, individu ou société, d'apporter aucun empêchement à mon libre travail : et ainsi, la liberté, c'est le droit. Le droit et le devoir ne se peuvent séparer, ils vont toujours ensemble : l'un sans l'autre ne serait pas la justice ; ils la consomment l'un avec l'autre.

La liberté est-elle un droit? Singulière demande ! Mais il n'y a plus, sans elle, ni droit ni devoir, il n'y a plus d'obligation morale. La liberté est la puissance que j'ai de vouloir ou de ne vouloir point selon que je le juge à propos : elle est ma volonté, ma personne, elle est la force, non qui est en moi, mais qui est moi-même. Comment, si je n'ai pas cette puissance, puis-je régler ma conduite ? Ou je marche dans le chemin de ma vie comme le soleil m'éclaire sans qu'il soit possible à ses rayons de ne pas m'éclairer, comme les astres qui roulent au-dessus de ma tête tournent fatalement, invinciblement, dans le cercle que Dieu les contraint de suivre ; ou, dis-je, l'ordre éternel me domine et m'entraîne ; je ne commets plus de fautes, puisqu'une puissance qui n'est pas moi les commet en moi ; il ne reste pour moi ni bien ni mal, ni vertus ni vices : ou je suis libre. La liberté est la condition du bien : elle est le droit fondamental, sans lequel il n'en est pas d'autre : elle est, en un sens très vrai, tout le droit.

La liberté est-elle donc le droit de tout vouloir ? Non : elle en est la puissance, elle n'en est pas le droit. Considérée en elle-même, elle est le droit : nous pouvons, nous devons en user ; elle est inaliénable, imprescriptible, sainte comme la justice, qui ne saurait être sans elle. Mais elle n'est pas le fondement de la justice, elle n'en est que la condition. Elle est le droit, condition du devoir : le devoir est le fondement de la justice. La justice n'est pas arbitraire, elle ne change pas au gré des fantaisies d'un législateur, peuple ou roi : elle est absolue, et repose sur un fondement absolu, sur la connaissance du bien. Le bien, pour un être donné, est l'accomplissement de son être ; et comme toutes les fins de tous les êtres concourent, par une merveilleuse harmonie, à la fin universelle de l'être, tendre à sa fin, accomplir son être, c'est vivre dans l'ordre de la nature, et selon Dieu, qui a créé les êtres solidaires. Donc, deux éléments constituent la justice : la connaissance du bien, qui en est le principe ; la liberté, qui en est la condition. Il faut que la connaissance du bien s'impose à la liberté, et que la liberté se conforme à cette connaissance. Il ne nous est donc pas permis d'agir à notre caprice au nom de la liberté. Nous avons le droit d'en user, nous n'avons pas celui d'en user mal.

Pour bien entendre ceci, il faut distinguer ici, dans notre droit, le dehors et le dedans ; il faut le placer tour à tour en face d'autrui et en face de nous-mêmes, de notre conscience, du maître intérieur qui nous commande et qui nous juge.

Au dehors, extérieurement, le droit est la liberté même ; non telle liberté déterminée, mais la liberté entière. Non point une liberté du bien qui ne serait pas celle du mal : car elles sont inséparables. La liberté du bien est celle du mal : elle est la liberté. La liberté est ou n'est pas. Qui peut le bien peut le mal ; et qui ne serait pas libre de mal faire ne le serait pas de bien faire, parce qu'il ne serait pas libre. Sa conduite, dont il ne serait pas le maître, ne serait pas moralement bonne. Il ne ferait que le bien, dit-on ? Non. Il ne le ferait pas librement, et dès lors ce ne serait plus le bien.

Au dedans, intérieurement, le droit qu'a l'homme d'agir à son gré n'est pas le droit d'agir mal. L'homme, est toujours soumis au devoir ; et il n'est libre que pour pouvoir lui-même s'y soumettre, pour avoir le mérite de cette soumission volontaire. On n'a pas le droit intérieur, le droit moral, de mal faire ; on en a le droit extérieur : le droit d'être criminel, si l'on veut l'être au risque de sa propre condamnation et de sa perte ; le droit de n'être pas empêché de vivre comme on veut vivre, pourvu qu'on n'empêche pas les autres de vivre aussi comme ils veulent et de ne répondre aussi de leur vie qu'à Dieu seul. Si la liberté est le pouvoir de choisir entre le bien et le mal, elle ne sort pas de son terrain quand, pouvant choisir le bien, elle choisit le mal ; elle est dans le légitime exercice de son pouvoir, qui n'est pas une direction, mais une force ; elle est dans son droit. De ce que l'homme a le pouvoir de choisir le mal, s'ensuit-il, me dit-on, qu'il ait le droit de le faire ? L'homme, non : parce que l'homme n'est pas seulement une liberté, mais encore une raison. En tant que libre, il en a le droit ; en tant que raisonnable, il n'en a pas le droit. Je veux dire que, quand il fait le mal, il est dans le droit de sa liberté, non de sa raison ; il est dans son droit devant l'homme, non devant Dieu. Il use de sa puissance, et il en use à ses risques : nul, ni individu, ni société, n'a le droit de l'empêcher d'user à son gré d'une puissance qui lui a été remise précisément pour être l'épreuve de son mérite. Qu'il en use bien ou mal, il en sera récompensé ou puni : il a un juge. L'homme n'est pas le juge de l'homme.

Je conjure que l'on me pardonne d'être bref en un pareil sujet. Il m'est impossible de m'enfoncer ici dans l'étude morale, inépuisable objet de la méditation des sages : je ne peux qu'effleurer à peine ces mille points délicats qui dominent tout, que nul homme n'ignore, que nul toutefois ne semble connaître, et dont l'oubli fait la misère des siècles ! Je n'ai qu'un mot pour tant de choses que je voudrais rappeler et fixer à jamais au fond de toutes les âmes : car, si on les néglige, il n'y aura sur la face du monde que servitudes ou luttes aveugles, et toujours des larmes avec du sang !

Oui, la liberté est le droit, et elle ne nous donne pas le droit d'agir à notre caprice. Que l'on ne prenne pas ceci pour une vaine et chimérique distinction soufflée par je ne sais quel pédantisme d'école. C'est parce qu'on ne le veut pas comprendre, que l'on tombe dans des erreurs dont les suites épouvantent. Les uns ne reconnaissent point la liberté elle-même comme le droit ; les autres étendent le droit de la liberté à ses actes. Tel est l'aveuglement des hommes, que beaucoup s'étonnent peut-être à la lecture de cette phrase, et affirment comme une chose évidente que la liberté n'est pas le droit, ou que le droit s'étend de la liberté aux actes de la liberté. Ils partagent l'une ou l'autre de ces deux erreurs ; qu'ils y songent : l'une et l'autre anéantissent toute morale.

Car, si la liberté n'est pas le droit, c'est que nous ne sommes pas libres : ce n'est pas nous qui agissons, une fatalité agit en nous, dont nous ne sommes pas les maîtres, mais les esclaves ; nous ne sommes responsables ni de bonnes, ni de mauvaises œuvres, il n'y a plus de justice, plus de morale.

Si, d'autre part, le droit s'étend de la liberté aux actes de la liberté ; si, parce que l'usage de la liberté est le droit, nous avons le droit d'en user comme il nous plaît, alors, quelque usage que nous en fassions, nul, non pas même Dieu, ne peut nous le reprocher, moins encore nous en punir, puisque nous sommes dans notre droit. De là, je ne dis point que nous ne sommes responsables ni de bonnes ni de mauvaises œuvres, je dis qu'il n'y a plus pour nous de bonnes ni de mauvaises œuvres, il n'y a plus de justice, plus de morale.

Le droit n'est donc que dans la liberté, ou dans l'usage de la liberté, considéré en lui-même. Une fantaisie me prend, je jette dans un plaisir, ou dans un achat frivole, mille écus que réclamait une plus utile dépense : libre, j'use de ma liberté, c'est mon droit ; j'en use mal, c'est mon crime.

Cette distinction bien comprise résout, ce semble, le difficile problème de la liberté. Ma liberté est ma dignité, ma noblesse, ma force, elle est ma personne même ; je ne puis rien, je ne suis rien sans elle ; elle est donc mon droit, nul ne peut m'en ravir l'usage. Mais cette liberté que nul ne peut nous ravir comporte un mauvais comme un bon usage. Bon ou mauvais, il est légitime, dès qu'il respecte celle d'autrui : à nous de faire un bon usage de la nôtre, c'est notre responsabilité devant notre conscience et devant Dieu ; à autrui de respecter l'usage, quel qu'il soit, bon ou mauvais, qu'il nous plaît d'en faire. Notre devoir est d'en bien user ; mais d'en user, bien ou mal, c'est notre droit.

La liberté, comme le reste, se produit dans l'âme, dans le corps, dans l'union de l'un avec l'autre : au point de vue religieux ou spirituel, liberté de la pensée ; au point de vue économique ou physique, liberté du travail, de l'action ; au point de vue moral ou humain, liberté de la parole, de la presse, de la prédication, de toute manifestation de l'âme.

La liberté, dans l'ordre religieux, condamne toute violence, toute peine, toute pression extérieure qui force, qui arrête, qui refoule, qui égare, qui dirige despotiquement, qui entrave la pensée ; mais la pensée libre est, pour cela même, responsable de ses erreurs devant Dieu, le seul juge : Dieu seul sait reconnaître si l'homme qui use de la liberté de penser est animé d'un esprit de vérité ou d'un esprit de mensonge.

La liberté condamne, dans l'ordre économique, ces contraintes, ces servages, qui exploitent l'homme, qui le privent du fruit de son labeur, qui lui arrachent sa propre action, la plus sacrée des propriétés, et les propriétés qu'il eût pu produire. Qu'il soit donc pleinement libre dans son travail et dans tous ses actes, mais, pour cela même, responsable et toujours jugé selon qu'il en use.

La liberté, dans l'ordre moral, s'oppose à ce qu'une censure enchaîne la parole de l'homme : que l'homme soit donc pleinement libre dans la manifestation de son âme, mais, pour cela même, responsable et toujours jugé selon qu'il en use.

Et, l'ordre politique étant la forme et le gardien de l'ordre social, ces trois libertés engendrent la liberté politique. Car, si la liberté est le droit, elle est le droit pour tous : tous donc, tant que nous sommes, pensons, parlons, agissons, selon notre devoir, responsables par devers Dieu, mais Dieu seul, parce qu'il est seul juge de la pensée, principe de la parole et de la conduite ; tous libres, sans que nul puisse détruire, au profit de sa propre liberté, la liberté, ni donc, en aucune sorte, la personne d'autrui. Le rôle de l'Etat est de sauvegarder cette liberté, qui n'est autre chose que l'égalité devant la justice.

Ainsi se concilie la liberté avec l'autorité : conciliation nécessaire ; car, qu'est-ce que l'autorité, si ce n'est le bien, qui ne détruit pas la liberté, mais la suppose en s'imposant à elle ?

Or cette conciliation si nécessaire a-t-elle été comprise? Du temps où régna l'autorité, a-t-elle tenu quelque compte de la liberté ? Et, par une inévitable réaction, la liberté, réclamant à son tour, n'a-t-elle pas secoué l'autorité sous toutes ses formes ? N'a-t-on pas cru que les actes qui ne relèvent pas de la justice des hommes sont tous également justes parce que l'Etat n'y saurait toucher sans se méconnaître soi-même? Et parce que devant l'Etat la responsabilité doit être niée de tout ce qui ne lèse pas autrui, n'a-t-on pas tenté de la nier devant Dieu? La liberté de penser a enfanté l'indifférence en matière de doctrine : sous prétexte que l'opinion est libre, c'est-à-dire que nul homme n'a le droit de la contraindre, on ne songe plus que la vérité a ce droit, et que l'on est coupable de l'erreur, lorsque c'est l'intérêt, ou l'orgueil, ou la précipitation d'un esprit négligent, ou même l'insouciance, qui l'a produite ; et le christianisme s'efface dans les âmes : peu d'entre nous demeurons fidèles au vieux cultes, hélas ! d'une fidélité souvent chancelante, que frappent et ébranlent sans cesse les tempêtes du dehors ! La liberté de parler et d'écrire, qui devait enfanter le monde, n'enfante que le chaos ; la liberté d'agir n'est jusqu'ici que le problème de l'organisation du travail, d'autant plus menaçant qu'il est plus mal posé ; la liberté politique a rempli l'histoire de luttes et de larmes trop stériles : car le jour de la justice ne brille pas encore sur le monde, et, après tant d'exagérations fatales dont je ne veux pas faire le lamentable récit, Dieu seul sait combien restent encore parmi nous de tristes servitudes ?

III

Nous sommes égaux, puisque nous sommes libres.. Vous n'êtes point supérieur à moi ; j'ai autant de droits que vous au bien-être : ainsi parle l'orgueil du siècle. J'accepte ce langage, pourvu qu'il ne signifie qu'une chose, savoir, que nous sommes égaux par nature, c'est-à-dire que nous avons tous la nature humaine. Nous sommes égaux, identiques même, par ce qui nous fait hommes. Mais ce fond commun ne se modifie-t-il pas en mille manières différentes ? Est-il si rare que le bonheur pour l'un soit pour l'autre le malheur ? La nature, invariable et une dans ce fond qui n'est pas moi ni un autre, mais nous tous, n'offre-t-elle pas, dans ce qui constitue nos personnes, une variété prodigieuse et une profonde harmonie d'aptitudes diverses, de puissances inégales, de modifications faites pour concourir, l'une avec l'autre, toutes ensemble, au but du genre humain ?

De là un nouveau principe, le principe de l'être social, qui répond au principe de tout être : l'union. C'est le troisième terme, et le plus noble, du moderne symbole : fraternité. Il représente plus vivement encore l'égalité de notre nature et de notre race, avec le plus profond de tous nos besoins, le besoin de l'ordre, de l'harmonie, de l'amour : la société et l'individu, l'unité et la variété, l'autorité et la liberté, conciliés et unis.

Tenons compte des variétés individuelles. Là est l'erreur du communisme : il nie la personne, l'un des deux termes qu'il faut unir. On a vu qu'il ne le nie que parce qu'il l'exagère, et que par suite il exagère l'autre jusqu'à le nier également : en sorte qu'il méconnaît tout l'homme.

Là est aussi l'erreur de ces chimériques partisans d'un partage égal des fortunes : j'accorde que ce partage ne soit pas la plus sotte rêverie qu'ait pu enfanter un cerveau humain, la part de chacun aura-t-elle pour tous la même signification ? Ce qui est richesse pour celui-ci ne sera-t-il point pauvreté pour celui-là ?

Et cette égalité brutale ne sera-t-elle point la pire inégalité ?

D'ailleurs est-il vrai que vous ne deviez pas être plus heureux que moi, ou moi que vous ? La nature n'a pas donné plus de droits à l'un qu'à l'autre, je le veux : mais notre conduite, qui est notre œuvre ? Mais notre travail, notre vertu, nous-mêmes ? Car enfin, il ne faut pas oublier la sanction morale, le châtiment du crime, la peine et la récompense, la loi inévitable, parce qu'elle est juste, de l'enfer et du ciel !

Que l'on considère donc que ces modifications prodigieusement variées qui nous viennent de la nature couvrent une harmonie merveilleuse. Si chacun de nous atteignait son entier développement, qui est sa propre fin, il serait parfait pour lui-même, et en parfait accord avec ses semblables dans l'harmonie de l'homme : l'individu et la société seraient heureux. Il faudrait que la société, sans rien livrer à la naissance ni à aucun autre hasard, s'efforçât pour que chacun, se développant selon son être, concourût de la sorte par son développement propre au bien commun ; mais il faudrait aussi que chacun eût la vertu et la force de répondre à cet effort de la société : après avoir tout donné à l'individu, elle en retirerait tout.

IV

La pleine et franche liberté amènerait cela. Car, que sont les deux termes contraires qui s'impliquent l'un l'autre ? En face de l'individu, la société ; en face de la liberté, la liberté d'autrui, la liberté pour tous, c'est-à-dire la société encore, c'est-à-dire l'autorité qui s'impose à la liberté et qui la limite.

On appelle liberté le libre arbitre : l'esclave est libre,

tout homme l'est, sauf peut-être le fou. On appelle aussi liberté la puissance d'agir : qui est libre de la sorte ? Nul ne l'est que d'une liberté bornée par la nature même ; beaucoup le sont encore moins, et leur liberté rencontre une borne plus prochaine dans le caprice ou la malfaisance des hommes.

Le libre arbitre ne saurait être ravi ; on peut enchaîner le corps, mais non pas l'âme. Le pût-on, il est visible que qui ravirait le libre arbitre à un homme commettrait contre cet homme non pas un crime, mais le crime par excellence, lui ravissant mille fois plus que la vie, je veux dire l'être moral, l'âme tout entière, et jusqu'à la possibilité du devoir.

La puissance d'agir n'est pas le libre arbitre. Tandis que celui-ci, étant absolu, n'a pas de bornes (car il se peut que je veuille l'impossible, et ma volonté, que la possibilité même ne borne pas, voilà mon libre arbitre), mon entendement, mon sentiment, mon organisme, mesure et borne chez moi la puissance d'agir. L'homme peut aussi, par un abus de la force, la borner et me mettre en sa servitude. Pourquoi la puissance d'agir, lorsque l'homme ne la borne point, s'appelle-t-elle, comme le libre arbitre, liberté ?

C'est qu'elle est l'ensemble de mes facultés, l'être qu'il m'est ordonné de développer et d'accroître selon sa fin : et l'accomplissement de ce devoir, qui renferme tous mes devoirs, est remis à mon libre arbitre. Que je le fasse, me voilà sage, parce que je me suis efforcé pour le faire ; me voilà heureux, parce qu'il est la satisfaction de mes besoins, en même temps que le développement de ma nature ; il est et ma vertu et mon bonheur, il est mon bien. Quiconque donc m'enlève ma puissance d'agir, ou seulement la borne chez moi, outre qu'il dispose contre mon gré de ma propriété la plus intime, enlève ou borne mon bonheur tout ensemble et ma vertu ; il se rend coupable, à mon préjudice, et à son profit, jusqu'à ce que Dieu le frappe, de tout ce que je dois faire et qu'il m'empêche de faire ; il attente à l'instrument de ma volonté, non à mon libre arbitre, mais au pouvoir sans lequel mon libre arbitre est stérile, sans lequel je ne puis concourir à cette fin générale des êtres qui est la raison de mon propre être : il viole en moi l'ordre, et, que dis-je ? l'ordre de l'univers.

Laissons donc à chacun, avec son libre arbitre, sa force même. Que nul, ni individu, ni société, ne la lui enlève : il peut se développer tout entier, et l'entier développement de chacun serait, non moins que le bien de chacun, le bien de tous ; mais il doit ce qu'il peut, et il en répond à Dieu, qui le frappe dès ce monde, s'il ne l'accomplit pas, par l'inquiétude des besoins non satisfaits, par l'angoisse du vain désir, par le tourment de son être manqué, par le malheur.

Aussi la moindre atteinte portée à la liberté, même au nom du bien-être, amène-t-elle, au lieu du bien-être, la souffrance avec le désordre. Il ne faut donc pas chercher l'égalité et la fraternité en dehors ou en outre de la liberté : la pleine liberté pour tous est l'égalité, et l'égalité de la liberté, absolument réalisée, serait la fraternité.

Tous les hommes sont frères. Pourquoi des privilèges, pourquoi le règne de l'ambition injuste et de l'orgueil mauvais, où ne devrait régner que l'amour ? — C'est qu'il y a, dit l'égoïste, des forts et des faibles, des hommes d'esprit et des sots. Défendra-t-on aux uns d'avoir du mérite, parce que les autres sont imbéciles ou paresseux ? — Sophisme, sophisme. Que chacun atteigne le plein développement de son être, mais chacun, le petit ainsi que le grand, et que la société ne vienne pas introduire parmi les hommes le privilège odieux à la nature. La nature a fait les hommes inégaux ? Oui, mais enfants d'une même famille, membres d'un même corps : qu'un seul membre souffre, tout le corps souffre. C'est à ceux qu'elle a faits riches de ses dons de payer pour ceux qu'elle en a faits pauvres ; plus de faveurs imposent plus de devoirs : que celui qui a des bras travaille la terre pour le bien de tous, et que celui qui a une tête conduise pour le bien de tous l'œuvre qu'il est capable de conduire. Respect à la force, dites-vous ? Et moi je dis : respect à la faiblesse ! La faiblesse est chose sacrée ; et nous qui sommes forts, Dieu nous demandera compte de la force dont il nous a confié l'usage. Nul ne peut se suffire à soi-même : malheureux, qui veulent s'élever, et qui ont plus besoin que personne de ceux que foule leur orgueil ! Si chaque homme pouvait avoir tout son développement ou, pour ainsi dire, produire tout son être, il n'y en aurait pas un qui fût inutile en ce monde, pas un qui par quelque endroit n'égalât les autres ; et l'on verrait que l'inégalité, ou plutôt la différence des individus, a une raison plus haute, et forme comme un concert du tout.

Telle est la fraternité : point d'oppression ni d'anarchie, mais l'harmonie et l'amour.

Hélas ! Que cet idéal est encore loin de nous ! Mais il se réalise un peu chaque jour. Car le christianisme doit s'accomplir sur la terre avant de se consommer dans le ciel. Le règne ici-bas lui fut promis. Ne nous laissons point décourager par les spectacles que nous avons sous les yeux : l'humanité ne marche que lentement et pas à pas. Laissez, laissez, elle est bien jeune. Ceux qui désespèrent de l'avenir ne connaissent pas les lois du monde, non pas même du monde où ils sont, ni de l'homme. Comment ce qui doit être ne serait-il pas ? Si l'humanité ne peut atteindre sa véritable fin, qui est la justice, qu'est-ce que la Providence ? Ah ! un tel doute est un blasphème contre Dieu !

Ne nous étonnons pas des égarements qui nous environnent : que les rêves des communistes et des niveleurs ne nous ébranlent pas. Pardonnons-les au contraire, en les comprenant. Elle fut méconnue de si longs siècles, l'égalité sainte, la sainte fraternité des hommes ! La société antique eut les citoyens et les esclaves ; la société chrétienne, qui abolit l'esclavage, le conserva sous une autre forme : il y eut les serfs, il y a les prolétaires ; il y eut l'aristocratie du sol, il y a l'aristocratie plus vile de l'argent. Aujourd'hui même, où s'éveille de toutes parts l'instinct et comme le pressentiment d'un meilleur avenir, quel est l'esprit du siècle ? L'individualisme, l'égoïsme sans frein et sans pudeur, la maxime partout effrontément affichée : Chacun pour soi !

Mais reprenons courage, et arrêtons-nous un instant devant ce magnifique symbole : Liberté, égalité, fraternité. Il est comme une Trinité nouvelle, ou une nouvelle expression, au point de vue social, de la Trinité. La liberté est la puissance : car que ferait l'homme, s'il n'était pas libre ? l'égalité, la production de cette puissance, sa manifestation par la justice humaine, le Fils, le Verbe ; la fraternité procède de l'une et de l'autre, elle est l'union ou l'amour, comme l'Esprit qui procède du Père et du Verbe, union et amour mutuel de l'un et de l'autre...

Redescendons sur la terre. Ici encore le symbole que je contemple a une grande signification : il est, dans sa belle brièveté, toute une morale sur le rapport de l'homme, non avec la matière ni avec Dieu, mais avec l'homme.

Deux éléments constituent la morale : un principe, l'idée du bien ; une condition, la liberté. Ici d'abord la condition nécessaire, la liberté. Puis l'idée du bien : *ne fais pas à autrui ce que tu ne veux point qui te soit fait*, c'est l'exacte réciprocité des deux termes, c'est le devoir et le droit, la justice, — l'égalité ; *fais à autrui ce que tu veux qui te soit fait*, l'homme est actif pour le bien, il se dévoue, il sacrifie ses droits, s'il le faut, c'est la charité, — la fraternité. Liberté, telle est la condition de la morale ; égalité, fraternité, tel en est le principe, tel est le bien au point de vue social. Ce symbole est la traduction sociale de ce que la religion exprime ainsi pour l'individu : libre arbitre, justice, charité.

C'est par là que le cri qui a retenti dans ce siècle est un cri de rappel au christianisme. C'est par là qu'il concilie l'ancien et le nouveau besoin, qui se résument en un seul, le besoin moral. Les novateurs demandent le bien-être, mais ils invoquent la morale. Les rétrogrades demandent la foi : mais la foi n'est-elle pas l'enseignement et le principe de la morale ? Les uns regardent plutôt au corps, les autres à l'âme : mais la morale n'est-elle pas le lien du corps et de l'âme ?

Ce qui est le besoin du siècle, au milieu de ces cris qui semblent contradictoires, c'est la morale, qui est le lien du corps et de l'âme ; c'est la condition même de l'existence et du bonheur ; c'est l'harmonie.

Si vous n'avez point compris cela, chrétiens, vous ne comprenez ni votre siècle, ni vos nouveaux devoirs. Vous êtes en possession de la vérité : qu'elle ne demeure pas stérile en vous, comme une semence qui n'a point de fruit ! Vous êtes l'autorité, reconnaissez la liberté : la science et le sens privé, devant vous qui êtes le sens commun et la foi. La pensée du temps où vous êtes se retire de vous : n'y aurait-il pas un peu de votre faute ? Votre siècle vous repousse, et il souffre : méditez ceci, comme une leçon, et comme une espérance.

V

La philosophie est l'œuvre de la raison, de l'individu, je veux dire de la liberté, en matière de doctrine. Je comprends que plusieurs la repoussent, parce qu'elle est cela, et qu'elle n'est que cela. Toute liberté suppose une autorité à laquelle elle n'est que le pouvoir de résister ou de se soumettre, avec le devoir, qu'elle implique, de se soumettre volontairement. Aujourd'hui que la philosophie, après tant de siècles, se cherche encore, quelle autorité reconnaît-elle, pour parvenir à être ?

La science est la connaissance de la vérité par la raison. Ce qui la distingue, c'est la méthode. C'est par la méthode, par l'usage de la raison pure dans la recherche de la vérité, qu'elle n'est point la foi : c'est par elle aussi qu'elle est création de l'homme. Lorsque l'homme entre en possession de la vérité, il la découvre, il l'accepte sans la faire : il ne la crée pas; mais par le raisonnement, qui est un effort de son activité propre, il en produit la connaissance, il en crée, pour ainsi dire, l'intelligence en lui-même.

Et là-dessus, que se passe-t-il autour de nous ? Chaque science est un chaos où luttent mille systèmes, plus curieux de se tuer les uns les autres que de s'entendre pour le vrai, qui est leur vie ; plus cupides du règne égoïste, de l'orgueilleuse domination, que de la vérité. Chaos et matérialisme. Chacune s'isole en soi, superbe, et ignorante ou insouciante du néant dans lequel l'oubli de l'unité la précipite ; chacune se considère d'autant plus qu'elle est plus positive, plus physiquement expérimentale, je veux dire plus brutale, plus abaissée, plus enfoncée dans le corps. Quelle est de toutes la plus dédaignée? Celle qui est le principe et le centre de toutes; celle qui répond à l'unité même des choses; celle qui est la science, non de telle vérité, mais de la vérité, de l'être; celle qui est, les autres n'étant que des sciences, la science : la philosophie.

Je voudrais pouvoir, en passant, venger d'injustes attaques, non les philosophes, mais la philosophie. O science la plus haute et la mieux faite pour l'homme, que l'infini n'effraie pas! Science pleine d'incommensurables abimes et de profondeurs merveilleuses! Que souvent, dans le cours de mon œuvre, tu m'appelles, et il ne m'est pas permis de te répondre! Non, je t'ai dédaignée comme eux, comme ces matérialistes de mon siècle, indignes de toi. Pardonne, il l'a fallu; car il a fallu m'inquiéter, comme eux, de ce qui les inquiète. Là aussi je te rencontre : n'es-tu pas au fond de tout, science de l'être? Ne te poses-tu pas, guide toujours prêt, en face de tout travail de la pensée, disant : Me voici, prends-moi, si tu ne veux te perdre dans les ténèbres de la route? Je t'ai donc prise, mais à peine; à peine avons-nous cheminé ensemble. Eux, ils t'ont dédaignée, et, te dédaignant, ils se sont perdus. D'autres t'ont fait plus de mal encore, car ils sont cause de cet injurieux dédain : ô philosophie! les philosophes. Tes disciples, armés pour toi, te frappent de leur armes, et, croyant te sauver, te perdent. Ils s'efforcent de détruire la religion; ils prétendent la remplacer, les insensés, par une science toute à faire! Ils invoquent contre la foi la raison privée, le raisonnement: erreur, ils n'oublient que la société ou l'humanité dans l'homme. L'autorité les offusque, ils n'en veulent pas, ils invoquent la liberté contre elle : mais la liberté ne doit-elle pas se soumettre ? O philosophie, qu'ils rêvent indépendante, l'es-tu du vrai ? Pourquoi donc le rejettent-ils ? Ton œuvre n'est point de le changer, de le faire autre, mais de le comprendre. Ils ne parviennent que trop à ce qu'ils veulent, à le détruire dès qu'ils ne le peuvent atteindre : mais ils détruisent sans bâtir ; la mort qu'ils donnent ne leur donne pas la vie ; eux-mêmes ils se renversent dans leurs propres luttes ; ils tombent, et on les délaisse en leur agonie solitaire.

Sans religion ni philosophie, que reste-t-il ? Ce qui est : le matérialisme, et avec lui le désordre, un acheminement à la mort.

Que la foi revive, que les philosophes se prennent à croire, toutes les sciences se spiritualisent, et, rattachées à un même centre, se coordonnent ; la science, la philosophie, qui voit en elle un contrôle de ses erreurs, peut enfin s'organiser au lieu de se déchirer les entrailles ; et la foule, que toujours, quoi qu'on puisse dire, l'autorité domine. dont l'incrédulité n'est qu'un acte de foi en l'incrédulité des savants comme sa croyance est un acte de foi en la croyance des prêtres, la foule trouve partout la croyance, et croit.

Mais il faut que la foi, si elle veut revivre, se transforme et devienne science. Elle ne peut servir de contrôle aux erreurs de la science que si elle est déjà science elle-même, démontrée, universellement reconnue.

Car si toute liberté suppose une autorité à laquelle doit se soumettre l'être libre, chaque ordre de liberté suppose une autorité propre ; et la confusion des autorités serait la destruction de l'autorité même, puisqu'elle détruirait la liberté, mettant l'esclavage à la place d'une obéissance impossible.

L'ordre politique, n'étant que la sauvegarde et la forme de l'ordre social, doit se subordonner tout entier à celui-ci. La société vaut ce que vaut l'ordre social. L'Etat, ou l'organisation de l'ordre politique, n'est qu'une force tout extérieure et toute matérielle établie pour le maintien de ce que la justice a de plus matériel et de plus extérieur, le respect des personnes, l'égalité, non pas, comme on l'a connue trop souvent, l'égalité dans la servitude, mais l'égalité dans la liberté. Ma liberté, à cet égard, n'a d'autre limite que la liberté d'autrui : parce que la liberté n'est pas pour moi seul, mais pour tous. Si l'Etat touche à ce qui est de l'ordre social, c'est le renversement de tout principe, puisque l'ordre politique n'est que la forme et le gardien de l'autre. Et qu'y a-t-il de commun entre la religion, la morale, la propriété ; entre la science, l'art, l'industrie, et le caprice d'un gouvernement sultanesque, eût-il encore, pour faire de son caprice une loi, la puissance de toutes les baïonnettes du monde ?

Déterminer, pour les prohiber, les combattre et les punir, toutes les manières, indirectes ou franches, simples réserves ou attaques manifestes, d'attenter aux libertés (ce qui commande toute une organisation et toute une législation, à faire plutôt que faite), l'Etat ne doit ni ne peut autre chose. Mais, pouvant cela, il peut beaucoup : à défaut de l'ordre intime ou social, il le prépare par le maintien absolu de toutes les libertés, qui permet l'expansion indéfinie de toutes les facultés humaines ; et déjà, par l'accomplissement de la justice dans l'ordre politique, il le commence. Plus tard, en de plus beaux siècles, l'ordre intime enfin établi, je veux dire la religion vivante chez tous, et devenue, par la seule force de la doctrine, la reine des âmes libres, la morale faite conforme à la religion, la propriété organisée selon la morale, que pour le garder alors, et pour s'accroître avec lui dans une commune splendeur, l'ordre politique, qui ne le fait pas, qui l'accepte, veuille asseoir sur cette base, désormais solide, l'ensemble de ses lois, il fera bien ; mais qu'alors même il ne viole point la liberté des hommes. Car voici, dans le rapport mutuel des hommes, toute la justice : « Ne fais point aux autres ce que tu ne veux point qui te soit fait, » respect de l'individu pour l'individu, de la vie et de la personne pour la personne et pour la vie, respect de la liberté pour la liberté. Et voici le couronnement de la justice : « Fais-leur ce que tu veux qui te soit fait, » travaille à conserver et à développer leur être comme tu veux que le tien se conserve et se développe, dans la voie de la vérité, de la beauté, de la sagesse, où tu es toi-même, où tu crois être du moins, puisque, si tu croyais n'y être pas, tu devrais quitter celle où tu marches, coupable de ne pas le faire, devant Dieu, ton seul juge.

Liberté donc, de penser, de parler et d'agir ; liberté absolue : nulle autre limite, nulle autorité à respecter, que la liberté d'autrui. Mais cette triple liberté doit-elle se déployer sans règle ? Non, elle est le pouvoir qu'a l'homme de se soumettre ou de ne se soumettre point, et elle doit produire l'obéissance. A quoi ? A la force ? Non, non, si ce n'est à la force de Dieu, à l'autorité intérieure et divine : au juste, au beau, au vrai. Et comme le juste, le beau, le vrai, ne se séparent pas, comme tout cela c'est le bien, comme d'ailleurs, puisque avant tout il faut connaître le bien, le vrai est le sommet, si je peux le dire, du triangle mystique, la première autorité, la règle de toute liberté; c'est la vérité même.

Et, en effet, quel autre règne peut avoir une religion, ou une science, que l'ascendant qu'exerce la vérité sur les esprits ? Si elle emploie d'autres armes, elle ne convainc pas, elle n'éclaire pas, elle perd ou manque son légitime règne, à grand'peine remplacé par un despotisme d'un jour.

Donc l'autorité à laquelle doit se soumettre l'homme qui pense, c'est la vérité, et nulle autre : coupable si sa pensée, vraie ou fausse, fut l'œuvre d'une liberté soumise à une autre autorité que celle-là, je veux dire à un autre mobile, à un intérêt, à une lâche passion, à une passion généreuse même, peu importe ; coupable et punissable alors, mais devant Dieu seul. Que la vérité soit donc son unique règle : la méthode en premier lieu, qu'il sait ou qu'il croit bonne, et qui le guide ; puis la vérité connue. La philosophie une fois faite, ou la religion comprise, servira de règle, comme vérité connue, à toute recherche libre de l'intelligence. Jusque-là, que l'intelligence prenne sa règle dans la méthode, et qu'elle cherche la méthode même, s'il le faut : j'entends, les conditions de la certitude ou de l'infaillibilité pour le sens privé, dans l'accord essentiel du sens privé avec le sens commun.

La foi ne revivra, le dogme religieux, avec ses conséquences morales, ne se relèvera parmi nous, que par la raison, par la liberté, et pour ne régner plus que dans l'empire des âmes, qui est le sien.

Si donc la religion, comme je le souhaite et comme j'ose l'espérer, se transforme en philosophie, c'est-à-dire si la science, par sa méthode, ou par la seule force du raisonnement, arrive à un système démontré, expliqué, lumineux, qui ne soit autre que la doctrine religieuse, voyez les merveilles qu'un tel progrès enfante ! La vérité première, directement, scientifiquement connue, entraîne, comme une science exacte, l'accord de tous ceux qui l'étudient dans le monde ; leur accord emporte la foule, et elle devient l'universelle doctrine. Les sciences, qui ne peuvent s'unir que dans une science, s'unissent en elle, et par elle s'appuient sur Dieu, comme des branches, par leur tige, sur la vaste terre. Elle est alors la science, étant la tige des sciences Celles-ci enseignent diversement à réaliser les divers aspects du bien, d'où elles tirent une valeur plus haute : la morale embrasse tout l'homme ; en tout elle montre du doigt le but, et les sciences, ses servantes, donnent les moyens d'atteindre le but. La société en profite pour son bonheur. Et l'humanité rachetée retrouvera son Eden enfin reconquis : la cité de l'homme est la cité de Dieu.

VI

Nous sommes entrés dans la liberté : c'est un tout autre ordre que l'ancien.

L'ordre ancien n'est plus, il ne peut revivre. Il ne le peut, quoi qu'il fasse. Une révolution, qui dure depuis cent ans, l'a renversé d'un souffle, vieillard décrépit qu'il était, et se dispute les restes de son cadavre. Elle marchera malgré l'Église, si l'Église refuse de marcher avec elle : mais sans l'Église l'ordre nouveau ne se fera point ; le jour de demain, après cette nuit de tourmentes et de veilles, ne se lèvera point sur nous. Malheur ! malheur à l'Europe ! malheur aux siècles qui viennent, si l'Église s'oublie à pleurer au lieu d'agir ; si elle regrette ce qui n'est plus, au lieu de faire ce qui doit être !

Les meilleurs catholiques demandaient à grands cris la Réforme, avant que, dans son impatience, lasse d'avoir attendu, elle ne s'emportât sous la direction fougueuse de Luther.

L'Eglise est une société religieuse : en religion, elle parle avec autorité, elle est chez elle. Les affaires terrestres ne la touchent pas. Qu'elle se mette hors de toute politique : sinon, elle est loin de son terrain, elle n'est plus maîtresse, elle est dominée ; mais qu'elle se mette hors de la politique, elle est au-dessus, et la domine. C'est la force des choses. Si elle s'en occupe, surtout, comme de nos jours, avec l'inintelligence des temps modernes, elle perd peu à peu le cœur des peuples ; si elle s'en détache et remonte vers le Ciel, elle apparaît, la tête haute, en sa pure lumière, et les peuples, dont elle n'entrave plus la marche, reviennent à elle avec joie. Alors tout se fait, comme de soi-même, à son image, et la société se forme d'après la morale, qui s'appuie sur la religion.

Mieux encore. Insouciante de ce qui n'est que du monde, se souvenant qu'elle ne s'est pas toute développée, et que la morale suit le dogme, qu'elle en étende les conséquences humaines : on l'écoutera. Qu'elle éclaire, marchant sur une nouvelle route, la route obscure des peuples qui s'avancent vers l'ordre nouveau. Hélas ! qui en dissipera les ténèbres, si ce n'est l'Eglise ? Qui constituera cet ordre ? Qui posera le fondement de l'édifice ? Quel autre que le christianisme peut organiser la fraternité chrétienne ?

Poser, en face des faux socialismes, un socialisme vrai, je veux dire chrétien, qui fonde l'ordre sur le droit, qui n'organise le droit qu'en vue du devoir ; prendre la Révolution, qui marche et qui ne s'arrêtera point, la prendre d'une main forte, pour la diriger, ou la dominer plutôt ; être homme du progrès et religieux tout ensemble ; n'accepter de l'esprit ancien que ce qui est de tous les temps, du nouveau que ce qui s'accorde avec l'ancien, de l'un et de l'autre que ce qu'il a de juste, qui est un, car toutes choses bonnes s'unissent dans le bien qui les fait bonnes ; voir le rapport des deux idées que chacun représente, en construire la synthèse, fondre ainsi les deux partis en un qui soit le juste ; combler l'abîme qui se creuse toujours plus profond entre deux montagnes prêtes à tomber l'une sur l'autre le jour où le sol manquera sous elles, et à se briser l'une l'autre par un choc épouvantable : là est le salut, si quelque part est le salut du monde.

VII

Lorsqu'un jour est fini, que le soleil s'est couché, qu'il rentre dans son repos, alors un nouveau jour commence : il commence au crépuscule du soir, et n'a de lumière que celle qui lui reste du soleil déjà caché sous l'horizon ; ce n'est point, dis-je, le soleil qui l'éclaire, il ne lui donne sa lueur que par emprunt : mais toute lueur en est empruntée. Cependant les ténèbres deviennent de plus en plus épaisses. Peu à peu elles se dissipent, l'aurore se lève, le soleil reparaît : il monte dans le ciel, puis il s'éloigne, toujours présent, jusqu'à la fin. Ainsi l'humanité marche. Dieu en éclaire à peine l'origine ; il semble se retirer, et l'humanité s'enfonce à mesure dans les ténèbres de l'idolatrie ; mais toute lueur vient de lui seul. Il reparaît pourtant ; déjà l'aube se montre, l'aurore brille, et voici le soleil : voici le Verbe qui illumine tout homme venant en ce monde fait homme lui-même ; il demeure parmi nous, il monte dans notre ciel, puis il s'éloigne, toujours présent, jusqu'à nos fins dernières.

Ce n'est là qu'une faible image de la marche des choses humaines. Quoi qu'il en soit, au reste, de la durée future que Dieu nous réserve, l'avenir qui se prépare est le plus haut terme de la civilisation : ce n'est pas demain que nous en verrons l'accomplissement ; il faut un siècle, deux peut-être, peut-être plus. Mais il est temps que l'impulsion se fasse. A qui appartient-elle ? Qui la fera ?

Toutes choses vont du néant à l'être, et de l'inférieur au supérieur : de la variété à l'unité, de la guerre à la paix. L'homme s'avance vers la paix par l'unité du genre humain.

Dans l'enfance de chaque nation, il n'y a que des familles, et un morcellement sans lien. La nation se forme, s'organise, devient une, puis, au-dessus des nations, l'humanité. Qu'il me suffise de rappeler la Grèce qui, unie enfin sur le joug de la Macédoine, marque, par la conquête de l'Orient, c'est-à-dire de tout ce qui avait été civilisé jusqu'alors, un âge de la civilisation du monde ; puis, d'autres nations s'étant formées, Rome, qui soumet à ses lois la Grèce, l'Orient avec elle, puisqu'il était grec, et marque un nouvel âge de la civilisation du monde. A diverses époques, le monde civilisé devient un, l'humanité est une. L'empire romain se décompose à son tour, et lentement se forment d'autres nations, dont l'Église est l'unité ; toutes enfin, organisées au dedans, au dehors se maintiennent en équilibre : elles s'uniront sous une même loi.

L'unité du monde ne se fera plus par voie d'envahissement et de conquête : puisque déjà nous voyons luire le jour de la liberté, elle se fera dans la liberté. Est-il nécessaire, pour qu'il y ait unité entre les hommes d'une nation, que l'un d'eux absorbe tous les autres ? Et quelle que soit la variété de leurs existences, n'y a-t-il pas unité, si, tandis que chacun mène librement sa propre vie, ils dépendent tous d'une justice commune qui les protège tous ; si, en outre, ils ont une religion qui accorde leurs âmes et leur inspire des mœurs semblables ? Pourquoi n'en serait-il pas de même entre les peuples ? Ne sauraient-ils dépendre d'une justice commune ? Ne saurait-il y avoir une religion entre eux ?

Un congrès supérieur, organisé pour le maintien de la commune justice, c'est-à-dire pour la protection des faibles, n'établirait qu'une sorte d'unité fédérale, simple garantie contre le risque d'envahissement, sans véritable accord entre les peuples. La religion seule peut faire ce véritable accord ; elle unit les âmes, elle inspire la conformité des mœurs. Ainsi l'unité du monde se fera dans la liberté par la religion ; et c'est pourquoi la solution du problème religieux domine tout.

J'ai lu je ne sais où, chez quelqu'un de ces *modérés*, ainsi appelés parce qu'ils manquent de logique, de courage peut-être, grand partisan des milieux, des compromis, des transactions à l'amiable, j'ai lu, dis-je, que l'entière indépendance de l'Église et de l'État, et l'entière dépendance soit de l'un, soit de l'autre, offrent également de très grands périls. L'État dépend-il de l'Église ? C'est la théocratie pure, et la force armée pour une croyance. L'Église dépend-elle de l'État ? C'est l'État théologien, avilissant l'Église qu'il choisit par le choix même qu'il en fait pour l'imposer au peuple : c'est le tzar, empereur et pape. L'Église au contraire est-elle indépendante de l'État ? Elle agit sur les âmes sans entrave, et, si elle parvient à y établir son règne, elle pousse le peuple à changer les lois de l'État, pour peu qu'elles ne soient pas conformes à son esprit : et la théocratie se retrouve par l'extrême liberté. Le *modéré* concluait que l'Église doit dépendre de l'État dans une certaine mesure. Acceptons l'hypothèse. Est-ce que l'Église respectera les lois de l'État et les sanctionnera de son autorité sacrée, par soumission de sujette, parce qu'elle dépend de l'État dans une certaine mesure ? C'est le système russe dans une certaine mesure ; c'est l'état théologien dans une certaine mesure, et, dans une certaine mesure, la conscience à genoux devant la force. Où tiendra-t-elle plus haut que l'État, dont elle dépend dans une certaine mesure, le Dieu qu'elle enseigne ? Alors encore, si elle parvient à régner dans les âmes, elle pousse au changement des lois de l'État pour peu qu'elles ne soient pas conformes à son esprit, et la théocratie se retrouve.

Mais, je le demande, pourquoi une telle peur de la théocratie ? Est-ce qu'on se représente toujours cette théocratie primitive, pouvoir spirituel et temporel ensemble, imposant la foi et le culte par la force, envahissant à main armée le domaine des âmes réduites en servitude ?

Oh ! que ce n'est plus la théocratie où aboutira l'Eglise indépendante ! Elle ne sera plus dès lors qu'un pouvoir spirituel ; elle ne parviendra plus dès lors à régner que par la vérité sur des âmes libres : et s'il arrive que, par cet empire tout divin de la doctrine sur les cœurs, les mœurs d'un peuple soient obligées de se conformer à l'inspiration religieuse, où sera le mal ? Et s'il en arrive pareillement des mœurs de tous les peuples, ne sera-ce point l'apogée du christianisme, et de l'homme ? Voilà l'unité, *una fides, una lex*: théocratie, — oui, sans doute, c'est-à-dire règne de Dieu.

C'est la religion descendue, par la morale, dans la conduite de toute vie sur la terre : c'est, au-dessus de toutes les sciences, la science créée, la philosophie constituée, la raison qui se rehausse jusqu'à la foi, la comprend, la pénètre et l'éclaire; c'est l'art élevé à la hauteur de son rêve, sainte réalisation du beau, manifestation, non plus terrestre, mais céleste, et toute divine, de Dieu, échappée de vue sur les perspectives de l'infini, écho lointain des harpes séraphiques, pressentiment et avant-goût du ciel; c'est l'industrie poussée à ses dernières limites, pour livrer à l'homme l'abondance des biens au prix de travaux qui lui plaisent ; c'est la sagesse de tous garantie par le bonheur de tous, dans l'absence de toute servitude désormais inutile ; c'est l'individu libre dans la famille, la famille libre dans la cité, la cité libre dans l'humanité, l'humanité libre en Dieu : Dieu seul est alors le roi de l'homme, et, dans l'attente d'un si magnifique avenir, il faut que je résiste à mon enthousiasme pour ne pas entonner dès aujourd'hui, du fond de l'abîme, le chant du triomphe !

VIII

Ce serait chanter trop tôt ; car, hélas ! il est bien loin de nous encore, le jour que demandent sans cesse nos prières par ces simples paroles adressées à Dieu : « Que votre règne arrive ! »

Il ne suffit point de la liberté pour cela. La liberté n'est qu'un pouvoir : qu'elle nous serve pour accomplir le progrès ; mais dirigeons-la nous-même vers le bien : nous sommes responsables, et nous le sommes par elle. Donc, ce qu'il nous faut d'abord et surtout, c'est la science : doctrine religieuse, doctrine morale, doctrine économique. Je ne me lasse point de le répéter, parce que c'est ici la grande vérité de ce livre. Que de travaux nous sollicitent de toutes parts ! Et quelle œuvre serait la nôtre, si nous osions l'entreprendre !

Mais de quel front annoncer, ou même tenter dans le silence du cabinet, une œuvre si difficile et si haute, quand on songe au misérable avortement des tentatives qui se sont faites autour de nous ? Ne devrions-nous pas, à la vue de si tristes désastres, être nous-même plus réservé, et ne contempler que du bord toutes ces pensées naufragées, au lieu de nous élancer, pour nous perdre à notre tour, sur la perfide mer des doctrines folles ?

Hélas ! que l'ignorance ou l'indifférence des sages soit notre excuse, si notre témérité nous précipite inconsidérément dans l'ardente recherche des doctrines de l'avenir !

Transition orageuse entre le passé et l'avenir, notre siècle s'agitera longtemps encore, jusqu'à ce ce qu'une parole du Maître se fasse entendre. Les faux prophètes abondent : ils parlent, on les écoute, et on détourne la tête ; car cet instinct infaillible, qui ne découvre point la vérité, mais qui la voit lorsqu'elle se montre, sent qu'il n'y a sur leurs lèvres que l'imposture ou l'erreur. Que l'envoyé paraisse, chacun le reconnaîtra et marchera sous sa bannière : l'ère nouvelle datera de lui. Qu'il se lève donc du milieu de nous, cet apôtre nouveau de l'Évangile ! Notre siècle attend son docteur.

Je me le figure pareil aux antiques prophètes, qui, sortant du fond des solitudes arides, apparaissaient tout à coup au sein des cités, la barbe hérissée, l'œil enflammé, la voix tonnante ; il me semble l'entendre, cette sauvage et terrible voix : elle retentit dans nos villes, elle résonne plus haut que nous, et toutes les têtes se courbent sous le vent de sa parole, comme sous un souffle de Dieu qui passe.

« Dieu m'a parlé, s'écrie-t-il, et m'a dit : « Regarde
» autour de toi ; que vois-tu ? »

» Et d'abord j'ai été saisi d'une grande épouvante, parce que Dieu me parlait. Et je me suis réjoui dans mon épouvante, parce que Dieu me parlait. Cette voix intérieure qui m'agite, cet esprit qui secoue mon âme, c'est votre voix et votre esprit, ô Dieu ! Et je rends grâces à ces souffrances que les hommes de chair n'ont pas connues ; et cette douleur qui vient de vous, je m'en suis fait au milieu de mes larmes ma félicité et ma joie.

» Vous parlez à tous les hommes, Seigneur, et votre Verbe éclaire tout homme venant en ce monde : pourquoi leurs yeux demeurent-ils aveugles, pourquoi leur oreilles demeurent-elles sourdes, et d'où vient que ceux même qui vous adorent n'entendent point votre Parole ?

» Ah ! c'est que votre Parole les fait trembler comme un tonnerre, et que votre lumière qui les illumine les brûle ! Et ils n'ont pas su, ou ils ont oublié, que cette lumière qui les brûle est votre lumière, que cette parole qui les effraie est votre parole, et ils ont fermé les yeux pour ne pas vous voir, et ils ont élevé la confusion de leurs voix tumultueuses pour ne pas vous entendre !

» Moi, je les ai fuis ; et, prêtant l'oreille, je vous ai entendue, et, ouvrant les yeux, je vous ai vue, ô vérité qui ne se cache point à qui veut la voir, et qui s'offre à qui la cherche ! Et vous m'avez parlé dans la solitude, et vous m'avez dit : « Il y a une grande misère dans le monde, » et un cri qui dure depuis que le monde compte les » siècles. J'ai pitié de ce long gémissement des hommes. » Chaque jour a sa peine, et chaque jour a sa consolation : » écoute le cri de ce siècle, afin qu'il soit consolé. Ecoute » donc, et regarde : et, quand tu auras entendu et que tu » auras vu, parle : ta parole sera la mienne. »

» J'ai regardé, et j'ai vu — des choses dont mon âme frémit tout entière, et qui ont fait ma face toute pâle. Car j'ai vu, comme sur une mer pleine de ténèbres, une tempête furieuse battre les flots et découvrir tous les écueils, et, sur tous les écueils naguère cachés par les vagues, des cadavres livides, débris de mille naufrages ; et de beaux navires échoués ; et un navire, le plus beau qui eût jamais bravé les ouragans, brisé en pièces contre une roche épouvantable, que le choc avait brisée à son tour. Et, le vent ayant cessé de souffler, des barques s'étaient détachées des navires, et, du navire royal, une triste chaloupe radoubée à grand'peine, qui s'en alla toute fière sur les flots devenus plus calmes défier une nouvelle tempête. Et les barques voguaient, heureuses que l'orage ne les eût pas frappées. Et il tomba bien encore quelques coups de tonnerre, et quelques souffles du vent mauvais parcoururent le ciel ; mais ce fut pour un moment ; et les barques voguaient, insouciantes des tempêtes futures. Et voici que la tempête s'élève de nouveau, et elle sera longue ! Et le vent mauvais qui bat les flots du siècle n'est pas un vent du nord ni du sud, ni de l'est ou de l'ouest : il vient de tous les points à la fois, et du haut du ciel et du fond de la mer ; et de son tourbillon il enveloppe tous les autres vents ensemble, et il renverse tout, et rien ne reste debout de ce qui l'était, et il relève ce qui était par terre ; et il a reçu un nom terrible, car il est terrible comme le passage de l'ange exterminateur, il est le vent des justices et des vengeances, le vent des colères de Dieu, — la Révolution !

» O Dieu ! père et maître, et roi du ciel ! Les hommes ont encore comblé la mesure, et de nouveau vous avez ouvert les cataractes de l'abîme, et vous avez inondé le monde d'un nouveau déluge, d'un déluge de flammes !

» Jusques à quand durera-t-il, ô Dieu ! depuis cent longues années que votre feu nous brûle ? Jusques à quand les hommes ne comprendront-ils pas que la peine suit le crime, que le péché et l'enfer sont une même chose, et que votre verge cessera de les battre lorsque le repentir les aura prosternés devant votre face ?

» Grand Dieu ! j'ai regardé, et je parle : je parle selon que je crois, *credo, propter quod et loquor*. Vous cachez dans le sein de votre éternité tous les secrets du temps : qu'il se déroule selon votre sagesse, et que votre sagesse nous soit favorable ! »

Mais que sert de me figurer ainsi le prophète des temps futurs ? Le jour des exaltations fougueuses est passé. A l'orage fécond que le calme, plus fécond encore, succède enfin ; que, sous les flots enfin devenus paisibles, comme la perle sous la profondeur tranquille de l'océan, se prépare en silence l'avenir !

CHAPITRE XI

UN FILS DU SIÈCLE

Je l'ai vu, ce prophète. J'ai vu un homme qui eût pu être l'apôtre des temps nouveaux : il faillit à sa tâche. Beaucoup se sont levés pour parler à ce siècle : nul n'a eu la foi vivante, la foi qui transporte les montagnes, et qui donne puissance à la parole.

Il habitait un de ces cloîtres que le génie de la religion se plut à bâtir sur les flancs déserts des montagnes, dans les sites les plus sauvages et les plus beaux. Autrefois ce cloître avait retenti sans doute du chant sacré des psaumes ; ou peut-être de pieux trappistes y étaient-ils venus mourir au monde, mourir à eux-mêmes, dans l'illusion de vivre en Dieu. Etait-ce une illusion ? Ils vivaient en Dieu par la foi. Aujourd'hui le chant des psaumes se taisait sous les voûtes abandonnées; ou, si le silence y avait régné, il demeurait sans que rien eût pu le rompre : non plus le silence de la piété méditant devant une tombe, mais le silence du désert.

Je me trompe. Un solitaire y vivait, comme aux temps anciens, avec la pensée de Dieu.

Il donnait ses jours au travail qui le faisait vivre, ses nuits à l'étude et à la prière, commencement du repos. C'est le soir que je le visitais : nous aimions à contempler ensemble le magnifique spectacle du soleil qui se couchait devans nous dans la mer, à parler ensemble de l'âme, de Dieu, de l'avenir des hommes. Nous en vînmes peu à peu des causeries aux confidences.

Un soir, nous étions assis à côté l'un de l'autre : la lune se levait ; de beaux arbres, cultivés par le solitaire, versaient autour du cloître des ombres silencieuses. Le vieillard, la face tournée vers le couchant d'où le soleil avait disparu, me parla, et me raconta sa vie.

Je n'ai pas à la raconter ici. Il eut son enfance, il eut sa jeunesse, comme chacun de nous : un jour, il se crut un apôtre. Jeune et riche, les mains pleines et le cœur vide, livré à l'oisiveté, à la solitude qui exalte, aux lectures qui troublent, il ne se dissipa point, il ne jeta point dans les misérables joies de ce monde les ardeurs de son âge : il fut profondément triste, et sentit naître du fond de sa tristesse, qui était celle aussi d'un siècle en révolution, des aspirations immenses.

Et voici ce qu'il me dit :

I

« L'oisiveté me pesait, la solitude me consumait, mes lectures étaient pour moi comme ces vins capiteux qu'on aime à boire et qui enivrent, comme ces sucs enchanteurs et redoutables qui plongent en d'impossibles rêves; je périssais à ne rien faire. Il fallait agir. Je résolus de consacrer ma vie au gouvernement moral des hommes de mon siècle.

» J'étais encouragé dans cette idée, et peut-être y avais-je été engagé, par le langage d'un parent qui m'avait été cher. Il m'avait parlé à son lit de mort ; et ces dernières paroles, que je n'ai pas oubliées, ont dominé ma vie.

« J'ai vu la Révolution, m'avait-il dit. J'en ai été vic-
» time. Je ne la maudis point : la main de Dieu y est
» visible, et il n'est pas une seule des aventures mê-
» me les plus sinistres où elle a été emportée, qui ne

» soit toute marquée d'une empreinte surhumaine. La
» Révolution est un de ces grands coups que Dieu frap-
» pe, et qui servent à ses desseins, à l'avancement des
» hommes. Dieu les décrète, et l'homme les exécute. Ils
» sont divins et souillés. La Révolution a proscrit le
» christianisme, et c'est le christianisme qui l'a inspirée.
» L'esprit de Dieu était avec elle : elle n'a voulu rien de
» moins que l'établissement du Droit parmi les hommes;
» mais l'esprit de Satan, qui est un esprit de violence et
» de mensonge, qui est la passion et la chair de l'homme
» toujours en révolte contre son âme, l'a égarée : Dieu,
» pour la punir, ne lui a pas permis d'accomplir son
» œuvre. Avec la liberté est venue l'anarchie, avec l'or-
» dre renaît le despotisme : il faut que cette contradic-
» toire nature de l'homme, que cet incompréhensible
» mélange de bien et de mal qui est l'humanité, marche
» sa route à travers le bien et le mal ; il faut que la chair
» abaisse l'esprit, avant que l'esprit relève la chair ; il
» faut que la liberté s'essaie avec la licence, l'ordre avec
» l'esclavage. Mais l'homme va des ténèbres à la lumière ;
» il monte lentement, mais il monte, du fond de la nuit
» vers la cime où brille le jour : le jour de l'ordre et de
» la liberté luira sur nous; il n'y aura plus ni licence, ni
» esclavage. Je vous remercie, ô Dieu ! puisque j'ai vu
» les premières lueurs de votre soleil déjà proche ! puis-
» que j'ai vu le douloureux enfantement du siècle qui
» fondera la liberté dans le christianisme, du grand siè-
» cle qui édifiera, par les mains de la France, la Répu-
» blique chrétienne ! »

» Il fut un jour où je me crus appelé à l'édifier par mes mains.

II

» C'était l'époque de la Restauration. La religion, telle

qu'elle régnait alors dans les Conseils des rois et sur la bouche des peuples, me paraissait n'y rien entendre. Elle ne parlait que du passé à une nation anxieuse de l'avenir. Il ne me parut pas cependant qu'elle dût être abandonnée, mais réformée ou transformée pour la régénération du monde. Après bien des voyages, après des souffrances de cœur qui entrèrent pour une large part dans mon dessein, et qui me précipitèrent dans l'exécution de mon rêve, je pris le brusque parti de me faire prêtre.

» Enthousiaste que j'étais, je vis dans le sacerdoce une autorité divine dont j'eusse revêtu mon apostolat, et dans le séminaire un lieu d'études fortes et calmes qui m'eût consolé ou reposé de ma vie.

» Hélas ! je croyais avoir connu la souffrance : mais là vraiment j'appris à la connaître où j'avais espéré le repos.

» Je n'avais pu, en y entrant, dépouiller le vieil homme, et les souvenirs de ma vie passée y étaient entrés avec moi. J'eus besoin, pour m'en distraire, de toute la force d'une inflexible volonté ; et c'est ainsi que je me formai de mon apostolat futur comme une sombre passion. A mesure que mes tristesses me prenaient, pour ainsi dire, aux entrailles, je tournais vers mon but sublime l'ardeur fiévreuse de mon âme, et rêvais d'accomplir la République chrétienne, ou, si je ne le pouvais, d'en préparer pour de plus dignes que moi, et pour un siècle plus mûr que le mien, le glorieux accomplissement. Car je sentais que mes forces n'y suffiraient pas, sans doute ; que d'ailleurs un monde hypocrite, égoïste, indifférent aux choses du ciel, n'était pas le monde d'une foi plus haute, ni d'une société renouvelée, d'une Cité de l'homme qui fût aussi la cité de Dieu. Il faut que les choses fassent leur temps. Si l'esprit de nos pères descend un jour sur la tête de nos fils, s'il anime leur courage d'un souffle d'idéal, si un jour Dieu permet aux hommes d'être frères comme il les fit, nous n'y arriverons que pas à pas : à nous du moins de tracer le chemin ; à nous, prêtres du Seigneur, de prêcher l'avenir en son nom ; à nous de tenter sans effroi la fortune de Savonarole, avec son audace, et avec le martyre au bout, mais, au-delà, le règne de Dieu sur la terre !

» J'interrogeais les besoins du temps où nous sommes; je prêtais l'oreille, et n'avais pas de réponse.

» Non qu'il se fît un grand silence : tel était, au contraire, le fracas de mon siècle, et le tumulte des clameurs confuses qu'il jette à tous les vents, que je n'ai pu distinguer, parmi les cris et les imprécations et les pleurs et les blasphèmes, la pure mais faible voix de la sagesse.

» Mon siècle est pareil à une mer orageuse qui fouette de ses vagues irritées le roc inébranlable. Je suis venu m'asseoir sur le rivage, et là, contemplant cette sinistre étendue où se déchaîne comme une immense colère de la terre et du ciel, je regarde la lutte folle des flots, j'écoute le mugissement de l'abîme, et bientôt mon œil ébloui cesse de voir, mon oreille assourdie cesse d'entendre : qu'importe ? Je sais que le roc est solide, et qu'il ne s'écroulera point sous les coups d'une vaine fureur.

» Et, ayant écouté, je n'ai pas entendu. Et une parole intérieure m'a dit : Regarde.

» Je regarde, et je ne vois rien.

» Esprit de vérité, monte, monte plus haut : que vois-tu ?

» Je vois une route sans issue ; elle s'étend à l'infini: ni le commencement ni le terme ne paraissent à mes yeux.

» Je vois une route aride et tortueuse ; par mille tours et retours elle se reprend sans cesse, et ne semble pas aboutir.

» Elle est hérissée de pierres, blanche, quelquefois rouge et couleur de feu : un soleil ardent la brûle.

» Esprit de vérité, que vois-tu sur cette route ?

» Je ne vois rien. Elle est déserte.

» Regarde encore : que vois-tu ?

» Je ne vois rien, que des cadavres qui paraissent brûlés par la marche et morts de fatigue.

» Monte plus haut : que vois-tu ?

» Je vois dans le lointain comme une poussière qui me dérobe une troupe en marche. La poussière tombe, la troupe s'arrête, elle semble épuisée et malade.

» Esprit de vérité, prends ton essor et va auprès d'elle. Ce qu'elle dit, ce qu'elle fait, tu reviendras me l'apprendre.

» Et l'esprit revient.

» La troupe qui était en marche est tombée gisante sur le sol. Et un gémissement s'est fait entendre. Et des voix diverses se sont élevées, parce qu'on ne voyait pas le terme de la route : marchons encore, allons devant nous, disaient les unes ; revenons sur nos pas, dirent les autres. Et ils ne savaient plus si le but de leur voyage était devant ou derrière x. Mais pas un de ceux qui parlaient de la sorte n'eut la force de se lever pour avancer ou reculer. Et de nouveau un gémissement s'est fait entendre ; et ils sont morts comme sur un lit funèbre. Et déjà une autre caravane marchait : elle marche toujours, et le sol de la route brûlante s'attache aux pieds de ceux qui vont, et retarde leur voyage ; et ils se traînent avec douleur, et ils mourront comme les autres.

» Et les choses que j'avais vues me furent nommées par leurs noms. Les flots de la mer furieuse, ce sont les hommes dont la multitude s'agite en troubles stériles. La route qui promène ailleurs, dans les lointains de l'espace inconnu, ses incessants replis, s'appelle le progrès : l'humanité la suit haletante, en générations, en caravanes qui s'épuisent, tombent et meurent l'une après l'autre : peut-être la dernière atteindra-t-elle le terme.

— » Marchons donc, pour l'atteindre plus vite, ce terme tant souhaité ! Hâtons-nous, m'écriais-je dans mon enthousiasme ; allons, et suivez-moi ! »

» Mais je ne me flattais point que personne daignât me suivre dans cette route difficile. Et certes ce qui m'entourait ne pouvait guère me leurrer d'un faux espoir.

» Je vivais donc, si c'était là vivre, tournant et retournant dans ma pensée mon œuvre future ; méprisant ceux qui m'environnaient de leur inepte rire ; solitaire, et m'exaltant dans ma solitude : j'entendais au milieu du silence des nuits comme une voix surnaturelle me dire d'étranges paroles :

« Qu'est-ce donc, jeune homme, qui se remue dans les
» profondeurs de ton âme ? Qu'y a-t-il en toi qui ali-
» mente ton incessante rêverie ? Quelle est cette force
» qui toujours, dans le mouvement d'une cour animée
» et bruyante, ramène sur les mêmes traces les tacitur-
» nes promenades ?

» Console-toi, et prends courage : ton âme est grande,
» car elle renferme de grandes douleurs !

» Tu te plains, parce que tu souffres ? Laisse crier ta
» chair impuissante ; enchaîne, enchaîne en toi l'homme
» rebelle, et réjouis-toi dans ton cœur : réjouis-toi, car
» tu as été créé misérable !

» Réjouis-toi : Dieu sourit à ta naissance, et il t'en-
» voya son ange. Et voici que de précoces rides sillon-

» nent ton front ; un secret pèse sur ta tête ; jeune hom-
» me, tu te ploies sous le poids de la faveur divine, et les
» bienfaits d'en haut courbent ton âme.

» Réjouis-toi : la souffrance a dévoré ta jeunesse, et
» tu as été sacré par le malheur.

» Réjouis-toi : tes jeunes compagnons t'ont raillé et
» t'ont méprisé ; mais leurs insultes ont reculé devant
» ta face immobile ; ils s'éloignent du promeneur soli-
» taire, et ils respectent le fou.

» Réjouis-toi : le monde sera pour toi comme le sémi-
» naire : on te maudira comme on t'a insulté ; puis les
» hommes se tairont comme les jeunes gens se sont tus,
» et sur ta tombe sera le silence avec le respect.

» Réjouis-toi : comme l'amitié et l'amour, tous tes
» rêves te mentiront ; car tu n'es pas de la terre, et
» chacune de tes larmes te creuse peu à peu la route du
» ciel.

» Réjouis-toi : tu portes dans tes regards un signe, de
» folie pour la terre, mais, pour le ciel, de raison ! »

» Ce songe ou ce délire, qui me hantait, me transporta
d'une joie profonde. Je me crus prédestiné. On me traita
de fou : je portai fièrement cette injure, comme on porte
un titre d'honneur.

» Certes, si l'exaltation suffisait au génie, je l'aurais
eu alors ; alors, j'étais tout-puissant par la foi : nul péril
n'eût effrayé mon audace. Je sortis du séminaire, pour
me précipiter plein de fougue dans la lutte, sans autres
armes que ma folie contre la sagesse du monde. »

III

Le vieillard s'arrêta, et la lune, nous éclairant toujours, semblait, au milieu de cette évocation solennelle
d'une vie, nous envelopper de fantômes. On eût dit que

les âmes des religieux qui étaient venus autrefois ensevelir dans la solitude l'histoire ignorée de leurs passions s'éveillaient alors et se réunissaient autour du cloître en ruines pour entendre l'histoire ignorée aussi d'une des plus extraordinaires passions que puisse avoir un homme : peut-être les avaient-ils connues toutes, excepté celle dont j'écoutais le singulier récit.

Le narrateur continua :

« Je ne me fis pas prêtre. Un travail s'était fait en moi. Je n'avais plus mon ancienne foi : je l'avais changée contre une autre, qui me semblait plus libérale, et qui n'était que plus vague.

» Pourtant, quoique je ne fusse pas prêtre chrétien, je m'imposai à moi-même un sacerdoce. Je me fis le prêtre d'une cause que je crus être la cause de Dieu.

» J'étais jeune, d'espoir et de désir, d'ambition et de courage. Je n'étais qu'au premier pas de ma nouvelle carrière, et je marchais dans mon enthousiasme. De mon travail intérieur, de mes ardeurs et de mes veilles, sortit enfin un livre, une parole terrible en face de mon siècle, toute ma pensée, toute mon âme. Oui, je parlai, et je ne me tus point : je dis la souffrance qui ronge le fond de nos entrailles, le malaise aigu qui tourne et retourne sa pointe au-dedans de nous ; je dis les déceptions du passé, les misères du présent, les tempêtes de l'avenir : mais, déroulant dans le lointain des ombres un pli du nuage, je montrai au-dessus des ténèbres le soleil toujours radieux.

« O foi de mes pères, m'écriais-je, non, tu n'es pas
» morte en nos cœurs ! tu n'es pas ensevelie dans le sé-
» pulcre de notre raison superbe, et le ver de notre or-
» gueil n'a pas dévoré ton cadavre ! Non, tu vis toujours
» en nous : ou, si tu es morte, c'est pour revivre immor-

» telle après les trois jours du suppplice ; c'est pour re-
» vivre rayonnante et pure, libre enfin de ces vieux sym-
» boles, de ces lourdes enveloppes qui te pèsent, de ces
» déguisements qui cachent pour laisser voir et qui men-
» tent la vérité. Tu ne mens pas, tu te transformes : la
» foi antique fit place à la foi chrétienne comme l'enfance
» à la jeunesse, et voici l'âge mûr, l'âge de la foi vérita-
» ble ; voici éclore à l'horizon une lumière sans ombres,
» une foi sans symboles, une vérité sans mensonges...
» Le but est devant nous, il est là, il faut l'atteindre :
» mais, hélas ! le chemin est mauvais et tout hérissé des
» épines du doute ; nos pieds se meurtrissent, nos mains
» se déchirent aux ronces, tous nos membres saignent,
» et nous crions de nos fatigues ! »

» L'audace de mes idées, de mes aspirations, de mes rêves, étonna la censure, et mon livre mourut avant que de naître.

» Je tentai la prédication. Je montai en chaire, comme prêtre de l'avenir, dans un lieu ouvert par mes soins au public, et je pris pour texte ces mots de l'Evangile : « L'heure vient où l'on n'adorera plus le Père ni en Jé-
» rusalem ni sur cette montagne, mais en esprit et en
» vérité. »

» La singularité du spectacle avait rempli la salle d'une grande multitude d'auditeurs. Je parais ; je domine du haut de ma chaire, et de ma pensée, tout ce vaste auditoire ; je promène sur les hommes un regard plein d'empire ; je parle. La puissance de l'orateur s'est révélée en moi. J'ai dit, et déjà toute cette foule, naguère muette, s'agite comme une onde tumultueuse ; elle frissonne comme un champ d'épis au souffle de mon verbe prophétique, elle tressaille de mille sentiments contraires, et de son sein une rumeur s'élève, vague, confuse, mélange inexprimable d'espoirs et de craintes, d'indignations et d'enthousiasmes... Le coup était porté : les curieux, venus tranquilles ou rieurs dans le temple de ma religion nouvelle, en sortirent tout frémissants ; et je ne reparus plus dans aucune chaire.

» Le sacerdoce que je m'étais fait au nom de Dieu avait trahi mon rêve.

» Cependant je ne perdis pas courage. Proscrit par l'état orthodoxe, proscrit par l'Eglise, proscrit par ce que j'appelais alors l'obéissance aveugle des pieuses gens, j'errai comme un exilé, comme un paria d'une société mauvaise, comme un révélateur, prophète, apôtre et martyr d'un nouvel évangile.

« Cimes altières, sur lesquelles j'ai tant de fois erré
» à l'aventure ; roches désertes, que mon pied seul osa
» gravir ; aspects sauvages et grandioses que la mer
» enveloppe, que colore un ciel d'Italie ; ravins, gorges
» sombres, et ces montagnes qui se dressent vers la nue,
» raides et orgueilleuses, et ces forêts, qui tantôt cal-
» mes, immobiles, muettes, se recueillent comme pour
» une contemplation éternelle, tantôt, secouant leur
» extase, se réveillant de leur silence au souffle de la
» tempête, tressaillent sous le vent, s'agitent avec une
» lenteur puissante, et font entendre un bruit sourd,
» vague, continu, comme une plainte, comme un soupir
» qui s'échappe de leur poitrine ; ô terre, que l'art de
» l'homme ne profana jamais, terre indomptée et su-
» perbe qu'habite l'esprit inviolable des solitudes : oh !
» s'il y a en vous, comme on le dit sans cesse, l'inspira-
» tion toujours sûre et prompte, montez mon âme et ma
» voix à votre hauteur ! Que votre majesté m'élève au-
» dessus de moi ! Concentrez en moi toutes les puissan-
» ces de mon être : qu'elles s'épanchent avec plus de

» force, qu'elles rejaillissent au dehors plus vigoureuses,
» plus ardentes ! Donnez-moi la vaste pensée et les traits
» de feu qui la traduisent; donnez-moi un langage
» digne de vous, digne aussi de rendre ce que je sens
» au plus profond de mon cœur !

» C'est vous que j'invoque. Et pourquoi ? Est-ce donc
» qu'il y a une intelligence dans votre matière insensible
» et inerte ? Est-ce donc qu'il y a un langage dans votre
» immobilité muette, ou dans le fracas de vos mouve-
» ments désordonnés et confus ? Le bruit des torrents
» qui roulent sur les rocs arides, la voix des airs qui
» siffle et qui murmure, le chant des flots qui s'élève au-
» tour de vous, tout cela est-il donc une parole révéla-
» trice ? Il est ainsi, mon âme, il est ainsi. Ecoute. Il y
» a là un langage que parle la solitude, et qu'elle ne
» comprend pas ; qu'elle parle à qui sait l'entendre. Il y
» a un esprit qui est en elle, et qui n'est pas elle. Invo-
» que cet esprit qui l'habite, et il te répondra : invoque
» cet esprit des solitudes, ô mon âme ! Car il est Dieu.

» Vous êtes grand, Seigneur, vous êtes immense,
» vous êtes infini, et vous emplissez tout de cet infini
» que vous êtes. Vous contenez tout, et tout vous contient.
» L'univers est en vous, et vous êtes dans la fleur des
» champs, dans le ciron, dans l'imperceptible atome
» qui se joue au soleil. Vous êtes dans la ville, et dans
» la campagne ; dans le tumulte des hommes et dans le
» silence du désert : mais le tumulte des hommes étour-
» dit au dedans de nous votre voix secrète, il étouffe
» votre parole, et je suis allé vous entendre dans le si-
» lence du désert, et voici que je vous prête l'oreille :
» parlez-moi donc, ô mon Dieu ! Il est temps que les
» cités vous connaissent. Que je sois comme un de ces
» prophètes qui s'en viennent des lieux arides apporter

» au nom du Très-Haut le baume des plaies humaines,
» le pardon avec le repentir !

» Parlez, car il y a sur la face de votre terre de gran-
» des angoisses et des douleurs infinies !

» Il faut pour les guérir un amour infini comme
» elles : parlez, soufflez en mon cœur qui vous implore
» ce feu d'amour dont le foyer est en vous ! Inspirez-
» moi cette charité sans bornes qui pose une main déli-
» cate et douce sur les plus tristes plaies !

» Il faut pour les guérir une connaissance du mal et
» du remède aussi grande que le mal même : parlez,
» éclairez mon esprit de la flamme qui embrase mon
» cœur, qui dans mon cœur est amour et vérité dans
» mon esprit !

» Quel autre puis-je invoquer que vous, ô Seigneur ?
» Vous êtes tout amour et toute vérité ; tout amour et
» toute vérité viennent de vous : voici, mon Dieu, je
» vous écoute !

» Et toi, écoute, ô mon siècle ! Car il t'est parlé pour
» ton bien, et, si tu demeures indocile à cette voix, tu te
» rouleras longtemps encore dans les angoisses de ta
» misère. »

» Ainsi j'allais, je prêchais, je parlais moi aussi du
Dieu inconnu, tout à tous, corps et âme, fortune, santé,
intelligence, vie, avec une abnégation sans bornes, fille
d'un prosélytisme sans mesure ; hélas ! et ne soulevant
dans ma course, comme une envieuse poussière, que des
cris d'horreur sous mes doctrines, sous mes bienfaits des
cris de haine.

O solitude ! Roche inébranlable au milieu des vagues
furieuses ; sombre écueil où je me suis moi-même
échoué ; fosse profonde où je viens de descendre et de
coucher mon âme, mon âme faite pour vivre heureuse

et peut-être grande dans le monde, si elle avait eu la simplicité de la foi ; mort continue et sans terme que j'ai embrassée toute vivante, comme une expiation du crime de ma vie : ah ! n'eusses-tu point, pour consoler de toutes tes tristesses, les douceurs d'une espérance céleste, je te préférerais encore à ces tourments de la lutte, à ces poursuites de la rage inepte, à ces indifférences superbes de la foule niaise, à ces rires qui insultent qui avilissent, qui abreuvent de fiel, qui percent le flanc, qui couronnent le front d'épines ensanglantées, qui clouent les pieds et les mains sur la croix d'ignominie : oui, je te préfère cent fois à ce martyre dont j'ai bu goutte à goutte le calice que nul mortel n'osa boire, que le Christ même eut la tentation de repousser au loin ! Mon Dieu ! je vous ai aimé d'un tel amour, que je cherchais, au prix de tous les sacrifices, à inspirer au monde le même amour et la même connaissance de vous ! O vérité, je vous ai offerte à des lèvres dédaigneuses, que j'avais crues avides, et qui vous rejetèrent comme un poison ! Oh ! moi je ne me suis pas rebuté : mais ils n'ont pas voulu de moi, et ils n'ont pas voulu de vous !

» Mais que dis-je, et quelle est en moi cette révolte ou cette plainte de l'orgueil ? Je m'attache malgré moi, par ma souffrance même, à ce qui fit ma souffrance, et j'accuse les autres, lorsque c'est moi qui suis coupable !

IV

» Quelquefois je tombais de faiblesse. Je me jetai un soir, triste, pâle, désespéré, sur ma couche, et je ne pus fermer l'œil. Ce soir-là, le ciel avait allumé sa fureur. La terre s'était couverte de ténèbres ; il y avait des éclairs, il y avait de sourds grondements, et une pluie qui tombait à larges flots, et un souffle d'orage qui tordait sous le fouet de sa colère la nature en vain gémissante. Et je pleurais à chaudes larmes en face de l'orage, et mes pleurs ruisselaient comme la pluie du dehors, et mes sanglots s'étouffaient dans ma poitrine comme les plaintes lamentables des branches qui criaient au vent, et je voyais en moi, pour illuminer mes ténèbres, des éclairs plus livides que ceux de la nue, et je sentais en moi une tempête plus furieuse que l'autre, et je me roulais, comme la nature, en de plus convulsives souffrances.

» Tout-à-coup la porte s'ouvrit ; un homme entra, tout trempé de l'eau du ciel, les cheveux inondés et en désordre, mais avec un œil si clair, si serein, si brillant d'enthousiasme, une figure si énergique et si auguste, que je me levai devant lui, respectueux en sa présence, interdit, frappé.

— « Je viens, me dit-il, dans l'espoir que peut-être
» vous ne me repousserez pas : car mon Dieu est le
» vôtre, et nous adorons la même vérité. »

— « Que dites-vous là ? » répondis-je avec amertume. « Quel est votre Dieu ? Quel est le mien ? Et qu'est-ce
» que la vérité ! Venez et voyez : les lueurs qui déchi-
» rent le nuage n'éclairent qu'un horrible chaos, et
» l'ombre impénétrable s'épaissit de plus en plus à
» chaque lumière qui la traverse. Venez et voyez : cha-
» cun de ces éclairs, que nous prenons pour des étin-
» celles du vrai, illumine la désolation, et les ténèbres de
» l'homme n'en sont que plus profondes, et le ciel tou-
» jours irrité roule son tonnerre sur nos têtes. »

» Il me regarda. La foudre ne grondait plus ; elle se reposait. Elle reprenait haleine. La pluie battait les vitres et bruissait sur les feuillages, le vent sifflait entre les fentes de la porte, s'engouffrait dans la cheminée avec de rauques mugissements ; et l'oreille distinguait encore, dans le vague murmure de la nature plaintive, comme un chant mélancolique entrecoupé par intervalles. Le ciel était noir, la terre était noire.

— « Voyez, repris-je, comme tout est sombre, com-
» me la mort qui nous environne est ténébreuse et
» muette ! Tout n'est-il pas mystère autour de nous, et
» y a-t-il une voix pour interrompre le silence éternel
» des choses, sinon la plainte incessante de la nature
» qui souffre et qui se meurt, du néant qui gémit sans
» fin ? Sinon la douleur de la terre morte, et le cour-
» roux de Dieu, qui a beau faire pour étouffer de sa
» terrible voix cette voix importune ?

» Nous adorons la même vérité, jeune homme, et
» mon Dieu est le vôtre ? Ah ! oui, vraiment, vous êtes
» un jeune homme, de croire qu'il y ait une vérité et un
» Dieu ! Vous venez à moi pour que je vous enseigne à
» vivre ? Oui, je vous enseignerai à souffrir : vivre
» et souffrir, n'est-ce pas tout un ? Jeune homme,
» jeune homme, puisque vous m'aimez, suivez-moi !
» Venez avec moi de précipices en précipices, d'abîmes
» en abîmes, le torrent sous les pieds, la foudre sur la
» tête ! Venez, vous dis-je. Vous voulez être mon dis-
» ciple ? Vous le serez ; je le veux comme vous. Venez :
» vous aurez le monde par-devant vous pour vous
» railler et vous maudire, et moi derrière comme une
» autre ironie, une inexorable déception : écartelé entre
» moi et le monde, le monde qui vous appellera d'un
» côté avec des chants de sirène et des délices volup-
» tueuses, avec des railleries et des anathèmes, moi qui,
» malgré vous, vous fascinant comme le vautour sa
» pâture, vous entraînerai de l'autre ; moi qui me re-
» paîtrai de vos entrailles toutes chaudes, de votre jeu-

» nesse palpitante sous mes dents, le monde qui vous
» jettera la boue et l'outrage, qui vous enfoncera son
» rire acéré, ou son indifférence plus acérée encore,
» dans le plus intime de votre cœur, qui vous couron-
» nera d'épines, vous clouera au supplice, qui renou-
» vellera à chaque instant dans votre âme l'inénarrable
» supplice du Christ.

» Vous tremblez?.... Ah ! nous adorons le même
» Dieu ? Mais savez-vous ce qu'il est ? Savez-vous si je
» le possède, moi ? Etes-vous bien sûr de le posséder,
» vous ? Pour vous dévouer ainsi à le répandre sur
» un monde stupide qui ne le comprendra point, il faut
» avoir une invincible foi, jeune homme, et ne pas
» craindre l'orage qui éclate sous vos yeux ! Il faut
» aimer l'orage, il faut le porter dans son cœur, y
» vivre comme dans son ciel, il faut être soi-même une
» tempête : il faut lutter sans cesse, au dedans de soi
» contre le doute qui tue la force, au dehors de soi
» contre la matière qui tue l'esprit, qui tue la vérité,
» qui vous tuera, vous, prophète des vraies croyances,
» si vous n'êtes pas plus fort, et si votre foudre ne l'écra-
» se ! Oui, jeune homme, il y des choses qu'il faut ai-
» mer : l'espace, l'isolement, qui fait la grandeur ; la
» solitude imposante du désert ; mais surtout l'orage....
» Voyez, voyez, quand le ciel s'est voilé à mes yeux
» sous un nuage immense qui enveloppe le monde,
» lorsque de mon lit solitaire, le soir, j'écoute siffler le
» vent et gronder l'orage, la pluie tomber rapide et
» frémissante et retentir sur les vitraux sonores, lors-
» que le char roulant du tonnerre lance de longs traits
» de flamme, et que la terre tremble d'effroi éclairée des
» lueurs sinistres de la foudre, alors, c'est alors que je
» voudrais m'élancer, me précipiter dans les bras de la

» tempête ! Mon sang bouillonne dans mes veines, ma
» poitrine se dilate et respire, je m'agite, je bondis :
» il me semble qu'une voix sortie de l'orage et plus
» forte que la voix des torrents, que le tumulte des es-
» prits de l'air déchaînés, m'appelle : Voilà ta route,
» va ! O tempête, je suis à toi ! Je viens, je viens : em-
» brassons-nous, et faisons route ensemble ! »

» L'orage redoublait de fureur. Un coup plus terrible que les autres se fit entendre : il y eut comme une odeur de soufre et un éclat d'incendie. Le jeune homme tomba sur ses genoux, et, la face illuminée, les mains élevées vers moi :

— « Me voici, prophète ! » cria-t-il. « Je m'appelle
» Jean, comme l'apôtre bien-aimé. Viens, et mar-
» chons ! »

» Je lui pris la main, et nous sortîmes, accompagné du tonnerre.

» Ah ! lorsqu'un ami, une âme sœur de mon âme, un autre moi-même, lorsqu'un disciple ou un apôtre vint me dire : « Me voici, prophète ! » je secouai mes longs abattements, je relevai ma faiblesse gisante sur le sol, je bondis, et me crus le maître de l'univers. Je crus que tu avais enfin pitié de moi, mon Dieu ! que tu m'avais oint de ton huile, que j'étais bien ton Christ, le Christ du dix-neuvième siècle. Je rassemblai un courage nouveau, et de nouveau me proclamai Messie. O mille fois insensé !

» J'étais riche : j'associai mon disciple à ma fortune devenue plus nécessaire, et je créai, avec son aide, pour abolir, autant qu'il était en nous, l'ignorance et la misère, une vaste compagnie qui étendit au loin ses ramifications, une société secrète dont je fus le chef. Si nous la fîmes secrète, Dieu m'est témoin que nos intentions étaient pures de toute révolte, de toute entreprise contre le royaume, de toute intrigue politique : mais c'était prudence ; et d'ailleurs ne faut-il pas que la main gauche ignore les œuvres de la droite ?

» Le monde ne nous jugea pas ainsi. Il eut bientôt connaissance de la société dont j'étais l'âme ; il la vit secrète, et ne put croire à son désintéressement : le monde ne comprend point ces choses-là. On me fit un procès. Un homme grave, un magistrat, me représenta comme un esprit séditieux et rebelle, couvert du masque de la religion, et ne remuant la foi de mes pères que pour mieux renverser l'ordre politique qui en est la suite et la conséquence, disait-il. Il soutint sa thèse avec une habileté cachée sous les dehors de l'enthousiasme pour la sainte mémoire des vieux siècles : il triompha. Je fus vaincu. Jean poursuivait en de lointains pays ses courses apostoliques ; pas une voix ne s'était élevée en ma faveur, je m'étais défendu seul. Seul, abandonné de tous, je n'avais que trop prévu l'issue de mon procès, la prison perpétuelle. On fit de moi un criminel d'Etat ; et la prison d'Etat m'apprit bien vite jusqu'à quel point les hommes se vengent du bien qu'on veut leur faire.

V

» La révolution de juillet me tira de mon cachot. J'en sortis découragé. Du fond de ma détresse (car il faut vous dire que mes vaines tentatives avaient fondu peu à peu ma fortune), je regardais marcher le train du siècle : mais je ne prétendais plus guider sa marche. Malgré la vieille censure qui l'avait autrefois interdit, aucun éditeur ne voulut de mon livre ; et je ne pus songer à le publier à mes frais : j'étais pauvre. Je dus le laisser dormir encore dans mon portefeuille, d'où il ne se réveillera point.

» Je n'avais plus foi dans ma destinée, ni dans celle de la France, dans celle du monde, que je ne pouvais séparer de la mienne ; homme inutile aux hommes, obscur, sans fortune désormais qui me permît de soulager au moins quelques humbles misères, malheureux et mort à moi-même, car mon âme était morte avec mes rêves, je voulus mourir. Et je me retirai dans cette solitude, je m'ensevelis dans cette sombre demeure comme dans un tombeau.

» Pourtant je vis briller au dedans de moi un rayon d'espérance. Il me sembla que j'étais appelé par Dieu lui-même dans cette solitude : autrement peut-être n'y serai-je pas venu. Car après ma résolution bien prise de n'appartenir plus à la terre, après même que vous m'aviez parlé, ô mon Dieu ! m'appelant en cet asile qui devait me rendre à vous, voilà que tout à coup je me retrouvai indécis. Je m'étonnai d'apercevoir en moi, en ce moment suprême et décisif, des attaches secrètes à la terre que je quittais. Oui, mon Dieu ! j'avais cru entendre votre voix : mais si souvent j'avais cru l'entendre ! Mon imagination, ma pensée inquiète, me trompait-elle cette fois, comme toujours ? J'avais peine à m'arracher au monde ; j'oubliais presque, malgré de si terribles épreuves, que le monde m'eût trahi. L'ingrat ! il m'était cher malgré moi-même, et les douleurs qui ont brisé ma force coloraient alors de je ne sais quel charme involontaire mes plus noirs souvenirs ! Et je fuyais, égarant çà et là ma course irrésolue, le chagrin dans le cœur, l'esprit peuplé de fantômes ; et je ne voyais rien, que le regret derrière moi et devant moi la crainte ; et je marchais dans mon désespoir. Et cependant il y avait dans mon oreille comme une douce voix qui me disait : « Viens, » mon ami ; viens, mon frère, viens te cacher à l'ombre

» de ma croix. » Et j'allais au hasard : et c'était vous qui me conduisiez par la main.

» Ce jour-là, Seigneur, vous aviez fait la nature belle, et les arbres verdoyaient, et les oiseaux chantaient dans les arbres, et le soleil souriait dans les cieux :

— « Et toi, me dis-je, ne dépouilleras-tu pas aussi le
» sombre manteau qui te pèse ? Ah ! renais comme la
» nature, et qu'un souffle du printemps dissipe tes
» orages ! »

» Je dis : et une lumière brilla dans mon âme, et je vins. J'ai franchi tout vivant le seuil du sépulcre, et je creuse ma tombe au-dedans de moi.

VI

» Au fond de cette tombe, Monsieur, je ne trouvai pas le ciel tout d'abord. Ce fut dans les commencements une rude expiation de mes erreurs. Je vécus de longs jours, à la veille de mourir et se mourant jamais, seul face à face avec un passé qui me poursuivait sans trêve, avec un avenir plein d'épouvante ; suspendu entre une vie toute d'action, triste, fatiguée, malheureuse, et une vie d'intelligence, la seule qui ne restât, plus amère que l'autre : je me mourais lentement d'un continuel suicide.

» Les premiers instants me furent un précieux repos, qui me donna comme un avant-goût de la solitude sainte ; ils furent une sorte de calme après tant de secousses. Mais dès le lendemain, la solitude, qui n'était pas encore sainte, retomba de tout son poids sur mon cœur.

« Deux jours, me disais-je, deux jours sont écoulés à
» peine : qu'est devenue cette paix profonde, et ce silen-
» ce de l'âme seule devant Dieu ?

» Je me suis prosterné, j'ai prié, j'ai adoré : ô Dieu !

» êtes-vous donc insuffisant à remplir le cœur d'un
» mortel?

» Me voici seul, tout seul et déjà mort dans l'immen-
» sité de la nature vivante, sans plus rien qui me blesse,
» mais plus rien aussi qui m'entoure ; seul avec moi-
» même, avec l'insondable abime qui est au dedans de
» moi : seul avec Dieu qui ne peut en combler le vide !

» J'ai fui le monde, et n'ai trouvé que le désert. J'ai
» fui le tumulte d'une pensée orageuse, et n'ai trouvé
» que l'ennui.

» Le désert et l'ennui ! Insensé ! est-ce le désert que
» la plénitude de Dieu? Et l'ennui, que l'intime posses-
» sion, la divine jouissance de Dieu? Le désert et
» l'ennui ! Est-ce là ta prière ? Tu te prosternes, mais
» comme un esclave aux pieds du maître: tu te proster-
» nes, et tu maudis. Tu adores, et l'encens de ton adora-
» tion monte au ciel en blasphême. Ne crains-tu pas
» que ton orgueil ne fasse tomber sur ta tête les ven-
» geances du ciel, comme un pic attire la foudre ?

» Mais vous, mon Dieu ! est-ce là ce que vous m'aviez
» promis? Est-ce votre plénitude que je possède ?

» Si du moins mes longues heures se traînaient tou-
» tes l'une après l'autre à pas lents, mais égaux ; ternes,
» froides, monotones, mais sans trouble et sans secous-
» se! Si rien ne me réveillait, pour me rappeler que je
» dors ! Si aucune lueur ne descendait au fond de mon
» sommeil pour faire apparaître dans l'ombre, devant
» mes yeux malades, un rêve formidable ! Mon Dieu !
» le néant, l'horrible néant..... Eh bien ! l'enfer est plus
» horrible encore !

» Que faire de ma solitude :
» Ecrivons.
» Je ne puis pas écrire. Ma main glacée s'y refuse.

» D'ailleurs qu'écrirais-je ? Ma tête bouillonne, mille
» pensées fermentent dans mon sein, elles s'agitent, se
» croisent, se heurtent pêle-mêle, elles vont et viennent,
» illuminant de sinistres lueurs mon âme ténébreuse :
» elles la traversent et la déchirent, comme l'éclair tra-
» verse et déchire la nue ! Puis, quand je veux les saisir,
» elles échappent à mes prises ; elles s'en vont et
» fuient comme des ombres fantastiques : elles ne sont
» en moi qu'un lourd étouffement, et une douloureuse
» épouvante. D'où viennent-elles, où vont-elles ? Est-ce
» un cauchemar, est-ce un délire ? Suis-je malade ? suis-
» je fou ?

» Ma tête me brûle, et mon cœur est froid. Le silence
» et l'obscurité m'écrasent. Il me semble par moments
» que je me réveille mort sous la pierre immobile. Oh !
» la mort me pèse, et la pierre est lourde ! Je veux la
» soulever : ma poitrine se brise contre ce poids inerte,
» et je retombe dans mon impuissance !

» Le temps est humide, la nuit brumeuse ; quelque
» chose de pâle, de froid et inanimé enveloppe la nature
» comme un linceul mortuaire. Le ciel n'a pas une étoi-
» le, et il ne pleut pas ; il n'y a pas même, pour gémir
» dans ce lugubre cimetière, le pleur monotone et pro-
» longé des tristes bises d'hiver. Nuit désolée ! mon
» âme lui ressemble : désolée et brumeuse comme elle. Et
» dans la solitude que j'avais crue peuplée de Dieu, je
» trouve l'ennui et le vide, comme si Dieu n'était pas ! »

» Bientôt cependant j'écrivis, et ce fut un bien pour
moi. Les impressions de mon âme, fixées par ma plume,
se déterminant, et perdant ce qu'elles avaient de vague,
adoucirent peu à peu leur âpre désespoir. Je vais vous
lire quelques-unes de ces pages encore peu consolantes ;
elles seront pour vous l'histoire authentique de mon

âme en de graves moments : vous y verrez de quel abîme je suis revenu.

» Voici une des premières, d'un ton bien amer encore :

14 novembre.

» Que le jour est long, ô Dieu ! Qu'il est pesant ! qu'il
» est insupportable à mes vieilles épaules ! — Et si
» j'étais jeune, le supporterais-je mieux ? La monotonie
» du repos ne chargerait-elle pas plus lourdement un
» corps robuste, une âme fougueuse ? La vie est faite
» pour agir : quiconque se dérobe à l'action, se manque
» à lui-même, ou ne se connaît pas ; il est coupable ou
» insensé. — Oui, le repos tue ; mais l'action est pé-
» nible, et la nature crie sous le travail : quand viendra
» le soir de nos jours ?

» Il est des heures où je me sens faible et triste, où
» mon cœur bat avec peine comme étouffé dans ma
» poitrine, où ma tête en feu devient froide, et un
» frisson se glisse dans ma peau, et il me semble par
» moments que la vie se retire de moi. Alors je tombe à
» genoux, comme aujourd'hui, Seigneur ! et je croise
» mes deux bras sur mon sein, et j'incline devant votre
» face toujours resplendissante mon front découragé, et
» un cri s'échappe de mes lèvres : « Mon Dieu ! mon
» Dieu ! que fais-je ici, moi, misérable, sur cette terre
» misérable ? Pourquoi nous as-tu faits, tous tant que
» nous sommes, innocentes victimes de ta haine gra-
» tuite, fils malheureux de ta méchanceté ? Le néant
» s'était-il plaint à ton Être éternel ? Non, non,
» heureux de n'être pas, nous n'avions ni biens ni
» maux, ni joies ni douleurs ; nous nous complaisions
» dans notre rien, à jamais incapables de souffrir : pour-
» quoi nous as-tu arrachés à ce vide plein de charmes,

» à cette douce absence de l'être ? Pourquoi, mon
» Dieu... ou plutôt cruel despote, Dieu qui n'es pas mon
» Dieu, qui n'es le Dieu d'aucun homme ? Pourquoi !
» Réponds, si tu le peux, ou si tu l'oses : réponds à ma
» profonde détresse, à ce cri de mon âme tourmentée
» qui t'accuse devant ton propre tribunal !

» J'ai voulu, j'ai espéré pour la terre, et pour la
» France ma patrie, un avenir de grandeur et de
» bonheur. J'ai tenté de préparer au moins pour le
» siècle futur cette régénération intellectuelle et sociale
» qui sera la République chrétienne : voilà ce que j'ai
» voulu, ce que je n'ai pas fait. Voilà ce que j'ai voulu,
» et c'est pourquoi j'ai été malheureux ; c'est pourquoi
» aussi, étant isolé, j'ai été fou.

» Vivant au milieu du monde, je me suis trouvé seul
» et fou. Dans ma solitude au moins et dans ma folie,
» peut-être y eut-il quelque chose : hors de là, rien,
» que le vide, le néant, ou, pire encore, l'égoïsme.

» L'égoïsme ! Ah ! c'est ici que je touche la grande,
» la profonde plaie ! Qui osera se dire exempt d'égoïs-
» me ? Il y a entre toutes les classes de la société, entre
» tous les âges et tous les rangs, entre tous les hom-
» mes, une lutte sans merci, une jalousie implacable,
» qui prend sa source dans l'égoïsme universel. Qu'im-
» porte aux hommes le juste, le bien, le vrai ? Qu'im-
» porte Dieu ? Quelque chose leur importe plus, c'est leur
» être propre, c'est leur *moi*. Chacun cherche son bien-
» être, ou souvent le fantôme qui lui en offre la trom-
» peuse image. Celui-ci est ambitieux, c'est de l'égoïs-
» me ; cet autre aime le plaisir, la volupté, c'est encore
» de l'égoïsme. Et moi qui pense de la sorte et qui con-
» damne en masse tout le genre humain, je ne suis
» peut-être en ma misanthropie superbe qu'un or-

» gueilleux, c'est-à-dire un égoïste : et c'est par égoïs-
» me que j'ai usé ma vie à combattre l'égoïsme. Or,
» l'égoïsme où il faut l'amour, c'est la désunion où il
» faut le ciment ; et l'édifice n'est qu'un amas de pierres
» sèches qui ne tiennent pas les unes aux autres, qui
» crouleront à la première secousse, et la société égoïste
» tombera au premier souffle du ciel.

» Toute ma vie fut une guerre au nom de la vérité et
» de l'amour, une gigantesque mais vaine tentative de
» rétablir le christianisme dans sa véritable intelligence,
» de lui rendre sa tête et son cœur, et d'en faire alors
» l'âme de la société moderne. Mais quoi ! Je n'étais
» ni philosophe, du moins à la façon de ces messieurs,
» ni protestant, ni catholique : je ne fus donc plus rien,
» qu'un fou. Et ce monde dont je rêvais sans cesse le
» bonheur n'eut pour moi que la raillerie, l'insulte,
» l'anathème, ou plus souvent l'indifférence ; il ne m'en-
» tendit point, il ne m'écouta point. Ma folie n'a pas
» eu même cette consolation, d'être éclatante ; je n'ai
» pas eu d'autre contrepoids à une telle amertume que
» les amertumes de ma vie privée : deux misères dans
» les deux plateaux de la balance !

» D'où vient donc que je me suis ainsi perdu ? Ma
» vie, ô Dieu ! n'aurait-elle été qu'une longue erreur ?
» Et ne m'aurait-elle menti que parce que je me serais
» trompé ? »

22 juin.

« Profondément atteint comme je le suis dans tout
» mon être, durement frappé, brisé et malade, je dois
» ne plus vivre désormais qu'en présence de ma mort,
» et me rendre à moi-même le compte que je vais avoir
» à rendre à Dieu. Il faut, près de mourir, que je pro-
» fite des derniers instants qui me restent, pour voir

» clair dans mon âme ; il faut que je sache enfin ce que
» je pense, ce que j'ai cru, ce que j'ai nié : il faut que je
» porte la main, comme à autant de plaies, aux négations
» qui me torturent.

» Je suis né dans une famille pieuse, et les plus sé-
» vères principes de la foi la plus pure ont nourri mon
» enfance. L'Eglise me toucha bien avant que je pusse
» la comprendre ; ses pompes et ses fêtes me ravirent
» dès le berceau : la fraîcheur de mes jeunes impres-
» sions, toute la poésie de mon âme, je la dois à l'Egli-
» se ; j'ai respiré le christianisme avec l'air qui m'en-
» vironne et le jour qui m'éclaire. A mesure que je gran-
» dis, je le trouvai davantage autour de moi ; je le vis
» partout, hautement reconnu par le respect de tous les
» peuples, planer sur dix-huit siècles de gloire et sur
» un incommensurable avenir. Je l'aimai pour lui-mê-
» me ; il m'entretint de la vie éternelle, des rapports qui
» unissent le monde avec Dieu, l'homme avec son Père
» céleste ; et sa sublime parole répondit à merveille
» aux idées novices de ma naissante raison, aux ins-
» tincts déjà spiritualistes de mon cœur. Je défiais le
» prestige de ces livres de séduction dont on me faisait
» peur en me les cachant : je croyais, et l'enchantement
» de ma croyance me dérobait ma faiblesse. Hélas ! j'i-
» gnorais encore, et je n'avais pas commencé à vivre : le
» foyer domestique avait abrité mon sommeil contre ce
» vent du doute qui ravage et qui tue. Il fallut sortir,
» me répandre au dehors, marcher comme les autres
» sous le souffle de l'orage : souffle funeste, dont plu-
» sieurs tombent abattus, qui ne se relèveront pas !

» D'abord je me pris à douter de l'Eglise. Je la jugeai
» étroite, exclusive, mesquine, je l'élargis en un vaste
» et vague christianisme : je détruisis l'autorité sur la-

» quelle reposait ma foi. Le fondement renversé, tout
» l'édifice croula. Je n'étais plus catholique, je ne suis
» plus chrétien.

» Longtemps je luttai contre moi-même ; longtemps
» je voulus croire sans croyance, et embrasser avec mon
» cœur un dogme que ma raison repoussait. Téméraire,
» me disais-je, de t'insurger avec une si coupable auda-
» ce contre un empire devant qui s'incline l'univers : ô
» bien digne de cette horrible éternité qui attend les or-
» gueilleux et les rebelles !

» Qu'ai-je fait cependant ? Que s'est-il passé en moi ?
» Ce qui s'est passé dans la conscience des hommes, et
» dans l'histoire même : l'Europe était catholique, elle
» devint protestante ; encore un peu de jours, et ce que
» les prêtres appellent christianisme n'existera plus sur
» la terre.

» Un jour vint où je sondai avec épouvante le fond de
» mon âme, et je m'aperçus que la religion de mon en-
» fance n'avait plus en moi pour se défendre que ma sen-
» sibilité toute seule : des regrets et des souvenirs, la
» crainte des peines éternelles, les larmes de ma pieuse
» mère qui, si elle vivait encore, me pleurerait, et mour-
» rait peut-être de sa douleur. Que faire alors ? Com-
» ment croire ce qui semble incroyable ? Je souhaitai de
» m'être trompé ; je m'interrogeai sérieusement, et je
» sentis le peu qui pouvait me rester d'incertitude s'é-
» vanouir pour jamais.... »

VII

— « O Pascal, s'écria le vieillard en interrompant sa lecture, combien tu dus souffrir, quand tu ne trouvais que ténèbres où tu cherchais infatigablement la lumière! Pascal, Pascal, je t'ai senti en moi. Ton esprit vit en nous qui sommes nés de ce siècle. Les hommes de ce temps te comprennent ; ceux du tien, si tu fus l'homme qu'on se figure, non, les hommes de ton temps ne te comprirent pas !

» Mais toi, du moins, toi qui doutais, tu ne t'avisas pas de vouloir être un réformateur au nom du doute.

» Oui, tu dus souffrir. Lorsque la doctrine qui a élevé nos âmes se retire de nous, elle laisse un grand vide : une angoisse d'abord, un doute fiévreux et troublé, dans la crainte d'errer hors de ses voies, puisqu'on a si longtemps erré dans ses voies : l'erreur est donc bien facile ! Et alors même que nous sommes sûrs que la vieille doctrine est fausse, que mettre à la place ? Qu'ai-je prêché, moi qui ai passé ma vie à prêcher ! Et j'ai voulu être un réformateur ici-bas, moi qui n'ai pas eu même une doctrine ! La vague poésie d'un christianisme chimérique, qui n'était qu'une destruction et une aspiration, aspiration généreuse peut-être, mais inquiète et mal sûre d'elle-même, voilà ce que j'ai eu ! Et c'est avec quoi j'ai osé jeter le trouble dans les âmes paisibles, heureuses du calme de leur foi ou du calme de leur indifférence ! Qu'avais-je à leur donner à la place de leur foi ? Et qu'avais-je à dire contre leur indifférence, n'ayant pas de vérité à leur donner ? Je n'étais qu'un perturbateur, et me croyais un apôtre. Et c'est ainsi que nos grands hommes prophétisent ! Ils se sentent mal dans le temps où ils vivent, et ils le veulent changer : mais ils n'ont rien à lui donner en échange de ce qu'ils lui ôtent. O vanité des choses de ce bas-monde ! ô inanité de l'homme ! Le tourment des âmes vides enfante l'orgueil des faux prophètes, et le doute fait nos Messies !

» Vous voyez, Monsieur, où j'en étais venu. J'étais rationaliste, à la façon de ces messieurs. Seulement, à la différence de ces messieurs (mais non pas de tous), je m'étais fait de mon rationalisme une foi, au nom de laquelle j'avais tenté de créer l'avenir du monde. Mais cette foi, qui n'était qu'une croyance en ma propre raison, avait eu la seule fin qu'elle pût avoir : elle avait troublé ma vie et empoisonné mon âme.

» Ecoutez encore ces quelques lignes, et jugez de la situation d'esprit qui me les fit écrire. »

« .... Incrédule ! Depuis que je raisonne et que je
» doute, j'ai beau faire pour me persuader que mes rai-
» sonnements sont justes, une voix secrète proteste du
» fond de mon esprit et m'accuse coupable d'orgueil,
» digne par orgueil de toutes les peines qui m'attendent ;
» j'ai beau faire aussi pour croire, j'ai beau me dire et
» me répéter que je ne suis rien, qu'un chétif orgueil-
» leux, un fou peut-être, dont la présomptueuse cervelle
» ose s'inscrire en faux contre le témoignage de dix-
» huit siècles, quelque chose est en moi qui réclame à
» son tour au nom de ma propre intelligence. Comment
» apaiser cette lutte de moi-même ? Comment concilier
» ces deux droits et ces deux besoins de ma nature, qui
» semblent contradictoires ? Où l'un dit oui, l'autre dit
» non : ne crois pas, dit celui-ci ; crois, dit le premier,
» — et il appuie cet ordre qu'il me donne d'une épou-
» vantable menace.

» Ah ! si le tourment du doute était le seul à déchirer
» mon âme ! Si je n'avais d'autre inquiétude que celle
» de ne savoir à quoi m'en tenir sur des vérités néces-
» saires ! Si je n'avais d'autre chagrin que celui d'une
» existence perdue en de folles erreurs ! Ce qui est fait
» est fait : qu'importe ce qui n'est plus ? Laissons le passé
» dans les abîmes où il dort. Mais l'avenir ?

» L'avenir ! Voilà le souci qui me ronge. J'entre en
» effroi quand j'envisage ces misères sans fin dont un
» Dieu cruel se plait à châtier, dirai-je un moment de
» faiblesse ? non ; non pas même une faute, mais une
» erreur !

» Dans la balance où la raison et la foi pèsent leurs
» titres, je trouve sur l'un des plateaux la peur de
» l'enfer !

» Une punition éternelle, dont la sévérité échappe à
» tout ce que la malice humaine peut concevoir de plus
» horribles tortures : et pour quelle faute ? Pour n'avoir
» pas cru !

» Incrédule ! Cette accusation, que je me suis faite à
» moi-même, est retombée sur moi d'une telle force,
» que je n'ai pu résister au choc : et le moment de
» l'épreuve n'en est que plus proche, et les mystères de
» l'éternité n'en auront que plus tôt englouti mon âme.

» A peine me fus-je rendu compte de mes croyances,
» que, me sentant incrédule, j'ai été saisi d'un indici-
» ble désespoir. Durant ma vie, ce manque de foi ne
» m'avait pas frappé de cette sorte ; les choses exté-
» rieures m'avaient comme détourné de moi-même.
» Hier donc, je me suis examiné sérieusement, et j'ai
» souffert de ne pas croire. Et je me suis couché, im-
» plorant un sommeil que ma paupière ne connait plus.
» En vain j'éloignais de moi ces idées qui le chassaient,
» je n'ai pu dormir. Et tout-à-coup, au milieu de mon
» insomnie, j'ai été pris de défaillance : j'ai senti que
» tout ce qui m'entourait se retirait de moi, que le
» monde s'en allait, qu'il n'y avait plus dans tout mon
» être qu'un battement léger, imperceptible, de mon
» cœur ; et j'étais là, perdu dans le vague de l'espace,
» quelque part, sans pensée et sans vie, inerte. Il ne

» faisait pas noir, mais un certain gris incolore, un
» néant de lumière sans aucune sensation : non point
» comme si mes yeux eussent été fermés, mais comme
» si je n'en avais pas eu. Et peu à peu ce gris devint
» visible, et il se colora, si je puis le dire, et il fut noir ;
» et j'entendis un son qui partait de je ne sais où, un
» son lent et lugubre, comme d'une cloche sinistre,
» qui marqua dans ma destinée l'heure de mourir. Alors
» je repris quelque sentiment. Je reconnus que mon
» âme se détachait de mon corps, que celui-ci restait à
» terre, au lieu que l'autre, comme une lueur brillante,
» s'élevait de sa force naturelle vers le séjour de toute
» clarté. Pourtant, dans ce voyage aérien, j'étais triste :
» je n'éprouvais pas ce contentement intérieur que
» j'eusse dû éprouver, libre enfin de mes chaînes de
» boue. J'arrivai, silencieux et morne, au pied du trône
» de Dieu. Là, je n'eus pas même le temps de voir où
» j'étais, d'où je venais, où j'allais.... Un seul regard,
» mais un regard terrible, tel que déjà, moi qui l'ai vu,
» je suis incapable de me le figurer, m'éblouit, me ter-
» rassa : je tombai ! Je tombai de toute la hauteur des
» cieux dans un abîme sans nom ; je me précipitai de
» toute la vitesse d'un esprit, pour me cacher à ce regard
» immuable, qui ne me poursuivait pas, mais qui,
» toujours fixé du même point, me pénétrait toujours
» et me traversait comme un glaive. Et mille serpents,
» éveillés par la lumière de ce regard, se dressaient vers
» moi ou se tordaient pour me déchirer, ricanant
» et sifflant une condamnation toujours la même : « In-
» crédule ! Incrédule ! Pourquoi ton orgueil a-t-il re-
» jeté ce que ton intelligence imbécile ne pouvait
» comprendre ? Quel mal te faisaient ces mystères dont
» tu n'as pas voulu ? Le vrai cessera-t-il d'être parce

» que tu ne le conçois point? Va donc, incrédule ! Que
» ton orgueil, comme un lourd fardeau, te pousse dans
» un gouffre insondable à l'éternité même ! Va, roule,
» roule, roule encore, et précipite-toi sans fin d'une
» chute éternelle ! » Et tandis que mes serpents rica-
» naient et sifflaient, le regard de Dieu m'éclairait, et
» j'étais épouvanté de me voir, et je me sauvais de Dieu,
» et je me sauvais de moi-même ! Et je tombais, et
» je roulais, et je m'enfonçais de toutes mes forces dans
» mon néant ; et, plus je descendais dans le néant, plus
» je souffrais, car j'en avais conscience : et pourtant il
» me fallait descendre : le regard qui était sur moi me
» brûlait ; et je me précipitais moi-même, et ainsi je
» me faisais moi-même mon supplice ! Et j'allais tou-
» jours descendant, et tombant, et roulant, dans une
» souffrance progressive.... Oh ! que ma chute fut
» longue ! Elle a duré des jours, et des années, et des
» siècles, et des siècles de siècles, et elle ne finissait pas ;
» et des siècles encore, et elle ne finissait pas.... Il n'y
» avait point dans mon enfer une horloge qui sonnât
» sans fin *toujours, jamais* ; ni une voix qui me répon-
» dît, si je demandais l'heure : *l'heure de l'éternité* ;
» rien, — rien qui pût me faire ressouvenir du temps :
» j'étais lancé dans l'éternité véritable. Et je tombais
» toujours d'une même chute, et toujours mes serpents
» me sifflaient la même malédiction, et se tordaient en
» moi, et me dévoraient de plus en plus ; et toujours le
» regard de Dieu me brûlait....

» Assez, assez, Seigneur ! Je veux croire. Je veux hu-
» milier sous la toute-puissance de vos châtiments ma
» raison superbe et malgré moi rebelle. Je veux croire,
» croire ce qui est incroyable, ce qui est absurde, et le
» croire parce qu'il est absurde. *Credo quia absurdum*:

» cela est écrit. Et je me tais. Tais-toi, mon intelli-
» gence, tu n'es qu'orgueil ! Tais-toi, ma raison, tu
» n'es que folie! Crois, crois, crois. Crois ce qui est
» absurde. Crois, te dis-je. Mais cela est absurde ! Voilà
» pourquoi il le faut croire. Quel mérite aurais-tu à
» croire une chose raisonnable? Non, non : il te faut
» abêtir, et croire. Si tu ne le veux point, l'enfer est là,
» qui t'y force.

» Incrédule ! Non, je ne le suis pas. Je me pros-
» terne, j'adore, j'impose silence aux révoltes de mon
» esprit. Je ne suis pas incrédule, non : je ferme les
» yeux et je crois ! »

27 juin.

« A genoux : voici l'orage !

» Où me cacher, Seigneur, devant le tonnerre de ta
» voix ? Que je m'élève sur les rocs inaccessibles, c'est là
» que tu parles ; que je descende au fond des abîmes, ta
» voix y retentit encore : *Si descendero in infernum,*
» *ades !*

» Un ordre est donné dans le ciel. Tu n'as pas besoin
» de le dire : il te suffit de le vouloir, et il s'exécute.
» Tu veux, et ton coursier s'élance, et tu le montes dans
» ta colère : tu montes sur la nue aux flancs sombres ;
» tu accours, impétueux et terrible, le glaive extermi-
» nateur à la main, la bouche toute pleine de vengean-
» ces. Tu parles, et il se fait un grand bruit dans
» l'espace, et dans les âmes un grand silence.

» Je tremble comme la feuille qui se retourne de
» frayeur aux approches de la foudre ; je me retourne
» et je me blottis en moi-même. Eloigne, éloigne de ma
» vue cet éclat sinistre de ton glaive ! Où pourrais-je ne
» pas entendre les épouvantements de ta parole ?

» Tonnerre! tonnerre! En vain tu redoubles ta fureur,

» je n'ai pas peur de toi. Tes menaces ne me contrain-
» dront pas à croire malgré ma conscience.... »

         30 juillet.

« .... Dois-je te faire mes adieux, ô ma vie, quand tu
» me quittes ? Ou dois-je te remercier de me quitter,
» puisque tu m'as trompé ?

» Oui, ma vie m'a trompé. Tout a menti à mes efforts ;
» tous mes rêves les plus sublimes se sont retournés
» contre moi. Mes vaines tentatives n'ont rien pu, que
» me tuer de soucis et briser mes organes en brisant mon
» âme : je n'y ai gagné que de traîner les restes d'une
» existence en ruines, jusqu'à une mort qui ne tardera
» guère ! J'ai voulu faire le bien du monde, et lui donner
» de saintes croyances : je n'ai fait que mon propre mal,
» je ne me suis donné à moi-même que le doute ; et
» voici que je meurs.

» Mourir ! Passer d'une courte vie à la vie éternelle !
» J'ai un compte à rendre. Triste exemple du péril de
» l'idéal, de l'orgueil peut-être, ma vie au moins serait
» bonne à quelque chose, si le monde la connaissait :
» mais il l'ignore, et c'est un bien pour moi. Presque fou
» à force de vouloir être sublime, j'ai vécu dans un con-
» tinuel avortement de tous mes rêves : mieux vaut
» pour moi que je meure oublié !

» O ma mère, reçois mon âme ! Tu l'avais faite pure,
» tu la trouveras flétrie ; et le ciel même pourra-t-il con-
» soler un peu ta douleur ? Mais je suis impuissant,
» malgré tes prières, à me repentir : impuissant à
» croire ce qu'on veut que je croie pour t'aller rejoindre.
» Tu seras éternellement privée de ton fils, par ma
» faute : ô ma mère, ma mère, pardonne-moi, j'en suis
» bien malheureux !

» Adieu, terre de mensonges ! Terre qui caches le

» venin sous tes plus brillantes fleurs ! Le serpent aux
» belles écailles tue de sa morsure ; l'ami le plus fidèle
» abandonne ceux qu'il aime ; la femme, sous son mas-
» que angélique, est une traîtresse ; le Christ qui t'ap-
» porte Dieu, tu le couronnes d'épines et tu le crucifies.
» Adieu, monde où je n'ai pas su vivre : qui de nous
» deux a eu tort ? Que l'éternité voie et nous juge !

» Je meurs, et je souffre. Oui, je souffre tout ce que la
» conscience humaine peut souffrir de plus cruelles tor-
» tures. Il y a dans le fond de moi-même une douleur
» infinie.... L'orage s'est calmé au dehors : il demeure
» en moi. Il y demeurera toujours. Il y règne comme
» dans son empire. O ciel magnifique ! Etoiles qui
» roulez en cadence dans vos sphères harmonieuses !
» Qu'êtes-vous devant ma face mourante, qu'une impla-
» cable ironie ? Parez-vous de vos manteaux superbes,
» de vos plus riches diamants, et venez applaudir toutes
» joyeuses à la fête de mes funérailles !

» Qu'ai-je besoin de tous ces trésors de pierreries
» célestes ? Qu'ai-je besoin de tous ces soleils suspendus
» dans l'espace ? O nuit ! Un seul rayon de vérité aurait
» fait plus de bien à mon âme : et ce rayon, ni le jour,
» ni la nuit, ne l'a eu pour moi.

» Et c'est pourquoi je meurs ! »

VIII

« Je vis encore, Monsieur : près de mourir, il est vrai, mais non sans calme. Je me présente le front serein à cette heure suprême. Ma mère sans doute priait pour moi dans le ciel : car Dieu m'a touché de sa grâce.

» Un soir, me sentant plus malade et plus faible : « Voici l'heure, » me dis-je ; et un frisson me saisit, et je me couchai ; et, au milieu d'un sommeil pénible, des fantômes apparurent à mes regards, tristes images d'une vie perdue dans le doute ; et voilà que tout-à-coup il me vint, après tant de rêves douloureux, comme un rêve de consolation, et une voix parla dans mon âme, et me dit :

« Tu n'as pu croire ce qui t'a paru faux ; mais tu as
» souffert de ne pas croire, et tu as imploré la foi. Or,
» sache ceci, et écoute bien ce que Dieu t'annonce : le
» Dieu que tu as trop souvent blasphémé, chétive créa-
» ture, n'est pas un Dieu injuste ; il tient compte aux
» hommes de leur bonne volonté, et le désir de croire
» est déjà la foi. Bientôt tous ces mystères qui t'éton-
» nent, toutes ces contradictions apparentes, fruits fu-
» nestes du mauvais siècle où tu as vécu, s'éclairciront
» à tes yeux. En attendant, ferme ton esprit et repose-
» toi dans mon sein. Quand tu auras expié ton orgueil,
» peut-être mon ciel te sera-t-il ouvert. Tu fus grand,
» mais tu fus un homme, et tu dois être puni de ton
» excessive confiance en ta propre raison. Tu dois
» être aussi récompensé pour ton dévouement, pour
» l'amour du bien qui a été le fond de tes désirs et de
» tes erreurs mêmes : tu trouveras en toi, dans ton âme
» telle que ta vie l'a faite, ton châtiment ou ta récom-
» pense, ou l'un et l'autre. Tu vas mourir : meurs du
» moins avec cette pensée, que tu tombes entre les mains
» du Dieu juste, et que, quel que soit ton sort dans
» l'autre monde, il sera celui que tu mérites ! »

» Cette espérance, qui m'était venue d'une façon mystérieuse, me fit d'abord un indicible soulagement ; elle fut ensuite le premier flambeau qui éclaira la route de mon retour à Dieu.

» Je vous ai révélé, Monsieur, l'histoire de mon âme: elle contient de graves leçons qui peuvent vous instruire, vous qui méditez de ce siècle. Autrement je me serais tu, et j'eusse enfermé avec moi dans ma tombe le secret de mes douleurs.

» Vous direz à ce siècle : Je veux te raconter le cœur d'un homme qui a vécu de ta vie, et qui a souffert de ton mal.

» La foi lui a manqué. Il a cru voir des erreurs dans la croyance de l'Eglise, et, n'y pouvant rester, il n'a su ni l'épurer, ou la transformer et la relever par une interprétation plus haute, ni en sortir. Il fut un catholique flottant et dissident sans doctrine sûre, un chrétien vague. Il pouvait mettre en regard de la Bible des chrétiens la Bible de l'humanité ; il pouvait aller, de la foi à la parole de Dieu écrite dans un livre ou transmise par un corps de prêtres, à la foi à la parole de Dieu écrite dans le cœur de l'homme et transmise d'âge en âge sous mille formes, expressions diverses d'une même croyance fondamentale ; s'il ne croyait plus comme catholique, il pouvait croire comme chrétien ; s'il ne croyait plus comme chrétien, il pouvait croire comme homme, croire ce que croit l'humanité avertie par les sentiments invincibles de son être spirituel. Il ne fut pas un croyant, ni comme homme, ni comme chrétien, ni comme catholique : il fut un catholique sceptique, un chrétien critique et douteur. Pouvait-il être un apôtre ?

» Il était tombé dans les profondeurs du doute, et jusque dans la négation de l'incompréhensible, qu'il nia parce qu'il ne le comprit point. Il était tombé, comme ceux qui tombent, par orgueil. Il avait cru en lui, en lui seul. Il avait eu foi en son intelligence. Car la foi ne peut disparaître, et ceux qui la perdent la changent : ils croient à leur propre raison, quand ils ne croient plus à la raison du genre humain, ou à son cœur.

» Or, celui-ci avait conçu le plus noble dessein que

puisse concevoir un homme. Comme il vivait dans un temps de souffrance, il s'était dit : « Ces maux ont une » cause : je la détruirai ; je rendrai mon siècle heureux » et bon. Je serai le réformateur de mon temps, et l'ave- » nir saluera en moi le Messie, le Christ Fils de Dieu : » car je lui aurai tracé la route. » Mais il s'était trompé ; son siècle, s'il attendait un réformateur, ne le trouva pas en lui. Lui n'avait pas vu la véritable cause des maux de son temps, l'absence de la foi, qu'il n'avait pas lui-même. Ou plutôt il l'avait vue : mais, se séparant de l'humanité et ne croyant qu'en lui, comment pouvait-il faire que les autres ne crussent pas en eux ? Et chacun continue à croire en soi ; et il y a encore, en dépit de tous ses efforts, égoïsme et désordre et division des âmes. Il voulut beaucoup, et il exécuta peu ; il tenta, mais sans aucun succès ; il n'eut ni autorité, ni puissance ; il n'eut pas même la gloire, cette satisfaction stérile que convoite l'orgueil humain : il fut un réformateur obscur, dont le monde ne s'est pas douté. Il ne réussit en rien, parce qu'il ne fut qu'un homme parmi les hommes, ne parlant qu'en son nom, alors qu'il eût fallu parler au nom de la tradition des âges, au nom de Dieu.

» J'ai connu cet homme : et qui ne l'a connu en ce siècle ? qui n'a connu cet incompris dont on rit et qui souffre ? Dont on rit parce qu'il est orgueilleux et vide, et qui souffre de cela même, de son orgueil et de son vide : esprit romanesque, âme exaltée et malheureuse, que le malaise d'un siècle où soufflent des vents funestes jette dans les aspirations ardentes et vagues, dans les utopies vaines, dans les folles tentatives ; et ils se font prophètes. On les voit d'abord qui se plaignent, qui racontent je ne sais quelles tristesses dont ils se font gloire comme d'un privilège, fiers de souffrir d'un mal qui semble les distinguer parmi les hommes ; on les raille, et l'on a raison : on les plaindrait peut-être, s'ils ne tiraient pas vanité de leur souffrance. Mais ils n'en souffrent pas moins, et la raillerie, loin de les calmer, les irrite : si, pour comble, ils ne parviennent pas à se faire de leur faiblesse une force, et comme un trône des angoisses de leur âme, dévorés d'une impuissance superbe, ils meurent, ou ils se tuent. Quelquefois ils parviennent à se faire entendre, leur sombre génie éclate : ils dominent alors le rire des multitudes, mais ils font trembler. Ces âmes-là, qu'elles excitent le rire ou qu'elles éveillent la surprise, l'admiration et la frayeur des peuples, ne sont point de vulgaires âmes, à tout prendre : faux prophètes qui apparaissent aux âges de doute ; hommes de lutte et de douleur, précurseurs des grands hommes.

» Notre incrédulité ne ressemble point à celle de nos pères. Elle n'est plus railleuse, contente d'elle-même, superbe comme au jour du triomphe : elle est inquiète, mélancolique, et toute souffrante de son vide. Le malheureux dont je raconte l'âme, ajouterez-vous, personnifie le siècle, ou un côté, et encore le meilleur côté, du siècle ; il en est un trop véritable symbole : il en a l'orgueil, la confiance exaltée en ses forces, en ses destins et son avenir, et toutefois le découragement, la faiblesse, le désespoir qui marque de ses couleurs sombres les plus expressifs tableaux de nos maîtres, désespoir funèbre, dont beaucoup sont morts ; il en a cet enivrement d'imagination qui fait de toutes nos œuvres un si extraordinaire spectacle d'intelligence et de folie ; il en a l'esprit généreux et large, avec ce culte du sens privé qui repousse la foi, et ce manque des vieilles croyances joint à une soif inextinguible de croire. Il a hasardé de réformer son temps, de résoudre un problème qui est aujourd'hui l'inquiétude universelle : des qualités qui pourraient conduire à bonne fin une si rude entreprise, toutes lui faillirent, sans doute, mais une surtout, sans laquelle toutes les autres ensemble sont comme si elles n'étaient pas, la foi : il a échoué, parce qu'il n'a pas cru.

» Plusieurs comprendront peut-être ; et quiconque, en ces jours de haute indifférence, conserve quelque reste de pensée comme un feu que l'on cache sous la cendre, s'interrogera dans l'angoisse de son cœur.

» Mais quiconque n'a plus qu'un esprit frivole, qu'une âme vaine que la pensée n'habite pas, dédaignera l'enseignement d'une vie qu'il ne saurait comprendre, en fermera le livre, et fera bien.

» Vous voyez en moi un réformateur, qui n'a rien réformé ; un homme de quelque talent peut-être, qui n'a été qu'un fou. Pardonnez-moi ce langage ; ce n'est pas ici le lieu des mondaines convenances. Le don de la parole ne m'a point fait défaut. J'avais aussi en politique des idées qui n'étaient pas contraires à celles du jour : je voulais l'accomplissement des grands principes de la Révolution française ; et je le voyais dans la fondation d'une République chrétienne. Mais je ne voulais du christianisme qu'une politique, et n'apercevais point qu'il n'est pas, s'il n'est religion ; que, s'il ne convient pas que l'État, comme tel, ait une religion, il faut que la société en ait une ; que la plus juste des sociétés civiles n'est pas même une société, si elle est sans religion ; qu'un peuple ne saurait vivre sans religion non plus qu'un homme sans âme, non plus qu'un être sans Dieu ! j'ai failli, parce que je n'ai pas été chrétien. Ou, dans un sens plus général, parce que, réformateur de la société, j'ai été moi-même sans religion.

» Et cependant j'étais très religieux, mais religieux sans religion : suis-je le seul aujourd'hui ? Et n'est-ce point là aussi une des grandes misères du siècle où nous sommes ?

» La hardiesse de mes vues politiques m'interdit d'abord la publication et la prédication ensuite. La presse et l'éloquence, armes puissantes, me furent brisées dans la main. Mais qu'est-ce que cela ? De petits empêchements que la Providence nous met aux pieds quand elle ne veut pas que nous marchions. Marchant dans la voie large de l'humanité, ou je n'eusse pas été proscrit, ou j'eusse réussi malgré la prescription même. Marchant dans mon étroite et solitaire voie, alors même que je n'eusse pas été proscrit, je ne pouvais réussir.

» Il fallait, pour atteindre mon but, qui est le véritable, détruire l'individualisme sous toutes ses faces, ou le fondre, en chaque ordre de choses, dans son contraire : le sens privé dans le sens commun, la liberté dans la société, le progrès dans la tradition, la raison dans la foi. J'étais rationaliste, exclusivement ; reconnaissant comme inviolable la souveraineté du sens privé, c'est-à-dire l'individualisme absolu, pouvais-je le détruire, ou le fondre par l'harmonie ? Croyez-le bien, Monsieur, la forme suit le fond, et une société se façonne tout entière d'après le principe qui la domine : que ce principe soit le rationalisme pur, elle s'individualise tout entière, devient égoïste, tombe dans la division des esprits, dans la dissolution des âmes, et meurt. Prenons-y garde, ce sera là notre perte, si nous ne rattachons la la religion de nos enfants à la religion de nos pères.

» Non content d'être rationaliste exclusif, je faisais d'un tel rationalisme une foi : c'était la contradiction au fond de mon intelligence. Beaucoup en ce siècle périssent par cette contradiction même : faute de savoir ce que c'est que raison, ni ce que c'est que foi.

» Enfin deux esprits luttaient en moi. La foi véritable protestait en mon cœur contre les empiétements de cette orgueilleuse rivale qui prenait son masque pour mieux l'envahir, et s'appelait foi comme elle, quoiqu'elle fût la raison : c'était la contradiction au fond de mon âme. De cette contradiction beaucoup sont morts. Elle est le désordre le plus grave, elle est le vrai mal, et aussi l'espoir de la société moderne : la société, dans son rationalisme dégénéré, dans son bas et plat positivisme, sent un besoin de foi qui la tourmente : puisse-t-elle aussi trouver la vraie foi, la doctrine du salut, ancienne tout ensemble et nouvelle, éternelle dans son fond, changeante dans sa forme et ployable à tout progrès !

» Ainsi vous m'avez éclairé, Seigneur, vous m'avez consolé, et vous m'avez reposé : car il n'y a point de plus doux repos, pour les condamnés à la vie terrestre, que l'espérance d'un bien supérieur.

» Oh ! quel charme, depuis longtemps inconnu, de me dire à moi-même, après tant de tristesses, tant de sombres nuées dissipées par un regard de Dieu :

» Je suis comme un esquif errant sous le souffle de
» l'orage, et que l'orage même a poussé au port. Que la
» tempête mugisse, que la foudre gronde, ni foudre ni
» tempête ne saurait plus m'atteindre. Adieu donc, ô
» mes souvenirs ! Evanouissez-vous, vaines formes du
» passé, songes affreux de la pâle insommie.... »

» Je les repoussais, et ils ne revenaient plus. Bientôt j'écrivais des pages bien différentes de celles que j'avais écrites, et mon journal changeait de ton :

12 mai.

« Il est tard. Le jour a depuis longtemps disparu, et

» peu à peu sont tombées les rumeurs confuses de la
» terre, comme un vent qui s'apaise. Voici la nuit,
» voici l'heure sacrée de la méditation. Tout se tait,
» tout est tranquille : la nuit, le cloître, et Dieu, voilà
» tout. Ma lampe seule veille avec moi : ma lampe dans ma
» cellule, et Dieu dans mon cœur. Nulle voix humaine,
» nul bruit, si léger qu'il fût, ne viola jamais la sainteté
» de ma retraite silencieuse : nul bruit, que ce bruit
» intime de l'âme qui parle, qui chante, ou qui pleure,
» de la conscience qui s'écoute, de la pensée qui se
» replie sur elle-même et pénètre jusque dans son fond,
» qui s'en revient vers les doux rêves ou les tristesses
» d'autrefois, qui se hasarde dans l'avenir, qui s'en va
» de tous côtés jetant la sonde à l'aventure ; bruit pro-
» fond et mystérieux, qui est la vie même de l'âme.
» Asile redouté de la paix inaltérable, non, le silence
» qui remplit tes voûtes muettes n'est pas le silence de
» la mort : c'est que le monde est au-dessous, c'est que
» le tumulte du monde ne saurait atteindre jusqu'à ta
» hauteur ; ici l'esprit parle à l'esprit, et l'âme à Dieu,
» face à face ! »

25 mai.

» Ah ! quel délice de respirer enfin ! Que l'air est frais
» et pur ! Et que les pénétrantes senteurs de la montagne
» autour de moi sont bonnes !

» Ainsi le malade, échappé à la mort, se promène
» lentement à travers les champs et les prés ; il revoit ce
» soleil, qu'il croyait éteint pour lui ; il revoit ces arbres,
» et ces gazons, et ces fleurs, et cette heureuse nature,
» dont il avait envié l'éternelle jeunesse ; il s'arrête
» d'intervalle en intervalle à s'enivrer avec un charme
» inconnu du souffle libre des airs : il lève les yeux au
» ciel, et une prière s'exhale de son âme. Oh oui ! j'étais

» bien malade ; mais la santé, mais la vie rentre peu à
» peu dans mon sein. La nature est toujours paisible, le
» ciel toujours beau.... »

IX

Comme il lisait, le jour commençait à poindre.

Et le ciel était beau, et la terre était belle. La vue embrassait au loin de vagues et mystérieux contours, des ombres fuyantes, des jeux d'une lumière indécise : l'horizon se baignait peu à peu aux lueurs matinales ; les étoiles d'or pâlissaient une à une dans l'azur illuminé. Le soleil se leva. Le vieillard, pris d'un saint transport, interrompit tout-à-coup sa lecture, et étendit les mains ; ses cheveux et sa barbe d'argent rayonnèrent.

— « Salut, s'écria-t-il, astre du jour ! Image magnifique du beau ! Où est-il ce beau que tu voiles de ton éclat, ce Dieu dont tu es dirai-je le terrestre ou le céleste rayonnement ? Soleil, ce Dieu dont la splendeur brille en toi est à la fois le Beau et le Bien, tu n'es ni l'un ni l'autre : mais tu nous le montres comme de loin, pour nous le faire comprendre et désirer sans cesse ! »

Il se tut. Nous demeurâmes quelque temps ainsi, en face du plus splendide spectacle que l'œil de l'homme ait pu voir. Les plaines, entrecoupées de vallons obscurs et de collines lumineuses, semblaient s'étendre aux caresses du soleil.... Le vieillard, près de moi, les cherchait aussi, ces douces caresses, comme s'il en avait eu besoin. Il était pâle.

Alors il s'affaissa peu à peu sur lui-même, et je l'entendis, d'une voix tantôt émue, tantôt lente et solennelle, parler comme au-dedans de son âme :

— « O mon Dieu ! Oui, Dieu ! Toujours je crie vers vous, mon Dieu ! Pourquoi ? pourquoi ce cri s'est-il encore échappé du plus profond de mon être? Que veut-il dire? Qu'est-ce donc qui se remue encore en moi?

» Rien. Je suis bien heureux ! Je suis calme. Oui je suis heureux ! Oui, je pose ma main sur mon cœur, et mon cœur ne bat point sous ma main. Mon cœur est muet : tout fait silence au dedans de moi, comme au dehors de moi. Calme, entends-tu, mon âme? Et un tel miracle ne te frapperait pas ? Et tu n'aurais pas pour celui qui l'a fait un élan de reconnaissance, un cri, un seul cri d'amour ? O mon âme, mon âme, te doutais-tu, quand tu errais, vagabonde nef, sur les flots tumultueux d'une mer sans rivage, quand tu te brisais en vain contre la fureur des vagues, te doutais-tu qu'au fond de l'abime tu trouverais un abri, un repos dans le gouffre, et que le naufrage te jetterait dans le port? Adore donc, et prosterne-toi. O mon Dieu ! je vous aime, parce que votre bras m'a sauvé ! Je vous aime, et c'est pourquoi je crie vers vous de ces ténèbres qui m'engloutissent ! C'est vous que je cherche, et c'est moi en vous : je me suis retrouvé ! Béni soit le Dieu qui m'a rendu à moi-même !

» Je vous connais, ô mon Dieu ! et j'ai contemplé d'un œil fixe le soleil de votre regard. Je vous vois, je vous vois : il me semble que ce tombeau m'a ouvert la porte du ciel. O ciel, dévoile tes splendeurs, et que ma nuit s'illumine ! Voilà le trône, et sur le trône assis le Souverain de l'univers ! Que votre gloire est grande, ô Roi, et quel diadème entoure votre front ! Qu'est-elle auprès de votre couronne, cette orgueilleuse foudre qui roule parmi les nues, et, l'éclair à la main, poursuit sur son char d'orages sa course triomphale? Que les aquilons l'emportent avec eux, et qu'elle s'éteigne dans le néant d'où elle est sortie : j'ai vu mon Seigneur et mon Roi !

» Seigneur ! qui racontera aux hommes les merveilles de votre empire ? Les cieux mêmes que vous avez faits, et qui parlent un si magnifique langage, ne peuvent rien ici, que se taire ; l'esprit se confond et s'égare, il est pris de vertige, et comme ébloui de splendides terreurs : heureux qui s'endormira dans cette extase, et puisse-t-il dormir sans réveil !

» Ai-je mérité le doux sommeil, l'éternel repos, l'extase infinie de la vie divine ? Ver de terre, ai-je mérité Dieu ? Ai-je pu, misérable homme, venir à Dieu ? C'est Dieu qui vient à moi.

» Dieu vient à moi. Dieu vient à l'homme. Dieu a cherché l'homme, qui le cherchait et ne pouvait le trouver : Dieu et l'homme se sont rencontrés sur le Calvaire ! J'ai péché, et il m'a été pardonné. Votre envoyé me prend par la main : je viens, Seigneur ! Me voici ! »

Et sa voix, qui n'était plus qu'une sorte de murmure lointain, s'éteignit doucement sur sa lèvre, et doucement ses yeux se fermèrent....

CHAPITRE XII

L'ESPRIT ET LA LETTRE DU CHRISTIANISME

I

Je respectai le sommeil du vieillard.

Je le revis dans la soirée, et, enhardi par la confidence dont il m'avait honoré, je lui demandai comment il concevait, comment il avait réalisé pour la paix de son âme, la transformation de la foi ; quelle était enfin cette « doctrine de salut, ancienne tout tout ensemble et nouvelle, éternelle dans son fond, changeante dans sa forme et ployable à tout progrès », qu'il souhaitait à la société de trouver, qu'il avait trouvée lui-même.

— Et, d'abord, la religion est-elle si nécessaire ? L'irréligion est-elle bien le véritable mal de ce siècle ? Et le souci religieux est-il bien le souci d'un monde au moins indifférent, sinon matérialiste et athée, comme est le nôtre ?

— Ne vous y trompez pas, monsieur, me dit-il, notre siècle est moins indifférent qu'il ne vous semble.

Notre siècle, à l'œil de l'observateur qui le voit de trop près, qui l'habite et y vit, offre des caractères divers, qu'il paraît difficile de ramener à un trait dominant, où le premier regard ne découvre presque rien de commun, sinon qu'ils affligent le cœur de l'honnête homme, qu'ils découragent l'espérance dans les âmes prévoyantes, et ne leur laissent que l'effroi de l'avenir : en religion, la négation, l'indifférence, ou la servilité ;

en morale, la bride lâchée à l'appétit de toutes les terrestres joies, le culte de l'intérêt, la poursuite ardente du bien-être matériel, la convoitise et, que dirai-je ? le respect de la richesse, mère des voluptés ; en politique, l'abaissement des esprits, devenus souples sous la main de tous les despotismes ; en philosophie, en littérature, en art, l'invention remplacée par l'érudition, l'inspiration par la critique, l'enthousiasme par la finesse, et ce qui élève par ce qui amuse, quand ce n'est point par ce qui corrompt.

Mais à qui sait s'éloigner en pensée du milieu même qu'il habite pour le voir de plus haut s'offre un autre caractère, supérieur à ceux-là et qui les explique, rendant aux âmes l'espérance perdue ; un caractère par lequel notre siècle sera peut-être compté un jour parmi les grands siècles de l'histoire : c'est la Révolution. Nous allons d'une civilisation à une autre. Un grand changement se fait dans le monde, aussi considérable que celui d'où est sorti le christianisme : car ce n'est pas seulement un changement dans la constitution de l'État, ou même dans celle de la société, mais dans les principes qui furent jusqu'à nos jours la base de la société, c'est-à-dire dans la morale, c'est-à-dire dans la conception générale des choses. L'humanité, dans la marche de l'invisible navire qui la porte infatigablement vers une rive ignorée, tantôt parcourt une zone, tantôt passe d'une zone à une autre. Elle est aujourd'hui dans un de ces passages, elle va vers un horizon dont l'étrange perspective l'inquiète. De là tout à la fois la chute des âmes vulgaires, qui, n'étant plus soutenues par l'ancienne discipline et n'ayant pas reçu la nouvelle, suspendues entre ce qui fut et ce qui doit être, comme abandonnées dans le vide, tombent ; et l'angoisse des hautes âmes, qui s'interrogent avec trouble, adressant leur fervente mais incertaine prière au Dieu inconnu.

Un système qui règle la vie est une philosophie, quand il n'est qu'une discipline individuelle et qu'il s'adresse à l'intelligence pure ; quand il s'adresse à la foi, quand il est une discipline sociale, il est une religion. Une révolution de cet ordre, tant qu'elle ne s'opère que dans la conscience d'individus isolés, n'est encore qu'une révolution philosophique ; dès qu'elle s'opère dans la conscience générale du genre humain, elle devient une révolution religieuse, ou le passage d'une religion à une autre religion.

Le vrai caractère de notre siècle est donc, au fond, qu'il marque dans l'histoire de l'humanité la date d'une révolution religieuse. On l'accuse d'indifférence : prenez-y garde, l'indifférence n'est qu'à la surface. On ne veut plus d'une religion qui cesse de répondre à l'état présent des âmes. Il n'y a d'indifférentes que les âmes basses : les autres se passionnent, au contraire, soit pour l'ancienne foi dont elles cherchent à soutenir les restes chancelants, soit pour une foi nouvelle dont elles demandent l'avènement à tous les vents de l'horizon, soit pour je ne sais quel idéal dont la réalisation, dont la formule même, leur échappe.

Non, l'humanité ne saurait vivre sans religion. L'homme est encore autre chose qu'un être intelligent gouvernant par une habile raison la satisfaction des besoins de son existence terrestre : il est un être qui a foi en l'ordre moral, en l'esprit, en la vie éternelle, en la divine Providence, un être qui croit, qui espère, qui aime, un être qui adore et qui prie ; l'homme, dis-je, n'est pas seulement un être raisonnable, il est un être religieux. Il faut donc, ou la conservation de l'ancienne foi rétablie dans son empire sur les âmes, ou une nouvelle religion, ou une transformation de l'ancienne renouvelée.

Faut-il attendre, faut-il chercher une religion nouvelle ? Je ne le pense pas. C'est une chimère. Je n'estime pas qu'il puisse y en avoir désormais, le temps en est passé ; ni même qu'il y en ait jamais eu : la religion est contemporaine de l'homme. Il y a une vraie religion de l'homme, qu'il importe de dégager et de formuler, d'exprimer par une forme sensible : chaque religion l'exprime à sa manière, et nulle ne règne sur nous qu'autant qu'elle nous paraît en être la parfaite expression. A mesure qu'une de ces expressions qu'on avait crues parfaites laisse apercevoir son insuffisance, on s'en détache lentement, jusqu'à ce qu'une autre supérieure la remplace : la même au fond, mais d'une forme mieux appropriée à des esprits devenus plus mûrs. Celle-ci est la nouvelle religion : elle n'est que l'ancienne transformée. C'est donc à l'ancienne qu'il faut s'en tenir, soit pour la transformer, soit pour la conserver.

La conserver purement et simplement ne semble pas, au premier abord, offrir la solution du problème religieux. S'il en était ainsi, c'est qu'il n'y aurait pas de problème. Il ne resterait qu'à s'élever contre l'esprit du temps, qu'à essayer de remonter le courant des idées, qu'à s'écrier que, depuis plus de quatre siècles, l'esprit humain fait fausse route, et qu'il faut que le fleuve dévoyé revienne vers sa source. Les conservateurs en matière de religion ne disent pas autre chose. S'ils disent la vérité, rien de plus triste que la vérité, car ce serait une vérité qui ne nous laisserait pas même l'espérance : remonte-t-on les courants d'idées ? Les fleuves reviennent-ils jamais vers leur source ? Ce n'est donc point par la pure conservation, mais par la transformation de la religion ancienne et traditionnelle, que le problème religieux peut être résolu.

La religion ancienne et traditionnelle est celle qui a pour essence le christianisme et pour forme le catholicisme. C'est un pur fait que j'énonce : il est trop clair que notre société est chrétienne, dans le sens large du mot, je veux dire qu'elle vit sur une morale chrétienne ; et tout ce qu'il y a eu, tout ce qu'il y a de christianisme en dehors du catholicisme, n'est que réforme, ou tentative de transformation, qui n'a pas abouti. Le christianisme est comme divisé en deux grands partis, en deux camps, moins empressés de s'entendre que de se combattre : des catholiques hostiles aux réformés qu'ils excluent de l'Église, des réformés qui *protestent* contre l'Église d'où on les exclut, les uns et les autres rêvant également une Église exclusive dans laquelle ils enferment, chacun à sa manière, un christianisme rétréci, mais ceux-ci ne parvenant pas même à constituer une Église, et ceux-là impuissants à retenir dans la leur tant d'excellentes âmes qui s'en échappent de toutes parts. Il y aurait donc lieu de concevoir, ce semble, une Église chrétienne, qui garderait l'organisation d'une société religieuse, où triomphe le catholicisme, au profit d'un christianisme plus philosophique et plus libre, tel que les travaux des églises dissidentes nous invitent à le comprendre.

— C'est donc ainsi, dis-je, que se pose pour vous le problème : transformer la religion ancienne et traditionnelle, qui est le catholicisme. Pourquoi le catholicisme doit-il être transformé ? Je le comprends bien. Mais comment peut-il être transformé ? Je comprends qu'il doive l'être, je ne comprends pas qu'il puisse l'être.

— Il ne peut se déjuger sans périr. Mais il peut sans périr, c'est-à-dire sans se déjuger, sans rompre avec son passé, accepter les nouvelles conditions que lui font des temps nouveaux. Il y a dans le catholicisme, comme dans tout ce qui est du monde, ou qui, sans être du monde, touche au monde, un élément variable, quelque immuable qu'il puisse être d'ailleurs dans sa divine essence : il a varié, il s'est modifié, l'histoire en témoigne. Jamais il ne l'a fait aussi radicalement que je l'inviterais à le faire aujourd'hui, sans doute ; mais si, dans le cours ordinaire de la vie, l'être se modifie sans cesse d'une manière insensible, n'y a-t-il pas des époques où il traverse des crises qui sont des modifications très graves, radicales même, sans être la mort ?

II

— Mais quelle serait enfin cette transformation ? Que faut-il croire ? Et sur quelle autorité ? Sur l'autorité de l'Eglise ? Il faudra croire ce qu'elle enseigne. Où est le progrès, le changement ? Ce n'est plus la transformation, mais la conservation de l'ancienne foi. D'ailleurs, combien peu d'esprits admettent aujourd'hui cette autorité, vous le savez ! Et quelle autre mettrez-vous à la place ? La plupart n'admettent plus que celle de l'expérience, qui donne la réalité palpable, la vie présente ; quelques-uns admettent encore celle de la raison, qui donne l'intelligible, et ajoute à ce qui est ce qui doit être, à la vie présente la vie future : déjà le nombre de ces nobles spiritualistes se réduit de jour en jour ! D'ailleurs la raison ne fonde pas une religion, mais une philosophie ; moins encore l'expérience : elle fonde la science, dont nous sommes plus orgueilleux à mesure qu'elle resserre autour de nous les limites du connaissable, qu'elle nous réduit à la vie tangible, qu'elle nous abaisse et nous rapetisse. Nous admirons le ton d'empire et de mépris dont elle anéantit nos plus hautes espérances, nous nous faisons grands de ce ton dont elle nous parle, nous parlons avec elle pour être grands comme elle, d'autant plus grands qu'elle nous fait plus petits, d'autant plus fiers qu'elle nous fait plus bas. La philosophie même est écartée avec la raison : la foi est bien loin !

— Moins loin que vous ne pensez : vous l'avez en vous-même. Vous, et les philosophes, que dis-je ? les savants, les *positivistes,* qui la méconnaissent et la rejettent : tous portent en eux-mêmes une religion qui est dans chaque homme, parce qu'elle est la religion naturelle de l'homme.

— Vous ne la fondez point sur l'expérience. La fondez-vous sur la raison ?

— Je parle d'une religion, non d'une philosophie. Vous l'avez dit, on ne fonde pas une religion sur la raison. La philosophie même n'est pas proprement une connaissance, mais une intelligence de ce que l'on connaît ; elle suppose un objet connu d'ailleurs, qu'elle cherche à comprendre. Une religion n'est pas une intelligence, mais une connaissance d'une réalité suprasensible.

— Sur quoi la fondez-vous alors ? Sur l'autorité ? Mais laquelle ?

— Tout se fonde sur une autorité : l'expérience, la raison, autant d'autorités auxquelles se réfèrent soit les savants, soit les philosophes. Je fonde ma religion sur une autorité supérieure et qui domine tout, sur l'autorité du sentiment universel, inspiration de l'Église universelle du genre humain.

— Que voulez-vous dire ?

— Je veux dire que la science, fruit de l'expérience, n'est pas toute la connaissance permise à l'homme. Il y a une autre connaissance que la connaissance expérimentale ; et si dans le sens est la condition de la connaissance du réel, si la sensibilité donne les termes dont la raison perçoit les rapports, il y a une autre sensibilité que celle qui est affectée par les faits, il y a d'autres sens que ces sens extérieurs qui nous mettent en contact avec le monde et ce sens interne qui n'est que le sentiment présent de notre être en acte ; il y a d'autres sens, dis-je : ces sens, non plus physiques, mais *psychiques*, ces sentiments inhérents à notre nature et qui nous portent vers certaines fins, ces instincts fondamentaux de l'homme, ou ces aspirations, qui ne seraient des illusions qu'autant que notre être même serait un être de mensonge. Ces sens *psychiques* nous parlent aussi, comme les sens physiques, de réalités qui nous intéressent, mais plus éloignées, que nous n'atteignons pas à titre de faits présents, que nous ne savons pas, que nous devons croire. Et savoir, est-ce autre chose, après tout, que croire à l'expérience ? Comme nous croyons à l'expérience bien conduite, il y a aussi des sentiments qui nous inspirent une légitime foi. La légitimité de la foi au langage des sens *psychiques* n'est pas plus à démontrer que la légitimité de la foi au langage des sens physiques. Les uns comme les autres, disons, d'un seul mot, les sentiments comme les sens, ont leurs objets : la foi aux sentiments, comme la foi aux sens, est légitime et leurs objets existent, si les sentiments qui nous en parlent sont légitimes ; et ils le sont, s'ils font partie intégrante, essentielle, de la nature humaine. Il faut croire à la nature humaine, ou cesser de parler, cesser de penser, cesser d'agir, cesser de vivre. La nature humaine est fondée en vérité : chacun l'admet dès qu'il admet la véracité de la raison ou la véracité des sens ; la véracité des sentiments doit être admise au même titre : si la nature humaine est fondée en vérité, elle l'est dans tout ce qui la constitue. Les sentiments essentiels sont donc vrais, et leurs objets existent.

La question est de les reconnaître, ces instincts fondamentaux, ces sentiments inhérents à la nature humaine et constitutifs de cette nature, et de fixer ensuite la mesure où ils requièrent, pour être légitimes, l'existence de leurs objets. Car c'est en quoi diffèrent le langage des sens et le langage des sentiments, que l'un est un témoignage de ce qui est, l'autre une affirmation confiante de ce qui doit être, *rerum sperandarum argumentum fides* (Saint-Paul). L'objet des sens est la donnée des sens, et il est tel que les sens le donnent ; l'objet des sentiments est le postulat des sentiments, qui l'affirment sans en déterminer la forme, et il n'y a lieu d'en admettre l'existence même que dans la mesure où il faut qu'ils existent pour que les sentiments qui les supposent soient vrais.

La connaissance de l'objet des sens est certaine, de certitude physique ; la connaissance de l'objet des sentiments est certaine, de certitude morale : morale ou physique, la certitude est toujours la certitude. L'une est une connaissance de science, l'autre une connaissance de foi ; celle-ci embrasse un ensemble de vérités peu déterminées, mais de souveraine importance : les grandes vérités de l'ordre moral, comme on dit, les dogmes de la religion naturelle, postulats de la foi spontanée du genre humain.

Quels sont-ils, ces sentiments essentiels de l'homme ? A quel signe les reconnaîtrons-nous ? A leur universalité. Et à quel signe leur universalité ? A l'expresion unanime qu'en donne la conduite, non la parole, car bien peu d'entre les hommes se rendent compte de leur propre être et savent témoigner d'eux-mêmes, mais la conduite constante, la conduite instinctive des hommes; à leur caractère irréductible : des sentiments irréductibles sont fondamentaux ; des sentiments fondamentaux, primordiaux, entrent dans l'essence de l'homme, ce sont des éléments de la nature humaine ; des éléments de la nature humaine sont universels, et, si la nature humaine est fondée en vérité, sont vrais.

Il y a des choses que nous voyons ; il y en a que nous affirmons invinciblement sans les voir. Ceux mêmes qui les nient les affirment à leur insu : il les affirment par leur conduite, et d'action sinon de parole ; ils ont le cœur meilleur que la bouche. De même qu'un sceptique en révolte contre le témoignage des sens se détourne du fer ou de l'eau plutôt que d'y périr, de même le négateur du libre arbitre l'affirme quand il serre la main à un généreux ami et le remercie d'un service rendu. Il y a des actes dont il est impossible de s'abstenir sans se mettre par là même hors de l'humanité ; aussi nul homme ne s'en abstient-il : un instinct, à défaut de connaissance, les impose à chacun de nous. Mais l'instinct est l'affirmation implicite d'une réalité inconnue. L'hirondelle qui bâtit son nid affirme, sans se comprendre elle-même, bien des choses qu'elle ignore. Le chêne sent le besoin de se creuser avec ses racines

> Des fondements comme une tour.
> Il sait quelle lutte s'apprête,
> Et qu'il doit contre la tempête
> Chercher sous la terre un appui ;
> Il sait que l'ouragan sonore
> L'attend au jour... ou, s'il l'ignore,
> Quelqu'un du moins le sait pour lui (1) !

(1) LAMARTINE, *Harmonies*, II, 10.

L'homme peut le savoir pour lui-même. Il peut se rendre compte des instincts de son âme, dégager les réalités supposées et affirmées implicitement par sa conduite nécessaire. De pareilles affirmations sont universelles, comme la conduite même ou comme l'instinct qui les implique. Elles sont donc vraies : à moins qu'il ne plaise d'admettre que l'humanité affirme le faux. C'est ce qu'on ne fera pas. Nul n'accordera qu'il puisse y avoir contradiction entre la raison et la nature de l'homme, entre la connaissance et l'instinct. Que ce qu'affirme l'instinct échappe à la connaissance directe, soit : ce ne sera pas objet de connaissance, mais de croyance, et il y aura dans l'humanité des croyances universelles, dont l'ensemble constitue une religion universelle, nécessairement vraie.

Une foi invincible affirme qu'au vice est réservé le malheur, le bonheur à la vertu. Une foi invincible nous pousse à invoquer Dieu dans le péril. Une foi invincible a institué partout des cultes : partout, non par intelligence, mais par sentiment, ou même en dépit de son intelligence, mais en vertu d'un sentiment plus fort, partout l'homme adore, partout l'homme prie. Ainsi la nature de l'homme, en dehors de toute doctrine, de toute réflexion, de toute raison, croit à un Dieu juste, qui gouverne toutes choses par une Providence immédiate, qui veille sur la destinée du moindre des êtres sortis de ses mains, qui « sonde les reins » et juge les œuvres, à un Dieu vivant. De là un ensemble de vérités qui sont la religion du genre humain.

— Pourriez-vous en formuler le *Credo*?

— Le devoir, la responsabilité, l'âme raisonnable et libre, la vie éternelle, Dieu.

— C'est le spiritualisme.

— Oui, le spiritualisme naturel de la religion universelle des hommes. Elle ne se borne pas là. Elle affirme plus que cela : pour notre âme, une primitive déchéance, une providence particulière de Dieu ; et, outre ces deux ordres d'esprits, savoir l'esprit divin et les esprits humains, des esprits extrahumains, un monde spirituel, qui forme, en concours avec le monde matériel qu'il pénètre, qu'il domine, qu'il dirige sous le suprême gouvernement de Dieu, cet univers complexe, matière et esprit unis, dont nous faisons partie à ce double titre. Dualité dans l'unité de l'être : l'être infini et les êtres finis, Dieu et le monde ; dualité dans l'unité du monde, dans l'ordre harmonique des êtres finis : les esprits et les corps. Oui, le *sens commun* de l'humanité ajoute aux quatre dogmes que notre philosophie spiritualiste lui emprunte, existence et providence de Dieu, spiritualité et immortalité de nos âmes, trois autres bien importants, qu'elle néglige : une chute à l'origine de notre être ; la Providence générale de Dieu se particularisant pour chacune de ses créatures ; l'action des esprits dans l'univers. Même ce dogme, étrangement oublié ou nié par nos sciences, qui le jugent, sans raison, incompatibles avec les lois immuables du monde (comme si un être pouvait agir dans le monde sans se conformer à ses lois !), ce dogme, honni aujourd'hui, régna de longs siècles sous la forme du polythéisme ; et il n'existe pas une seule d'entre les doctrines religieuses où il ne tienne une très grande place. Ces doctrines qu'on accuse volontiers d'étroitesse, sont bien plus larges que nos petites philosophies !

Peut-être y a-t-il encore d'autres dogmes implicites et latents dans les instincts universels de nos âmes...

III

— Peut-être? dites-vous. Voilà un peut-être qui m'inquiète. Je voudrais pénétrer plus à fond. Votre Eglise universelle du genre humain n'est encore à mes yeux, jusqu'ici, que l'Eglise catholique au sens étymologique du mot, ou, si vous le préférez, au sens philosophique, mais non au sens historique : l'Eglise catholique, telle qu'elle est visible sur la terre, n'est point l'humanité, la société générale, mais une société particulière : elle est chrétienne. Où est le Christ, dans cet ensemble des croyances de l'homme que vous me présentez? Où est la Trinité, l'Incarnation, la Rédemption? Où est le salut par le Verbe fait chair?

— Je vous ai parlé d'une religion de l'humanité. Pensez-vous que, même dégagée des profondeurs qui la recèlent, elle soit suffisante? Qui croira qu'elle ne soit qu'à l'état latent dans la nature de l'homme, et qu'il n'existe pas une religion qui en soit l'expression vraie? Or il en est une qui déclare qu'elle est sur la terre depuis qu'il y a des hommes sur la terre, toujours la même en ses développements, immuable et progressive, et qu'elle exprime la religion universelle : elle s'appelle universelle ou catholique, en vertu de cette prétention.

— Mais cette prétention est-elle justifiée? C'est ce qu'il nous importe de savoir, à nous qui ne sommes pas des hommes en l'air, qui ne sommes pas l'homme, mais des Européens, des Français, fils religieux non d'une Église catholique idéale, mais de l'Église catholique visible, dont le siège est au Vatican, et ne sachant s'ils doivent encore obéir à leur mère, ou s'émanciper d'une obéissance de mineurs, et, devenus majeurs, se gouverner eux-mêmes, sans doctrine fixe, dans l'incertitude et le vide : fils de cette tradition vivante et présente, qu'il ne faut pas rompre, dites-vous, mais continuer dans la religion future. Prenons donc le dogme catholique tel qu'il est formulé, le dogme chrétien : est-il vrai ? est-il faux ? Dans un cas comme dans l'autre, de quelle transformation ou de quelle évolution est-il susceptible ? S'il est faux, qu'y a-t-il autre chose à faire qu'à le répudier et le fuir comme on doit fuir l'erreur ? S'il est vrai, qu'y a-t-il autre chose à faire qu'à l'affirmer et le soutenir, le répandre, le défendre contre les attaques ? être un champion du passé, qui connaissait et respectait la vérité, contre un présent ingrat qui la renie, contre un avenir que façonne à son image l'esprit de mensonge, l'invincible Satan, toujours debout sous les coups impuissants des enfants du Ciel ?

— La fable morale est-elle vraie, est-elle fausse ? Prise à la lettre, elle est fausse ; dans son esprit, elle est vraie. Il est écrit : « La lettre tue, et l'esprit vivifie. »

— Comment l'entendez-vous ? Le dogme chrétien n'est-il pour vous qu'une fable morale ?

— C'est un exemple que j'ai pris pour vous montrer qu'il peut y avoir vérité où le regard superficiel, qui n'aperçoit que l'apparence, n'aperçoit aussi que l'erreur. Le dogme chrétien est vrai dans son esprit. L'est-il dans sa lettre ? Qu'importe ? La transformation de la foi consiste précisément à en établir la vérité spirituelle, sans rien prononcer sur la vérité littérale. On l'admettra ou on ne l'admettra pas, on sera libre. Les simples l'admettront ; les philosophes ou ne l'admettront pas, s'ils y répugnent, ou peut-être se diviseront-ils : la vérité spirituelle, plus ou moins comprise, mais admise également par tous, les ralliera tous ensemble en un même culte, en une Église, qui ne sera plus, sous le nom d'Église catholique, l'Église latine, mais la véritable Église catholique, digne enfin de son nom, l'Église universelle.

— Expliquez-vous, Monsieur, je vous prie. Quelle est cette vérité spirituelle du dogme chrétien ? Et comment le dogme chrétien se rattache-t-il aux dogmes fondamentaux de la religion générale des hommes ? Celle-ci me parle de Dieu, toujours présent à l'homme, en tout homme : le dogme chrétien me parle d'une révélation expresse de Dieu, par des prophètes d'abord, par Jésus ensuite, Homme-Dieu, seconde personne de la Trinité, Verbe incarné pour nous racheter du péché originel; l'une me parle de la volonté libre et du devoir : l'autre me parle de la grâce et des sacrements, d'un culte nécessaire, de moyens surnaturels d'un salut surnaturel.

— Le surnaturel, c'est le divin. Au-dessus des choses et des êtres dont l'ensemble forme la nature, est le principe même de ces êtres et de ces choses, l'Être principe, supérieur aux êtres, qui ne sont que par lui ; supérieur à la nature, qui n'existe que par lui et ne subsiste qu'en lui : non proprement un être en rapport avec d'autres êtres, mais l'Être même, qui est dans toutes choses comme toutes choses sont en lui, l'Être des êtres, le Par quoi et le Pour quoi de tout ce qui est, l'Origine et la Fin, la Toute-Puissance, Toute-Sagesse, Toute-Beauté, distincte mais non pas séparée de l'univers, dont elle est le principe : il n'est aucun des êtres du monde qui, soit qu'il le sache ou l'ignore, ne subsiste en communion avec Dieu. Plus on a l'âme haute, plus on a conscience de cette communion : « Mon Père et moi, nous sommes un. »

L'Être absolu, Dieu, puissance infinie, pense éternellement l'intelligible, possible infini, et éternellement le réalise ou l'exprime, le produit en acte.

Trois choses éternellement distinctes en elles-mêmes : la Puissance infinie d'être, de penser, d'agir ; l'Objet infini de la Puissance, l'Intelligible ; l'Œuvre infinie, ou à l'infini, de la Puissance, le Monde.

Trois choses éternellement distinctes en Dieu : l'Être pouvant infiniment penser et agir, c'est la Puissance infinie ; l'Être pensant infiniment son objet, c'est l'Intelligence infinie ; l'Être agissant infiniment dans la production de son œuvre, c'est la Vie infinie. Et ces trois choses sont infiniment réelles : si Dieu ne pensait pas, il ne réaliserait pas sa puissance de penser, il ne serait pas Intelligence en acte ; si Dieu n'agissait pas, il ne réaliserait pas sa puissance d'agir, il ne serait pas Vie en acte.

La Puissance, l'Intelligence et la Vie en Dieu ne sont pas trois attributs, mais trois *hypostases*, trois *personnes*, personnages ou rôles, trois fonctions déterminées par trois natures irréductibles : la Puissance, par la nature de l'Être ; l'Intelligence, par la nature de l'Intelligible ; la Vie, par la nature du Monde.

Être, Dieu est Puissance. — Puissance de penser appliquée à l'objet absolu de la pensée, à l'Intelligible, Dieu s'approprie l'Intelligible, distinct et par nature indépendant de lui, ainsi que l'a compris Platon : il se l'identifie, le fait lui-même, ou plutôt, par son union féconde avec cet autre principe, engendre une manifestation de soi, égale à soi, éternelle et parfaite comme il est lui-même, un Fils aussi ancien que le Père, son Verbe, sa Parole, distincte de lui, car elle est née de lui et de quelque chose qui n'est pas lui, elle est née du commerce éternel de l'Intelligence avec l'Intelligible, allant sans cesse de l'Intelligence à l'Intelligible, et sans cesse revenant de l'Intelligible à l'Intelligence. — Puissance d'agir, Dieu produit par son Fils, par sa Parole, par son Verbe, le Monde, expression ou réalisation de l'Intelligible : si l'Intelligible pensé est le Fils ou le Verbe, l'Intelligible exprimé, réalisé, est la Vie, ou l'Esprit, procédant de la Puissance et de la Raison tout ensemble, de la Force réglée par la Loi : l'Esprit, à la fois Vie en Dieu et principe vivificateur de l'Univers, Ame du Monde.

Père, Fils, Esprit, trois hypostases, trois personnes. Père, Dieu est la Puissance qui crée le Monde ; Fils, l'Intelligence qui l'ordonne ; Esprit, la Vie qui l'anime. Dieu vous anime, vous inspire, Esprit ou Ame du Monde ; Dieu illumine votre intelligence, est en vous-même la Raison : non votre raison, mais la Raison, unique et absolue. Dieu est la Raison, comme il est l'Être ; il est lui-même la Raison de toutes choses, comme il est l'Être de toutes choses, dont la Raison est une face, étant la loi de la force qui les détermine en leur être. Toute raison est une communication de la Raison de Dieu, comme tout être est une communication de l'Être de Dieu. La création est une participation de l'Être unique par les êtres divers, qui ne sont tirés du néant, qui ne passent du néant à l'être, ou qui de pures puissances d'être ne deviennent des êtres actuels, qu'en vertu de cette participation même. Chaque être est un être d'emprunt, par lequel Dieu, qui lui prête son propre Être, exprime une des idées comprises dans son Verbe.

L'homme est donc une expression du Verbe de Dieu : hélas ! bien imparfaite ! une des plus hautes néanmoins qui se puissent concevoir. Tout être est divin, mais l'homme l'est excellemment : l'homme est un dieu, car il est maître de son vouloir, capable d'un bien qui sera son œuvre, auteur et comme créateur de son être futur : il est libre. Nous n'avons point l'être par nous-mêmes, il est vrai, nous l'avons reçu ; mais nous avons reçu, avec l'être, la liberté, un pouvoir de faire le bien, qui est un pouvoir le faire le mal, pour que nous soyons nous-mêmes les auteurs de notre bien ; pour que, destinés à la félicité, nous en soyons dignes : et c'est alors que nous la posséderons. Nous ne sommes point ici-bas pour être heureux, mais pour mériter de l'être. Notre loi n'est pas de recevoir le bonheur, mais de le conquérir. Quand nous l'aurons conquis, il sera nôtre. Nous serons heureux d'un bonheur qui sera notre œuvre. Nous jouirons d'un être dont nous avons reçu le fond, dont nous créons la forme, dont nous aurons fait nôtre tout le bien, par le constant effort d'une volonté, libre coopératrice de Dieu.

Hélas ! hélas ! l'homme pouvait pécher, il pécha. Que furent à l'origine les êtres créés libres, coopérateurs de Dieu, comme l'homme, à leur propre être ? Quel être se sont fait ceux d'entre eux, s'il en existe, qui n'ont point péché ? Quelle perfection de vie ont-ils réalisée, glorieuse et heureuse ? Où vivent-ils ? Quel monde céleste est le leur ? Connaissent-ils l'homme qui les ignore ? Sont-ils en rapport avec nous ? et quelque lien mystérieux rattache-t-il à notre misère leur félicité ? L'homme pécha : l'homme qui, libre, pouvait se réaliser dans le bien, se réalisa dans le mal ; il se fit ce qu'il est, cet être faible et souffrant, impuissant et coupable, malade qui se tourne et se retourne, comme dans un lit de torture, dans une nature hostile, être mauvais dans un monde mauvais, dieu tombé qui habite un enfer.

Et cependant on veut encore faire le bien : mais qui

le fera ? On veut réparer, on veut expier le mal : qui l'expiera ? qui le réparera ?

Il faut, quand on a été coupable, qu'on expie. Il faut qu'on répare : ce qu'on ne peut faire qu'à trois conditions : d'abord, qu'on se repente, c'est-à-dire qu'on retire sa volonté de son péché, que, de mauvaise qu'on l'a eue, on la rende bonne ; car, tant qu'on ne se repent pas d'avoir mal fait, on ne cesse pas de mal faire. Le mal n'est pas dans l'acte, mais dans la volonté de l'acte : l'acte exécuté, s'il n'est point voulu, n'est point coupable ; l'acte non exécuté, s'il est voulu, est coupable. Un crime, exécuté ou non, est accompli dès qu'il est voulu, et, tout le temps qu'il est voulu, dure. Vingt ans après qu'il a été fait ou après qu'il a été tenté, cent ans après, mille ans après, s'il est voulu encore, il dure encore. Un homme a tué par vengeance ; voilà trente ans que cet homme a commis le meurtre, et il ne s'en repent pas encore ; il le commettrait encore, s'il avait à le commettre : croyez-vous que son crime accompli ait eu sa mesure, et que le criminel ne mérite qu'une peine limitée comme le crime ? Le meurtre est accompli, mais non le crime. Le meurtre fut l'œuvre d'un jour, d'une heure, d'un moment : voilà trente ans que le crime dure, et il durera tant qu'en sera la volonté. Il y a une mesure du mal qui a été fait, non de la malice ; et c'est pourquoi la peine due à la malice n'a point de mesure. On veut le mal, ou l'on cesse de le vouloir : tant qu'on le veut, on le fait, et l'on en mérite le châtiment. Alors seulement qu'on cesse de le vouloir, on cesse de le faire ; la malice a pris fin, elle a désormais sa mesure, et désormais comporte une peine mesurée, proportionnée, limitée, finie.

On n'y échappera pas, car voici les deux autres conditions de la réparation due : qu'on accepte de cœur une épreuve nouvelle, pareille à celle où l'on a failli ; enfin, qu'on souffre un malheur proportionné à celui qu'on a voulu s'épargner ou qu'on a causé par sa faute : quel homme, hélas ! calculera jamais ces effroyables suites de son mal ?

Mais le mal qu'on a fait, l'a-t-on fait tout entier ? Est-on vraiment coupable de tout son péché ? Quand vous péchez, n'est-ce pas la nature humaine qui pèche en vous, plus encore que vous ne péchez vous-même ? N'y a-t-il pas toujours à faire, dans toutes les actions de votre vie, quelle que soit la part de votre volonté libre, la part immense de la solidarité morale qui vous enveloppe ? La nature humaine, aujourd'hui, et depuis le premier acte de la liberté humaine, n'est plus la nature humaine primitive, œuvre directe de la divinité, mais une nature modifiée, et, il faut bien le dire, étrangement viciée par la conduite de nos ancêtres : leurs habitudes sont nos instincts ; auteurs de leurs habitudes, ils le sont de nos instincts, de nos penchants naturels, qui nous condamnent à mal faire. Et non seulement nos ancêtres pèsent sur nous, mais notre entourage, mais toute l'humanité vivante : nous sommes jetés dans des formes de société qui nous rendent, malgré nous, complices de crimes en foule. Ne sommes-nous pas les héritiers de tous ces crimes qui sont l'histoire des peuples, auxquels nous devons ce que nous appelons notre grandeur, que dis-je ? notre vie même ? Pouvons-nous répudier notre pays, notre famille ? Pouvons-nous, hommes, répudier la race humaine ? Nous naissons donc et nous vivons dans l'impossibilité du bien.

Or, nous voulons le bien, et, le voulant, nous le faisons. Car vouloir le bien, c'est le faire. C'est faire le bien que faire bien : et s'efforcer de réaliser le bien, agir en vue du bien, c'est faire bien. Nous faisons donc le bien, et nous ne le faisons pas ; nous le faisons moralement. Nous le voulons, nous ne le réalisons pas. Qui le réalisera pour nous ?

Et, quand nous péchons, nous ne péchons pas seuls. Notre nature, qui n'est point notre propre œuvre, quoiqu'elle soit, en ce qu'elle a de mauvais, l'œuvre de l'homme, pèche avec nous, autant et plus que nous. Est-il juste que nous soyons punis d'un péché qui n'est pas le nôtre ? Mais est-il juste que ce péché de l'humanité en nous demeure inexpié ? Qui l'expiera ? Qui nous délivrera du péché de l'humanité pour nous restituer à notre responsabilité propre ? Qui fera que nous soyons justement récompensés ou punis de notre bon ou de notre mauvais vouloir ? que, dans notre péché, nous ne soyons châtiés que de ce qui est vraiment nôtre, sans l'être de ce qui est le péché de l'humanité en nous, et sans que ce péché même demeure impuni ? que, dans notre effort pour le bien, notre bon vouloir nous suffise, et réalise en nous le bien, c'est-à-dire la perfection de l'homme ? Nous le voulons, nous travaillons à le réaliser : qui fera que ce soit assez de notre volonté de le réaliser pour le réaliser en effet, nous en assurant l'accomplissement, non point dans la forme de l'homme tel que nous le présente la vie anormale d'un être déchu, mais dans une transfiguration de l'homme par la mort ?

IV

Ce sont là, Monsieur, les grands traits d'une philosophie morale. Vous les trouvez dans votre raison bien interrogée, dans votre sentiment du juste et de l'injuste, nans votre conscience, dans votre âme ; et ce que vous y trouvez ainsi, n'est-ce pas le christianisme ? Le devoir, la responsabilité, l'âme raisonnable et libre, la vie éternelle, Dieu, voilà ce qu'un premier regard vous y montre, voilà ce qu'y a vu de tout temps quiconque y a regardé, voilà ce spiritualisme naturel de la religion universelle du genre humain, que tous les hommes, en tant qu'ils sont hommes, affirment : nul aussi ne le nie qu'il ne se nie lui-même comme homme, soit qu'il se ravale par la passion jusqu'à la brute, soit qu'il mutile son être, et, par un retranchement prétendu scientifique de la raison et du cœur, en retranche l'humanité même. Cet universalisme religieux, ce *catholicisme*, n'est pas encore le christianisme. Regardez plus à fond dans votre âme : vous y trouvez l'Esprit ; vous y trouvez l'altération de la nature, la déchéance de la race humaine ; vous y trouvez la nécessité d'une réparation divine, pour la justice même, pour que la responsabilité propre de chacun ait toute sa valeur, pour que puisse être, ainsi qu'il est écrit, « paix sur la terre aux hommes de bonne volonté. »

Concevez un homme, ou plusieurs, disant par sentiment par une sorte d'instinct spirituel, des paroles supérieures à leur propre raison, des oracles dont la vérité les surpasse eux-mêmes. Ne seront-ils pas des révélateurs ? Je compare le sentiment qui les fait parler à l'instinct ordinaire, tel que la psychologie et la physiologie le connaissent. Quelle merveille que cet instinct ! et combien il témoigne d'une sagesse divine ! Considérez, en effet, les mouvements instinctifs chez les animaux, chez l'homme, chez vous : vous les sentez se faire, ils se font par une impulsion dont vous avez conscience, et pour un but : cependant ce n'est vraiment pas vous qui les faites ; ils se rapportent à un but que vous ignorez ; ils sont des moyens ajustés, sans que vous les ayez calculés, à une fin que vous ne savez pas. L'être qui agit par instinct se sent poussé par une force mystérieuse, dirigée elle-même par une sagesse dont il n'a pas le secret, à l'emploi de moyens combinés et concertés pour une fin prévue, qui est sa conversation ou celle de son espèce. L'instinct est, chez l'être qu'il conduit, le contraire de l'intelligence, de la volonté raisonnée : il remplace l'intelligence faillible et la volonté mobile de l'être par une sagesse infaillible, immuable, incapable de progrès, spéciale, uniforme, aveugle. Est-elle aveugle ? Dans l'être qui agit, soit ; mais non sans doute dans l'auteur de cet être. L'instinct est aveugle, mais il n'est point par soi-même : il est par une sagesse plus haute, par une intelligence et par une volonté qui sait, pour l'être qu'elle fait agir, ce que cet être ignore. Quand vous agissez par instinct, ce n'est pas vous qui agissez, c'est la nature en nous : mais c'est l'auteur de la nature.

Eh bien ! concevez à l'image de l'instinct ordinaire, commun à l'espèce, un instinct particulier, faisant parler, agir un homme : si l'homme peut obéir à une impulsion divine pour vivre de la vie commune à l'espèce, ne le peut-il pour guider l'humanité dans une voie que lui aurait tracée Celui qui gouverne l'humanité comme il gouverne l'univers ?

On se récrie contre le surnaturel. Mais le surnaturel est partout. Il est divin, il est humain : il est dans les modifications qu'impriment à la nature les actes de notre volonté libre. Le miracle, honni par la philosophie comme par la science de nos jours, n'est pas, à vrai dire, une suspension des lois de la nature, mais plutôt une modification de leur action par l'intervention d'une action de la volonté divine ; nous-mêmes nous modifions leur action par notre action propre, et il en résulte ce que la nature n'eût pu produire, ni, si nous sommes libres, prévoir : un vrai surnaturel. L'hypothèse du miracle est celle d'une intervention directe de Dieu dans l'univers, celle d'une Providence qui, agissant ordinairement d'accord avec les lois de la nature, les surmonte quand il le faut, et, sans les suspendre, s'ajoute à elles pour une résultante que la nature n'eût pu produire ni prévoir. Tout produit d'une volonté libre, toute œuvre d'art, est un surnaturel humain ; le surnaturel divin est-il plus incompréhensible ? C'est par lui qu'existe la nature même. Tout ce qui est naturellement est, au fond, par l'action d'un principe surnaturel, par l'action de Dieu. Rien de plus naturel que l'instinct : au fond, il est divin ; il est surnaturel dans son origine. L'instinct particulier qui mettrait sur les lèvres d'un homme une parole de Dieu ne serait surnaturel aussi que dans son origine. Ce qu'il aurait de remarquable, ce qui en ferait un miracle, ce serait d'être particulier, hors de l'ordre accoutumé, extraordinaire. Encore n'y aurait-il peut-être que le degré qui serait extraordinaire : l'instinct révélateur des choses d'en haut n'est-il pas en chacun de nous, et celui qui fait parler des Envoyés de Dieu est-il autre que celui qui nous fait recevoir leur parole ?

Concevez maintenant un homme qui réalise en sa plénitude l'idéal de l'être humain : un Saint, juste et bon, sage, intelligent, puissant d'esprit et de cœur, autant qu'homme puisse l'être. Sa perfection ne sera pas la perfection infinie, mais la perfection humaine. Le parfait n'est pas l'infini : une sphère serait parfaite, si petite fût-elle, dont tous les rayons seraient exactement égaux. Notre parfait homme ne possèdera pas l'intelligence, la puissance infinie ; il sera homme, et de son siècle, de son pays : « Mon père est plus grand que moi », dit Jésus ; et nous le voyons, dans l'Évangile de Saint-Luc, croître en stature et en sagesse. Qui croît en sagesse n'est pas l'infinie sagesse. Je le répète, il est homme, mais parfait homme : il est le Fils de l'homme, c'est-à-dire l'homme par excellence, et il est le Fils de Dieu, c'est-à-dire encore l'homme tel qu'il doit être, expression d'une idée divine, réalisation humaine du divin *Logos*, incarnation du Verbe. Nul être n'existe qu'en communion avec Dieu : on ignore cette communion ; ou on la connaît, mais on ne la sent pas ; ou on la sent, mais on n'en a pas conscience : lui en a conscience : « Mon Père et moi nous sommes un », dit-il. Intelligent, il participe de la raison divine : Verbe fait homme ; sensible, il aime le bien : tout aux hommes et tout à Dieu ; libre, il obéit à Dieu : il dit ce que Dieu veut qu'il dise, fait ce que Dieu veut qu'il fasse : on voit donc agir Dieu quand on voit cet homme agir ; on entend Dieu parler quand cet homme parle ; cet homme est l'organe de Dieu parmi les hommes, il est l'Homme-Dieu.

Il est homme, certes, borné en sa science, en sa puissance : Jésus agit par la puissance de son Père, ignore ce que son Père ne lui révèle pas ; libre, et capable de mal comme de bien : Jésus est tenté. Il triomphe de la tentation, et c'est librement qu'il obéit à Dieu, librement qu'il accepte d'être l'organe de Dieu sur la terre : mais dès lors, qui l'entend, entend Dieu ; qui le voit, voit Dieu ; il est la parole de Dieu : il est Dieu visible en figure d'homme : Homme-Dieu. En lui s'unissent l'homme et Dieu : en lui est la nature de l'homme, en lui est la volonté d'un homme, puisqu'il est homme ; en lui est la nature de Dieu, la volonté de Dieu, puisque Dieu agit dans sa conduite, parle par sa bouche ; et la personne où ces deux natures, où ces deux volontés s'unissent, est Dieu, puisqu'il est l'organe de Dieu, puisque l'entendre c'est entendre Dieu, le voir c'est voir Dieu : sa personne, dis-je, l'être responsable en lui, l'agent à qui son action et sa parole doivent être imputées, puisqu'elles doivent l'être à Dieu, est Dieu.

Concevez que ce parfait homme, saint parfait, non impeccable mais sans péché, digne de toute félicité, souffre ; concevez ce juste malheureux, acceptant le malheur qu'il ne mérite pas, le voulant pour le bien d'autrui : il n'expie rien pour lui-même, il expie pour l'homme. Si, dans chacun de nos péchés, l'humanité pèche avec nous, il fait que le péché de l'humanité, mêlé au nôtre, a son expiation, et il nous laisse l'expiation du nôtre : il nous délivre du péché de l'humanité, dont nous n'avons pas à répondre, mais qui pèse sur nous de tout le poids du mal accompli, obstacle infranchissable à l'accomplissement du bien ; il nous remet à notre responsabilité propre, à notre propre justice. Désormais notre bonne volonté suffit ; nous échappons, si nous voulons le bien, aux conséquences du péché originel, non dans une vie que ce péché a faite incapable du bien, mais dans une autre vie, où nous serons, corps et âme, l'homme que nous aurons mérité d'être. Désormais, dis-je, nous pourrons, selon qu'aura été notre volonté, être justes, ou ne l'être pas. Si nous ne le sommes pas, si notre volonté est mauvaise, notre perte n'est plus imputable qu'à nous-mêmes : si nous le sommes, si notre volonté est bonne, nous n'avons plus à expier que notre péché propre, dans sa mesure. Délivrés du péché de l'humanité en nous, notre péché propre a sa mesure, notre œuvre sa valeur, nous devenons capables de mérite :

nous pouvons dès lors, par la souffrance voulue, jointe au repentir, expier notre mal, expier le mal d'autrui.

Si, dans la vie présente, nous n'acceptons pas la souffrance due, ou si nous souffrons moins que nous ne le devons à la justice, nous avons à souffrir encore dans l'autre vie ; mais notre propre mal ayant eu, par le repentir, sa mesure, cette souffrance aura une fin. Si nous acceptons la souffrance due, nous achevons notre expiation propre, et, mourant, renaissons dans la perfection méritée de notre être. Si, courageux et soumis à Dieu, nous souffrons volontairement au delà de notre péché (car, que d'inégalités dans les souffrances humaines, et sans proportion apparente, sans rapport visible, avec la justice ! Que de justes malheureux, que d'impies prospères !), si donc un juste qui souffre accepte sa peine pour le bien d'autrui, lui aussi expie pour l'homme, après qu'il a expié pour lui même ; lui aussi nous rachète du péché originel et de ses suites : il est corédempteur avec le Rédempteur. Tel est l'effet du mérite surérogatoire des saints ; telle est la justice de la réversibilité des mérites et des peines.

Et telle est l'Église : la société des rachetés : les uns coopérant à la rédemption, ce sont les justes ; les autres, faibles, en recevant le bienfait par la bonne volonté qui les faits participer à tout ce que peut donner de force pour le bien cette grande communion des âmes. Les sacrements sont les formes et les moyens de cette participation. Ils ont un effet propre, *ex opere operato*, dit la théologie romaine, indépendant de la volonté, supérieur à la volonté: c'est qu'ils ajoutent à la volonté bonne, à la justice de qui s'y prête, la justice entière des saints ; ils ajoutent la rédemption, qui rend à la bonne volonté de chacun sa valeur et lui permet son mérite. Les justes rachètent, les faibles sont rachetés ; mais les justes ont pu être faibles, les faibles peuvent devenir justes : justes et faibles tour à tour les uns comme les autres, les hommes se rachètent les uns les autres quand ils souffrent pour le bien.

Quelle étrange aberration, quelle inintelligence du christianisme, quelle méconnaisance de son esprit, d'avoir séparé l'individu de l'Église, d'avoir brisé la communion des saints, d'avoir nié la réversibilité des mérites, la solidarité des âmes, la valeur des œuvres, la justice propre, qui est la justice même, la seule qui soit justice ; d'avoir substitué à la justice la justification, c'est-à-dire l'attribution gratuite d'une justice étrangère, et la justification par la foi, c'est-à-dire un pur pardon tout gratuit, ouvrant à ceux à qui le bon plaisir de Dieu l'accorde la béatitude céleste, abandonnant ceux à qui le bon plaisir de Dieu le refuse à l'enfer éternel, sans autre alternative pour la faiblesse humaine qu'un ciel immérité ou un enfer immérité ! Et quelle étrange prévention, d'avoir vu dans ce christianisme antiphilosophique, conforme à la lettre, contraire à l'esprit, un progrès de l'esprit, un acheminement à la philosophie, un passage de la foi à la raison ! Mais il était rationnel en ceci, aux yeux de nos rationalistes incrédules, qu'il rompait avec le catholicisme.

CHAPITRE XIII

(Suite)

I

— Je vous écoute, Monsieur, lui dis-je, et me demande ce qui vous empêcha de vous faire prêtre catholique ; ou si, vous étant éloigné du catholicisme, vous y êtes revenu. C'est le catholicisme que vous me présentez là tout entier : Trinité, création, incarnation, rédemption, avec la communion des saints, le mérite des œuvres, l'effet propre des sacrements, la vie éternelle, ciel et enfer, en chair et en corps comme en âme pour l'homme refait, renouvelé, restitué à lui-même ; il n'est pas jusqu'au purgatoire qui ne trouve sa place dans votre doctrine, et l'Église y est la condition de la communication morale de l'homme avec Dieu. Qu'y manque-t-il ? L'infaillibilité du pape ? Elle est à définir, et les catholiques l'entendent diversement ; elle représente, aux yeux des catholiques romains, l'Église infaillible : question non de religion, mais de constitution intérieure de l'Église. La Vierge Marie ? Elle n'est dans l'Église même que la première des saintes : elle occupera la première place dans votre Communion des Saints. Que vous manque-t-il, enfin, pour être catholique ? Où est la transformation dont vous me parlez ?

— Transformation ? dites d'abord évolution, c'est-à-dire développement.

— Expliquez-vous, je vous prie.

— Considérez le problème de la souffrance, par

exemple, ou encore celui de la vie éternelle : les deux ne sont qu'un. Qui donc aujourd'hui peut croire à cette prétendue justice, à cette malice gratuite puisqu'elle serait sans résultat, d'un châtiment sans fin ? Et si la vie humaine est une épreuve, d'où vient la diversité, l'inégalité prodigieuse des épreuves ? Si elle est une expiation, d'où vient encore qu'elle est si prodigieusement inégale pour le même péché ? A moins que ce ne soit pour l'inégalité du péché que chacun de nous hérite de sa propre race ; mais d'où vient l'inégalité de l'expiation pour les enfants d'une même race ? Et d'où vient surtout, pour les enfants des hommes, l'expiation d'un péché qu'ils n'ont pas commis, dont ils n'ont ni la conscience, ni la connaissance même, dont ils ne sont pas les auteurs, dont ils seraient les victimes ?

— Graves questions, en effet, dis-je, graves et douloureuses, insolubles peut-être, ou qui ne peuvent être résolues que par de téméraires, d'invérifiables hypothèses ! Tiendriez-vous pour celle de la préexistence et de la réincarnation des âmes ?

— Eh ! l'hypothèse a du bon. Elle explique bien des choses !

— Mais comment la concilier, comment concilier votre négation de l'éternité des peines, avec le dogme qui l'affirme, avec le catholicisme dont vous ne tentez qu'un développement ?

— Croyez-vous donc, vous aussi, que la doctrine de la réincarnation des âmes soit incompatible avec le dogme de l'éternité des peines, ou celui du péché originel ? Tant s'en faut, qu'elle est à son tour comme un dogme de plus qui, ajouté aux deux que le catholicisme enseigne, les explique et, bien loin de leur être contraire, les confirme !

— Voilà qui me surprend, et je m'étonne que les catholiques ne s'en soient pas aperçus, eux qui anathématisent les partisans, nombreux aujourd'hui, vous le savez, de la pluralité des existences d'une même âme, et de la réincarnation des âmes humaines.

— C'est que ceux-ci combattent les catholiques. Ils se combattent les uns les autres, comme il arrive, sans chercher à s'entendre. Ils s'entendront plus tard, quand ils se seront bien battus, et qu'ils se seront fait tout le mal qu'ils auront pu se faire.

— Et vous tenez l'accord de ces deux doctrines, j'allais dire de ces deux religions....

— Deux religions ? Vous diriez trop. Le catholicisme est une religion ; la croyance à la préexistence de nos âmes n'est qu'une opinion, conciliable ou non avec la foi catholique. Les partisans de cette opinion vont jusqu'à prétendre que l'homme peut entrer en rapport avec ces âmes rendues au monde invisible : soit ; mais communiquer avec les vivants de l'autre monde n'est pas plus une religion que communiquer avec les vivants de ce monde-ci, et c'est l'idolâtrie d'un certain spiritisme de faire de cette communication prétendue un culte. La religion est la communion des âmes en société avec Dieu : l'Église catholique associe à Dieu, dans cette communion des âmes, communion des saints, les vivants de l'un et de l'autre monde.

— Mais les vivants de l'autre monde n'appartiennent plus à l'humanité. Quel accord pouvez-vous établir entre deux doctrines si différentes dans leur solution du problème de notre âme ?

— Moins différentes qu'il ne vous semble. L'une est plus explicite que l'autre : l'une dit ce que l'autre ne dit pas ; l'une dévoile ce que l'autre laisse obscur et voilé. Suivez-moi bien.

L'âme humaine, selon la foi catholique, est appelée à une fin surnaturelle, c'est-à-dire au partage de la divine béatitude, à la possession de Dieu. Elle ne peut l'atteindre que moyennant des conditions qu'il n'importe de rappeler ici, mais très difficiles à remplir ; et il est juste qu'elles le soient. On a essayé de les rendre plus aisées ; mais la sainteté, mais le christianisme lui-même, souffre de ces adoucissements. Elles doivent être sévères. Il en résulte qu'il y a peu d'élus. On a encore essayé de dire qu'il y en a beaucoup : c'est une inconséquence inspirée par la charité de cœur de notre siècle ; et la difficulté qui a touché, qui a froissé notre cœur, n'est que reculée s'il reste un seul damné, fût-il Judas, fût-il Satan.

Quand notre âme sort de cette vie, qui lui a été imposée, pour entrer dans la vie qu'elle s'est faite elle-même, elle y entre digne ou indigne de la divine béatitude. Digne, elle l'obtient, soit aussitôt, soit après une attente plus ou moins longue : c'est le ciel, c'est le purgatoire ; indigne, elle ne l'obtient pas, elle ne l'obtiendra jamais : c'est l'éternité de l'enfer.

Tel est, sur ce point, l'enseignement de l'Eglise commenté par la théologie. Observez d'abord que les mots *ciel*, *purgatoire*, *enfer*, désignent, non des lieux, mais des situations morales de l'âme, compatibles avec toutes les situations physiques : une âme n'a pas besoin d'être sans corps, pour être au ciel ou en enfer. Il faut même qu'elle soit toujours unie à un corps, à quelque matière plus ou moins subtile, pour être en relation avec les choses extérieures, pour sentir et pour agir, pour vivre ; et la foi à la peine physique des réprouvés, dite *peine du sens*, témoigne qu'on ne les considère pas comme des esprits sans corps. Observez encore que le purgatoire n'est pas de soi une peine, mais une attente de la divine béatitude ; que l'enfer même n'est pas essentiellement la souffrance, mais l'éternelle privation de cette possession de Dieu.

On se fait généralement une fausse idée de l'immortalité ; on emploie volontiers, pour l'exprimer, un langage qu'on entend mal. On dit d'un homme qui passe de cette vie à l'autre vie, qu'il « sort du temps pour entrer dans l'éternité ». Parle-t-on d'une immortalité qui ne serait point personnelle ? Elle ne serait pas l'immortalité, mais la mort du véritable être, l'anéantissement de l'être particulier et fini, qui est un être, dans l'être absolu. Parle-t-on d'une immortalité qui serait personnelle sans être individuelle, d'une sorte d'absorption consciente en Dieu, où se perdraient, avec tous les traits de notre caractère propre et de notre propre être, toutes ces affections qui font le charme et le prix de la vie : car ce n'est pas moins notre devoir de vivre les uns pour les autres que notre bonheur de vivre les uns dans les autres, et cela même entre pour beaucoup dans notre perfection ; où se perdraient enfin tous ces liens de communication mutuelle et d'amour dont la rupture fait l'horreur de la mort ? « O mort, où est ton aiguillon ? (St-Paul) » Il y est toujours ; il ne peut être enlevé, mais émoussé : non par l'espérance d'une conscience future de la perfection, d'une béatitude contemplative, à la fois sublime et et égoïste ; non, c'est une autre pensée qui l'émousse, la pensée qu'elle ne nous arrache que pour un temps les êtres néessaires à notre cœur, que ces êtres vivent, qu'ils nous attendent, que nous nous retrouverons tous ensemble dans ce royaume de Dieu, dans cette joie de la perfection, où le cœur sans doute a sa place non moins que l'esprit ! Et comment nous retrouverons-nous, si nous ne sommes pas des êtres, êtres particuliers, êtres individuels comme nous sommes, sous une autre forme d'existence, je le veux, et il le faut bien ! sous une forme qui échappe à nos organes terrestres, mais non si étrangère à notre forme présente qu'elle n'en sorte, et n'en soit, pour notre bonheur ou notre malheur selon que nous aurons bien ou mal vécu, la suite légitime ? Pour notre perfection même, dirai-je : la perfection de l'être fini n'est point l'infini. Elle est pour nous l'union avec l'infini, elle est la conscience de l'union avec l'infini, elle n'est pas l'infini.

L'hypothèse d'âmes humaines liées encore à de subtils organes, sentant et agissant dans leur milieu comme nous dans le nôtre, quel que soit leur bonheur qui ne saurait les absorber jusqu'à les perdre, égoïstes béats, dans l'infini, ou leur attente du bonheur, qui ne saurait leur ôter leurs affections ni leur propre caractère, n'a rien de contraire au dogme tel que l'Eglise l'enseigne.

Il y a dans ce dogme un point qui demeure terrible et obscur. Que deviennent les réprouvés ? Ils sont damnés, et pour l'éternité. Il y suffit d'un seul péché mortel : quiconque meurt en état de péché mortel est frappé d'une éternelle peine. Cela va de soi, le péché mortel étant défini le péché commis en pleine connaissance du mal et avec plein consentement au mal ; c'est le péché idéal, absolu : à l'absolu du péché, l'absolu de la peine. Le péché mortel, c'est-à-dire le péché qui donne la mort, le péché meurtrier de l'âme, est comme la limite où va tout péché ; à mesure qu'un péché s'en approche, il se prépare une peine qui approche de la peine absolue. L'enseignement religieux est donc, en ceci, une juste menace, et l'on ne saurait le donner autre. Mais est-il dit que le péché, en fait, puisse jamais atteindre sa limite, que jamais puisse être réalisé l'idéal du mal, quand nous ne voyons pas que l'idéal du bien puisse l'être ? Rappelons-nous ce que nous avons remarqué plus haut, que nous ne péchons pas seuls ; que, quand nous péchons, notre nature pèche avec nous, autant et plus que nous. Et qui sait, à part le suprême juge, qui sait, dans les crimes des plus grands coupables, ce qui est imputable à leur naissance, à leur éducation, à leur entourage, à la grossièreté de leurs instincts, aux mille fatalités d'une âme née perverse en un milieu pervers ? Qui sait jusqu'à quel point ils agissent avec un plein consentement, propre à eux, imputable à eux seuls? jusqu'à quel point ils savent ce qu'ils font ? Abandonnons donc, s'il existe, le malheureux auteur d'un vrai péché mortel, d'une faute pure, sans mélange, entièrement commise par son auteur en dehors de toute influence étrangère ; d'une faute, dis-je, pleinement connue et voulue : et demandons-nous ce que deviennent ceux qui ont manqué l'épreuve de la vie terrestre.

Ils sont perdus pour jamais. Jamais ils ne posséderont la divine béatitude. Jamais ils n'entreront dans le royaume de Dieu. Jamais ils ne verront Dieu. Et l'Eglise ne dit plus rien. Notre hypothèse ajoute à son enseignement un mot, qui est le mot de la triste énigme ; elle dit : Ils se réincarneront.

Qu'est-ce à dire ? Qu'ils sont perdus pour jamais, en effet. Il faut qu'ils redeviennent un jour d'autres personnes pour essayer de se rendre dignes du royaume des cieux. Leur personne est frappée d'une perte définitive, éternelle. Or, ou ils sont des personnes éternelles ; ou ils périront dans leur être même, comme dans leur personne ; ou ils périront dans leur personne, non dans leur être. Dans chacune de ces trois hypothèses, les seules possibles (la nôtre est une des trois), leur peine est éternelle : car elle demeure à jamais pour eux, elle dure autant que leur personne. La première, à laquelle s'attache l'opinion commune des catholiques, constitue une personne éternelle dans un éternel péché comme dans une éternelle souffrance : une éternelle atteinte à ce qui doit être, une éternelle violation de l'être, un éternel désordre, un mal maître du bien, qu'il tient éternellement en échec : c'est le triomphe définitif du mal quelque part ; c'est quelque part la défaite de Dieu vaincu par sa créature. La seconde, à laquelle s'attachent plusieurs théologiens protestants, anéantit une créature, une œuvre de Dieu. L'une et l'autre font Dieu inférieur à son œuvre, qu'il a également manquée, soit qu'il se voie forcé de la châtier d'un supplice impuissant contre la révolte toujours victorieuse quoique toujours punie, ou de l'anéantir. La troisième répond à sa puissance comme à sa justice, et à sa justice comme à sa miséricorde: elle est le dénouement de l'éternité.

L'âme libre est invitée à se constituer une personnalité parfaite : bonne, puissante, heureuse. Elle n'y parviendra que par la vertu. Quand elle y sera parvenue, alors elle sera dans le royaume céleste ; elle jouira éternellement, sans défaillance ni déchéance, de la possession de Dieu ; elle aura conscience de sa communion originelle, essentielle, avec Dieu ; elle « verra Dieu », dit l'Ecriture. Dans cette personnalité toute divine, elle retrouvera, mais transformées et épurées, toutes celles qu'elle se sera constituées l'une après l'autre comme autant de formes imparfaites d'elle-même. Elle ne sera plus aucune de ces personnes successives, sauf la dernière : elle sera pour toujours, dans le sein de Dieu, la dernière qu'elle aura été. Mais chacune contient les précédentes, et les retrouve en soi une fois libre de ce corps mortel dont elle est prisonnière, de ce corps anormal qui l'assujettit à certaines conditions de mémoire comme de pensée : la dernière contiendra donc toutes les autres.

Jusque-là, elle n'est qu'une personne périssable. Non qu'elle périsse à la mort : la mort la dégage, au contraire, soit pour son malheur, soit pour son bonheur, mais bonheur imparfait, et non encore éternel ni divin : c'est toujours l'enfer au sens théologique du mot. Quand elle a achevé de moissonner dans sa vie d'esprit selon qu'elle a semé dans sa vie corporelle, quand elle a vécu sa vie d'esprit, qui est sa vraie vie, dont la vie corporelle n'est que l'enfantement, elle meurt : c'est-à-dire, elle se réincarne, soit sur la terre encore, ou dans quelque autre monde. Elle meurt à ses souvenirs, à toute son existence passée ; elle meurt à sa personne, pour un temps du moins : effrayante perspective ! Mais c'est la seule issue de l'enfer. Préférez-vous qu'il n'ait point d'issue ? dirai-je aux catholiques. Ou prétendez-vous y échapper, et gagner le royaume du ciel, sachant ce qu'il faut de sainteté pour en être digne, et que la sainteté réside tout entière dans l'âme, que les pratiques ni les rites conformes à la formule ne la remplacent pas ?

L'âme donc se réincarne. Elle recommence l'épreuve, en des conditions qui font de ce recommencement un véritable commencement pour elle ; et d'ailleurs diverses, afin d'être appropriées à la diversité des états moraux. Non point afin de la punir ou de la récompenser : elle a déjà été récompensée, elle a été punie. Elle a eu le sort qu'elle s'était fait, elle a été traitée comme elle avait mérité de l'être. C'est ce qu'il faut répondre à ceux qui objectent qu'il n'y a point peine là où il n'y a pas conscience du rapport de la peine à la faute. Ils ont raison. Mais l'âme a déjà subi sa peine ; seulement elle encourt de nouvelles conséquences de ses fautes : non plus des expiations, mais des épreuves calculées de manière à solliciter en elle l'éveil des vertus qui lui manquent. Il lui appartient toujours de subir sa dernière épreuve, et de s'y constituer sa personnalité définitive : qu'elle soit sainte !

Si une épreuve peut être la dernière, si elle peut, le plus souvent, n'être qu'un progrès, ou même une halte, une station entre le bien et le mal, elle peut aussi être une décadence nouvelle et plus profonde. Un être peut s'élever ou s'abaisser, monter ou descendre. Un être qui ne se rendrait pas meilleur, qui persévérerait dans le mal, s'enfoncerait par degrés dans le mal, et dans la peine du mal ; un tel être, au lieu de s'acheminer, d'épreuve en épreuve et de progrès en progrès, à la perfection de l'être, s'acheminerait ainsi, de décadence en décadence, à la mort suprême, à l'anéantissement : c'est l'éternité de l'enfer, mais non à jamais fixée sans possibilité de retour.

D'ailleurs, l'âme qui recommence une épreuve manquée, si l'oubli du passé lui permet de commencer à nouveau, ne perd pas, avec la mémoire, les puissances acquises ; il renaît porté à mieux vivre par le sentiment inné d'une réparation à faire : mieux disposé, mieux doué, selon qu'il a déjà vécu. Chaque désir du bien est une prière à Dieu, un recours au secours de Dieu ; et il n'arrive jamais que Dieu ne réponde par sa grâce à qui l'appelle : si faible, si confuse et vague, si balbutiante que soit la voix de l'enfant, le Père l'entend, « Dieu est toujours là. » (V. Hugo.)

Toujours une âme peut naître à la vie divine : qu'elle y naisse par le cœur, elle a l'éternité devant elle pour y grandir en intelligence et en puissance, pour y parvenir, par un incessant progrès, à comprendre Dieu, à coopérer à l'œuvre de Dieu. Le dogme catholique ne dit pas que, même après la mort, même admise au royaume céleste, elle parvienne tout d'un coup à cette dernière fin et perfection de son être. « Il y a plusieurs demeures dans la maison de mon Père. »

Mais que dit-il sur notre déchéance originelle ? Il dit que notre âme naît viciée, selon un mystérieux rapport avec un corps vicié, en vertu des lois de l'hérédité physiologique, par suite de la faute d'Adam. Selon quel rapport ? Il ne le dit pas. Mais il dit que nous avons la conséquence de sa faute sans avoir sa faute. C'est aussi ce qui résulte de notre hypothèse, qui ne le dit pas, mais qui l'explique.

Le chef de notre race ayant péché, a vicié, par l'état où il a mis son âme, le corps auquel elle était jointe; et tous les corps issus du sien en sont viciés. Chacun de nous vicie de même par ses propres fautes son propre corps avec son âme, et les corps de nos enfants s'en ressentent; mais la faute d'Adam a une importance que n'ont pas les nôtres, je veux dire la faute du chef de la race, ou des chefs de race (peu importe ici l'unité ou la pluralité primitive) : c'est qu'elle commence la série, elle est le premier principe de cette viciation héréditaire.

Nous préexistons, comme âmes, à nos corps : l'état moral dans lequel chacun de nous s'est mis lui-même produit en chacun de nous une sorte d'affinité naturelle avec les corps de la race d'Adam, ou de telle race, de telle famille, et avec l'un plutôt qu'avec un autre. Un certain corps, et non pas un autre, à l'heure voulue, nous attire : nous y venons. Le rapport entre le corps vicié et l'âme viciée n'est point que le corps vicie l'âme, ni l'âme le corps, mais qu'il existe déjà dans l'âme un vice en correspondance avec le vice du corps. Nos actes libres enfantent des conséquences dont la fatalité pèsera sur nous. La vie terrestre est pour chacun de nous ce qu'elle doit être, ce qu'il faut qu'elle soit: la juste conséquence de son passé ; l'épreuve qu'il a méritée, qu'il s'est infligée lui-même. Les réincarnés viennent de l'enfer : c'est l'humanité terrestre, qui est la nôtre ; ceux qui s'affranchissent de toute réincarnation future forment l'humanité céleste, qui sera la nôtre quand nous aurons saintement vécu : la société des saints, qui voient Dieu ; la société des dieux, qui coopèrent à l'œuvre de Dieu.

Ceux-là sont les génies, les puissants ; ils secondent la Providence, et font son œuvre ; ils président à nos destinées, à celles des familles, des empires, des mondes.

Ces esprits forment avec Dieu une société, une cité parfaite dont il est le roi. La loi de cette cité des esprits est l'amour. L'amour est le lien des citoyens de la cité divine entre eux et avec Dieu : il est la joie du bonheur d'autrui ; par lui, on fait le bien pour être heureux, et l'on est heureux de le faire.

Nous sommes, nous, habitants de la terre, des réincarnés : vieux damnés qui gémissons, et ne savons pas, tout souffrants que nous sommes, nous rendre dignes d'être un jour les membres que nous devons être de cette heureuse Cité divine, de cette Société des dieux !

— Vous faites de la réincarnation l'issue de l'enfer ; vous donnez à notre âme un corps subtil qui serait son propre corps, inséparable de son être individuel, en sorte que le passage de cette vie à l'autre vie ne serait que celui d'un monde à un autre, du monde des corps pesants, de la matière concrète, au monde des corps éthérés, de la matière fluide. Mais que devient, dans votre interprétation, la résurrection de la chair ? J'y vois une manière d'immortalité de l'âme gardant une façon de corps qui ne ressuscite pas, mais qu'elle conserve ; qui peut-être se développe en ses puissances, mais qui est alors ce « corps spirituel » dont parle Saint-Paul, corps glorieux des ressuscités, que les catholiques ne rendent à nos âmes qu'après le jugement dernier, à la fin du monde, pour un monde nouveau, une terre nouvelle et de nouveaux cieux. Nos âmes, jusque-là, sont donc sans corps dans le sein de Dieu, pures âmes réunies à lui et comme endormies en lui dans l'attente de la résurrection.

— Le catholicisme admet, en effet, me répondit-il, deux formes de l'immortalité : les âmes immortelles reprennent leurs corps à la fin des temps. Eh bien ! rien de plus facile que d'accorder cette vue avec notre hypothèse. L'Église ne parle que des temps de l'humanité, puisqu'un monde nouveau doit les suivre : pour une terre nouvelle et de nouveaux cieux, de nouveaux temps. Ce sera comme un recommencement de l'humanité rendue à son état normal, mais qui ne comprendra plus que l'élite morale du genre humain. Il se fera deux parts d'entre les hommes : les uns iront à la droite du Père, les autres à sa gauche. Ceux-ci ressusciteront aussi, mais pour d'autres destinées : ils iront sous d'autres formes, ou en d'autres conditions d'existence, ici ou ailleurs, sur cette planète ou sur une autre, recommencer notre misérable humanité condamnée à reconquérir dans l'angoisse, dans l'incertitude et la terreur, son bien perdu. Ceux de la droite ressusciteront pour former l'humanité normale, la vraie humanité telle que l'a conçue, telle que l'a voulue le Dieu qui l'a faite, bonne, glorieuse, heureuse : après qu'ayant eu à subir une ou plusieurs épreuves, mais n'ayant plus à se réincarner, sauvés en un mot, ils auront vécu leur vie spirituelle, ils se referont, ici ou ailleurs, sur cette planète ou sur une autre, un corps humain désormais incorruptible, pour y reprendre à l'origine, mais en des conditions désormais normales, avec la certitude joyeuse de l'avenir comme avec le souvenir adouci du passé, les destinées d'une humanité désormais habitée par le Verbe de Dieu.

Que d'explications, qui seraient encore des confirmations par l'addition de nouveaux aspects, je trouverais à nos vieux dogmes catholiques, si j'avais à les adopter, à les défendre ! Mais ce seraient d'autres hypothèses ; et d'ailleurs le point principal n'est pas là. Vous m'avez dit transformation : évolution d'abord, ai-je répondu. Mais ensuite, en effet, transformation, voilà ce qui importe et qui presse. L'évolution se fera peu à peu, d'elle-même : elle résultera des lois naturelles de toute vie, si le catholicisme retrouve sa puissante vie ; et il ne la retrouvera que dans une transformation.

II

— Oui, c'est bien ce que vous avez dit. Mais laquelle ? Où est-elle dans cet ensemble doctrinal que vous m'avez présenté ? J'y vois d'abord une philosophie catholique ; puis une philosophie hasardeuse dont vous faites un complément et une explication d'un dogme catholique. Je n'examine pas si elle ne détruit point ce qu'elle prétend expliquer ; elle n'est à vos yeux mêmes qu'une hypothèse. Vous la proposez, vous la risquez, mais vous n'affirmez que votre première philosophie. Celle-ci est une théologie qui vous est propre. J'y vois bien une interprétation, mais non une transformation du catholicisme. Je l'y cherche, je ne l'y trouve pas.

— Elle est en ceci, que j'ai exposé l'esprit du catholicisme chrétien sans rien dire de la lettre. Or l'Église catholique enseigne la lettre, et la plupart de ses fidèles ne connaissent que la lettre.

Un seul Dieu en trois personnes... Que sont ces personnes? et qu'est-ce que Dieu ? Ils l'ignorent : ils imaginent des individus divins, des dieux, qui sont trois et qui ne sont qu'un. Pris à la lettre, ce seraient là trois dieux, comme nous sommes ici, vous et moi, deux hommes, une seule nature humaine : un seul Homme en deux personnes. Ce trithéisme est condamné par l'Église, qui ne veut ni que les trois personnes divines soient de simples attributs, ni qu'elles soient trois individus divins. Mais il est dans la pensée confuse des ignorants, incapables d'entendre une formule qui les étonne. Et combien, même parmi les docteurs, sont ignorants ou inintelligents de la vérité qu'ils enseignent! Dociles à l'Église, ils condamnent le *trithéisme*, et se réfugient dans le mystère : dans le mystère pourtant, si la formule qui l'exprime n'est pas un vain son pour leurs oreilles, ils entrevoient bien quelque chose, et c'est une sorte de *trithéisme* vague.

La seconde personne de la Trinité, le Fils, le Verbe, qui est Dieu, s'incarne un certain jour en un certain homme, un Juif, enfanté miraculeusement d'une vierge, par l'opération de la troisième personne, de l'Esprit qui est Dieu: Juif, homme et Dieu : Dieu fils de Dieu comme Verbe éternel, homme fils de Dieu comme né de l'Esprit, né du commerce de Dieu avec une femme, né de Dieu.

Né de Dieu ! Né de l'Esprit ! Quelle haute signification dans ces paroles pour le philosophe qui les entend ! Que dirai-je du sens littéral qu'on leur donne ? Je n'en dirai rien. Cet Homme-Dieu, fils de Dieu au sens littéral du mot, est le Verbe incarné, le parfait Homme, le Saint des saints, Rédempteur de l'humanité ; vous avez vu quelle vérité je reconnais dans cette idée du Verbe incarné, du parfait Homme, dans ce culte du Rédempteur ; mais ai-je dit que le Rédempteur, le Verbe incarné, le parfait Homme, fût un certain homme, juif ou autre ? Ne se peut-il que Jésus n'ait été qu'une incarnation supérieure du Verbe ? Qu'il y en ait eu d'autres ? Les Indiens adorent plusieurs incarnations de Vichnou. Que tout grand révélateur, tout grand civilisateur, tout grand initiateur à la vie morale, tout fondateur de religion, eût été une de ces incarnations du divin *Logos* ? « Dieu, dit saint Paul, a parlé en divers temps de diverses manières. » Ne se peut-il que le Verbe fait homme ne soit pas tel homme particulier, mais l'homme en général, mais tout homme aux rares moments où il est ce qu'il doit être ? Quand il vous arrive l'être bon, de vous dévouer, de vous sacrifier, de souffrir injustement, mais d'une souffrance volontaire, pour le bien des hommes, n'êtes-vous pas alors l'homme que vous devez être, le parfait homme, le Verbe fait homme ? N'êtes-vous pas en communion avec Dieu ? Un avec Dieu comme est le Christ ? « Mon père et moi nous sommes un. — Que tous soient un, comme toi, Père, tu es en moi, et moi en toi.... Qu'ils soient un comme nous sommes un : je suis en eux et tu es en moi ! » Et dans Saint-Paul : « Ce n'est plus moi qui vis, c'est le Christ qui vit en moi. » Et n'êtes-vous pas rédempteur du péché originel, n'expiez-vous pas le péché de l'humanité, dans la mesure où, souffrant pour le bien, vous n'avez plus à expier le vôtre ? Ne se peut-il que le Christ, au lieu d'être un certain homme, soit l'ensemble et l'unité des hommes, la communion des Saints ? Que, corédempteurs les uns des autres, se rachetant les uns les autres comme je l'ai expliqué, tous les hommes forment ensemble le Rédempteur ? De même que tous les mauvais seraient ensemble Adam qui perd, tous les bons ensemble seraient le Christ qui sauve. L'unité en sera figurée par un personnage de l'histoire, qui aura eu plus que tout autre le sentiment et la conscience de la communion de l'homme avec Dieu ; qui, plus que tout autre, et avec une plus claire perception du sens de son sacrifice, aura souffert pour les hommes : il signifiera, il exprimera ou réalisera sous une forme visible, il figurera le Christ, l'Homme-Dieu. Comme d'anciens personnages de l'Écriture sont une figure de Jésus, Jésus lui-même sera une figure du Christ. Il ne sera pas le Christ, il sera la pierre angulaire de l'édifice du Christ : il ne sera pas le Rédempteur unique et absolu, il sera le foyer où convergent les rayons de la Rédemption universelle.

Le christianisme, si on le considère philosophiquement, est une doctrine à la fois psychologique et morale, une doctrine religieuse, d'une profondeur, d'une élévation incomparables. L'origine de cette doctrine est-elle Platonicienne, Paulinienne, Johannique ? Hellénique ou Juive ? Est-elle dans l'Ancien Testament ? Est-elle dans la parole, dans la vie de Jésus ? Est-elle dans les Livres sacrés, dans les vieilles légendes traditionnelles de l'Inde ? Elle est donc partout ? Elle est donc universelle ? C'est qu'elle est vraie. Mais qu'importe l'origine ? Question de religion moins que d'histoire. Il existe une figure de Jésus, le Verbe incarné, Rédempteur des hommes, l'Homme-Dieu, l'idéal religieux par excellence : Jésus lui-même, le personnage humain qui vivait et qui est mort il y a près de dix-neuf siècles, réalisa-t-il cet idéal ? Fut-il, non moralement, mais substantiellement, non figurément, mais à la lettre, cette incarnation du

Verbe rédemptrice des hommes ? Ou ne fut-il que l'expression historique et providentielle d'une vérité sacrée ? Fut-il, Homme-Dieu, une réalité, ou un signe ? Qu'importe ? dirai-je. Le christianisme est une présence, une manifestation de Dieu dans l'histoire : que Jésus soit Dieu lui-même ou qu'il ne l'ait que signifié, n'est-ce pas toujours, de quelque manière qu'il l'y ait introduit, Dieu présent dans l'histoire pour que l'homme l'y reconnaisse et l'adore ? Vivre la vie religieuse, c'est aimer et servir Dieu, ce qu'on ne peut faire sans le connaître : que si on le connaît par Jésus, qu'il soit Dieu ou qu'il représente Dieu, le résultat ne sera-t-il pas le même ? C'est marcher vers la vie éternelle : d'où vient que le chrétien y va par Jésus, si ce n'est qu'il sait voir en Jésus la manifestation, l'apparition de Dieu sur la terre ? Mais que lui importe que l'être qui lui manifeste Dieu soit Dieu dans la réalité quotidienne de son existence terrestre, ou ne le soit que dans l'idéalité d'une transfiguration historique ? Qu'il soit Dieu, ou qu'il exprime Dieu ?

J'en dirai autant pour les sacrements, pour les rites et les formes du culte, pour les saintes cérémonies. Prenons pour exemple le sacrement de l'Eucharistie, le plus caractéristique de tous. Je suppose deux personnes semblables par le cœur, différentes par l'intelligence : l'une simple, croyante, ayant peine à entrevoir autre chose que le concret, voit dans le pain consacré l'objet même de son adoration ; l'autre n'y voit que le signe de cet objet, signe qui excite dans les âmes, en l'exprimant, le sentiment dont il figure la pensée. En quoi diffèrent ces deux personnes au point de vue religieux ? Elles ne voient l'une et l'autre que des *espèces sensibles*, voile qui, pour la croyance de l'une, cache la présence réelle de l'Homme-Dieu, signe qui, pour l'intelligence de l'autre, exprime la pensée de l'Homme-Dieu ; l'une et l'autre le reçoivent également, ne s'unissant que par le sentiment et la pensée à un objet invisible à l'une comme à l'autre, auquel croit l'une, que l'autre conçoit. Tout est *subjectif* pour l'une comme pour l'autre : l'objet ne paraît point, tout ici se passe dans l'âme, et, si l'une des deux se trompe, quelle atteinte sa vie religieuse en peut-elle ressentir ?

— N'y a-t-il pas entre elles cette différence immense, infinie, que l'une croit recevoir en son sein Dieu même, Dieu réel, vivant et présent, ne faisant désormais plus qu'un avec son être, jusqu'à ce qu'elle déchoie de l'état de grâce ; tandis que l'autre, ne reconnaissant qu'un signe qui exprime la pensée de l'Homme-Dieu, ne reçoit aussi qu'un signe, et n'a, comme elle ne croit avoir, que cette pensée ?

— Non, elle a Dieu même, ainsi que la première, Dieu réel, vivant et présent, ne faisant qu'un avec son être. Dieu n'est-il pas réellement vivant et présent partout, uni à tous les êtres ? Il est en nous, mais nous l'ignorons ou nous ne le sentons pas. Le signe reçu par l'une comme par l'autre (car l'une et l'autre ne reçoivent que des *espèces sensibles*, Dieu réel, mais voilé, pour l'une, Dieu exprimé pour l'autre) donne à l'une l'idée de sa communion avec Dieu, qu'elle ne sait pas constante, permanente, universelle ; la rappelle fortement à l'autre, qui ne l'ignorait pas ; mais, la donnant ou la rappelant, la fait également sentir à leur cœur purifié. Elles prennent également, pour un temps toujours trop court, conscience de la présence éternelle de Dieu. Je vous le demande encore une fois, si l'une des deux se trompe, qu'importe à sa vie religieuse ?

III

— Je vois ce que vous entendez par le christianisme selon l'esprit. Votre christianisme, ou, pour être plus exact, votre catholicisme chrétien, est un pur symbolisme. Vous êtes chrétien à peu près comme les philosophes alexandrins étaient païens : ils interprétaient le paganisme, et, pour l'expliquer, en faisaient une philosophie qui eût beaucoup surpris ses vieux prêtres. Mais leur interprétation en était la négation. Vous bâtissez aussi une philosophie sur le dogme chrétien, mais vous le niez : vous niez la lettre.

— Je ne la nie pas. Je n'en dis rien, je la réserve. Qui sait? Peut-être est-elle vraie, puisque tant d'excellents esprits l'ont crue, la croient encore. Elle est un récit, une histoire : que faire à propos d'une histoire, à propos d'un fait, que s'en assurer, si l'on peut ? Est-ce un fait qu'un jour un homme naquit d'une vierge? Comment l'admettre sans en avoir la preuve authentique, absolue? Car, si un tel fait s'est passé, il est bien étrange, bien contraire à la loi naturelle des générations humaines ! Aussi beaucoup le rejettent-ils sans plus ample informé, comme n'ayant pu se passer, comme étant naturellement impossible. Mais ceux qui l'admettent le reconnaissent naturellement impossible : c'est un fait surnaturel, un fait de création. C'est la création d'un homme nouveau, d'un autre Adam. Dieu, n'en tirant pas le germe de la semence entachée d'Adam, mais le produisant du dehors, le dépose dans le sein vierge d'une mère humaine. Certes, si le fait est vrai, il a sa raison d'être ; s'il n'est que figuratif, il est d'une haute signification : par là, il est vrai encore, d'une autre sorte de vérité, supérieure, et que, vrai ou non comme fait, il conserve toujours. Comme fait, on le déclare impossible : qu'en sait-on ? qu'en peut-on savoir ? Il ne s'agit plus d'un possible naturel, mais du possible divin ; nous ne sommes plus dans l'ordre de la nature, mais dans la *surnature*, puisque ce serait un fait d'origine, de principe, de création. La question n'est donc pas s'il est possible, mais s'il a eu lieu, si l'histoire authentique suffit à l'établir. Mais c'est une question d'histoire, à laquelle Dieu ne peut avoir attaché le salut du monde. Si un tel fait était la condition du salut, s'il fallait que le Verbe s'incarnât dans le sein d'une vierge pour vivre miraculeusement parmi les hommes, souffrir, mourir, et ressusciter d'entre les morts, si le prodige d'une telle vie était nécessaire, c'est assez qu'il se soit produit, ou qu'il doive se produire, c'est assez qu'il se produise un jour ou l'autre, ici ou là, au siècle ou au pays choisis par Dieu : il est bon de le savoir, on peut l'ignorer. On se l'approprie, on en reçoit l'effet par la volonté du bien.

Voilà pourquoi, sans nier la lettre, ni l'affirmer, je la réserve. Telle est précisément la transformation qui me semble être la solution de la question religieuse : que l'Eglise présente à la foi son dogme, et en laisse l'interprétation à la philosophie. Le dogme est ensemble histoire et philosophie : la philosophie seule importe.

L'histoire néanmoins est utile : si utile, que fût-elle fausse, elle serait bonne encore et vraie, de la vérité dont elle est l'enveloppe. Les simples sont-ils capables d'une vérité sans enveloppe historique? Ils croiront la lettre, mais ne seront pas sans y entendre vaguement l'esprit, sans y entrevoir confusément une vérité dont l'expression abstraite leur serait inintelligible. Un enfant comprend à sa manière la vérité d'une fable, tout en croyant qu'il fut un temps où les bêtes parlaient : il se trompe en cette croyance, mais il lui doit l'intelligence ou le sentiment d'une vérité qui lui échapperait en elle-même. Les athées raillent volontiers notre Dieu en nous rappelant Croquemitaine ; mais c'est leur tort, et Croquemitaine est plus vrai que leur athéisme. Il n'est pas vrai en forme de Croquemitaine ; il est vrai comme sentiment moral du mal et du bien, à titre de menace et de promesse, expression défigurée et grotesque, ridicule, irrévérencieuse, blâmable, mais expression telle quelle, où l'enfant sent plutôt qu'il ne voit la justice divine : l'athée, qui a dépouillé l'erreur de l'enfant, a perdu la vérité qu'elle couvre. Beaucoup de nos Dieu sont des Croquemitaines : le Dieu de l'un n'est pas le Dieu de l'autre ; et peut-être le véritable théiste, celui qui aurait la notion la plus pure de Dieu, serait-il un athée pour bon nombre de nos chrétiens. Combien de nos prêtres, de nos évêques même, plus administrateurs que métaphysiciens, sont des enfants pour le développement de la raison spéculative, sont des simples au regard du philosophe ! Mais « laissez venir à moi les petits enfants ! » et présentez-leur la lettre qu'il faut à leur intelligence naïve. Ne leur présentez que l'esprit, ils ne le verront pas, ils n'auront rien. Dans la lettre du moins, ils auront quelque chose de l'esprit ; ils auront le christianisme : peu compris, et non tout entier, mais tout ce qu'ils sont capables d'en avoir.

— L'Eglise doit donc continuer à enseigner le catéchisme ?

— Oui, mais sans l'imposer. Qu'elle admette dans sa communion quiconque admet la règle de vie qu'elle prescrit aux hommes. La religion, en effet, a pour essence propre moins une doctrine qu'une vie. Il y a une vie qui est la vie religieuse. Qui la mène est religieux.

Qui accepte la conception qu'une religion en présente aux hommes est de cette religion. Une vie est une façon de vivre ; une façon de vivre est une façon de sentir et d'agir. La façon de penser importe moins. Il faut avoir dans le cœur certains sentiments comme il faut faire certaines actions pour vivre une certaine vie. L'Eglise est une société d'âmes unies pour vivre une vie religieuse ; qui a les sentiments, qui fait les actions que la vie religieuse comporte, est de l'Église.

— Mais ces actions, mais ces sentiments, dépendent d'une doctrine.

— Non pas toujours. Ils dépendent plutôt d'un état du cœur, d'un caractère de l'âme, de je ne sais quelle secrète influence de la divinité dans l'homme.

— Mais ils supposent, ils impliquent une doctrine.

— Eh bien ! qui adhère à la morale adhère implicitement au dogme qu'elle suppose. S'il n'aperçoit pas le lien qui rattache la morale au dogme, s'il associe à un autre dogme, ou au scepticisme dogmatique, la droite morale, qu'importe une erreur désintéressée qui, indifférente à la conduite, ne peut être une faute ?

— Vous ne demandez plus même le dogme, mais seulement la morale ?

— Une morale religieuse qui, vous le disiez tout à l'heure, implique un dogme. Le christianisme spirituel, tel que je vous l'ai proposé, est une philosophie morale; on y arrivera par la philosophie. On pourra l'admettre sans adhérer au christianisme entendu littéralement; et, sans l'admettre, il suffira, pour être de l'Eglise, d'adhérer à sa vie religieuse. Il est possible, nous le voyons, de réunir dans une même vie religieuse des âmes très différentes d'intelligence et de doctrine. Il me semble que, par ce moyen, le catholicisme pourrait se renouveler sans se déjuger, et regagner ce qu'il a perdu. Peut-être l'heure d'une féconde révolution religieuse est-elle venue. Le grand Concile du dix-neuvième siècle, qui s'est ouvert en 1870, ne s'est pas encore fermé. Pourquoi l'esprit moderne, mais un esprit ami de la tradition comme du progrès, et toujours fidèle, même en ses hardiesses, n'y pourrait-il faire entendre son langage ?

« Voulez-vous, Pères du Concile, voir enfin rentrer dans l'enceinte de l'Église catholique, de l'Église universelle, tant de précieuses âmes qui s'en écartent, et qui s'égarent ? Donnez satisfaction à ce que leurs exigences peuvent avoir de légitime. Ne les troublez pas dans leur droit, ne les froissez pas dans leur justice. Sachez comprendre ceux qui ne vous comprennent point. Ayez l'intelligence du temps, vous qui dominez les âges. L'Église est la société des enfants de Dieu, la communion des saints : ne leur demandez pas la foi, mais la vie. Avec la vie viendra la foi. Qui vit saintement, vit conformément à la vérité même qu'il ignore. Ne laissez pas à ceux dont la lâcheté morale recule devant la pratique du bien le prétexte ou l'excuse d'objections, peut-être sincères, que leur intelligence élève contre le dogme. Si le sacrifice de Jésus-Christ a été le prix du salut des hommes, il vaut pour tous les hommes de bonne volonté : *pax hominibus bonæ voluntatis !* Il ouvre la porte du ciel à quiconque agit bien : car ce sont des actions que Dieu nous demande, et tous ceux qui disent *Seigneur ! Seigneur !* n'entreront pas dans le royaume. Il est la condition générale du salut : qui en remplit les conditions particulières et personnelles a-t-il besoin de la connaître ? Est-il plus nécessaire de savoir la rédemption pour être sauvé, que le péché originel pour être perdu ? Aussi l'Église déclare-t-elle siens tous les justes : croyants ou incroyants, s'ils sont de bonne foi (et s'ils ne l'étaient pas, ils ne seraient pas justes), tous font partie de l'Église invisible. Qui vous empêche de mettre l'Église visible en rapport avec cette Église invisible, vraiment universelle, qui couvre la face du monde ? Vous le ferez, quand vous honorerez du glorieux nom de catholiques tous les justes, tous les saints ; quand, sans abandonner dogme ni culte, vous vous contenterez de leur proposer le dogme et de leur offrir le culte, et n'exigerez d'eux, pour être en communion entre eux tous et avec vous, que la vie.

» N'imposez que la morale, mais imposez-la droite, ferme, sainte. C'est ici que l'esprit du temps où nous sommes sollicite de vous un progrès. Réglez conformément aux devoirs sociaux toute la conduite des hommes entre eux, depuis le respect des libertés, qu'on vous accuse de méconnaître, jusqu'à l'acquisition, jusqu'à l'emploi de la richesse : enseignez aux cupides que, parmi les moyens de l'acquérir que ne réprouve pas la loi civile, il en est que la conscience réprouve ; répétez sans vous lasser à ceux qui la possèdent que, propriétaires de leurs biens aux yeux de la loi civile, ils n'en sont aux yeux de Dieu que dépositaires, et apprenez-leur quel usage ils doivent du périlleux dépôt qu'ils ont reçu. Faites sortir de la religion le vrai socialisme, vainement cherché dans les ténèbres des doctrines matérialistes. Au lieu de garder dans la communauté de votre nom ceux qui vivent mal, mais qui croient, pour n'en exclure que ceux qui ne croient pas, comme vous l'avez fait jusqu'à ce jour, faites le contraire : ne vous inquiétez point de ce qu'on croit, mais de la vie qu'on mène, et retirez à ceux qui ne conforment pas leur vie à vos prescriptions morales, mais à ceux-là seuls, l'honneur d'un nom dont ils ne sont pas dignes. L'Église alors sera ce qu'elle doit être, ce qu'elle est par essence: l'universelle société des saints. »

IV

— Je crois vous comprendre. Mais ne pourriez-vous, Monsieur, formuler en peu de mots vos conclusions sur la grande question qui nous occupe ?

— Je les formulerais volontiers dans les propositions suivantes :

1° L'homme est un être religieux. L'humanité future ne sera pas sans religion. Il est nécessaire que la religion de l'avenir soit, au fond, la religion permanente et fixe de tous les âges du genre humain ; qu'elle soit le christianisme ; qu'elle soit le catholicisme, développé par un progrès légitime, ou transformé, sans cesser, en ce qu'il a d'essentiel, d'être identique à lui-même ;

2° Le catholicisme ne sera la religion de l'avenir, comme il est chez nous celle du présent, que moyennant un changement qui le concilie avec l'esprit moderne, c'est-à-dire moyennant qu'il reconnaisse et respecte la liberté : celle des consciences, hors de l'Église ; et dans l'Église, dans son propre sein, chez ses fidèles, celle des intelligences ;

3° Que, reconnaissant le droit des consciences, il ne cherche plus à appuyer désormais son règne sur aucun autre soutien que la foi qu'il inspire ; qu'il rejette comme indigne, comme attentoire à sa propre sainteté, toute autorité d'un autre ordre que l'autorité spirituelle ; qu'il s'en tienne, pour autrui ainsi que pour lui-même, à la liberté simple, et, sauf les difficultés ou les inopportunités de l'application, adopte du moins le principe de « l'Église libre dans l'État libre ; »

4° Que, reconnaissant le droit des intelligences, il transporte son autorité même spirituelle du dogme à la morale : qu'il unisse dans la participation au même culte, aux mêmes sacrements, des fidèles dont il n'exige qu'une pratique ; que, sans cesser de proposer et d'enseigner la doctrine, il demande aux hommes non une doctrine, mais une vie ;

5° Qu'il réduise la doctrine même à la pure exposition de ces faits, les uns psychologiques, les autres historiques, sorte d'histoire à la fois humaine et divine, histoire de Dieu dans l'humanité, qui est le christianisme : qu'il raconte Dieu fait homme pour la rédemption du genre humain, mais l'enseigne à titre de mystère, et laisse ou abandonne aux philosophes la tâche de l'expliquer, d'en établir la vérité avec le sens, veillant seulement à ce que des systèmes humains qui expliquent cette divine histoire n'y méconnaissent pas, quelle que soit l'explication, l'action et la présence de Dieu ;

6° Que, circonscrit dans la morale, qu'il exige seule, il en étende les conséquences à tous les problèmes que soulèvent le droit civil, le droit public, le droit des gens, la guerre, l'acquisition et l'usage de la richesse, et tant d'autres ; qu'il forme ainsi la véritable Église chrétienne, une société d'êtres libres, égaux devant la justice, et frères : le monde n'en a pas encore vu le spectacle !

Le droit des consciences reconnu, la déplorable hostilité qui anime l'esprit moderne contre l'Église catholique tombe ; ceux qui ne rentrent pas dans son sein vivent du moins à côté d'elle sans la combattre.

L'autorité transportée du dogme à la morale, toutes celles d'entre les âmes religieuses que n'éloigne pas invinciblement l'habitude d'autres cultes reviennent à l'Église catholique ; et ce seront peu à peu toutes les âmes religieuses, quand il sera permis de joindre ce qu'on a nommé le « christianisme libre » avec la participation au plus puissant des cultes, avec la pratique de la vie religieuse la plus complète et la plus riche.

La doctrine réduite à l'exposition, sans explication obligatoire, d'une histoire mystérieuse et divine, les philosophes de la lignée platonicienne, les vrais philosophes, se rattachent à un dogme dont ils ont l'intelligence ; et leur adhésion réveille la foi d'un grand nombre d'esprits d'élite, qui à leur tour, par leur exemple, entraînent des foules.

Les conséquences sociales de la morale chrétienne prescrites avec cette morale même au nom de la foi, c'est le cœur du peuple qui est gagné, et les plus acharnés ennemis du catholicisme se retournent pour devenir ses amis les plus ardents. Peut-être n'aura-t-il plus guère pour lui les grands et les puissants du monde, mais il aura les humbles ; il aura ce qu'il ent, ce qu'on dirait qu'il n'a plus ; il aura les forces vives de cette immense rénovation des choses qui s'opère autour de nous, et il recommencera, en des temps nouveaux et pour un plus splendide avenir, sa merveilleuse histoire.

— Oui, vous rêvez, je le vois, vous avez rêvé, et ç'a été le malheur de votre vie, un socialisme chrétien. Mais nous sortons du problème religieux proprement dit ; nous versons dans le problème social, si compliqué, si terrible. Laissons-le.

— Pourquoi le laisser ? L'un n'est-il pas lié à l'autre ? Le problème social peut-il être résolu en dehors du problème religieux ? Et le problème religieux n'est-il pas un des éléments du problème social ?

— Un des éléments, soit. Le problème social a d'autres éléments. Il est donc autre. Bornons-nous au religieux. Vous tenez la religion pour catholique, le catholisme pour chrétien, et le chistianisme pour véritable dans son esprit, tout en réservant la lettre.

— Oui. Que l'Église catholique l'enseigne comme elle fait, sans en imposer une interprétation obligatoire : croira qui voudra, ou qui pourra, au christianisme selon la lettre ; le christianisme selon l'esprit sera établi par la philosophie même. Qu'il suffise à l'orthodoxie, comme il suffit aux âmes ! Les uns le trouveront dans la lettre, le recevront avec la lettre, dont ils ne le distingueront pas ; les autres le distingueront. Les uns et les autres le tiendront de la tradition : le simple et l'ignorant, de la tradition seule ; le philosophe, de la tradition et de la raison tout ensemble. L'homme raisonnable sera philosophe, le philosophe sera chrétien, au sens philosophique du mot, et, sinon selon la lettre, du moins selon l'esprit.

CONCLUSION

De cette étude sur le problème religieux au XIXe siècle ressortent deux choses : la nécessité et la possibilité de la philosophie ; l'existence de la religion, j'entends d'une religion universelle du genre humain, d'un catholicisme fondamental, christianisme selon l'esprit, qui donne à la philosophie une partie de son contenu.

L'union de la raison et de la foi n'est un but à poursuivre que si l'une et l'autre sont également légitimes : or, si la foi est légitime, la raison seule en peut reconnaître la légitimité, tandis que la légitimité de la raison est incontestable par elle-même. Si donc le problème était chimérique, s'il fallait le supprimer par le sacrifice de l'un de ses deux termes, ce ne saurait être par le sacrifice de la raison ; que si, au contraire, comme je crois l'avoir établi, ces deux termes ne s'opposent qu'à la surface, s'ils sont également légitimes, s'ils doivent s'unir dans un terme supérieur, ils ne le peuvent que dans la vérité d'abord connue par la foi et comprise ensuite par la raison. Soit, en dehors de la foi, pour déterminer la fin de l'homme, et en déduire les règles de sa conduite en ce monde ; soit pour démontrer ce que la foi donne à croire, pour la pénétrer, l'éclairer, et en tirer la longue chaîne des conséquences morales : de toute façon, la philosphie est nécessaire.

Comme elle est nécessaire, elle est possible. Car il répugne que ce qui est nécessaire ne soit pas possible : une telle disproportion dans la nature d'un être à qui son auteur, en lui donnant un besoin, aurait refusé le moyen de le satisfaire, accuserait cet auteur même, et démentirait Dieu. Elle est possible enfin, parce que son objet, comme il peut être exprimé, peut être pensé, et, comme il peut être pensé, peut être étudié scientifiquement : ce que la langue de l'homme parle n'échappe pas à l'intelligence de l'homme.

Croyance et science, foi et raison, le christianisme enfin maître de tout l'homme comme le principe vivant de sa conduite et de son sort terrestre non moins que de son éternelle destinée ; la religion dans la philosophie et la philosophie dans la religion; pénétration réciproque, non absorption de l'une par l'autre ; accord parfait de deux sons qui n'en forment plus qu'un, mais où les deux se distinguent, fondus, non identifiés, dans une parfaite harmonie.

Car, en face de la philosophie nécessaire et possible, je vois la religion, et je la tiens pour véritable dans sa doctrine comme dans son objet. Elle se retrouve dans toutes les grandes religions ; elle est tour à tour toutes les grandes religions qui paraissent dans le monde, si elle n'est pas l'une d'elles ; elle est, pour nous, la religion chrétienne : et chose remarquable, chose naturelle aussi, le même fond que nous découvrons dans toutes les religions n'est autre, précisément, que l'essence du dogme chrétien. Ce dogme, en tant qu'il est la doctrine du genre humain, ne doit pas être contredit par la philosophie : une philosophie qui le contredirait contredirait l'humanité même, et serait fausse.

Plusieurs n'ont-ils pas imaginé, dans ces derniers temps, que la loi du progrès ordonne qu'à la religion succède la métaphysique, et à la métaphysique la science? Il n'y a pour eux d'objet réel que l'objet de la science :

l'objet de la science, à les entendre, c'est l'homme dans la nature, mais l'homme seul dans la nature finie. A les entendre, la religion sous le nom de Dieu n'enseigne que l'homme, qu'elle transporte dans un infini fantastique ; la métaphysique la suit dans ce monde imaginaire, dont elle s'efforce d'établir méthodiquement et scientifiquement la réalité ; la science enfin demeure dans le réel, et n'en sort pas, pour ne pas se perdre dans le vide.

Voilà ce qu'il en est pour eux, mais non point pour nous, qui reconnaissons à la religion un objet propre et réel. Pour nous donc, la religion garde un élément éternellement durable, sa vérité ; et la métaphysique, un élément éternellement durable, la méthode constitutive de la science, l'étude rationnelle des choses appliquée à cette vérité même de la religion. La science ne remplacera donc pas la religion, mais la transformera, par sa méthode, en un terme supérieur, qui sera la métaphysique ou la philosophie ; et la philosophie non plus ne remplacera pas la religion ni la science, mais les unira sans les confondre, laissant à l'une le monde visible, à l'autre l'empire des âmes : distincte elle-même de la religion par ce qu'elle a de scientifique, et de la science par ce qu'elle a de religieux.

Il faut connaître pour agir ; il faut savoir ou il faut croire pour vivre. Une société sans croyance est une société sans base, qui s'écroulera au premier souffle d'en haut. Où est-elle aujourd'hui cette base des sociétés ? Où est la doctrine ? Où est la religion ? Plusieurs en ont une : mais combien peu ! Beaucoup de superstitieux peut-être, mais combien peu de vrais croyants ! Et ils gémissent quand ils se prennent à compter leur petit nombre. Il n'y a point de doctrine qui, dans son principe et dans ses conséquences, emporte l'accord des esprits, qui parle au cœur de tous comme ayant autorité ; il n'y a point de doctrine formulée qui soit universellement reconnue: il n'y a point de religion.

Toutefois la religion existe, aussi ancienne que l'homme, parce que l'homme n'est point sans elle ; de mieux en mieux comprise et développée selon que se développe l'intelligence de l'homme, mais aujourd'hui méconnue. Il faut lui restituer ses titres. Il faut, toute morte que l'ont chantée les superbes adorateurs du néant, qu'elle revive, avec plus d'éclat, avec plus de gloire et de vie que jamais !

L'œuvre est difficile : elle vaut la peine d'être tentée. Ce serait désespérer de Dieu que la croire impossible. Elle s'accomplira tôt ou tard : car il y va de la vie pour l'homme. Elle s'accomplira lorsque l'homme arrivera jusqu'à comprendre enfin la doctrine qui lui enseigne ce qu'il est ; lorsque la foi deviendra science, et la religion philosophie.

Fides quærens intellectum, la foi cherchant à se comprendre elle-même, dit un philosophe du moyen âge (1) ; mais plutôt la foi comprise par la raison : cette parole traduite de la sorte exprime l'avenir de la philosophie, l'avenir aussi du christianisme, et de l'homme.

La philosophie est la science de la vérité, que le christianisme enseigne à la foi. L'homme religieux, le chrétien, le catholique au sens profond du mot, possède la vérité ; le philosophe aspire à la comprendre.

Qu'on serait heureux d'y pouvoir dévouer sa vie, *vitam impendere vero* ! Ce serait le bonheur de celui qui écrit ces pages de consacrer toutes ses facultés à la plus sainte des causes, à la double victoire de la foi intelligente et

---

(1) Saint Anselme.

de la raison croyante sur l'engourdissement de ces cœurs qu'endort l'amour du monde, au triomphe de Dieu dans ces âmes séduites des merveilles d'ici-bas. Il ne serait point un avocat ni un homme de lettres ; il ne plaiderait point pour de mesquins intérêts et pour gagner de beaux honoraires ; il ne parlerait point non plus pour parler, livré tout entier à la beauté de la parole, mais pour agir : pour que son Dieu n'eût pas à lui reprocher l'inutilité de ses jours, la stérilité de sa vie !

Il ne faut pas croire qu'il ne nous reste plus rien à faire ici-bas qu'à rentrer dans la foi de nos ancêtres, et à nous y agenouiller comme dans un temple, ou comme dans un tombeau. Non : la raison a été donnée à l'homme afin que l'homme s'en servît ; et c'est par elle qu'il doit s'efforcer de comprendre la foi, qui lui a été donnée pareillement, non point comme un objet de contemplation stérile, mais comme le fond de son âme et l'inspiration de sa raison. Que la foi et la raison s'accordent en lui. En lui que la foi règle la raison, mais que la raison développe la foi. Qu'il ne quitte pas la tradition du genre humain, mais qu'il ne l'arrête pas ; qu'il la suive et la continue, unissant l'avenir au passé. Je ne suis pas de ceux qui ne voient de salut que dans la dévotion étroite d'autres temps, moins éclairés que le nôtre : j'appartiens, au contraire, de toutes les forces de mon âme à l'immense rénovation qui se prépare, et qui se fait. Mais il faut avant tout qu'elle prenne son point d'appui dans une vérité précise, dans une doctrine positive et nette, laquelle ne saurait plus être bâtie en l'air, en dehors des traditions : la doctrine de l'avenir a sa source dans le passé, elle y est contenue dans son germe ; elle n'est, elle ne saurait être qu'un développement nouveau de la vieille foi.

« L'histoire est la victoire progressive de la liberté. Ce progrès doit se faire, non par destruction, mais par interprétation. L'interprétation suppose la tradition qu'on interprète, et la liberté qui interprète. Que d'autres choisissent entre elles : moi, il me les faut toutes deux : je veux l'une et je veux l'autre. Comment ne me seraient-elles pas chères ? La tradition, c'est ma mère, et la liberté, c'est moi ! » (Michelet.)

Cette tradition toujours vivante est le catholicisme, par où j'entends l'ensemble essentiel des croyances de l'humanité. Elle sera interprétée par la philosophie.

Je m'étais proposé (quel rêve ne fait-on pas, et que n'ose-t-on pas, quand on est jeune ?) un grand dessein. Je m'étais proposé d'établir que la philosophie n'est pas seulement un besoin de luxe, mais le plus excellent des besoins de l'homme ; qu'à elle appartient le premier rôle dans les choses humaines, rôle inaperçu souvent, plus souvent méconnu, calomnié, bafoué, mais toujours actif, et dont la puissance croît toujours, au milieu des ingratitudes et des railleries ; contesté peut-être aujourd'hui plus que jamais, et qui grandit aujourd'hui plus que jamais, malgré tout, en sorte qu'elle ne tardera pas à prendre parmi nous, non plus occulte, mais visible, sa légitime place, le trône, avec la couronne et le sceptre : de combattre ceux qui la combattent, mais d'étudier en même temps ce qui les pousse à une pareille lutte, et ce qui leur donne le semblant de la victoire, si leur force est en eux, ou si elle est dans quelque faiblesse de la philosophie ; de rechercher ce qui l'éloigne de son trône, pour tenter de lui enseigner à elle-même à quelle condition elle y montera et s'y maintiendra reine, et de là gouvernera le monde. Déterminer les rapports de la philosophie et de la religion, c'est-à-dire les titres réciproques de la raison et de la foi, du sens privé et du sens commun, ou mieux, de l'individu et de la société, de la liberté et de l'autorité, en matière de doctrine : déterminer pour cela le critère absolu de la certitude philosophique ou individuelle, avec la méthode pour constituer la philosophie (1) ; en tirer une philosophie, qui soit le christianisme, et qui emporte, par la démonstration, la conviction des intelligences : quel sujet de méditation pour quiconque a le souci du problème des choses d'ici-bas, pour les âmes sérieuses en quête de vérité et de justice, pour l'ardente et grave jeunesse en quête d'idéal !

Loin de moi, bien loin de moi la prétention d'accomplir une telle œuvre ! Ce livre même, s'il est quelque chose, est à peine un faible commencement. Il indique à peine ce que je veux, ce que je crois qui doit être : une transformation dans l'ordre spéculatif, et, dans l'ordre pratique, un développement nouveau du christianisme.

Quelle transformation ? Une interprétation par la philosophie, qui en sera l'intelligence. Nous l'avons essayée. Que la philosophie en reprenne la tentative, en consolide et en achève l'œuvre.

Quel en sera le caractère ? Les dogmes de la foi, qui sont des vérités, ne sont-ils que l'expression concrète et historique de la vérité, dont la philosophie devra donner l'expression métaphysique et abstraite ? Ou bien l'expriment-ils directement, en elle-même, et la philosophie n'en donnera-t-elle que l'intelligence ?

L'expression métaphysique et abstraite de la vérité est la seule que puisse donner la philosophie, et il suffit que le christianisme soit vrai dans son esprit, ne le fût-il pas

(1) Voir *l'Analyse métaphysique, Méthode pour constituer la philosophie première* (Paris, Alcan).

dans sa lettre. C'est assez pour la religion : que ce soit assez pour l'Eglise ! Qu'elle laisse libre l'adhésion à la lettre, elle aura les philosophes comme elle a les croyants, et l'incrédulité n'aura plus où se prendre. Le problème religieux sera résolu.

Telle sera donc la transformation du christianisme dans l'ordre spéculatif. Quel en sera le développement dans l'ordre social ? Ce n'est point à cet ouvrage qu'il appartient de le dire.

Je n'ai voulu rien autre ici que marquer ce qui doit être fait, sans préjuger l'œuvre future.

Je ne suis rien. Qu'importe ? En un siècle que tant d'orages tourmentent, quand la tempête a étendu comme un voile sombre entre les flots et le ciel, quand le navire qui porte les destins du monde erre sans boussole, au souffle des vents aveugles, au caprice des vagues, à la merci des écueils, quand le pilote s'étonne, quand les passagers tremblent ou s'endorment dans l'indifférence, que l'un d'eux, le moindre d'entre eux, mais qui n'a pas dormi et qui n'a pas tremblé, ait cru retrouver, à force de contempler l'horizon, la lueur lointaine de l'astre, ne convient-il pas qu'il appelle autour de lui tous les autres, et leur dise : « Voilà où les ténèbres me semblent moins épaisses, la nuée moins obscure : si je ne me trompe pas, si là est le soleil, allez, et qu'il éclaire votre route ! »

Fin

TABLE

CHAPITRE PREMIER. — Position du problème. La foi.....	3
— II. — La religion.....................	40
— III. — Le catholicisme.................	69
— IV. — Catholicisme et rationalisme........	107
— V. — Nécessité de la philosophie.........	139
— VI. — Insuffisance des sciences particulières.	161
— VII. — Insuffisance de la religion...........	197
— VIII. — La religion et la philosophie.........	229
— IX. — La philosophie et le christianisme......	271
— X. — L'avenir......................	295
— XI. — Un fils du siècle................	329
— XII. — L'esprit et la lettre du christianisme...	376
— XIII. — Suite........................	404
CONCLUSION.............................	433

OUVRAGES DU MÊME AUTEUR

La présente publication annule deux publications déjà faites : l'une, *La Religion au XIX° Siècle*, en 1857 ; l'autre, *La Raison, Essai sur l'avenir de la Philosophie*, en 1860. Des deux parties dont se composait ce dernier ouvrage, la seconde, remaniée et développée, est devenue *L'Analyse métaphysique, Méthode pour constituer la Philosophie première* (1872). Le reste, refondu, ne forme plus avec l'ouvrage précédent, et avec plusieurs chapitres nouveaux qui entrent pour un tiers dans le tout, qu'un livre, que nous publions aujourd'hui dans sa teneur définitive.

A la même librairie :

La Philosophie de M. Cousin (Bibliothèque de Philosophie contemporaine), 1 vol. in-12.
La religion progressive, Etudes de philosophie sociale, 1 vol. in-12.
Etudes esthétiques, 1 vol. in-12.
L'Analyse métaphysique, Méthode pour constituer la Philosophie première, 1 vol. in-8°.
Esquisse d'une Philosophie de l'être, 1 vol. in-8°.

Chez Degorce-Cadot :

(Bibliothèque de vulgarisation)

Histoire de la Philosophie, 1 vol. in-12.
La langue et la littérature françaises du XV° au XVII° Siècle, 1 vol. in-12 et in-8°.
Précis d'Instruction morale et Manuel d'Instruction civique, 1 vol. in-12.

Chez divers :

Laure, nouvelle, 1 vol. in-12 (Dentu).
Les Tendresses humaines, poésies, 1 vol. in-12 (Lemerre).
Un Fils du siècle, poème, 1 vol. in-8° (J. Sandoz et Thuillier).
De la Métaphysique considérée comme science (ouvrage récompensé d'une mention honorable par l'Académie des sciences morales et politiques), 1 vol. in-8° (Pédone Lauriel).
Théorie de l'âme humaine. Première étude : La Psychologie métaphysique, in-8° (Picard).
Mémoires lus à l'Institut (Séances et travaux de l'Académie des sciences morales et politiques).

Documents manquants (pages, cahiers...)
NF Z 43-120-13

www.ingramcontent.com/pod-product-compliance
Lightning Source LLC
Chambersburg PA
CBHW070543230426
43665CB00014B/1797